教育部人文社会科学重点研究基地
黑龙江大学俄罗斯语言文学与文化研究中心　学术丛书

语言学论丛

俄汉
社会性别语言的
语用对比研究

Сопоставительно-прагматическое
исследование русско-китайского
гендерного языка

周民权 著

北京大学出版社
PEKING UNIVERSITY PRESS

图书在版编目(CIP)数据

俄汉社会性别语言的语用对比研究/周民权著.—北京:北京大学出版社,
2014.10

(语言学论丛)

ISBN 978-7-301-24841-6

Ⅰ.①俄…　Ⅱ.①周…　Ⅲ.①性别差异－语用学－对比语言学－俄语、
汉语　Ⅳ.①H35②H1

中国版本图书馆 CIP 数据核字(2014)第 221213 号

书　　　　名:	俄汉社会性别语言的语用对比研究
著作责任者:	周民权　著
责 任 编 辑:	李　哲
标 准 书 号:	ISBN 978-7-301-24841-6/H・3580
出 版 发 行:	北京大学出版社
地　　　址:	北京市海淀区成府路 205 号　100871
网　　　址:	http://www.pup.cn
电 子 信 箱:	pup_russian@163.com
电　　　话:	邮购部 62752015　发行部 62750672　编辑部 62759634　出版部 62754962
印 刷 者:	三河市博文印刷有限公司
经 销 者:	新华书店

720 毫米×1020 毫米　16 开本　18.75 印张　320 千字

2014 年 10 月第 1 版　2014 年 10 月第 1 次印刷

定　　　价: 55.00 元

前　言

在我主持的国家社科基金项目《俄汉社会性别语言的语用对比研究》(批准号 09BYY076)顺利结项并以同名付梓之际,我心里仍然踌躇再三,七上八下:虽说经历了三年多来四处调研搜寻资料、夜以继日伏案撰写、反复斟酌、悉心修改的艰辛过程,但成果能否达到预期的效果,我仍然心存疑问。社会性别语言学毕竟是一门新兴的学科,内容复杂而宽泛,涉及跨学科的多门学科,如何从历时和共时角度准确地把握俄汉两种社会性别语言的基本语用意义及其标记特点,如何突破传统的注重分析非语言因素的思维定势,从认识语言本质的角度、从语言体系本身出发来研究引发社会性别语言变异的成因,如何对比分析俄汉两种社会性别语言在各个言语交际单位层面的不同语用形式、特点及其机制,如何发掘俄汉两种社会性别语言所承载的不同文化内涵,在俄汉两个学界的社会性别语用对比研究互不平衡的情况下,如何从浩瀚厚重的汉语文献和纷繁多样的日常用语中科学地遴选与俄语相对称的汉语语料,以供对比研究之用,等等。这是近几年来我一直认真思考并试图在本课题研究中解决的几个问题。尽管为此花费了不少心血,但尚不知能否给出令人满意的答案。

1. 本课题国内外研究现状述评及研究意义

当代社会性别语言研究的蓬勃兴起主要受两大因素驱策:一是随着 20 世纪 50 年代语言学研究向社会范式的转型,"语言与社会""语言与社会中的人"开始成为现代语言学研究的主流样式;二是随着 20 世纪 60 年代欧美国家女权运动的迅猛发展,在社会地位、人权、语言等方面要求男女平等的女性主义思潮空前高涨,将西方社会语言学家的研究视野吸引到"语言与社会中的女性"这一新型命题上来,从而使得语言学研究中的"后结构主义"与社会发展进程中的"女性主义"在解构传统的语言秩序问题上殊途同归,形成合力,推动了世界各国的社会性别语言研究迅猛发展。

从 1979 年起,国内英语学者王文昌、戴炜栋、徐祥武、何勇、陈中绳等开始发表文章,对莱科夫、齐默曼、韦斯特、索恩、博林格等西方著名学者的语言与社会性别研究成果进行评介。与此同时,国内汉语学界的社会性别研究也随之展开,并体现出两大特点:一是相关汉语著述竞相涉足这一研究课题,如叶蜚声、徐通锵、邓伟志等学者的专著以及韩军征、黄衍、严筠等学者的文章均有所示;二是以汉语为语料,研究汉语中的社会性别变异,如曹志耘、胡明扬、姚亚平等学者的文章以及陈松岑、陈原、王德春、孙汝建等学者的专著均作了具有中国特色的探讨。

　　俄罗斯语言学界的社会性别研究同样始于西方理论评介,虽然起步较晚,但发展迅速,成效显著,在理论性和系统性方面已居于国际社会性别语言学研究前列。1993年,著名俄语口语学专家 Е. А. 泽姆斯卡娅教授提出了"应该重点研究具有社会交际特征的社会性别,注意区分具有生物个体特征的生理性别"的重要思想。Н. Д. 阿鲁玖诺娃、А. В. 邦达尔科、А. В. 基里利娜、Г. Е. 克列依德林、М. А. 基泰戈罗茨卡娅、Н. Н. 罗扎诺娃、Г. В. 科尔尚斯基、Н. Б. 科尔尼洛娃、Е. В. 克拉西利尼科娃、Н. И. 福尔马诺夫斯卡娅、О. В. 里亚博夫、А. К. 拜布林、Е. И. 戈罗什科、Г. М. 帕沙耶娃、Н. В. 乌菲姆采娃等著名学者分别从不同视角研究男女两性的言语行为和社会性别定型特点,注重社会性别的语用研究,著述甚丰,成果彪炳。

　　在我国俄语学界,徐翁宇、赵蓉晖、彭文钊、李琳、吕鸿礼、李明宇、孙晶、唐媛、史崇文、李学岩、姜宏、曾婷、周民权等俄语学人近年来先后发表或出版相关著述,对俄罗斯语言学界的社会性别研究状况进行较有成效的探索,逐步实现了俄语与汉语社会性别语言的对接与本土化研究。

　　国内外学界的社会性别语言研究取得了可喜成果,应充分肯定。但不能不指出的是,国内外学者所做的上述研究基本上局限于社会语言学、心理语言学、社会心理语言学、口语学等视阈,并没有覆盖社会性别语言研究的全貌,也没有系统涉及语用学领域,更没有从跨文化交际视角对俄汉两种社会性别语言进行语用对比研究。

　　本课题的研究意义在于:

　　一是通过社会性别语言与语用学理论研究的对接,为社会性别语言研究提供新的理论支撑和方法论,丰富其研究内容,亦为语言学中人本位而非符号本位的语用研究增添学术积累;

　　二是通过俄汉两种社会性别语言的历时与共时语用对比研究,对俄罗斯学者在社会性别语用研究领域所取得的学术成就进行整体评价和全面描述,展现他们在西方理论本土化、继承传统与发展创新等方面的经验,向国内学界展示这些成果的理论价值和方法论意义,为促进汉语在这一研究领域与世界其他语言的对接与互通,提供较为翔实的参照依据;

　　三是通过俄汉社会性别语用对比研究,探究俄汉两种语言的社会性别语用异同以及其中所蕴含的不同民族习性、文化取向、价值观念、社会规范、思维方式等,为跨文化交际研究提供视野参照,为增进中俄两国人民之间的语言理解与文化交流发挥桥梁作用;

　　四是通过社会性别语言的本土化研究,为俄语及汉语教学提供较为翔实的语用实例,指导不同性别的学生学会使用适合自己性别角色的语言进行得体的言语交际,这对俄汉两种语言及男女两性之间的跨文化交际无疑具有直接的参考价值,亦为国内外语教学中的社会性别教育与研究提供借鉴,有助于社会性别语言学的理论研究与教学实践结合起来进行,促使教师在教学中注意研究男女学生在心理、生理、体能等方面的特殊性,把"因材施教"与"因性施教"结合起来,对学生进行扬长补短的性别差异教育研究,促进他们对言语交际中的社会性别特点的理解;

五是通过探究社会性别语言在营造融洽的言语交际氛围中的积极作用,为发掘男女两性言语行为与构建和谐社会保持协调一致的语用机制,提供较有意义的人文观察与理性思考。

2. 本课题研究的主要内容、基本观点、研究思路、研究方法、创新之处

2.1　主要内容

本课题研究涉及俄汉两种语言、男女两性的社会性别语用对比,两条主线,纵横交织,拟以其历时的形成及发展脉络梳理为经,以共时的语用对比为纬,其主要内容包括以下9个部分:

1. 探究社会性别语言研究的哲学渊源及方法论,客观评价哲学思想对社会性别语言研究产生的正负效应。具体的论述以西方女性主义的三次浪潮为切入点,从生理决定论到缺陷论、支配论、差异论再到社会性别建构论,直至社会性别语言学理论的确立,对早期的生物学和生理学研究、中期的二元对立研究、后期的后现代主义哲学视角的多元性别建构研究作了深度分析;

2. 客观地述评俄罗斯语言学界的社会性别语言研究概况,对其历史沿革以及以俄语语音研究为先导的社会性别语言属性研究、俄语体态语的社会性别差异研究、俄语与其他语种的社会性别语言跨文化交际对比研究、深层次的社会性别语用对比研究等4个基本研究特点进行梳理与分析;

3. 客观地述评国内外语和汉语学界的社会性别语言研究概况,在略述研究分期的基础上,对社会性别语言差异的表现形式研究、言语交际中的社会性别语用差异研究、外语教学中的社会性别语言研究等3个层面的主要研究成果进行总结与分析,并对研究前瞻作了简要阐述;

4. 从称谓形式不对等、词义褒贬上的差异、词序所反映的尊卑观念、汉语中的"女"字偏旁等4个层面对比分析俄汉语言中的社会性别歧视表现形式,对其历史、社会文化、传统观念等产生原因进行分析,并指出研究中存在的几个主要问题;

5. 探究俄汉语言中的社会性别定型,在诠释其基本概念的基础上,对语言意识中的社会性别定型、社会性别定型与言语交际风格、俄汉语言中的社会性别定型研究进行对比分析,挖掘男女两性适切行为以及性别角色的社会期望在

言语交际能力中体现出的社会性别定型差异;

6. 分析标记理论在俄汉社会性别语言研究中的运用情况,对国内外学者的标记理论研究进行概括与梳理,在此基础上论述俄汉两种语言的社会性别特征在形式、语义、语用和分布标记等方面的不对称现象;

7. 突破传统的社会性别语言单功能观,展开俄汉称呼语、问候语、恭维语、道歉语、抱怨语、请求语等言语行为的社会性别语用对比研究,并穿插分析影响俄汉两种语言的社会性别语用差异的成因(语言环境、语言体系、民族文化、价值观念、社会、心理、生理、性别角色等),表明社会性别言语行为不仅可以描写并反映人类认知世界的过程和结果,而且可以行事或者施为,为研究男女两性的性别语言建构能力提供了新的可能与契机;

8. 阐释俄汉社会性别语言中非口头交际的基本概念、口头交际与非口头交际之间的相互关系以及辅助语言行为、动作行为、触觉行为、姿势行为等非口头交际类型及其语用特点,在此基础上对非口头交际行为的特点与功能、俄汉成语的非口头交际特征及其意义进行探究,重点分析了沉默和目光语的俄汉社会性别语用对比研究;

9. 分析社会性别语言研究中存在的问题,并从单一化转向多元化、静态化转向动态化、宏观化转向微观化、国际化转向本土化等 4 个层面对社会性别语言研究的未来发展趋势作了展望。

上述基本内容中的第6、7、8项是本课题研究的重点和难点,其特点是突出了动态、微观、本土化研究,展现了作为语言主体的男女两性的语言使用特点及其规律,凸显了社会性别语言的标记性,从中可以看出俄汉两种语言中不同社会性别在语言规则(语音、语调、词汇、句法结构等)、语言使用(言语行为、言语礼节、交际策略、关联性、间接用语、交际失误、话语风格等)等方面的差异,以及影响俄汉两种语言的社会性别语用差异的成因(语言环境、语言体系、民族文化、风土人情、价值观念、思维方式、文化理念、社会地位、心理、生理、性别角色等)。

2.2　基本观点

(1)社会性别语言具有特定的内涵,它所体现的民族性、规约性、强制性、稳定性、简约性、复现性、可传递性以及可预测性等特点在世界各个民族语言中不尽相同,俄汉语言概莫能外;

(2)男女两性不尽相同的社会性别语言实质上是两种文化的碰撞,通常受大社会文化的制约,遵从既定的社会规约和期望,既有积极作用与合理性,也不乏消极作用与偏见。因此,取其精华去其糟粕,有助于不同性别之间的言语交际,用简洁明快的语用固有表征资源达到最佳的交际效果;

(3)社会性别语言本身涉及男女两性,即语言主体。因此,对该语言的研究应该与时俱进,顺应当代语言学中"以人为本"的主流研究范式,突破以往的研究视阈,立足本土观,进行人本位的俄汉语用对比研究;

(4)"语用对比"作为一种研究语言的自觉意识和基本立场,乃是众多对比研究中认知人类言语行为的最常用方法,其要义为:以语用解释为基础,为对比分析提供语料与佐证,分门别类,阐发俄汉社会性别语言的异同,揭示支配男女言语行为表现的各种内在与外在机制,找出俄汉社会性别语言的语用规律;

(5)俄汉社会性别语言的语用对比研究不仅涉及男女两性的言语交际以及对语言本质的认识,而且触及俄汉两种语言所承载的不同社会文化内涵以及诸多语言外因素。

2.3　研究思路

本课题研究的基本思路是:突破现有的从社会语言学、社会心理语言学视角阐释与社会性别语言有关的研究方法,以社会性别语言学理论为支撑,以语用学理论、标记理论为方法论,对俄汉社会性别语言的语用特点从两个维面进行对比研究:一是梳理与整合现代俄汉语言中不同社会性别的语用形式及其标记特点,分别阐释俄罗斯和国内语言学界的社会性别语言研究成果,并进行简要的对比分析;二是对俄汉两种社会性别语言进行宏观和微观的语用对比研究,分析语用共性和差异及其标记特征,发掘男女两性的社会性别语用机制,进而分析影响这种机制形成的原因。

在上述两条主线的语用对比研究中,前者是对俄汉语言中本身存在的社会性别差异和社会性别歧视现象进行静态描写,后者则是对俄汉语言中不同社会性别在言语交际中的语用共性与差异进行动态对比研究。

2.4　研究方法

以对比分析法为主导,坚持理论研究与实证研究相结合,同时兼顾静态与动态、宏观与微观、历时与共时相结合的研究方法,最终落实到社会性别语言的本土化研究层面。在充分论证俄汉社会性别语用对比研究的理论与实践意义的基础上,从日常言语交际、教材及文学作品中选取语料,并通过国内外学者所进行的问卷调查以及对男女两性分别进行个人意识和社会集体意识两个方面的"刺激—反应"联想实验等形式获取数据,对所获语料进行分类、征实、归纳、反思、互证及语用对比分析。

2.5　创新之处

关于本课题的创新之处,我们不敢随意拔高,只能说做了以下努力和尝试:我们认为,对社会性别语言的研究不能仅仅局限于语言与社会、语言与性差心理的对比分析,亦应研究语言与语言主体之间的相互关系,与时俱进,以人为本,探究不同社会性别的语言使用模式对于营造和谐的社会言语交际氛围可能发挥一定促进作用的语用机制。

　　基于以上认识,我们把语用学理论和标记理论引入俄汉社会性别语言的跨文化交际对比研究,通过展现俄罗斯语言学界在这一研究领域中的本土观或者本源视角,发掘俄语和汉语本身的性别非对称现象以及不同社会性别在使用俄汉两种语言时所产生的语用差异和标记特点,运用语用学理论和标记理论进行对比分析、梳理演绎、归纳概括,尝试突破原有的静态的、离散性的研究模式,建立动态的、连续性的系统语用理论范式,为跨文化交际的拓展性研究提供一些新的思路,为丰富和发展社会性别语言学研究提供一定的理论依据和实践参考。

　　本课题最主要的创新之处在于:以语用学理论为方法论,对俄汉社会性别语言进行对比研究,为该研究提供新的视阈和理论支撑,且其中的语用对比不是语言事实的纯粹罗列和简单比附,也不是异同现象的单纯发掘,而是悉心探索社会性别语言的使用规律,尝试建立较为完整的俄汉社会性别语用体系。

3. 前期相关研究成果

　　项目启动之后,我一直心存压力,不敢怠慢,努力进行前期阶段性研究成果的积累工作,迄今为止,我作为项目主持人,除了在国外出版1部俄语专著、发表5篇俄语论文之外,在国内外语类核心期刊发表论文8篇,它们是:

　　(1) 当代俄罗斯社会性别语言学研究论略,《中国俄语教学》2010年第3期。

　　(2) 国内俄语学界社会性别语言学研究略论,《中国俄语教学》2011年第2期。

　　(3) 社会性别语言学的哲学渊源及方法论探究,《外语教学》2011年第4期。

　　(4) 20世纪俄语音位学研究及其影响,《外语学刊》2012年第2期。

　　(5) 沉默:社会性别语言学研究之一隅,《解放军外国语学院学报》2012年第4期。

　　(6) 俄罗斯语言学界社会性别原型研究概观,《中国俄语教学》2012年第4期。

　　(7) 国内俄汉语界社会性别歧视研究探微,《西安外国语大学学报》2013年第3期。

　　(8) 汉俄称呼言语行为的社会性别语用对比分析,《中国俄语教学》,2013年第4期。

　　另有两篇非核刊论文发表,它们是:中俄两国俄语学界的社会性别语言学研究(第12届世界俄语大会文集《时间与空间中的俄语与俄罗斯文学》,上海外语教育出版社,2011年);俄汉恭维语的社会性别语用对比研究(《浙江外国语学院学报》2013年第1期)。

此外,我的两篇论文作为中国俄语教学研究会主办的国内学术研讨会大会主题发言,其中一篇是《俄汉言语礼节中的社会性别语言研究》(2009年10月提交苏州大学承办的中国俄语年系列活动之一"传统与创新—专业俄语学科建设国际高端圆桌会议暨中国俄语周"),另一篇是《俄语语言文化视角的社会性别定型研究》(2012年11月提交广东外语外贸大学承办的"第十一届全国俄语语言与文化研讨会")。

所出版和发表的阶段性研究成果以及两次大会主题发言引起国内外语言学界的关注,反响较大,曾有一些对社会性别语言研究有兴趣的学者不时和我们交流切磋,共同探讨相关问题,彼此深感受益匪浅。一些阶段性研究成果内容被多次转载和引用。凡此种种,可以说增加了该成果的可信度和社会影响力,为保证其学术质量和应用价值奠定了一定的基础。

最后就本成果的撰写和编排情况做3点说明:

1) 苏州大学赵爱国教授、复旦大学姜宏教授是该项目课题组主要成员,他们在项目申请阶段提出了不少建设性的建议,尽管后来由于忙于各自承担的科研项目而无暇参加本成果的撰写,但仍然一如既往关注本课题的进展情况,如赵爱国教授就课题研究内容不时提出自己的见解,姜宏教授发表了《俄汉语中性别范畴的对比研究:本质特征、语义类型及表达手段》(《外语研究》2011年第6期)一文,作为本课题的阶段性研究成果;在最终成果送审之前,黑龙江大学孙淑芳教授、浙江大学王仲正教授、对外经济贸易大学吴军教授曾就相关内容提出一些宝贵的建议;成果后边的人名索引和全文的文字校对由我的硕士生李兰琴和博士生陈春红分别协助完成,在此一并表示诚挚的谢意。

2) 为了便于查阅,每章后面都附有本章节所引用或者参阅的"参考文献",并标明作者、著述名称及其类别、出版社及其所在地以及出版时间、发表期刊及刊物年期以及论文起止页码等完整信息,脚注则在当页按照编号完成。

3) 成果正文部分的外文姓名尽可能按照"约定俗成"的规约全部译成汉语,并将译名与原文一道列入成果后边的"人名索引",便于对照查询,正文中的主要外文例句亦译为汉语。

俄汉社会性别语言的语用对比研究牵涉到的不仅是两种语言,还涉及男女两性及其所代表的不同社会性别文化,涉猎范围很广,头绪繁多,错综复杂,一时难以穷尽,加之囿于学识和认知能力,且迫于项目时限,本成果尚有一些不足之处或者缺憾,如对俄汉语言中的社会性别定型对比研究未能全方位展开,对俄汉社会性别语言中的承诺、拒绝、指责、命令、祝愿、告别等言语行为未曾详细论及,如此等等,有待今后进一步完善。疏漏和谬误之处,敬请学界专家及同仁不吝指正。

作为"前言"的结束语,我非常真诚地向北京大学出版社外语编辑部的张冰主任、李哲老师以及为本专著顺利出版而付出辛勤劳动的所有朋友们说一声:"衷心感谢你们的鼎力相助!"

周民权
2014 年 3 月于苏州

目　　录

第一章　社会性别语言学的历史沿革、哲学渊源及方法论①

　　作为人文社科领域一门新兴的学科,社会性别语言学(гендерная лингвистика)的研究近年来突飞猛进,彰显出厚积薄发、蓬勃向上的发展势头。包括俄罗斯语言学家在内的世界各国学者相互借鉴,在对接本土化理论的基础上,奋力发掘社会性别语言学的理论特点和表现形式,其中包括其哲学渊源及方法论,进一步夯实了这门新兴学科的研究基础。(周民权,2011:47)

　　社会性别研究始于西方人文学科,其形成轨迹和发展过程与认知学科、科学哲学、社会哲学、心理与哲学人格论、社会学与人类学的迅猛发展密切相关,竞相出现的新观点对社会性别研究起到了催生与推波助澜的作用。在传统的科学研究中,男性与女性历来仅仅被当作生物意义上的研究对象,他们在政治、经济和社会生活中的作用与影响长期以来一直被忽视,被边缘化。1665年,罗博尼福特所著的 *Histoire Naturelleet Moraledes Iles Antillet* 可以算作是社会性别语言学的滥觞,其中提及加勒比印第安人男性和女性使用不同的语言这一现象。沉寂两个多世纪之后,丹麦语言学家O. 叶斯柏森在1922年出版的著作《语言论:本质、发展及起源》一书才正式拉开了性别语言差异研究的序幕,但该研究成果没有引起学界足够的重视。

　　真正意义上的人文科学研究始于对男性和女性作为社会群体的关注,特别是对女性群体的格外关注。20世纪60年代社会语言学的诞生以及历史比较语言学和人类学的鼎盛发展,特别是当时美国妇女解放运动的蓬勃兴起,形形色色的女性主义思潮席卷欧洲,有力地推动了社会性别语言研究,使得语言学研究中的"后结构主义"与社会发展进程中的"女性主义"在解构传统的语言秩序问题上殊途同归,联袂而行,形成强大的合力。

　　社会性别语言的研究源于抨击性别歧视、语言学研究转型等诸多因素的推动。1963年,美国心理学工作者B. 弗雷蒂安抨击性别歧视的《女性的奥秘》一书问世,在社会上引起巨大的反响,被称为结构主义的终结与解构主义的发端。以1964年在美国召开第一次大会为标志而诞生的社会语言学倡导从社会环境

---

① 该章部分内容首次发表于《社会性别语言学的哲学渊源及方法论探究》一文(《外语教学》2011年第4期)。

的视角来考察语言与性别,为社会性别语言研究提供了方法论,使得"社会性别"(gender,гендер)已经和"阶级""种族"一样,成为西方学术界研究人类社会与历史的一个基本分析范畴。

R.莱科夫、D.齐默尔曼、C.韦斯特、B.索恩等著名的西方语言学家纷纷致力于性别语言差异及其成因研究,为社会性别语言研究奠定了初步基础,从而使得女性主义语言学(feminist linguistics)不再是性别语言学的唯一声音和代表。性别语言学研究扩展到全球,在世界各地迅速兴起,如日本学者寿岳章子的《日语与女性》(1978)、日本文化厅的《待遇表现》(1982)等著述都是日语性别语言研究的代表作。作为一个大的学科门类,性别语言学也逐渐发展出自己的专业期刊"Gender&Language Jurnal",在 1999 年建立了国际性别与语言协会(简称 IGALA),相关研究著作更是硕果累累,研究范围逐步渗透到语音、词汇、语法、语义、会话模式、言语能力、语言习得、文体研究、课堂用语、语言代码以及语言普遍性研究等不同的研究领域和研究层次,并日益与人类学、社会学、心理学、历史学、文化学、宗教学、地理学、民俗学相互交融,其研究视野日益开阔。(黄千,2011:4)目前,该学科与语言文化学、功能语言学、语义学、语用学等语言学科的联系愈加紧密,社会性别语言的跨学科与跨文化对比研究成为语言学界津津乐道的热门话题。

追根溯源,社会性别语言研究与西方女性主义的三次浪潮如影随形,并行不悖,其间所形成的生理决定论、缺陷论、支配论、差异论、性别建构论等 5 种性别语言研究理论折射出不同历史时期的哲学思想,体现了不尽相同的研究方法。

在 19 世纪中叶至 20 世纪 80 年代末这一历史发展时期,各种西方女性主义思潮纷至沓来,推动了社会性别语言的研究。但是,受西格蒙德·弗洛伊德的心理分析法以及柏拉图和亚里士多德的"二元论"对西方政治理论的影响,许多研究者囿于非此即彼的二元思维模式,将男性语言与女性语言对立起来,从而出现了静态视角的生理决定论、缺陷论、支配论、差异论等性别语言研究理论,分别从生理、心理、社会地位、权力结构和社会文化等几种不同的视角试图解释男女性别语言差异,将这一研究逐步深化。

第一节　第一次女性主义浪潮与生理决定论

女性主义最初是美、英、法等国受过教育的商人和士绅阶级妇女在西方古典自由主义思想内部发起的抗议运动,发生在 19 世纪中叶至 20 世纪 20 年代,通常被称作女性主义运动的第一次浪潮。

1. 生理决定论的形成

　　这一时期"以自由主义的女性主义为主要特征,主要强调男女两性的共性和平等,反对性别歧视,要求对男女同样对待,强调女性应该享有与男性同样的地位。"(李金凤,2004:49)其主要观点集中体现于 1848 年在美国田纳西州召开的首届女权大会通过的《权利和意见宣言》。受这种思潮的影响,西方语言学家们纷纷致力于男女两性语言各自特点及语言中所反映的性别歧视的研究,探究男女两性由于发音器官的不同所造成的声学或语音学方面的性别差异以及在色觉感知方面的差异,分析了女性的色彩词库的种类与质量大大优于男性的诸多表现形式及其特点,在此基础上提出了生理决定论(biological determinant theory),这一理论中的一个重要命题是变异性假说,认为男性与女性之间的显著差异是生理决定的、天生的、上帝赋予的,男女两性智力状况的不同是生理因素决定的:男性智力分布比女性大,即女性智力中常,男性智力或者很高,或者很低,更有可能出现天才或智力迟滞者(钱铭怡等,1995:5)。这一假说流行了很长时间,直到 20 世纪上半叶被推翻:在各种心理能力的分布中,明显的两性差异并不存在,男女两性的智商并无差异。

　　生理决定论认为,生理性别是自然的分类。这一分类又常常被概括为三个层次的性征区别:第一性征包括染色体、性腺(卵巢、睾丸)、生殖器等;第二性征包括肌肉组织、体毛等;第三性征指发式、服饰等。生理决定论除了用生理因素来解释人的社会行为之外,甚至还会用性别差异来解释身体的疾病,比如,由于男性占领医疗行业,男女受到不同的对待:男性的肺病就是肺病,女性的肺病却被认为是由子宫引起的病(French,1992:132)。这种假说以科学和医学的面貌出现,并没有什么依据。进化论的创始人达尔文在性别问题上也是一位生理决定论者,他说过,男性与女性相比处于进化的较高阶段,赋予更多的智力和理性能力,因此天生应当做领导。男性暴力是男性气质的自然健康的表现。这种观点是西方父权制文化的投影与折射,其传统的男权社会观念以西格蒙德·弗洛伊德①的心理分析为代表。

　　生理决定论的代表性成果当推丹麦语言学家 O. 叶斯柏森在 1922 年出版的著作《语言论:本质、发展及起源》,作者用整整一章的篇幅阐述了女性语言的特点,认为女性所使用的语言同男性相比"在词汇上有明显的不同,她们更多地使用委婉语,较少用咒骂语。由此他认为女子在语言的使用方面比男子更加保

---

① 　西格蒙德·弗洛伊德(Sigmund Freud,1856.5.6—1939.9.23),奥地利精神病医生及精神分析学家,精神分析学派的创始人。他认为被压抑的欲望绝大部分是属于性的,性的扰乱是精神病的根本原因。代表作有《梦的解析》《性学三论》《日常生活精神病理学》《精神分析引论》等。

守……在句法方面,男性较多地使用圆周句和主从复合句,因此他认为男子在智力上具有明显的优势,他们更聪明。"(赵蓉晖,1999:26)有人后来批评他关于男性比女性更优越、更聪明的说法是空穴来风,完全基于个人观察与推测,没有结合社会因素进行探讨,因而缺乏说服力。总的来说,这一时期较普遍的看法是视男性语言为规范语言,而女性语言则是对规范的偏离,带有明显的贬抑色彩。但总体的研究算不上系统,只是零碎的讨论或者个人的观察和体会,推测和假设的成分居多。

2. 生理决定论面临的挑战

生理决定论受到女性主义者的批评和挑战,主要理由是:它的存在就是为了支持社群之间的差异,证明现存社会秩序不论是否公正毕竟有其必然性。既然在每个社群中,个人与个人的差异远大于社群之间的差异,又何必老是着眼于由出生决定的差别呢? 一位美国的电视主持人曾经使两名生理决定论者张口结舌,窘迫不堪,她向他们提出了这样一个问题:数学不好的男人是否就不算"真正的男人"了? (斯坦能,1998:98)批评生理决定论的人们强调,生理原因决定的人类行为仅仅局限于生育或身体结构的不同,只对少数活动有影响,如打篮球、钻一个狭窄的洞等等,对于绝大多数的人类活动并无任何影响。

生理决定论不仅导致政治上的保守(如认为一切先天注定,女性不适合做某种类型的工作,不适合做家外的工作,男性天生的强悍和攻击性决定了收入的差异等),而且导致种族主义和法西斯主义的滋生。20 世纪的纳粹主义就试图从生理上证明女性、有色人种和犹太人的低下。希特勒曾说过这样一句话:这个世界上所有不好的种族都是笑话(Jackson,1996:57)。有基因学者因此警告说,要对人类行为做基因和生理解释具有一种危险性,那就是希特勒式的种族灭绝。虽然社会行为受到生理因素的影响,但是不宜特别强调生理因素的作用(Wood,1999:47)。

马克思、恩格斯也是反对性别问题上的生理决定论的。早期的马克思主义者认为,妇女受压迫源于资本和私有财产的存在,而当代的马克思主义者则认为,在资本主义之前,性别歧视就已产生,妇女在资本主义制度下受到压迫的原因不是由于私有财产,不是由于生为女人,而是资本主义的政治、社会和经济制度压迫的结果,性别的不平等与社会地位、权力关系和社会经济的不平等密切相关。由于有薪水的劳动与家务劳动的分离,妇女受到了更多的压迫是由于被排除在有薪水的劳动之外。"资本主义制度为其自身的存在造成了'公私分离'的局面。从表面上看,妇女在家里私下为男人工作,而实际上,妇女也是在为资本而工作,尽管地点是在家里。"(张立平,1999:3)

生理决定论的出现以及语言学家对语言性别歧视的发掘也使女性主义者进一步看清了女性受压迫的现实,使他们认识到生理决定论单纯从生物性别的角度来界定女性经验有失偏颇,实质上是雷同化所有女性,因为生理性别只能提供女性多维现实的一隅,仅仅是形成女性经验的维度之一。实际上,这一时期女性主义者的奋斗目标已经从改善妇女的就业、接受教育、家庭和社会地位逐渐转化为争取妇女参政的政治斗争,已经远远突破了生理性别的局限,最明显的例证是全美各州通过了妇女选举权,英国也在 1928 年达到这一目标。女性主义运动的第一次浪潮就此落下帷幕。而帕克、皮特森等人以生理决定论为基础从语言学角度进行性别差异的研究也陷入停顿,他们除了不能对一些假设进行完全证实之外,也无法提供足够的证据说明语言性别差异现象同男女两性的生理结构之间有何种必然联系。

第二节　第二次女性主义浪潮与
缺陷论、支配论、差异论

女性主义运动的第二次浪潮发端于 20 世纪 60 年代,持续至 20 世纪 80 年代末。随着美国黑人民权运动、反对越南战争的抗议行动以及法国学生运动的相继爆发,西方女性主义者掀起了争取妇女解放的第二次浪潮,"经历了一个由对女性具体问题的关心走向对整体文化进行批判的过程。在哲学上,女性主义和后现代主义思想殊途同归,体现了对人类固有的思想文化传统进行反思和批判的倾向。"(赵蓉晖,2002:19)女权运动的蓬勃发展导致了在社会地位、人权、语言等方面要求男女平等的女性主义思潮进入科学研究的众多领域。1963 年,美国心理学工作者 B. 弗雷蒂安的《女性的奥秘》一书的出版,以及 1964 年在美国召开的第一次社会语言学大会影响巨大,引发了世界各国人文科学家对这一热点研究命题的浓厚兴趣。

1. 社会性别理论的形成与发展

从 20 世纪 70 年代开始,西方一些著名的女性主义者如 R. 莱科夫、D. 齐默尔曼、C. 韦斯特、B. 索恩、D. 博林格等,不仅致力于语言的性别歧视和言语的性别差异研究,并且探究其社会根源,大量论述性别语言的专著和论文纷纷出版,推动了这一研究向世界各地的延伸。

由于和社会政治运动有着千丝万缕的联系,女性主义始终和社会现实中有关女性的就业、婚姻、教育、财产、参政等具体问题息息相关,从而构成了女性主义的实践内容;另一方面,女性主义因其产生的理论环境一直受到哲学思想的影响,其理论水平在不断探索的过程中逐步攀升和提高。贯穿女性主义始终的核心内容就是对"妇女缺乏理性"的男性中心论的批判。在女性主义者看来,现有的世界是以男性的价值观为标准建立起来的,男性始终处于人类社会的中心位置,代表着权力、权利和理性,而女性一直处于社会的从属地位,其存在和意识被边缘化,受到压制和贬低。于是,女性主义者力图在实践上通过社会运动来提高妇女的政治地位和思想觉悟,以达到社会改良、优化妇女生存地位的目的,而在理论上则努力解构现有的法规和思想体系,以重新建构起合理的新秩序,其中包括语言秩序,因为女性主义者认为"语言秩序乃是一种象征秩序,而象征秩序(语言)是一种体现家庭和社会的结构,它是在社会关系的相互作用下形成并体现的……进入象征秩序,也即进入语言。反之亦然。"(Kramarae,1981:26)

由于对语言在象征秩序构成中的重要性有了足够的认识,女性主义者在蓬勃兴起的第二次女性主义浪潮中受马克思主义唯物史观的启发,努力去寻找女性的语言表达传统,基于女性主义概念和性别角色的概念,提出了"社会性别"(gender,гендер)这一具有深远意义的理论概念,以此表明:即使是人类最基本的生理性别特征,也可能因社会文化的作用而成为某种模式,成为社会规约的产物,并影响着人们的意识和行为。在女性主义看来,性别(sex)与社会性别含义不同,前者指一个人在生物学意义上生而具有的是男性或者女性的事实,后者则指社会对于男女两性所赋予的价值与意义。这种区分的意义在于强调人们的性别意识、性别行为都是在社会生活的制约中形成的,女性的性别角色也是社会生活的产物,并随着社会生活的变化而变化。

从理论意义上讲,以 gender 取代 sex,把性别研究从生物学领域转向社会文化领域,宣告了生理决定论的终结,为妇女解放和男女平等指出了希望,也为社会性别语言的研究提供了理论依据。所以说社会性别理论是人类发展到以人为中心的社会发展模式中产生的一种理论观念和学说,以人的基本权利为出发点,反省传统的社会性别,旨在促使男女两性全面健康发展,实现男女两种社会性别在社会地位、人权、语言等方面的平等。

社会性别概念在拓展的过程中,突出所谓的"女性气质"是由人为造成的这一点,强调性别和性别歧视的社会性问题。社会性别概念是由西蒙娜·德·波伏瓦在被称之为女性主义圣经的《第二性》(The Second Sex)中进一步发挥阐述的。她的著名的"女人不是天生的"的论点正是针对生理决定论和弗洛伊德主义关于妇女的解释而进行的尖锐批判。波伏瓦希望女性拒绝社会和文化强加给她们的各种框框,超越"女性气质"的束缚与限制,从而推动了社会性别概念的产生与发展。这一概念主张社会性别是社会建构的,最终体现了父权制社会中两性之间不平等的权力关系,并且作为一种强大的意识形态影响着人们的生活模式以及个体的生活选择。至此,社会性别作为揭示社会性别关系的一个概念,成为女性主义学术和女性主义理论的核心概念。

社会性别作为一个分析的范畴,对它的诠释也是多层次、多含义和多角度的。1988 年,美国后现代女权主义理论家琼·斯科特把社会性别定义为:社会性别"是组成以性别差异为基础的社会关系的成分,是区分权力关系的基本方式……是代表权力关系的主要方式……是权力形成的源头和主要途径。"(斯科特,1997:168—170)进一步讲,社会性别是男性和妇女之间权力关系的反映,这种权力关系直接体现为男子的统治和支配地位、妇女的被统治和被支配地位、男子的主体地位和妇女的客体地位。因此,女性主义批评者认为,社会性别无疑是一种社会分层机制,是使压迫妇女的机制体制化、系统化的权力关系,最终体现了父权制社会中不平等的权力关系,这一权力关系说明两性分化过程是在父权文化制度中完成的,人类正是在这一社会文化适应以及被奴役和支配的过程中获得了性别和主体性,形成了男女角色、性格、地位、行为特征等方面的差异,致使这种差异越来越大的根本原因是社会构建因素。

显而易见,社会性别理论把男女两性之间的相互关系作为最基本的社会关系,视其为社会关系的本质反映,通过对男女两性关系的分析,来发掘社会关系和社会制度的根源和本质,从而成为女性主义者强有力的政治、经济和社会文化的分析工具。

首先,社会性别理论揭示了男女两性关系的经济本质,认为这种关系实质上是生产关系的反映。就像阶级、民族、国家这些概念一样,社会性别关系是男女两性在经济生活中占有生产资料和劳动成果方面的不平等关系,这种不平等关系由于与阶级、民族、国家等诸种关系相互交叉重叠而长期被人们忽略,未被发掘。

其次,社会性别理论作为一种哲学思维方式,深入揭示了男女两性关系的政治本质,即"性别政治"或"性的政治",否定先天的、生理决定论的观点。西方政治理论的一大特点是深受柏拉图和亚里士多德的"二元论"和"两分法"的影响。在社会性别理论看来,绵延至今的"二元论"和"两分法",不但制造了私人领域与公共领域的对立、自然和文化的对立,而且制造了男性与女性的对立。

第三,社会性别理论作为一种社会文化分析工具,从男女两性的角度看待社会性别关系是怎样在历史中被不断叙述和塑造的,其独具匠心之处就在于不断深入发问:在人类社会文明中,对女性观念特征和行为模式的期待,也即不同文化的共同的性别意识和性别观念是怎样形成的? 而它所得出的结论同样令人深思:现实存在的性别关系是由历史过程中某一特定阶段形成的男性霸权得以持续巩固的结果。这种男性霸权的支撑有赖于一套话语和符号的灌输,旨在巩固男性在政治经济上占据的优势地位,从而把男性的价值观和意识形态作为整个社会必须信奉的信条。

　　社会性别理论的确立标志着女性主义学术研究的一个新阶段的开始,为社会科学的研究提供了一个新的视角。作为女性主义的学术基础与理论核心,社会性别理论为女性主义理论形成了一个普遍有效的阐释框架,使女性主义者首次拥有了属于自己的话语权力,也逐渐成为学术界各个学科中广泛适用的一种分析范畴,语言学研究概莫能外。

　　社会性别理论引发了语言学领域的探索,有的学者提出了一种主张男女平等的女性主义语言学(феминистская лингвистика)或拟女性主义语言批评学(феминистская критика языка)。1978 年,美国科学院编辑出版了一本名为《语言、性别和性:差别有意义吗?》的社会语言学论文集,其序言中明确提出要建立"性别语言学"(sexual linguistics)。作为这一方面的代表,R. 莱科夫在其《语言和妇女的地位》(1975)一文中指出,在语言所反映的世界图景中,男性居于中心的地位,而女性的形象却是残缺不全的。"这种语言批评富于论战性质,同时还试图动用有关人的全部科学知识来进行语言学的描写,其间涉及心理学、社会学、民族学、人类学和历史学等多个学科领域,其研究结果甚至还成功地影响了某种语言政策的制定。这方面的代表除 R. Lakoff 外,还有 P. Trudgill, D. Zimmerman, S. Tromel-Plotz 等人。"(赵蓉晖,1999:27)这些理论的提出无疑为尔后的社会性别语言学研究开拓了思路。

　　归纳起来,这一时期的社会性别语言研究主要包括缺陷论、支配论和差异论。

2. 缺陷论

　　缺陷论(deficit theory/deficiency theory)的代表人物是 R. 莱科夫及早先的 O.叶斯柏森等,其主要观点是:在男权社会里,只要存在社会地位和权势上的不平等,就无法消除语言上的不平等。"男性语言是标准形式,而女性语言则是变体,本质上比男性的低劣,是女性受男性支配、一直处于从属地位的结果。"(施栋琴,2007:38)语言不仅反映社会规约,而且起到强化社会规约的作用。男女两性在语言使用上表现出的性别差异折射出他们各自不同的社会性别角色以及不平等的社会地位,而社会角色的差别使男女两性在说话方式和话题选择方面存在一定的差异,如女人更关心时尚、孩子、烹饪,其话语倾向间接、重复、琐碎和委婉,男人则更关心体育、科技、政治,其话语则更直接、清晰、见解和切题,这意味着做女人本身就是一种缺陷,而女性语言的缺陷则是对规范和标准的偏离,是性别角色社会化的结果。

　　R.莱科夫的《语言与妇女的地位》(1975:73—74)一书将上述观点发挥到了

极致,成为语言性别差异研究的里程碑。她在该书中把女性语言中的一些特点归结为"妇女语体"(women's style),指出妇女语体的语音、词汇和句法特征都表明女性语言具有从属性,属于"无力语体"(powerless style),是妇女自小形成的女性特有讲话方式与风格。由于她在性别差异研究中所采用的"直观假设法"或者"经验感知法"过于注重妇女语体特征的描写,有意无意地强化了"男性标准"的假设与推测,缺乏实际的语料和量化的分析论证,从而导致了研究结果的片面性。

3. 支配论

支配论(dominance theory/ power approach)风行于 20 世纪 70 年代初至 80 年代末,其代表人物是 D. 齐默尔曼、C. 韦斯特、帕梅拉·费什曼等。这一理论"是对早期缺陷理论的重新表述,把性别看作社会权力。按照这种学说的观点,男女性别差异是男人统治、压迫,女人从属、被支配的关系。男女在权势上的不对等最终导致了男女在语言交际中的不均衡现象。"(李金凤,2004:49) 她们通过调查研究,发现女性在与男性交谈的过程中常常被对方打断,在话题的选择和语量上也受到一定的限制,无论从谈话风格和策略,还是从控制话轮的时间长度上看,男性都表现出很强的支配性,显现出男女在会话中的权势差异。支配论对于性别语言的研究以细致入微的调查分析为基础,以真实情景中出现的自然话语为语料,采用民族方法论的研究方法,侧重于语言交际中的动态研究,辅之以详尽的量化分析,并借助于现代化的科学手段,因而具有较强的说服力,比以假设为基础且缺乏量化分析论证的缺陷论更具可信度。

但是,该理论有其明显的不足,尽管它非常注重话语的社会权力结构,对语境有很强的依赖性,但仍然拘泥于语言性别研究二元对立的统一模式,以所有男人统治所有女人的"笼统概念"解释性别语言差异,因而很容易造成负面影响,遭到质疑和反证。事实上,影响性别语言变异的成因很多,单靠一种"支配论"难以自圆其说,远不能确定到底是哪种因素在起作用,来自不同民族、不同阶层、不同社会团体和不同文化背景的人,即便是同性群体或者社会地位相当,在使用语言方面也会有很大的差异。这样一来,取代支配论的另一个更加中性的解释语言性别差异的理论—差异论应运而生,逐渐被人们所接受。

4. 差异论

差异论(difference theory)产生于 80 年代后期,最早由迈尔兹和伯克尔等人提出,主要依据是心理学和人类学对性别语言差异的研究。该理论认为,"由于男女分别成长于不同的亚文化背景和不同的社会化过程,因此在语言风格上表现出明显的不同。但两种语言风格同样有效,并无优劣之分,只是反映了不同的交际亚文化。"(李金凤,2004:50)如果说莱科夫的缺陷论认为女性的讲话风格存在缺陷,缺乏权威性,那么,差异论则认为不存在缺陷之说,只是女性和男性的讲话风格不同而已。该理论的代表人物德·坦嫩、卡麦隆等人研究的重点是社会化了的性别,表明男女孩童在同性伙伴中习得了不同的话语风格与言语交流技巧,儿时获得的许多言语和非言语技巧可以保留到成年期,对成人之后的话语风格仍有很大的影响。例如,在异性言语交流过程中,男性喜欢表现身份,充当主导者,希望自己成为被关注的重点,其谈话方式充满竞争性,讲话风格锋芒毕露,而女性的谈话方式则是合作性的,含蓄委婉,处处注意维系与对方的良好交际关系,表现在语言上,便是女性较少使用祈使句而更多地使用表示建议的句式,这与民俗语言学的观点不谋而合。

因此,德·坦嫩称男性的谈话为"报道式谈话",女性的谈话为"关系式谈话",其原因概出于男女两性生活和成长的不同社会文化环境以及由此形成的不同语言表达习惯,而不同的社会分工和传统的社会影响使之更加模式化,更加牢固。在她看来,男性和女性就像来自两个不同国家的人一样,分属于两个不同文化环境的社会群体,他们生活和成长于不同的社会文化环境,因而形成了各自不同的语言使用习惯和话语风格。即便是来自同一文化、处于同一社会并讲同一种语言的男女,由于在语言使用习惯上有很大的区别,因而在日常生活中会出现冲突和不愉快的事。她认为,男女语言习惯不同是因为社会对男女的要求和期望不同而造成的。传统上男性被视为强者,通常扮演保护者的角色,而女性则被看作弱者,是被保护的对象,这"就使男人和女人在社会化过程中按照社会的要求和期望培养了与各自社会角色相符合的讲话特点,主要表现在说话人的倾向、说话内容以及方式这3个方面。"(李经伟,2001:12)

像支配论一样,差异论受到交际民族志学的影响,也同样采用了量化调查分析法,可信度与科学性较强;与支配论不同的是,差异论者将男性和女性视为平等的交际者,以积极的态度看待男女话语风格上的差异以及可能产生的交际失误。但是,该理论过分夸大男女之间的性别差异和亚文化交际的影响,忽视了权力关系和父权制等影响话语交际的诸多因素,对性别问题的复杂性和微妙性研究不力,没有解释男女为什么应该分属于不同的亚文化群体、儿时的性别类型社会化是如何产生的、男性权势对异性之间的话语交际有什么影响等一系列问题。究其原因,差异论与缺陷论、支配论一样,同样建立在男女性别二元对立论的基础之上,强调每一性别都有自己固定的、单一的言语交际风格,忽视了不同性别的人可能彼此采纳对方的谈话方式、异性之间的话语交际可能相互交融等非二元对立现象的研究。

　　缺陷论、支配论与差异论等三种理论都承认社会语言性别差异的存在，并且从社会地位、权力结构和社会文化等三种不同的视角对这些差异现象进行过卓有成效的探讨，具有第次否定、相互传承、递进式发展的特点，反映了社会文化的不断进步与性别语言研究的步步提升。如果说在西方女性主义第一次浪潮中的性别语言研究以揭示男女两性的生理差别和批判男性偏见为主题，那么，第二次女性主义浪潮中的研究则对之持批评态度，采用一种新的研究方法，注重分析女性的被支配地位、社会性别角色以及女性的身份等问题，由此展开讨论男女两性语言差异的根源和成因。

5. 第二次女性主义浪潮中的两大派别

　　从 20 世纪 70 年代开始，西方女性主义先后分化为两大派别：掀起第二次浪潮的女性主义自由派将其研究的关注点从性别平等转向性别差异以及女性特征，为女性主义激进派的性别语言理论的深化研究提供了契机，奠定了基础。

5.1　女性主义自由派

　　该派别建立在自由主义思想基础上，强调个人自治和自我实现，赞同个人权利优先，认为一个公正的社会应该允许个人运用他的自治，实现自我，在个人权利优先的前提下，要尊重女人的权利，因为女人也是人，有权运用她的自治，实现她的人格，等等。该派影响最大的代表人物当推 B. 弗雷蒂安，她的《女性的奥秘》一书热销一时，在思想上触发了第二次女性主义浪潮。该书戳穿了女性满足于做贤妻良母的传统角色的神话，揭示了生活在郊区的、富裕的、中产阶级家庭的女性的悲苦和空虚以及由此引发的生理和心理疾病，认为妻子和母亲的角色限制了女性人格的发展，使得她们没有机会参加家庭之外的"创造性的劳动"，结果其智力没有得到充分发展。因此，她鼓励女性进入社会公共领域，认为解决性别不平等的办法是：男女要共同承担家务，女性应与男性一样接受教育，进入生产领域，平等地参与立法部门的工作等等。

　　近 20 年之后，B. 弗雷蒂安的思想发生了几乎是 180 度的大转变，从追求"同样的平等"（sameness equality）转变为"在差异中的平等"（equality in differ-ence）。她在 1981 年出版的《第二阶段》一书中一改往昔的观点，认为目前对女性的危险不是"女性的奥秘"（即只通过与男性的关系把女性定义为妻子、母亲、干家务的人），而是"女性主义者的奥秘"（即认为女性人格中的核心不用通过爱、抚养、家庭来实现）。究其原因，有 4 种情况：一是时代的变迁与发展：60 年代是激进的年代，自由主义思想在美国社会大行其道，风靡一时，而 80 年代是保守主义开始回潮的年代，整个社会逐渐向右转；二是社会对女权运动的反弹:一些激进女性主义者在反对父权制及性别歧视时,把男女两性对立起来,结果发展成为仇恨男性,排斥男性,这必然引起社会的反感与抵触;三是女性参加工作的大量事实表明,家庭和事业很难兼顾,不少在事业上成功的女强人在私生活中并不幸福,要么单身,要么在家庭和事业之间疲于奔命,个性的发展及经济的独立使之更容易提出离婚;四是诸多社会问题的产生,如单亲家庭、未婚母亲的增多、离婚率的上升等,使得人们从社会稳定的角度出发开始反思女权运动及女性主义的主张,认为社会问题的产生与从前的女权运动不无关系。

女性主义自由派的其他代表人物还有苏珊·奥金、娜塔莉·布卢斯通、艾里斯·罗西等。苏珊·奥金认为,男女两性应该在社会的各个方面都保持平等,这样就不会导致不平等的性别差异。她虽然否认男女两性在心理上存在着性别差异,但赞成吉利根的"母性思想"(motherhood thought),即同情心,并以此为据批评罗尔斯的正义论中没有将社会性别考虑进去。她是一个主张男女两性一体的女性主义者,认为一个正义的社会应该是没有性别的社会。如果说苏珊·奥金基本上是从男女的同一性来论证男女平等的话,娜塔莉·布卢斯通则是从男女之间的差异性来证明平等,认为事实存在的自然性别差异并不会导致男女两性在思维方式或认识方法方面的不同,女性完全可以像男人一样进行理智思考,完全有资格从事高职位的工作。

女性主义自由派不触动整个社会制度、基本的传统及父权制,并没有说那一切不好,只是说女性也可以按照那个框架、那套规则行事,可以和男性一样生活与工作,或者男女两性之间可以互补。但是,有一些问题,如女性是否可以或愿意完全像男性一样? 像男性一样的女性是否幸福? 女性存在的价值是否就像男性一样,或除此之外再没有女性的价值? 如此等等,女性主义自由派没有为之提供适宜的答案,没有找到问题的症结所在。

尽管女性主义自由派在理论上存在不少漏洞,但它在白领中产阶级女性中影响甚广,且在实践中为女性争取了许多权益,如女性与男性一样享受同等的接受高等教育和就业机会以及同等的参政权和代表权等,对女性自主意识的提高及其社会地位的改善以及社会性别语言的初始研究功不可没。

5.2　女性主义激进派

该派别由女性主义自由派所催生,分为激进主义女性主义、马克思主义女性主义和社会主义女性主义。

5.2.1　激进主义女性主义

激进主义女性主义产生于反传统、反文化、反客观、反实证主义、反科学主义颇为流行的 60 年代,激进的妇女解放运动曾风行一时,其代表人物主要有舒拉米斯·费尔斯通、凯特·米利特、罗宾·摩根、玛丽·戴利、M. 弗伦奇、凯瑟琳·麦金诺等。与女性主义自由派不同,激进主义女性主义主张革命而非改良,在"个人就是政治"的旗号下,致力于"提高觉悟"和"对性别敏感",否认以男性为中心的认识论和价值观,主张从妇女的"经历"中总结出以妇女为中心的"妇女文化"和"女性价值观",同时也不认为通过进入公共领域妇女就能得到解放。正是在实践中,激进主义女性主义发展了自己的理论。

与其他女性主义派别不同,这些理论属于真正"美国女性主义者制造"而非欧洲大陆的舶来品或男性思想的翻版,其言词和行为受当时环境的影响,有不少过火之处(如反对婚姻制度、反对生育及异性恋、强调男女的差异及对立的方面,而没有看到男女的同一性等等)。在理论上,它虽然存在着非历史(如将父权制泛化)和非科学(如认为性压迫是一切其他形式的压迫的根源)的倾向,但它对女性主义理论的发展产生了极大的推动作用,如"社会性别"(gender)、"性骚扰"(sexual harassment)概念的提出、"个人就是政治"的观念以及对妇女的"经历"与女性价值观的研究,无疑对于以男性为中心的文化理念和价值观形成很大的冲击。

5.2.2 马克思主义女性主义

马克思主义女性主义可谓是对女性主义自由派的一种反动,它认为作为一个社会群体,妇女受压迫不是由于偏见、无知或个人的故意行为,而是资本主义的政治、社会和经济制度的产物,将妇女所受的压迫与资本主义对劳动力的剥削形式联系起来,把马克思主义阶级分析与女性主义结合起来深入探讨女性受压迫的问题,强调性别的不平等与社会经济的不平等密切相关、不可分割。这一流派自60年代产生至今一直处于边缘地位,在美国该派比较知名的人物有南希·哈索克、海蒂·哈特曼、伊丽莎白·格罗茨、里斯·沃格尔、罗斯玛丽·亨尼西等。

美国的马克思主义女性主义与英国等欧洲国家的马克思主义女性主义有所差别,特别是80年代以后,英国的马克思主义女性主义强调机械唯物主义,而美国的马克思主义女性主义则强调历史唯物主义。英国学派受后结构主义、后现代主义、后殖民主义的影响,认为除经济因素以外,语言、文化、知识等也是女性受压迫的原因。受政治气候等因素的影响,欧洲国家的马克思主义女性主义者尽管在方法论上基本上承袭了马克思主义,但不用"马克思主义"这个前缀词,代之以"唯物主义派的女性主义"。

英国的马克思主义女性主义者认为,妇女应该提出"有偿家务"(即付工资的家务,由政府而不是个人给主妇付费)的要求,这样有助于她们认识到家务劳动的重要性:妇女在家里不仅通过劳动力的再生产为资本提供必要的服务,而且通过家务劳动创造剩余价值。美国的马克思主义女性主义者一般不赞成"有偿家务"之说,认为有偿家务的结果会使女性与世隔绝,很难有机会再干别的事,而且有偿家务会助长资本主义使一切都商品化的趋向,使夫妻关系、母子关系都商品化,从而导致人的异化。不仅如此,有偿家务也不会刺激女性去做"男性的工作",也不会刺激男性去做"女性的工作",使得劳动力的性别分工固定化,形成二元对立。

马克思主义女性主义更多地从经济的角度来看待妇女受压迫的问题,关注于解决妇女受压迫的物质层面,即妇女进入公共领域、家务劳动、照顾孩子等社会化问题。但遗憾的是,它同女性主义自由派一样,只看到男人与女人的同一性,而对其差异性没有足够的认识。

5.2.3　社会主义女性主义

社会主义女性主义也是由最先倡导自由主义女性主义的英国女性主义者提出的,特别关注的是阶级压迫和性别压迫在当代社会中相互作用的方式。英国的朱丽叶·米切尔在 1966 年发表的《妇女:最长久的革命》一文中最早将马克思主义与女性主义结合,尝试一种新的解释方法,认为生产、生育、性生活、子女的社会化方面的历史变化决定了妇女的现状,要实现妇女的解放,必须改造和调整这四个方面的结构。此后,"朱丽叶·米切尔的《妇女等级》和《精神分析与女性主义》先后在纽约出版,更明确地用马克思主义(有关生产和再生产的理论)和西格蒙德·弗洛伊德的精神分析(有关性欲的学说)来分析妇女的状况。她的观点在 70 年代的美国女性主义者中引起强烈的反响。"(张立平,1999:4)

1979 年,齐拉·艾森斯坦编著的美国第一部社会主义女性主义论文集《资本主义、父权制与社会主义派女性主义的状况》问世,表明社会主义女性主义已成为 70 年代女性主义的一个重要组成部分。编者在导言中论述了社会主义女性主义的特征:"社会主义女性主义致力于理解由资本主义父权制派生的权力体系。……理解资本主义和父权制之间的相互依存对社会主义女性主义的政治分析至关重要。尽管父权制(及大男子主义)在资本主义以前就存在,并在资本主义的社会里得到延续,但如果要改变这个压迫结构,我们要弄明白它们现存的关系。在这个意义上,社会主义女性主义超越了……孤立的激进主义的女性主义理论。"(王政,1995:148)。除齐拉·艾森斯坦外,社会主义女性主义的主要代表人物还有艾莉森·贾格尔、艾里斯·扬、罗斯玛丽·董等。

美国的社会主义女性主义和英国的社会主义女性主义一样,都用唯物主义来分析资本主义制度,强调马克思主义对于父权制与资本主义制度的二元体系分析,但各自的角度有所不同。朱丽叶·米切尔主要从精神方面来分析父权制,认为父权制是一种社会意识形态,即使到了社会主义,父权制也仍然普遍存在,其物质层面(生产领域或公共领域方面)虽然可以随着资本主义的消亡而消亡,但其精神层面(意识形态、父权文化)则在资本主义之前、之中、之后普遍存在。美国女性主义经济学家海蒂·哈特曼则用唯物主义来分析父权制,认为父权制是"男人之间用来统治女人的一整套的社会关系,它有一个用来在男人之中建立或创立相互依赖及团结一致的物质基础,尽管它是等级制的",这一物质基础存在于男人对女性劳动权力的控制上,具体表现为:限制女性得到重要的经济资源,不允许女性控制性生活以及掌控生育权。在海蒂·哈特曼看来,父权制与资本主义制度结伴而行,男性控制女性的欲望与资本家控制工人的欲望一样强烈。显而易见,哈特曼的观点是:父权制主要体现在物质层面,而不是在精神领域。

有些学者对马克思主义者关于父权制与资本主义制度的二元体系分析提出批评,主张用一元体系来解释女性问题。如艾里斯·扬建议用"社会性别的劳动分工"(gender division of labor)作为核心概念,把马克思主义、激进主义和精神分析的女性主义熔于一炉,合为一体,形成一元体系分析格局。艾莉森·贾格尔也致力于一元化体系,但她用的中心概念是"异化",她认为这一概念"可以将马克思主义的、激进主义的、精神分析的、甚至自由主义的女性主义思想都融会贯通;异化首先是劳动的异化,然后是母性和性生活的异化,最后是妇女自身的异化。"(Alison,1983:353)

社会主义女性主义与马克思主义女性主义不易区分,事实上二者之间的界限十分模糊,在主要的方法论方面也十分相近,即都信奉马克思主义。有人将海蒂·哈特曼称作是"马克思主义女性主义者",另一些人则将她称之为"社会主义女性主义者"。此外,社会主义女性主义者与自由主义女性主义者也并非泾渭分明,有人将齐拉·艾森斯坦称为自由主义女性主义者,也有人将其称为社会主义女性主义者。在方法上,社会主义女性主义也不完全拒斥其他流派,它虽然是以马克思主义的方法为依托,但也采用了精神分析派和激进派的一些术语或方法。(张立平,1999:6)社会主义女性主义者自称兼收并蓄(如罗斯玛丽·董),但看来它似乎有点像大杂烩,理论特色不十分鲜明,这也是它常为人诟病的地方。

6. 缺陷论、支配论、差异论的局限性

上述女性主义派别,无论是自由派还是激进派,它们所构建的缺陷论、支配论、差异论等主要理论框架都试图从不同角度解释男女性别差异的深层原因,为女性主义理论的深入研究打开了思路,奠定了基础。但囿于历史原因和认识上的局限,尚存在着以下两个方面的问题:

一是过于看重差异,将男女性别作为相互对立的二元范畴,视其为不会随多种因素变化而变化的静态特征,以这样的思维为出发点,许多研究者首先设想男女两性之间存在着本质上的差异,而且必定能在其行为方式中得到体现,

对于具体研究的结果,也常概括为普遍结论,于是,大量的研究针对同一课题,但结论常常相左。究其原因,是没有从动态视角去分析男女社会性别角色的相互转换与同一性问题。

二是忽视多种因素,静态地考察性别与社会之间的关系,把性别视为造成男女不平等的主要原因,忽略了社会、文化、心理、习俗、语境等一系列因素对于性别角色的影响。例如,以英美文化中男女为考察对象的研究结果,有时并不适用于其他文化,其中有不同国情和民族特点等综合因素的影响。再如,支配论和差异论等理论依据的是范围有限的实证性研究结果,但都过分强调引起语言使用差异的某一个方面而忽视其他因素,因此都广遭批评(施栋琴,2007:40)。因此,这些理论研究发现的某些性别差异实际上是多种因素共同作用的结果,性别并不是一个显著的变量,也绝不是唯一的因素。

实际上,女性主义既不是要建立生理性别和社会性别之间区别的真实性质,也不是要消灭这种区别,而是为性别特征的极端的不稳定性开放空间。女性主义在性别差异问题上最关注的是,把过去被认为是自然的、天赋的、不可改变的性别特征,重新定义为不固定的、可塑的。女性主义主张解放性别认同,使它向各种选择开放(Glover,2000:7)。它期望性别认同不再像传统社会中的"成为一个男性"或"成为一个女性",而是"关于我们选择什么样的社会性别的微妙的心理和社会的权衡"。

总的来说,当代女性主义思潮丰富多彩,既吸纳了众多的理论思想,又对女权运动的实践进行了经验总结。它好的方面是:它从自由主义引入了机会均等、权利(力)共享的意识,从马克思主义引入了物质决定意识、经济基础决定上层建筑以及阶级斗争的观念,从后现代主义(后结构主义)引入了"话语霸权""知识权力""解构建构"等说法,为它从多角度、多方面认识妇女因为性别缘故受到不公正待遇提供了分析工具。不足之处是:它缺乏辩证的观念,重平等轻自由,重对立轻统一,重群体轻个体;而且,作为一种理论,它显得庞杂零乱,甚至自相矛盾,尤其是不同派别之间矛盾重重。(张立平,1999:11)但不管怎样,女性主义思潮毕竟反映了社会的进步,开拓了人们的视野,为社会、政治思想提供了一种新的角度,并且在实践中为人权的进步、妇女地位的提高提供了有力的思想武器,亦为社会性别语言的研究奠定了哲学基础,提供了方法论。

社会性别分析方法是女性主义者对社会科学方法论领域的一大贡献,是对阶级分析、民族分析、文化分析等方法的补充。它可以被概括为两个方面,一个是研究领域的拓宽,另一个是研究方法的创新。女性主义的研究开拓了如下研究领域和新方法:第一,对特殊群体的研究,例如对上层女性的研究,对农场农妇的研究,对日裔美国女性的研究,对美国南部奴隶女性的研究,对美国印第安混血儿的研究,对性奴隶现象的研究,人类学家对印第安医师的研究,对世界著名的女恐怖主义者的研究等等。第二，对特殊行为的研究，例如对养家这一行为的研究，对改进小区环境的研究。第三，开创了研究资料的新形式，例如关于女性的主观社会经验的资料，关于女性主观自我的资料等。（Reinharz，1992：219）

第三节　第三次女性主义浪潮与社会性别建构论

20世纪90年代以来，随着全球化运动席卷而起，以后现代女性主义为标志的第三次女性主义浪潮滚滚而来，与其他当代思潮如后现代主义、后结构主义等相互交融，语言性别研究呈现出多元化、动态化、微观化和本土化发展的趋势，社会性别概念受到女性主义学者的质疑和挑战。这种挑战性说明了当代社会变迁展示着文化过程的多元性和不稳定性，使得女性主义者认识到，不同肤色、不同种族、不同阶级、不同性取向的妇女之间并非完全同一和对应，她们之间同样存在着差异和特殊性，因此，女性主义者对自身的社会性别理论进行了反思与批判，逐步实现了发展与超越。

在女性主义者看来，社会性别理论作为一种哲学思维方式，旨在深入揭示男女两性关系的政治本质，即"性别政治"，竭力消除柏拉图和亚里士多德的"二元论"和"两分法"对西方政治理论的影响，坚持发展可变的观点，反对非此即彼的二元思维模式，否定以等级制和排他性为特征的二元对立式男性中心主义知识建构方式，倡导和谐共存的多元式思考方法和知识互补，坚持后天的、社会文化建构的思想和发展可变的观点，从辩证批判的视角诠释已有的社会性别观念，追求平等和谐的社会性别关系。社会性别理论的主要任务之一，是解构男性话语，以及由男性话语统治着的历史叙述和现实阐释，对男性话语主导的政治重新进行审视和界定，从而解构现实中不平等的男女两性关系，重新建构整个社会关系和社会制度。

尽管20世纪60年代崛起的后现代主义（后结构主义）与女性主义的关注点不一样（后现代主义关注意义、解释、二元论；女性主义关注妇女、经济及个人政治以及实现妇女解放的政治目标），二者几乎毫不相干，但在此后的20多年中，双方经过审慎的观察，发现彼此之间有不少共同点，终于在解构传统的语言秩序问题上殊途同归，使得女性主义与后现代主义融合，成为后现代主义的一部分，从此进入女性主义第三次浪潮—后现代女性主义发展时期。

后现代女性主义否定了启蒙时代的思路，它虽然也承认存在着父权制和性别不平等，但不认为有着统一的认同和一成不变的父权制。它也不像其他流派一样提出宏大的、普遍的解放理论，因为它不相信人类历史会像启蒙时代的人所认为的那样，永远朝向自由和进步。它更多地看到差异性，其中包括男女之间由于知识、权力、霸权话语而造成的差异性以及不同地域、文化、种族、阶级、性取向等导致的差异性。

后现代女性主义者认为，社会性别理论的内涵在当今已经扩大，它不仅指两性的差异，也包括种族、国家、阶级、性取向等和女性解放有关的领域。只有和这一系列相关问题结合在一起，女性主义理论才能适应社会发展而存在。1996年，琼·斯科特在为《女权主义与历史》一书所写的序言中，也进一步强调要重视女性群体中不同文化、不同种族、不同阶级和阶层、不同辈分和不同年龄之间的差异及链接，从而大大丰富和发展了女权主义的社会性别理论。

美国学者苏珊·弗里德曼也于1996年提出了"社会身份疆界说"这一创新性概念，明确提出要"超越社会性别"，但也并不是否定社会性别概念，而是要把这一概念同包括阶级的、种族的、年龄的、性取向的、宗教的、甚至国家的等等许多表述社会身份的范畴结合起来，去思考和应付复杂的社会文化现实，打破把社会性别看作唯一决定因素的思维范式，力图把它扩展开来，从多元化的、建构到解构到再建构的视角去解读复杂的社会现象，如包括如何看待男女之间的差异问题。

不仅如此，后现代女性主义者竭力反对把男女两性截然对立的二元论，反对具有特定身份的主体的存在，对静止的社会性别观提出质疑和挑战，认为支配论和差异论仅代表了女权运动的不同时期：支配论代表了女权主义者的愤怒时期，证明了女性在生活的各个方面所遭受的压迫，而差异论则代表了女权主义者的欢庆时期，反映了她们要求恢复和重新评价女性独有文化传统的呼声。她们批评以往的研究只把目光盯在语言上，缺乏对性别本身的理论研究，视性别为预先给定的因素，认为性别特征决定语言特征，从而简单地区分出女性语体和男性语体，按照她们的观点，女人并不是生下来就是女人，而是成长为女人，正是人们所从事的社会实践活动造就了人的性别特征，而不是相反。人们的语言行为模式产生于其惯常性的实践活动以及相关社团成员之间的关系。人在其一生中不断地进入新的社团，参加新的社会实践活动，他（她）必须不断地通过调整自己的行为使其适合所属社团的要求，从而形成自己的性别特征。他（她）也可能拒绝接受和执行那些被相关社团所规定的行为，以示对现行性别规约的反抗。如果一个人讲话像个女人，那并不是她是个女人的必然结果，而是她成为女人的一种方式。

与社会语言学家认为一个人的社会身份决定其言语行为（换句话说，人们有意识或无意识地使用语言来标记其已定的身份，例如标记自己的性别、阶层、民族以及与同一社团中其他成员之间的关系）的观点相反，后现代女性主义者认为人的行为构成特定的身份，但同时也认为行为不是自行规定的，不是自由的和任意的，而是要受到社会规约的限制。如果说支配论和差异论者关心的问题是男人和女人如何使用语言,那么,后现代女性主义者"所关心的问题不是男人和女人如何使用语言,而是特定的语言行为如何促成男人和女人的产生。"(李经伟,2001:13—14)她们把性别看成是一个行为要素的组合集,而不是把行为本身视为性别直接产生的结果,因为在不同的社团里和不同的历史时期,人们具有不同的行为。

受后现代女性主义思潮影响,V. L. 贝里瓦尔、J. M. 郯等学者从社会建构的视角来看待性别范畴,认为"性别是个动态的范畴,是人们在不同的实践活动中不断建构的事物,而语言则是建构性别的重要方式,因此,研究个人在具体社会活动中的话语,便可了解他们建构性别身份的方式。"(施栋琴,2007:40)由此逐步形成了社会性别建构论(social constructionist gender theory)。由于一些倡导社会性别建构论的语言学家本身就是女性主义者,因此,社会性别建构论与后现代主义思想一脉相承。

社会性别建构论是对生理决定论的反动,其最初的观点是:每个人的成长都是基因和环境共同作用的结果,人类的许多差异都不是源于一个基因,而是许多基因的相互作用。性别是以生理性别为基础的社会建构,个人生而为男为女,并没有天生的性别认同,他们是在成长过程中获得性别认同的,在经过社会的建构之后才成长为男人和女人。虽然生理性别是天生的,但是社会性别既非内在的,也非固定的,而是与社会交互影响的产物。它会随着时间和文化的不同而改变。社会性别是由社会建构的,是社会和符号的创造物。后来,这一观点得到进一步发挥:生理性别、社会性别和身体都是社会建构的,都不是自然的分类。由于生理性别、社会性别和身体都是社会建构的,男性和女性(社会性别)的建构并不仅仅来源于男性和女性的身体(生理性别),所谓男性气质和女性气质都是后天获得的。

社会性别建构论主要包括两种理论:社团实践论和表演论。

1. 社团实践论

社团实践论(the community of practice)由著名社会学家魏恩 1991 年首次提出,后由艾科特和吉奈特将其引入社会性别研究领域。它将社会性别的建构视为一个社会过程,用发展的眼光看待性别差异,不仅汲取了社会网络、言语小区等概念的积极因素,而且在解释性别语言差异的成因上有所创新,突破了原有的一些观点。按照她们的解释,社团实践论又称行为集团论(theory community of practice),而行为集团是由参与共同活动的人们组成的团体,团体成员的所有行为(包括行动方式、说话方式、话语风格、信仰、价值观和权力关系等)都体现在统一的社团实践活动中。社团实践的概念由共同参与的活动、合作协商的计划和共享的可调整资源等 3 个方面构成。

行为集团论的提出为社会性别语言差异研究输入了新鲜的血液,它特别关注的并不是单纯的自然性别,而是社会性别,认为个体的社会性别建构与他所处的行为集团有关,和他的生理性别没有必然联系,由此表明:

1.1　人们从事的社会活动决定了他们的社会性别,使之表现出相应的行为特征,因此,语言和生理性别之间没有直接的联系,二者通过不同的行为模式相互作用。例如,在教师行为集团和护士行为集团中,男性语言带有更多的女性特征,其行为模式更接近女性,言语行为较为温和,用词更加规范,而在政治家、消防队员和企业家等行为集团中,女性语言则体现出更多的男性特征,其言语行为往往和传统的女性不一致,通常表现出果敢、强悍的男性特征。

1.2　男女两性的语用差异不是绝对的,往往受行为集团、语境、交际对象、个人文化程度、年龄、社会地位、性格等因素影响而有所不同,有时甚至出现相反的情况:在同一行为集团中,异性的言语行为表现出更多的同一性,而在不同的行为集团中,同性之间的言语行为则表现出更大的差异而不是雷同。随着社会的进步,男女两性的话语风格逐步趋于融合。

1.3　对语言主体——人的关注达到新的高度,人本位得以体现。在传统的研究中,人们关注的焦点更多的是群体而非个体,个体行为往往是作为群体行为的例证而出现的,个体的差异仅被视为群体行为规范的下意识反应。例如,在社会语言学中,言语小区形成的基础是使用某一特定语言的全体人员,或是对语言规范持有相同标准的人员,划分言语小区的标准始终以语言活动为中心。而行为集团的形成“并不以某一地域、某个群体的言语行为为标准,它以个体的行为为尺度划分其归属:具有共同的行为模式的个体可形成一个行为集团,言语行为只不过是人们共同的行为方式之一,它不再是形成集团的核心。”(武继红,2001:14)换言之,这样的行为集团不同于传统的言语社团,只要有成员共同参与某项活动,便能随时组成一个活动社团,即行为集团,其形成核心是行为模式而非言语行为。

由此可以看出行为集团论对于社会语言学的突出贡献:行为集团将言语行为与社会行为紧密地联系在一起,它所关注的语言是作为行为的语言而不是作为符号的语言。不仅如此,行为集团论还认为,个体的身份是由行为决定的,它不再是一个固定的范畴,这样就可以将身份的多样性纳入视野,包括种族、阶级和年龄,从而将社会性别语言研究提升到一个新的高度:社会性别语言研究的重点由符号转向语言主体—人。

1.4　定性分析和民族志学分析有助于考察行为集团中说话者如何使用语言来建构社会性别身份以及男女在使用语言建构社会性别身份方面有什么不同。在传统观念中,定量的研究方法一向被视为“硬方法”,如大型问卷调查和数据分析等,而定性研究方法则被视为"软方法",如民族志学方法(ethnographies)、深入访谈方法和观察法等。后现代女性主义者批评统计学,视之为"男权文化中所谓'硬性事实'的僵硬定义的一部分"(Reinharz,1992:87),主张女性主义的研究不应采用定量方法,只应采用定性方法,并在实践中付诸实施。例如,艾科特和吉奈特对美国密歇根一所中学的青少年进行了长期的观察,发现"决定他们使用新颖还是保守元音变体的因素不是性别而是群体身份。这些青少年分属自己划分的 Jockc 和 Burnouts 两个群体,不同群体的成员在价值观和社交活动等方面都不同,因此使用语言也不同,而且女孩比男孩更多地依靠语言形式来表明她们的群体归属。"(施栋琴,2007:41)

2. 表演论

表演论(theory of performance)是由美国后现代女性主义的理论家朱迪思·巴特勒在其批判性著作《性别的烦恼》(1990)中提出的。她跳出多年来一直争论不休的"性别平等"和"性别差异"的窠臼,超越了社会性别二元对立论,认为"性别不是预定的,性别角色和性别特征是靠表演决定的。男性和女性都被看作社会演员,服装、发式、举止就是表演的道具。他们在交际过程中表演着自己的性别,性别身份在表演过程中不断被协商,但永远没有终结。"(李金凤,2004:52)按照她的观点,性别身份不是个人的特性,而是一种必须重复表演的行为。社会性别不是一个固定的身份,而是在实践中不断构建的身份,通过风格化的重复行为在一个外部空间中得以构成;社会性别不是一个静止的名词,也不是一套捉摸不定的特质,"社会性别"是表演性地产生的,而且被其内在的一致规范的实践所压迫;"身体"已不是生物意义上的"自然的身体",而是由文化和权力决定的身体;同样,政治也不是一种认同政治,而是"表现性的政治",没有了绝对的是非、对错,政治不过是一种表现性的使人兴奋的言辞;知识也不再是客观的、理性的和普遍的,而是由权力决定的话语。

朱迪思·巴特勒的理论中透着一种反智主义和反基础主义的味道,这正是后现代主义(后结构主义)女性主义的特色。对于巴特勒来说,不存在着单一的"认同",也没有一条通向妇女解放的康庄大道,任何一种女性主义都无力代表地域、种族、文化、阶级、性倾向不同的另外一些妇女,相对于前一种女性主义的代表而言,后者是"他者"。她肯定多样性、差异性,并认为要对任何一个范畴和理论进行批判。(张立平,1999:10)

在朱迪思·巴特勒看来,"女人"和"男人"不再被当作固定和基本的分析类型,是先于社会性别的文化构成的存在。她认为,社会性别是"公共行为"的符号形式,是一种戏剧性的隐喻。它既是历史的,又是个人的。社会性别是一种选择,是一种可以拿起又可以放下的身份。社会性别作为一个话语因素,实际上制造了对于前话语或内在的生理性别的信念。实际上,生理性别是社会性别回顾性的投射,是它的虚构的起源。生理性别被当作起源或原因,而事实上是制度、实践和话语的结果。生理性别并不先于社会性别,性别认同的意识是通过重复的表演或对我们的文化中社会性别的规则和习俗的引用而生产和再生产出来的。生理性别反倒是社会性别的产物,社会性别在时间序列上应排在生理性别之前:"社会性别是一种表演,它制造出一个内在的生理性别或本质或心理性别内核的假象。事实上,社会性别被自然化的途径之一,就是通过被建构为一种内在的、心理的或肉体的(生理的)必然性。"(Butler,1990:173)但她又认为,生理性别在社会性别之后,并不意味着社会性别就是真实的东西,社会性别只是表演而已,是一种特别形态的模仿。它并不是模仿一种真实的生理性别,而是模仿一种理想模式,这一理想模式是自我的设计,并不存在于任何地方。这一社会性别理想模式永远不会固定下来,而是被每一次社会性别表演不断地重复着。性别化的身体就像一个演员出演一场没有剧本的戏剧,这个演员拼命想要模仿一种从未经历过的生活。

朱迪思·巴特勒还认为社会性别独立于生理性别而存在,甚至认为生理性别也是由社会和话语构建出来的。在她看来,"性别差异"并不是一个本体论事实,而是一种社会、政治和文化建构,而且,正是因为以往哲学坚持这种所谓的事实,才导致性别不平等的社会机制。因而,要摧毁这种机制,就必须否认这种差异的真实性,从基础的意义上对基于这种"性别差异"假设的知识领域提出质疑,以"系谱学"("系谱学"是一种历史的探索方式,并不以追求真理、甚至知识作为目的。它不是事件的历史,而是探讨被称为历史的东西出现的条件。—作者注)的方式研究主体形成的条件,依据这一方式,主体的构成假定了性与性别是制度、话语和实践影响的结果,而不是它们的原因。换言之,一个人作为主体并不能创造或者导致制度、话语和实践的产生,相反,他是通过后者来决定的。因而,性和性别本身都不是预先存在的,而是通过主体的表演形成的,性别是一种没有定型的模仿,事实上,它是一种作为模仿本身的影响和结果产生定型的模仿,例如异性恋的性别是通过模仿策略产生的,它们所模仿的是异性恋身份的幻影,也就是作为模仿的结果所产生的东西。异性恋身份的真实性是通过模仿的表演性构成的,而这种模仿却把自身建构成一种起源和所有定型的基础。

尽管如此,朱迪思·巴特勒也不主张终结"性别差异",认为女性主义理论不能因为内外部的矛盾和理论分歧就一劳永逸地宣布"性别差异"的终结,但她也不赞同把"性别差异"作为女性主义的基础,认为"性别差异并不是一种给予,不是一个前提,不是女性主义构建的基础。它并不是那种我们已经相遇并逐步理解的东西。相反,它是鼓励女性主义者竞相探讨的一个问题,是某种不能被充分强调的东西。"(Butler,2001:418)总之,巴特勒的理论对语言性别差异有解体性的认识。

对朱迪思·巴特勒的表演论,也有人提出严厉的批评。其原因在于:如果给了说话主体更大程度的能动性,就意味着他们有更高程度的自由来否认性别和权力关系的重要性。因此,还要考虑性别被表演的公共环境和所处的权力关系。从一些研究中不难看出表演(performance)和表演性(performativity)的区别,特定的话语如何被分析为不断重复的风格化行为。如基拉.哈尔在《虚拟的口语服务》(1995)一书中描述了电话性工作者如何使用风格化的语言,来表演她们认为顾客愿意购买的色情需求,表演能够招揽顾客的弱女子气质。这种表演性承认语言使用的能动性,同时也为语言使用者留下了自由行动和随意创造的空间。语言学家们没有把我们看作完全自由的行动者,但"对于那些把讲话者看作像早年被输入了程序的机器人,只是机械重复适合于自己性别的言语行为的观点大为不满。她们认为哪怕是最主流的、最传统的性别身份都可以甚至必须被用不同的方式来表演。"(李金凤,2004:52)

再如,L. 伊丽格瑞(1993:5)对朱迪思·巴特勒的"性别差异并不是一个本体论事实"的观点提出反驳。她认为,"性别差异"是一个本体论事实,女性主义不应超越或者否定这一事实,而应当以性别差异作为自己理论和实践的基础。西方哲学传统忽视了性别差异,这主要表现在或是在本体论意义上忽视女性的存在和独立性,或是以男性体验来代替人类的体验,把女性仅仅看成与男性、男性的欲望或者需求相关,或是把女性视为不完整的人,或是借口哲学是性别中立为由来抹杀女性的体验和利益。因此,现有的哲学、心理学和政治学无法为性别差异提供基础。伊丽格瑞结合精神分析、语言学以及后现代主义来说明女性的欲望和性别差异。她认为。无论在历史上还是在现实中,女性的欲望始终是被扭曲的,因为它一直是以男性的参数和标准来评说的。而事实上,女性有其不同于男性所描述的欲望,这些欲望具有多元性、不可言说性以及与它者浑然一体等特征。

作为精神分析学家,L. 伊丽格瑞还从心理语言学角度研究性别差异。她根据语言使用的正常句法结构以及不同的失语形式来解释不同的精神错乱现象,分析男女在语言表达方面的差异。例如,男性更喜欢在语言中呈现出主体地位,把自己描述成话语或者行为的主体,女性则更可能抹杀自己,把话语优先权让给男性。

L. 伊丽格瑞认为,这些差异实际上是"父权制"导致的结果,西方哲学在以男性为中心的形而上学体系中,已经建构起与男女两性本体论特征相对立的性别特征,以至于男性在"人类的典范"和"性别中立"的掩饰下并不清楚自己的性别特征,而女性在被贬低和被歧视的境遇中,完全被否认了真实的性别特征。

L. 伊丽格瑞呼吁西方哲学承认男女的性别差异,但这种差异不能从等级制意义上,而应当从男女联系、联合以及共同生存的可能性方面来理解。女性主义应当坚持"性别差异",女性也应当探索和发现自身本体论意义上的性别特征,从男尊女卑的社会、法律和政治制度中解放出来,使自己不再成为男性的投射和附庸。

事实上,尽管 L. 伊丽格瑞和朱迪思·巴特勒观点不一,但她们都强调了"性别差异"在当代哲学中对于女性、女性主义、女性的主体与身份的意义,都试图通过对于"性别差异"问题的分析来解构和批评西方哲学传统中歧视和贬低女性的"父权制二元对立思维结构"和"性别本质论",只不过双方研究的视角和采取的途径不同而已:L. 伊丽格瑞从批评以往哲学在本体论意义上忽视女性的存在和独立性、以男性体验来代替人类体验、以性别中立为由抹杀女性体验和利益的做法,试图探索和发现女性本体论意义上的性别特征,建构平等和谐的性别关系,而朱迪思·巴特勒则从社会性别视角出发,把"性别"和"性别差异"看成是社会、政治和文化的产物,揭露"父权制"哲学传统如何通过把"性别差异"确立为所谓的本体论事实来固化不平等的性别权力关系和对于女性的压迫。

从女性主义的总体政治目标来看,L. 伊丽格瑞和朱迪思·巴特勒之间并不存在原则的分歧,分歧只在于"性别差异"是被建构的,还是就本体论而言是基础性的问题,这一分歧实际上反映出女性主义哲学中的一个看似无法逾越的内在悖论:如果不强调"女性"独有的体验、欲望和性别特征,说清女性与男性究竟在何处有"差异",哲学便会重新以"性别中立"为由而忽视、甚至无视女性的利益,但是,如果强调"女性"独有的体验、欲望和性别特征,说清女性与男性究竟在何处有"差异",似乎便有可能重新陷入为女性主义所批评的"父权制二元对立思维结构"以及"性别本质论"的泥潭中去。

然而,面对这一悖论,社会性别建构论者认为,如果采用女性主义把性别与社会性别区分开来的分析方法,汲取后现代主义强调多元、异质和差异的思维成果,便可以看到解决问题的前景,那就是看到女性主义要抛弃的仅仅是西方哲学中体现基于"父权制"思维逻辑的"女性"概念、对于"女性"性别特征的描述以及对于"性别差异"的概括,而不是要抛弃"女性"概念、"女性"的性别特征以及"性别差异"本身。如果这些概念和理论能够从"父权制"思维逻辑的羁绊中解放出来,在女性解放、两性平等、人类社会和谐发展的意义上得到重新建构,女性主义学者便再也不会对于这些问题争论不休。事实上,社会性别建构论正是以这一思路为基础创建起来的。

有学者认为,西方性别语言学理论"基本上经历了七种主要学说,即生物决定论、缺陷论、支配论、差异论、行为集团论、化妆论和表演论,对性别与语言的观点一步步深化。"(黄千,2011:5)实际上,这种划分方法和我们以上所阐述的6种学说并不矛盾,前4种保持一致,第5种,即行为集团论相当于我们所说的社团实践论,而化妆论和表演论等同于上述表演论,所述内容包含其内,相互之间并无二致。

总而言之,社会性别建构论对传统的缺陷论、支配论和差异论进行了调节与中和,弃其糟粕,取其精华,更客观而全面地揭示了社会性别语言差异的特点,对异性之间的类同和同性之间的差异作了更具说服力的诠释,其理论特征和描写方法有助于解决传统性别语言差异研究在理论分析和方法论上面临的诸多难题,逐渐成为社会性别语言研究领域的主干理论模式。当然,也有许多女性主义者对社会性别建构论持批评态度,认为该理论在一定程度上削弱了女性主义的政治性和实践性,其中的"社团实践论仅仅是一种研究视野,并不是一种解释性理论,无法从意识形态和统治支配等更具普遍意义的角度来系统解释人们在具体社团中实践性别身份之前形成的、带有性别色彩的行为准则。因此,要探索某些思想意识、价值观念等如何强制性地作用于人,需要更一般的研究方法。"(Bergvall,1999:284)

苏珊·博尔多认为走极端的建构论实际上是"社会性别怀疑论"。如果性别角色完全由话语、由社会构建而成,随社团活动的不同而变化不定,不断地自我解构产发新义,永远处于不稳定状态,且男女两性的意义不断变化增加,那么女性主义者和女性主义理论就不复存在。

受社会性别建构论的影响,俄罗斯学界20世纪90年代以来深入进行的社会性别语言研究进展迅速,成效卓著,在较短时间内实现了西方社会性别语言学理论与俄语语言学成果的借鉴与对接,完成了这一理论本土化的进程,其研究视角从语言和社会关系及性差心理的研究逐步转向社会性别的交际语用探索,对各个交际单位中不同性别的俄语口语现象以及体态语言展开语用对比分析,使得这一研究进入以俄语口语为分析对象、以解释俄语为目的的发展阶段,逐步形成了一套以俄语结构功能语言学为基础、以言语行为、智力行为、一般行为模式为主题的社会性别语言研究体系,彰显出具有俄罗斯特色的本土化研究理念。

俄罗斯学界的突出贡献之一,就是 A. B. 基里利娜、A. A. 杰尼索娃等俄罗斯语言学家借助于定性-定量分析法、历时-共时分析法和语用对比分析法,在社会性别建构论的基础上明确提出了社会性别语言学(гендерная лингвистика)的理论概念。按照她们的观点,尽管社会性别不是语言学范畴(社会语言学及心理语言学除外),但通过分析语言结构可以获取有关社会性别的诸多信息,社会性别语言学正是在社会性别理论从建构到解构到再建构的动态过程中,以社会语言学、心理语言学、语言文化学、女性主义语言批评学等学科为基础形成并发展起来的,后现代主义哲学为其提供了方法论。

　　俄罗斯语言学家还从哲学的视角分析社会性别语言学产生的渊源,对后结构主义、解构主义、后马克思主义以及女性主义几个流派之间的异同关系进行比较,认为它们之间存在着一些后现代主义的共同特点:

　　(1)它们都否定经久不变的认识论基础以及不容置辩的理论前提与规则,对绝对的或者通用的规范以及包罗万象的理论体系持怀疑态度;

　　(2)它们都认可语言的现实观念,认为我们所领悟到的现实实际上是一种社会和语言建构现象,是我们传承语言体系的结果。因此,对世界的认识只能通过语言形式,我们对世界的认识并不能反映语言之外存在的现实,只能同其他语言表达形式发生联系;

　　(3)尽管它们都信奉多样性、多元性、片断性和不定性,但都否定作为因果概念的社会整体学说;

　　(4)它们都怀疑始于启蒙时代的、作为西方思想基础的理性统一主体,认为该主体无论从社会还是语言学方面都是不完整的;

　　(5)这一时期的语言学和心理学研究本身,其中包括对于范畴概念的新观点,都会促进对于哲学基础概念的重新审视,促进对于大量的笛卡尔传统逻辑概念的否定,促进对于语言学研究任务的重新思考。(Кирилина,2000:36—37)

　　按照 A. B. 基里利娜(2002:9)的简练说法,当前社会性别语言学研究的主要问题是:"语言中包含着社会性别的哪些表达手段? 社会性别建构的语用和交际语境何在? 影响这一建构过程的语言因素和非语言因素有哪些?"她认为,作为一种文化现象,社会性别在语言中的反映以及在个体相互交际中的建构无疑会促进语义学、语用学、语言文化学、认知语言学、话语语言学等学科的深入研究,使得社会性别语言学在现代人文学科中占有重要的一席之地。

　　在俄罗斯语言学家看来,社会性别语言学研究的根本任务不仅涉及社会性别语言本身,而且包括探究不同社会性别的语言使用模式对于营造和谐的社会言语交际氛围可能发挥一定促进作用的语用机制。其原因在于:社会和谐离不开男女两性和谐,而男女两性和谐的前提是它们在社会地位、人权、语言等方面的平等。实现性别平等,是构建和谐社会的必然要求、重要指标及动力所在。构建和谐社会就是要达到人与社会的和谐、人与自然的和谐、人与人的和谐、群体与群体的和谐,而这一切的和谐都必须以男女两性和谐为基础,其中语言和谐的重要作用无论怎么估计都不会过高。因此,如何为人本位而非符号本位的可持续性研究增添学术积累,如何为发掘不同社会性别在言语交际中与社会文明建设保持相互和谐的语用潜能提供较有意义的理性思考,如此等等,成为社会性别语言学研究所面临的艰巨任务。

　　纵观上述流派和理论观点,从生理决定论到社会性别建构论,从自由主义女性主义到后现代女性主义,从性别的生物学研究到社会性别理论研究,乃至社会性别语言学理论的形成,其间经历近一个世纪的风风雨雨,凝结着世界各国学者共同努力的心血。通过分析对比不难看出,以上各个流派的产生和流行有着鲜明的时代特征,每一派别都与其所产生的那一时代的社会发展密切相关,每一派别的产生都与那一时代的理论思潮相呼应。它们虽然具有不同的理论来源和历史背景,具有不同的哲学思想支撑点和形式各异的研究方法,但都直接的或者间接地回答以下问题:

其一,在各个国家、各个民族漫长的发展史上,性别意识、性别观念究竟是更多地建立在生物学和生理学知识上的科学,还是由历史形成的社会关系所决定的文化叙述和制度建构的结果?

其二,为什么男女两性之间在社会地位、人权、语言等方面不平等? 妇女受压迫的原因何在? 作为一个群体,妇女为什么处于从属地位? 阻碍妇女人权充分实现的障碍究竟在哪里?

其三,如何争取男女之间真正意义上的平等? 如何实现妇女的解放?

其四,男女平等的模式是什么? 女性主义所憧憬的理想的两性关系及人类社会是什么样的?

其五,如何客观地评价男女的同一性(人)和差异性(男或女)这个一直困扰女性主义者的问题;

其六,社会性别角色对语言的使用有什么影响? 造成男性和女性的社会性别语用差异的成因何在?(周民权,2011:51)如此等等,其中部分问题也正是社会性别语言学理论已经或者正在研究的命题,有待于我们今后进一步发掘。

参 考 文 献

[1] Alison, M. J. Feminist Politics and Human Nature[M]. Totowa, N. J.: Rowman & Allanheld, 1983.

[2] Bergvall, V. L. Towart a comprehensive theory of language and gender[J]. Language in Society, 1999(28): 273—293.

[3] Butler, J. Gender trouble[M]. New York: Routledge,1990.

[4] Butler, J. The End of Sexual Diffeience,in Elisabeth Bronfen & Misha Kavka ed. ,Feminist Consequences[M]. Columbia University Press, 2001.

[5] Glover, D. and Kaplan C. Genders,Routledge[M]. London and New York, 2000.

[6] French, M. The War Against Women[M]. Summit Books,1992.

[7] Lakoff, R. Language and Woman's Place[M]. New York: Harper & Row, 1975.

[8] Irigaray,L. An Ethics of Sexual Difference[M]. Cornell University Press,1993.

[9] Jackson, S. and Scott, S. Feminism and Sexuality,A Reader[M]. Columbia University Press:1996.

[10] Kramarae, C. Women and men speakin[M]. London: Newbury house publishers,

INC,1981.

[11] Reinharz, S. Feminist Methodsin Social Research[M]. Oxford University Press, 1992.

[12] Wood, J. T. Gendered Lives, Communication, Genger and Culture[M]. Wadsworth Publishing Company, 1999.

[13] Денисова А. А. Словарь гендерных терминов[Z]. М., Информация - XXI век:2002.

[14] Кирилина А. В. Гендер: Гендерные аспекты языка и коммуникация[M]. М., Языки славянской культуры, 2000.

[15] Кирилина А. В. Гендер: Гендерные исследования в отечественной лингвистике[A]. // Гендер: языка, культура, коммуникация[C]. М., Рудомино, 2002.

[16] Кобозева И. М. Лингвистическая семантика. М., УРСС, 2000.

[17] 黄千,中国性别语言学三十年研究成果综述[J],现代语文,2011(3):4—8.

[18] 李金凤,语言性别理论发展与西方女性主义思潮[J],妇女研究论丛,2004(6):48—54.

[19] 李经伟,西方语言与性别研究述评[J],解放军外国语学院学报,2001(1):11—15.

[20] 琼·斯科特[美],性别:历史分析中的一个有效范畴[A],李银河,妇女:最漫长的革命——当代西方女权主义理论精选[C],北京:生活·读书·新知三联书店,1997.

[21] 钱明怡等,女性心理与性别差异[M],北京:北京大学出版社,1995.

[22] 斯坦能,行动超越语言[M],呼和浩特:内蒙古人民出版社,1998.

[23] 施栋琴,语言与性别差异研究综述[J],外语研究,2007(5):38—42.

[24] 王政,女性的崛起:当代美国的女权运动[M],北京:当代中国出版社,1995.

[25] 武继红,试析"行为集团"在性别语言研究中的应用[J],外语教学,2001(2):13—16.

[26] 张立平,当代美国女性主义思潮述评[J],美国研究,1999(2):1—11.

[27] 赵蓉晖,语言与社会性别——俄语研究的新方向[J],外语研究,1999(3):25—29.

[28] 赵蓉晖,语言与性别研究综述[J],外语研究,2002(4):19—27.

[29] 周民权,当代俄罗斯社会性别语言学研究论略[J],中国俄语教学,2010(3):12—16.

[30] 周民权,社会性别语言学的哲学渊源及方法论探究[J],外语教学,2011(4):47—51,64.

第二章　俄罗斯语言学界社会性别
语言研究概述①

如上所述,当代社会性别语言学研究的蓬勃兴起主要受两大因素驱策:一是随着 20 世纪 50 年代语言学研究向社会范式的转型,"语言与社会""语言与社会中的人"开始成为现代语言学研究的主流样式;二是随着 20 世纪 60 年代欧美国家女权运动的迅猛发展,在社会地位、人权、语言等方面要求男女平等的女性主义思潮空前高涨,将西方社会语言学家的研究视野吸引到"语言与社会中的女性"这一新型命题上来,从而使得语言学研究中的"后结构主义"与社会发展进程中的"女性主义"在解构传统的语言秩序问题上殊途同归,形成合力,推动了世界各国的社会性别语言研究向语言的不同维度延伸。(周民权,2010:12)

受这一研究态势影响,俄罗斯学者群策群力,潜心研究,在社会性别语言研究的理论性和系统性方面取得了显著的成效,研究成果斐然,据不完全统计,1993 年至今,俄罗斯学界已发表论文 700 多篇,出版相关辞书与专著 80 多部,在理论性和系统性方面形成了颇为厚实的学术积累,其研究成果产生了重要的国际影响。对他们在社会性别语言研究领域所取得的学术成就进行综合分析和客观述评,可以展现其在西方理论本土化、继承传统与发展创新等方面的经验,为探究俄罗斯语言背后所隐藏的民族习性、文化取向、价值观念、社会规范、思维方式以及研究俄语教学中不同性别的语用特点提供参考依据。

第一节　研究的形成与发展

俄语术语"гендер"一词源于英语术语"gender",其初始意义是指语法的性范畴。进入哲学、社会学、社会语言学、心理语言学等学科的研究领域后,该词逐步获得了跨学科研究的学术地位,在语言学领域则获得新的意义,指的是社会性别(социальный пол)或社会文化性别(социокультурный пол),以区别于生物性别(sex,биологический пол),诚如 A. B. 基里利娜(2000:52)所说:"гендер

---

① 该章部分内容首次发表于《当代俄罗斯社会性别语言学研究论略》一文(《中国俄语教学》2010 年第 3 期)。

这一术语的提出,就是为了排除将与生物性别的相关的所有社会文化差异归结为自然因素的生物决定论。"她在 A. A. 杰尼索娃主编的《社会性别术语词典》中撰写了"社会性别语言学"这一词条,明确指出:"尽管社会性别不是语言学范畴(社会语言学及心理语言学除外),但通过分析语言结构可以获取以下信息:社会性别在不同的文化中发挥什么作用,男女两性的哪些行为规范可以加载不同类型的话语文本,关于社会性别规范、男性特征、女性特征的概念在时间上发生哪些变化,主要归属于女性或者男性的语体特征有哪些,不同的语言与文化对于男性特征、女性特征作何阐释,社会性别的所属不同会对掌握语言有哪些影响,与语言世界图景的哪些片段与主题范围有关。"(Денисова,2002: 138—139)如此等等信息的研究形成了社会性别语言学理论的基石。

与西方学界相比,俄罗斯学界的社会性别语言研究虽然起步较晚,但投入的研究力量大,目标明确,动作快,效率高,已经形成了较为厚实的学术积累。从 20 世纪 70 年代起,以 O. H. 西莉娜为代表的一批俄罗斯学者开始研究俄语语音中的社会性别变异。1993 年,著名俄语口语学家 E. A. 泽姆斯卡娅①主持编写的《俄语及其功能实现·语用—交际方面》一书辟出专门章节讨论两性的言语差异问题。她在开篇中简介欧美国家的语言与性别研究情况之后,指出了俄语中生物性别和社会性别的区别,重点阐述俄语中的言语性别差异现象,勾画出了大致的研究轮廓,为尔后的社会性别研究奠定了基础。(周民权,2012: 29)

此外,E. A. 泽姆斯卡娅还与 M. A. 基泰戈罗茨卡娅,H. H. 罗扎诺娃合著了该书中的《男女言语的特点》一章,从语音、词汇、情感表达手段、形象手段(隐喻,比较)、评价等几个方面对男女之间不同的口语特点作了翔实的语用对比分析,并且明确指出:该项研究将回答一个问题:在各种不同的语言中,男女之间的言语如果存在差异,那么"其普遍的、通用的、跨民族的特点表现何在?除此之外,此类研究还有助于了解男女的个人心理与社会心理特点、同性群体与异性群体各自交往的现代社会结构特点,同时对于教育(包括教授幼男幼女的言语行为技巧,防止对不同性别的孩子进行学前和小学教育时出现失误)不无裨益。"(Земская и др. ,1993: 101)

莫斯科国立语言大学专门成立了由 И. И. 哈列耶娃教授领导的社会性别语言研究小组和语言实验室,以俄语为语料,从理论和实践上探讨男性和女性在俄语言语交际中的诸多差异,涉及教学法、社会语言学、心理语言学、文化语

---

① E. A. 泽姆斯卡娅(E. A. Земская),苏联著名语言学家 B. B. 维诺格拉多夫(B. B. Виноградов,1895—1969)院士的学生,莫斯科功能社会语言学派(Московская школа функциональной социа-лингвистики)的奠基人,以俄语口语研究见长,代表作有《俄语口语论纲》《俄语口语:一般问题·构词·句法》《俄语口语:语音·词法·词汇·手势》等,其中多处谈及社会性别语言问题。

言学、语用学等各个方面,其研究成果集中反映在论文集《语言和交际中的社会性别因素》(1999)中。进入新世纪以来,A. B. 基里利娜带领该研究小组奋力攻关,成果斐然,在这一研究领域做出了卓有成效的努力,已经成为俄罗斯语言学界公认的研究社会性别语言的领军人物。1997 年至今,她已经出版相关专著6 部,发表论文 40 余篇。其代表作《社会性别:语言学方面》(1999)、《社会性别与语言》(2005)对社会性别语言研究的基本理论问题以及所在研究小组的阶段性研究成果作了全面的总结分析,被称之为俄罗斯学界"系统研究社会性别语言的代表作"。

值得一提的是 1999 年 11 月俄罗斯教育部组织召开的第一届"社会性别:语言 · 文化·交际国际学术大会",与会著名学者分别来自独联体、德国、奥地利、芬兰、美国、加拿大等国家和地区,议题丰富,收效甚佳,在世界语言学界产生了重要的影响。如果说此前俄罗斯学界的社会性别语言研究处于起步形成期,那么,这次国际研讨会的成功召开则标志着其已经进入发展与提高阶段。

"社会性别:语言·文化·交际国际学术大会"基本上每年召开一次,迄今为止,已经举办了 14 届,每届都选定不同的研究主题,吸引来自世界各地的研究者共同探讨,会后出版会议论文集,介绍和宣传会议研究成果。以 2003 年召开的第三届大会为例:大会展现了俄罗斯学界进入新世纪以来的研究成果,研讨的议题集中在四个方面:1. 社会性别语言研究的普遍问题;2. 作为一种社会文化现象的社会性别的民族文化特点及其语言表征;3. 篇章与对话的社会性别分析;4. 文学与心理语言学中的社会性别实证研究。会议论文集选录了近 60位学者的 50 篇论文,对上述议题分别进行了多维论述,有力地推动了社会性别语言研究的进一步拓展。

近几年来,随着研究不断深入,俄罗斯语言学家的研究视角从语言和社会关系及性差心理的研究逐步转向社会性别的交际语用探索,对各个交际单位中不同性别的俄语口语现象以及体态语言展开语用对比分析,使得这一研究进入以俄语口语为分析对象、以解释俄语为目的的发展阶段,逐步形成了一套以俄语结构功能语言学为基础、以言语行为、智力行为、一般行为模式为主题的社会性别语言研究体系。

第二节 基本研究特点

30 年多来,俄罗斯学界的社会性别语言研究由浅入深,由表及里,进展迅速,成效卓著,在较短时间内实现了西方社会性别语言学理论与俄语语言学成果的借鉴与对接,完成了这一理论本土化的研究进程,彰显出具有俄罗斯特色的研究理念与学术成就。笔者以为,其基本特点可以概括为以下 4 个方面:

1. 以俄语语音研究为先导的社会性别语言属性研究

　　语音是俄罗斯语言学家在研究社会性别语言差异时最早关注的问题,他们从男女两性的生理机制和社会心理因素入手,通过对男性和女性实际发音特点的分析,发现男女两性在音质、音色、音长和语调等方面均有较为明显的差异,这些差异主要出现在日常口语中。较之男性的发音,女性发音的特点表现为音质清晰、音色丰富、音长较长、音域较宽、音高值大、音调变化较多等。因此,男女不同性别在言语交际中的语音面貌便成为他们研究口语性别差异的首选。О. Н. 西莉娜对莫斯科的男女两性的发音特点进行专门的实验语音学对比研究,在比较俄语元音[а]的声学图谱之后,她发现"莫斯科男人发[а]音时舌位比较靠后,开口度也比较小;莫斯科女人却恰恰相反,她们的开口度较大,舌位也比较靠前。"(Силина,1984:177)

　　Е. А. 泽姆斯卡娅、М. А. 基泰戈罗茨卡娅、Н. Н. 罗扎诺娃等口语学家在探究男性和女性的言语特点时,认为现代俄罗斯女性发音的典型特征之一,是有意拖长元音,将非重读的[о]读成开度很大的[а]时尤为明显,例如,女性常常会把 рассказать 说成[ръска:зать],把 продают 说成[пръда:jут],这是对由其他一些社会特征决定的旧式发音方法的传承。诸如此类的研究成果"为我们提供了有关汉语普通话中元音舌位性别差异的具体证据,结果同样表明:讲普通话的女性在发元音时,舌位较男子靠前。"(曹剑芬,1990:160)

　　与女性的发音相反,俄罗斯男性在发元音时,口腔的张度比较小,往往把非重读元音发成接近于[ъ](硬辅音之后)或[ь](软辅音之后)的音,如 разг[ъ]вор,п[ъ]год[ъ],[п'ь]ро 等。他们的发音特点主要体现在辅音方面,在发重读音节或者重读音节前一音节的辅音时,其强度和长度都有所增加,如 Дур-рак ты(你真是个傻瓜蛋哦!)、Ч-черт его знает(鬼知道是怎么回事)等,语势明显加强。

　　另外,她们还从生理学视角对男女两性在语调方面的差异进行对比,认为与男性相比,女性的声带短且薄,松弛度较小,因而说话时的音调一般要高于男性,音域也比男性宽广。这种来源于语言机能上的先天差异对语调的形成有很大的影响:"在语音层面上,俄语同其他语言的相似之处主要体现在语调方面,首先是因为男女发音器官在解剖学方面的差异使得他们基本音调的高低有所不同……女性在其言语中广泛地使用送气、唇化和鼻音化等超音质特征。这些特征通常彰显说话人不同的情感状态以及对所说内容的态度……女性所使用的语调丰富多样,精彩纷呈。"(Земская и др.,1993:102—111)

　　在分析男女两性在语音语调方面的差异成因时,Е. А. 泽姆斯卡娅及其同仁赞同著名语音学家 Р. И. 阿瓦涅索夫[①]的下述观点："由于说话人的年龄和性别而导致的语言差异,还可能涉及语音和语法。这些差异也同样具有社会的性质(而不是生物学性质)。"(Аванесов,1984:9)由此他们认为,男女两性的口语表达差异中蕴含着丰富的社会文化内涵,往往取决于男女两性不同的社会行为以及社会规范对于这种行为的认可。通常情况下,女性可以通过变换各种声音手段和语调来表达自己丰富的感情,趋于外向表露,为满足自己的心理需求和交际意图,大多使用惊讶、难以料及的、愉悦温和的语调,而男性在他们的语调中则仅仅运用三类对比程度的音高,女性则还运用第四类音高,这一附加程度是最高的音程。

　　相比之下,男性的言语一般缺少女性那种浓厚的感情色彩,声调不那么尖声细气。生理上的性别差异以及异性间的言语交际潜规则常常对男性产生心理暗示:说话要含蓄,举止要沉稳,声音不能过高,语调变化不能太快,保持男子汉彬彬有礼的风范,否则就会有背社会行为准则,极易遭到负面评价。

　　与之相关的是,俄罗斯学者对社会性别语言的属性作了详尽的探讨。例如,А. В. 邦达尔科[②]早在 1976 年就首次把性别范畴与语法范畴区别开来,对性别范畴进行专门探究,他以性别范畴的表达手段为切入点,确定性别是一种功能语义场(функционально-семантическое поле),即含有性别语义的词汇-语法表达手段的生物名称集合体,或拟词汇-语法对立体,认为性别范畴的表达与语法范畴密切相关,但二者各有特点,不能将其混为一谈。应该说,А. В. 邦达尔科为性别范畴的研究开辟了新的思路,亦为我们进行俄汉语的性别范畴对比研究奠定了理论基础。

　　我们还无法判定,语法性(грамматический род)与性别是否有着直接的必然联系。但有一点却是肯定的,即语法性与性别分别属于不同的范畴,"前者是一种语法范畴,只存在于部分语言中,而后者属于属于语言外部所有生物的生

---

① Р. И. 阿瓦涅索夫(Р. И. Аванесов,1902—1982)是莫斯科音位学派的代表人物之一,1925 年毕业于莫斯科大学,1937—1982 年一直担任莫斯科大学教授,一生致力于历史语音学和描写语音学、音位学、俄语读音法和正字法、俄语史、俄语方言学的研究,1944 年起担任苏联科学院俄语研究所语言史和方言学室主任,1958 年当选为苏联科学院通讯院士,从 1969 年起,任国际语音协会副主席和国际语音学会联合会委员,1971 年荣获苏联国家奖,因研究成果卓著而在世界语言学界享有很高的荣誉。

② А. В. 邦达尔科(А. В. Бондарко),圣彼得堡功能语法学派创立者,出生于 1930 年,1954 年毕业于列宁格勒(现圣彼得堡)大学,1958 年获副博士学位,1968 年通过博士论文答辩,1970 年晋升为教授,1977 年当选为前苏联科学院通讯院士。曾在俄罗斯赫尔岑国立师范大学任教,1971 年起在科学院语言学研究所工作,任语法理论室主任。他倡导从意义到形式的研究方法,但并不排斥从形式到意义的研究,其功能语法的核心是"功能语义场"和"范畴情景"(категориальная ситуация)理论。其语法理论与 Г. А. 佐洛托娃的交际语法、М. И. 弗谢沃洛托娃的功能—交际句法等构成了当代俄罗斯功能语法的理论体系。

理范畴,它在世界所有语言中都有体现。由此,我们相信性别的表达与语法性范畴有着紧密的关系,特别是在那些具备这一语法范畴的语言中。这种关系就如同现实事物和语法事实之间的关系,比如现实数和语法数、现实时和语法时之间的关系。反过来说,在具备语法性范畴的语言中,不管是动物名词还是非动物名词都有语法性的区分,而性别的区分则只有人类和动物才具有。”(姜宏、曾婷,2011:52)

　　实际上,这种语言现象在许多没有语法性范畴的语言中都可见到,如汉语和英语,其中人和动物的区别及其与非动物之间的区别可以通过人称代词体现出来,如汉语中的“他”“她”“它”以及英语中的“he”“she”“it”等。

　　Г. М. 帕沙耶娃认同 А. В. 邦达尔科的观点,认为应该将这两个范畴分割开来,她明确指出:“生物繁衍决定了生物必有性别区分,这种区分体现在每一种语言中。但是,语法性仅仅存在于部分语言中,主要是一些印欧语系的屈折语言,它们仅占世界所有语言的 5%。”(Пашаева,1993:3)她认为俄语就是这样一种语言,并对语言中的性别范畴与语法性之间的关系进行探究,归纳出学界两种对立的观点:第一种观点认为性别范畴属于语法范畴,是其不可分割的组成部分。这种观点源自语法性范畴的性理论(сексуальная теория),该理论产生于远古时代,而将其与语法性联系起来进行研究的则是 2500 年前的古希腊思想家普罗塔哥拉,后又由 И. Г. 赫尔德、В. 洪堡特、Я. 格里姆等语言学家进一步发展,其基本理据是:性别范畴和语法范畴等同,原因在于非动物名词和动物名词都有语法性,都与性别密切相关,这种看法无疑受原始人“万物有灵论”和“类人观”(原始人认为世间万物都是有生物,一切自然现象都有灵魂)的影响所致。

　　许多俄罗斯语言学家,如 А. А. 波捷布尼亚、В. А. 博戈罗季茨基、В. А. 布斯拉耶夫、А. И. 阿布拉热耶夫、П. А. 达尼洛夫等人,都认同上述观点,认为语法性是自然性别普及于世间一切事物的结果,阳性通常表达主动、强大、主导、支配的事物,阴性和中性则表达被动、柔弱、从属、被支配的概念;第二种观点认为性别范畴不取决于语法性,是一个独立的范畴,应该把两者区分开来。这种观点的代表人物是德国语言学家 K. 布鲁格曼,他认为词的词法形式是第一位的,非动物名词与性别概念没有什么关系,它的性完全按照其词缀来确定,无论词缀初始的词源意义是什么,它都会从其词根意义中汲取某些成素,然后成为能产型词缀,并在构成新词时发挥功能,如-a-, -ie-, -i- 等词缀经过演化之后获得了语法阴性意义,但阴性名词本身表示的是非生物,并不具有女性生物意义。据此,K. 布鲁格曼得出结论:在人类区分事物和现象的生物性别特征之前,语法性就已经存在。(Пашаева,1993:8—9)

　　Г. М. 帕沙耶娃认为以上观点都有可取之处,但也都有各自的不足,应该将其综合起来,予以整体理解,因为"迄今为止,我们还没有确凿的证据证明,语法性范畴是否发生过变化或者发生了多大变化,因此也就无法证实语法范畴现在的意义是否与其初始的意义相互一致……语法性范畴只存在于部分语言中,而大部分语言并不具有这一范畴。因此,我们只能说,词在语法性上的区分没有任何理由,因为它们是从远古的祖先那里直接承袭下来的,在现代人的世界观中没有任何根据。"(Пашаева,1993:10)也就是说,语法性具有传承性,无从考察,"是词在语法上的类别划分,它是一种语法范畴,俄语名词的阴、阳、中三性就是对此而言的。"(赵蓉晖,2003:58)而性别范畴指的是生物在性别特征上形成的对立关系,属于语言外部的生理特征,如汉语中的男女、公母、雌雄等概念的对立形成生物性别范畴,成为社会性别的研究的基础。

俄罗斯语言学家以俄语语音研究为先导的社会性别语言属性研究明确了性别范畴与语法范畴之间既相互联系、有互有区别的辩证关系,为社会性别语言的民族文化、社会心理以及语用研究找到了重要的切入点。

2. 俄语体态语的社会性别差异研究

在言语交际中,男女双方除了主要使用有声语言之外,往往会自觉或不自觉地运用身势、手势、姿态、表情等无声语言来伴随交际,使交际更直接明了,形象生动,这种伴随交际的言语就是体态语。作为人类交际中常用的一种非言语手段,体态语在特殊情况下比有声语言和文字语言更富有表现力。由于男女性别的文化差异,体态语具有强烈的社会性别使用特点。俄罗斯语言学家借鉴语音学领域的研究成果,对俄罗斯男性和女性的体态语言特点作了详尽的分析,其中影响较大的研究成果当推 Г. Е. 克列依德林教授的专著《非言语交际中的男性与女性》(2005)。他在专著序言中指出:"两种性别实质上是两种文化……性别差异是一个完全显而易见的事实。然而,奇怪的是,甚至在一种文化内部,对男女两性之间的交际差异至今仍然研究不力,其语义和语用含义大都未曾被系统描写。"(Крейдлин,2005:15—16)

基于上述认识,Г. Е. 克列依德林对男女两性之间的非言语交际行为进行模式分类,列出非言语社会性别规范、非言语社会性别的侵略性、男女两性在事务交际中的非言语行为、俄罗斯侨民中的男女两性非言语交际行为构拟问题、造型艺术中的社会性别非言语符号及其世界图景研究等 5 个章节,对同一性别和不同性别之间的日常交际符号进行对比分析,试图确立不同社会性别在选择认知、情感、评价等意义的非言语表达手段时的优先次序,进而挖掘非言语社会性别规范模式的普遍特性与文化特点。

针对不同社会性别在非言语交际中的侵略性问题,Г. Е. 克列依德林明确指出："传统观点认为俄罗斯男性比女性更具侵略性。但我以为,这种定型概念在很大程度上是杜撰出来的,是错误的。因而基于这种概念对男女两性的诸多差异所作的阐释是不明智的……侵略性首先是角色、话语风格和情感表达的人类行为之组成部分。出于自然本性和面临任务的复杂性以及基于我们的社会意识,男性比女性要付出更多的努力'往上走',为取得个人成就和得到社会的承认而克服众多困难。这样一来,就造成一种错觉,似乎侵略性成为男性行为的专利。"(Крейдлин,2005:145—146)这种观点和上述有关男性与女性交谈时在语音语调方面应保持节制的观点不谋而合,从另一个方面佐证了"男士谦让,女士优先"的社会交际准则。

　　E. A. 泽姆斯卡娅等(1993:112—113)学者亦从社会心理学视角对男女两性在非言语交际中的差异悉心探索,认为"在具体的言语交际中,男女两性对于优先的以及均等的角色关系的理解是不尽相同的……例如,一般情况下,女性使用直视的目光远远多于男性,她们会经常目不转睛地看着对方。究其原因,心理学家认为是女性作为孩子的教育者的社会角色使然:目光作为交际手段,用来维系母亲同不会说话的小孩之间的心理接触。"这同女性的非言语交际优先权密切相关,如果角色转换,男性在非言语交际中也用这种目光直视女性,则显得不合时宜,咄咄逼人,缺乏礼貌,给女性以受到"侵略"之感。

　　当然,俄罗斯男女两性之间的这种非言语交际手段并不一定适用于其他民族,诚如 Н. И. 福尔马诺夫斯卡娅(1998:279—281)所说:"人们在交际中关注对方的眼神不是平白无故的,总是力图辨认对方的真诚程度和情感状态等……目光语极大地丰富了非言语交际领域,不言而喻,其中蕴含着鲜明的民族特点。同一文化的说话人在交际时可以互相对视,而这种情况在另外一种文化中被视为不礼貌、野蛮,特别是年少者直视年长者时。交谈时目光移向一边,一些东方民族和非洲人认为是一种礼貌,而欧洲人则视其为不真诚或不好意思。"其中自然包括女性或者男性对异性听话人的目光聚焦。(周民权,2010:14)

　　A. B. 基里利娜(2005:18)对女性特征(женственность)和男性特征(мужественность)问题有深入的研究,认为男女两性之间的交际实际上是两种文化的碰撞,即便是在同一种文化背景下长期生活的男性和女性,也会有意无意地表露出各自的非言语交际特征。例如,女性在与男性交往中最常采用的一个典型的非言语交际手段是"善于倾听,将注意力集中在对方的问题上,其言语行为总体来说更具'人性化'"。善于倾听与其说是一种非言语交际手段,不如说是一种讲求礼貌的交际策略,意味着善解人意,尊重对方,尊重自己,是成功的言语和非言语交际中不可或缺的重要环节。

　　关于体态语的研究情况,И. Н. 戈列洛夫、Л. А. 卡帕纳泽、Г. B. 科尔尚斯基、Н. Б. 科尔尼洛娃、E. B. 克拉西利尼科娃、B. П. 莫罗佐夫、Н. И. 福尔马诺夫斯卡娅等学者在各自的著作中作了详尽的论述(详见本书第八章"俄汉语非口头交际中的社会性别语用对比研究"以及第五章"俄汉语中的社会性别定型对比研究"第一节中的第二小节"社会性别定型的非口头交际特征"),此处不再赘述。

3. 俄语与其他语种的社会性别语言跨文化交际对比研究

西方文化人类学家的研究结果表明:在生物特性不变的情况下,民族文化背景对于男女两性的社会心理行为以及社会性别角色的形成势必产生极其重要的影响,从而导致社会性别语言的使用出现差异。因此,性别角色从一种文化到另一种文化,具有非常明显的跨文化交际变异。正是基于这一认识,俄罗斯语言学家对社会性别语言在俄语和其他语种中的共同点和差异及其成因进行对比分析。

A. B. 基里利娜认为,在社会性别语言研究的早期阶段,西方语言学家主要通过对英语和德语中的社会性别差异进行研究,得出了"语言是以男性为中心的"结论,只是晚些时候才开始对其他语言进行系统的研究,但仅仅局限在发掘男性的语言结构方面,对女性语言没有探讨,甚至连它是否存在的问题都未曾提及,这是社会性别研究中的一个令人匪夷所思的阶段。到了后来,俄语等其他语言才进入语言学家的研究视野,从而使得女性语言与男性语言的对比研究成为可能。"毫无疑义,由于人类发展的历史特点,任何语言都具有以男性为中心的特点。但是,在从一种文化转向另一种文化时,其表征程度和强度可以发生不同的变化,从一种语言转向另一种语言时同样如此。"(Кирилина,1999:70)

A. B. 基里利娜通过几种语言的跨文化对比研究,明确指出:"尽管俄语也有以男性为中心的特点,但表现不是那么明显。例如,英语、德语、法语表达'男人'和'人'时,都分别使用的是同一个词(man, Mann, homme),而在俄语中不存在这种现象。man,Mann 两个词扩张使用的可能性远远大于俄语词мужчина(试比较,德语中的 Mann:mannet, bemannt, Mannschaft,其中 mann 是能产型构词后缀)……在俄语格言与成语中,可以观察到某些反男性主义的倾向。俄语表达父称概念的程度弱于德语,俄语人名表征中的女子男性化倾向远不像其他语言那么明显。"(Кирилина,2002:21—22)按照 A. B. 基里利娜的观点,语言并非本身发挥功能,而是反映着社会在一定发展时期所特有的社会与文化进程。因此,在研究任何一种文化与语言中的男性主义时,必须凸现语言内及语言外因素。

O. B. 里亚博夫基本上赞同 A. B. 基里利娜的观点,认为社会性别方法论在跨文化交际的社会哲学研究领域发挥着重要的作用,因为在各种不同的文化中,"分别存在着一些固定的、具有感情色彩的、已形成统一的'典型男性'和'典型女性'的代表形象,这些代表形象在一个整体条件下相互制约。典型的文化代表通常指的是男性,这一点必须充分顾及,如德国人的'循规蹈矩'、法国人的'浪漫殷勤'等相应文化标记常指的是男性而非女性。而在一些男性主义倾向较弱的文化中,情况有所不同。例如,在一些俄罗斯和西欧作家的作品中,女性被描绘为成俄罗斯性格的最高成就与代表……在俄语语言意识中,妇女形象比男人形象更具有正面色彩。"(Рябов,2002:43)许多俄罗斯学者对此表示同感,认为俄罗斯女性被奉为男女两性代言人的几率大于男性。事实上,在许多场合,被询问者很难确切地说出俄罗斯男性的典型特征,但确定俄罗斯女性的典型特征却没有什么困难:不是软弱,而是力量、果敢、韧性、耐性、爱心(首先是母爱)、聪明、美丽等等。(Рябов,1996:29—48)

　　Н. В. 乌菲姆采娃(1996:139—162)通过对比分析俄语和英语语言意识中的社会性别定型差异,表明俄罗斯人对于"人"的反应通常居于首位,而以英语为母语的人则以"我"为中心,在某种程度上反映了双方的价值观念:俄罗斯人可能由于较长一段时间接受集体主义观念的影响,不大喜欢强调"я"(我),与西方社会强调自我价值的文化理念发生碰撞。由此可见,在各种文化代表的交际中,可能发生所谓的"文化碰撞",其原因概出于各个国家的言语行为与交际礼仪不尽相同。

　　不难看出,俄语语言意识中的女性形象与西方语言意识中的女性形象不尽相同,通常以正面形象出现,成为俄语社会性别定型的重要组成部分之一。当然,任何民族心智中的女性形象都无法脱离美学的视野,这或许取决于女性的生物特征,俄罗斯女性概莫能外,其内在的品性、德性与外在的可视性共同构成关于俄罗斯女性形象的综合审美体系。"正如俄罗斯心智中的'женщина'与'баба'分别代表精神与世俗生活中的女性形象,前者优雅、理性、虚幻、令人憧憬;后者则质朴、天然,充满感性。此二者的结合,可以作为俄罗斯心智中关于女性形象的具体诠释。"(杨蓉,2010:34)

　　尽管男性作为强势性别的优越性在俄罗斯得到普遍公认,但社会状况、历史沿革、文化传统及宗教信仰等方面的具体国情,导致在俄罗斯民族心智中针对女性群体的认知不同于西方其他国家,诚如著名俄罗斯思想家 В. В. 科列索夫所说:"俄罗斯心智中的理想规范始终是人的女性存在,女性是民族意识的理想类型。"(Колесов,2006:180)

　　А. В. 基里利娜(2002:24)认为,由于男性主义在各个国家及不同文化中的表现形式各异,至少可以从以下 3 个方向对跨文化交际进行持续性研究:

　　(1) 对女性特征和和男性特征两个概念在语言中的反映情况进行分析,并

且考证其对于相关文化群体的男女性别概念有何影响;

　　(2)分析言语交际;

　　(3)分析社会性别的文化象征功能,即阐释与生物性别无关的话语中的社会性别隐喻。换言之,社会性别隐喻向各类话语(包括觊觎科学学术地位的话语元语言在内)的渗透已经成为关注焦点。

　　A. B. 基里利娜所指出的研究方向同跨文化交际有着直接的联系,特别是其中有关社会性别隐喻的论述颇有见地,促进了学界对语法性(грамматический род)与自然性(природный пол)之间的对立关系及相互联系展开研究,通过实验证明了 genus 与 sex 两个概念之间的心理相互联系在德语中比西班牙语更为密切,而在俄语中则存在着语法性与具有隐喻意义并且受社会性别制约的词汇单位之间的"竞争"(试比较:Одесса — мама, Ростов — папа, но Киев — мать городов русских)。这实际上是对各种不同文化中社会性别的拟人化与象征化进程进行新的探索,对社会性别语言的言内因素与言外因素予以综合考虑。

4. 深层次的社会性别语用对比研究

　　随着社会性别语言研究的不断深入,俄罗斯语言学家逐渐认识到,对社会性别概念的语言体系"不应该曲解下述 4 类实质性内容相互作用的语言符号的特点:1)现实世界范畴;2)逻辑和人的认知心理的思维范畴;3)与人类活动中有目的地使用语言相关的语用因素;4)语言体系单位,即符号之间的关系。"(Кобозева 2000:43)由于当代语言研究由符号本位转向人本位,凸现语言与"语言主体",即使用语言的"人",突出"人的语用因素","以人为本"的语用研究理念便成为俄罗斯语言学家关注的焦点。他们以社会语言学、心理语言学视角的性别语言研究成果为基础,转向深层次的社会性别语用对比研究。

　　按照 Г. М. 帕沙耶娃(1993:11—12)的观点,要进行卓有成效的社会性别语用对比研究,必须划分出性别范畴的两大基本语义类型,即找出俄语中表达人和动物的名词,对它们进行语义分类,然后根据是否有性别形式进行再度分类,如俄语中人的类型包含着丰富多样的子类型,可以再度分类:

　　(1)有性别区分的亲缘类型,如 дедушка/бабушка(爷爷/奶奶),отец/мать/(父亲/母亲)等表人名词都有明显的性别标志;

　　(2)有性别区分的职业类型,如 космонавт/космонавтка/(宇航员/女宇航员),секретарь/секретарша/(秘书/女秘书),гость/гостя/(客人/女客人)等职业称谓有男女性别之分,且由于生产科技领域不断的发展而不断扩充、不断变化,具有不稳定性,属于新词不断涌现、旧词逐渐退出使用的开放性类型。但是,在阳性名词基础上构成的阴性名词带有刻意强调的讥讽意味,在言语交际

中不常使用,因此,按照俄语表达规范,在表述女性职业称谓时,一般使用阳性形式;

(3) 有性别区分的民族或居住地类型,如 русский/русская(俄罗斯人/俄罗斯女人),москвич/москвичка/(莫斯科人/莫斯科女人)等体现于词汇本身的性别区分,是一个相对封闭的类型,因为世界上的民族、国家和城市的数量毕竟有限;

(4) 在年龄、性格、智力、能力、生理和心理等方面有性别区分的特征类型,如 старик/старуха(老头/老妇),злыдень/злыдня(恶棍/悍妇)等,还有 тихоня(不爱说话的人),злюка(恶人),растяпа(笨人)等双性词,既可以针对男性,也可以指称女性,视具体语境而异;

(5) 有性别区分的财产或社会地位类型,如 барон/баронесса(男爵/男爵夫人),граф/графиня(伯爵/伯爵夫人),имперптор/императрица(皇帝/女皇),король/королева(国王/女王),царь/царица/(沙皇/女皇)等;

(6) 有性别区分的社会流派类型,如 социалист/социалистка(社会党人/女社会党人),демократ/демократка(民主主义者/女民主主义者),республиканец/республиканка(共和党人/女共和党人)等,与第 3 类型相似,属于封闭类型,体现于俄语词汇本身;

(7) 表示俄罗斯民间故事中非现实形象的名词,如 баба-яга(凶恶的老妖婆),дед-мороз(圣诞老人),снегурочка(雪姑娘)等;

(8) 表人专有名词,如 Иванов/Иванова,Александр/Александра 等。

不言而喻,上述俄语表人名词的语义类型划分提供了较为科学的研究方法,对言语交际有着实实在在的阐释意义,亦为其他语言的社会性别研究提供了范例,因为生物起源以及人类思维和语言的相似性,使得不同语言中的性别范畴的基本语义类型大致相符,具有普遍意义,给从事其他语言研究的学者以启迪,如姜宏、曾婷以 Г. М. 帕沙耶娃的理论为根据,为上述 8 类有性别区分的俄语语义类型分别找到了相互对应的汉语语料,挖掘出俄汉语中社会性别范畴的某些共同特点,并在此基础上对俄汉语中性别范畴的词汇手段、构词手段、词法手段、句法手段和修辞手段作了详尽的对比分析,之后又对影响性别范畴的语言之外的社会因素进行探讨,表明一些表示职业、社会身份、行为和状态的词语分别带有男性或女性的语义标记,如"水手"作为一种职业让人立刻想到它是专属于男性的,于是"水手"一词很自然就被带上了男性的语义标记,而"花样游泳"是只有女性参加的比赛项目,因此,"花样游泳运动员"一词在我们的社会形态下被带上了女性的语义标记。这样一来,语言外因素也就成为判断社会性别的手段之一。

由此可以得出结论:作为一种功能—语义统一体,性别范畴不仅有着复杂的语义体系,而且有着系统的语言表达手段。在俄汉语性别范畴中,形式与意义的对应关系有着各自的特点和运作机制。俄语的语法性范畴和相当丰富的词形变化对性别的区分起着非常重要的作用,另外,俄语构词方法多样,是性别区分最主要的手段,而词汇、词法、句法和修辞手段也丰富多样,相比较而言,汉语缺乏语法性范畴(除少数人称代词之外),性别区分主要通过词汇语义来表示,而偏旁构词、修辞和语言外手段是其补充手段。也就是说,在有语法性范畴的俄语中,性别的语言表达传统上可以被看作是语法性范畴的组成部分,因为在语法性范畴中,有生物及其表达词汇之间存在着所指关系,其性别的表达既有词汇方式,又有语法方式,而在没有语法性范畴的汉语中,性别的表达主要是靠词汇手段和其他非语法手段。(姜宏、曾婷,2011:55)这既体现了语法性范畴与性别范畴之间的密切关系,也完全反映了俄汉语两种语言的各自特征:重形式和重意会。这些特征在俄汉社会性别语言中亦有不同的反映。

由此可见,Г. М. 帕沙耶娃对于性别范畴的两大基本语义类型的划分富有新意,为社会性别语言的正确使用提供了理论根据,其实践价值在我们后面各章的研究中会逐步显现出来。

俄罗斯语言学家对社会性别语言的语用对比研究主要体现在言语礼节方面,他们认为,男性和女性在交际中所使用的问候、称呼、职业称谓、关注的话题等方面各不相同。例如,俄罗斯男性,特别是比较熟悉的年轻男性见面时常以"здорово""салют"之类表示亲近的用语互致问候,而女性则通常使用"здравствуй (те)""привет""добрый день"之类大众化标准用语,既随意而又不失文雅。一般的俄罗斯知识女性都认为,言语是给人产生良好印象并且证实自己的社会地位的第一武器,因而在称呼男性时言辞谨慎,尽可能保持淑女风范,即便面对自己的恋人也是如此,希望对方首先使用亲昵称呼。(周民权,2009:80)例如,在《西伯利亚大地的故事》这部影片中,受过良好教育的女主人公娜塔莎在很多场合都称自己的未婚夫为安德烈,很少使用安德留沙、安德留什卡之类昵称。有一次突然不期而遇时,他们是这样互相称呼的:

Наташа — Андрей!

Андрей — Наташа!

Наташа — Андрей! Это ты!

娜塔莎:"安德烈!"

安德烈:"娜塔莎!"

娜塔莎:"安德烈! 是你啊!"

А. А. 阿基希娜、Н. И. 福尔马诺夫斯卡娅在其专著(1986:5—24)中把称呼语分为针对熟人和陌生人以及使用于正式或非正式交际场合,其中不乏社会性别的语用差异,如人们在无拘无束的交际场合通常称呼不熟悉的饭店女服务

员为"девушка",在正式交际场合则称其为"товарищ официант",其中 официант
一词不能被代之以阴性形式 официантка,否则会被视为对女性的轻蔑,类似的
称呼语很多,如称呼女营业员为"продавец",女教师为"учитель",女邮递员为
"почтальон"等等。

　　另外,俄罗斯语言学家认为,不同的性别特点能够直接影响其言语行为。
男女双方在言语或体态语交际中各自具有掩饰心理和羞涩行为,对于对方的言
语行为常常产生迎合或者回避心理。受这种独特的心理支配,有的男性与同性
交谈时平淡无奇,可和女性说话时谈笑风生,妙语连篇,且温文尔雅,避免说粗
话和脏话,言语得体。与此相反,有的男性与同性交谈时思路清晰,口若悬河,
可一旦同异性交谈,则语无伦次,神态紧张,特别是遇到敏感问题时甚至不惜以
沉默响应,他们常常将沉默作为一种交际手段,来达到自己所期待的交际意图。
例如,О. И. 伊谢尔斯通过悉心研究,认为沉默是言语交际的制胜法宝之一,她
通过对一对夫妻之间的下述对话分析,展示了丈夫不时用沉默或者转移话题等
手段对付妻子的提问,从而回避了他是否有外遇这一难堪话题:

　　Нина. — Я говорю-говорю, а в ответ — минута молчания… Скажи мне
сейчас в последний раз… у тебя кто-то есть?（Пауза）отвечай!（Пауза）
Минута молчания…

　　Гена. — Что?

　　Нина. — Поклянись… что у тебя никого нет.

　　Гена. — О чем ты? Я хочу спать … это все, что я хочу в жизни.
（Иссерс,2003:214）

　　妮娜:"我说啊说,可得到回答的却是沉默……你最后一次告诉我,你外边
有人吗?(停顿)你倒是回答啊!(停顿)"短暂的沉默……

　　格纳:"什么?"

　　妮娜:"你发誓……你外边没人。"

　　格纳:"你说什么啊? 我想睡觉……这就是我生活中的全部。"

　　显而易见,妻子在这组对话中始终掌握着话语主动权,通过连珠炮般的发
问逼丈夫说出实情,而丈夫在无路可退的情况下唯有选择沉默,以此应对可能
遭遇的不测。从表面上看,丈夫似乎是通过沉默有意放弃了自己的话语主动
权,实际上是以守为攻,以不变应万变。此类例证在中国的现实生活中同样屡
见不鲜,如在一对新婚夫妇的新婚之夜,闹房者络绎不绝,其中几个醉酒者出言
不逊,动作粗鲁,闹得新郎新娘下不了台,颜面尽失。新娘边哭边提议新郎到法
院告这几个闹房者侮辱女性,然而新郎却沉默不语。这种"沉默"表明,新郎不
赞同新娘的主张,没有告闹房者的意愿,"沉默"表示了他不同意新娘的想法和
对新娘提议的委婉否定,揭示了新娘、新郎在对待同一件事情上不同的心理反

应和态度。在这种情况下,新郎的沉默可以避免言语冲突,并可能改变新娘告状的想法。

Н. Д. 阿鲁玖诺娃①则从另一个角度分析女性对男性的言语动作的影响,认为这种影响如同她对他的其他活动形式的影响一样,带有辩证的对立性质:"一方面,女人全力促进男人的言语活动,因为大家都知道世界上最好听的话都是说给女人或者有关女人的,但是,最猛烈的话也同样不幸由女人说出或者是说给女人的。另一方面,女人千方百计束缚男人的言语活动,总想让其保持沉默……为达此目的,女人会使用多种手段,例如,女人设法促使男人爱上她,一旦成为事实,便迫使男人在看到其他钟情对象时默不作声,不说一句话。"(Арутюнова,1994:178)这一比喻虽然近似于笑话,但却说明了沉默这种被 Н. Д. 阿鲁玖诺娃称之为"有意义的空缺言语行为"在社会性别言语交际中的重要作用。

俄罗斯学者通过所收集到的各种语料对单一性别及异性群体言语交际的性别特点的考察,以宗法等级制度给男女带来的不同影响为理论依据,对男女两性在俄语言语交际中分别采用的形式各异的言语行为策略进行研究,发现在一般情况下,女性常采用直接性策略,男性多使用间接性策略。女性倾向于用话语来表示亲密、关联、包容和直观性,男性则倾向于表示独立、身份、观察和排他性。在话题的选择上,女性较多谈论当前与自己密切相关的或与家庭日常生活有关的话题,如购物、美容、烹饪等,而男性则喜欢谈论政治、经济、体育等社会性话题。在话语量大小上,人们普遍认为女性比男性更爱说话,但实际上男性说话的时间比女性多得多。在语言交际活动过程中,男性常常通过重叠、打断、反问、甚至沉默来控制会话轮换,女性常常只得附和男性设定的交谈范围,比男性更注意遵守会话合作原则和礼貌原则,对言语的礼貌有高度的要求,自觉地拒绝使用脏话粗语。就身势、手势、姿态、表情等伴随交际的体态语而言,男女之间同样存在着差异。

作为人类交际中常用的一种非言语手段,丰富多彩的性别体态语在特殊情况下比有声语言和文字语言更富有表现力,更直接明了,形象生动,有时甚至可以取代有声语言的交际功能。如女性感到害羞、不好意思时常用手捂脸,男性则常用手抓后脑勺或低下头,年轻姑娘感到紧张时会用嘴吹气,高兴时会欢呼跳跃,受了委屈会撅嘴、扭腰,而小伙子如果这样做会显得异常滑稽,不合时宜。一般来说,男性的手势运用的多一些,而女性的眼睛表情则运用的较多,她们使

① Н. Д. 阿鲁玖诺娃(Н. Д. Арутюнова),俄罗斯自然语言逻辑分析学派的代表人物,1945 年毕业于莫斯科大学,1954 年至今在俄罗斯科学院语言研究所工作,任理论语言学实验室局级研究员,1990 年当选为前苏联科学院通讯院士。她倡导用语义哲学、逻辑学中相关理论对各种语言现象进行专题性分析,成果斐然,在俄罗斯乃至世界语言学界产生了重要的影响。

用直视的目光远远多于男性,会经常目不转睛地看着对方,"脉脉含情""暗送秋波""一汪秋水"等词语都是对女性眼神的生动描写。诸如此类的研究反映了俄罗斯学者对于社会性别语言交际差异的理性思辨。

关于俄罗斯学者对于各种俄语言语行为的社会性别语用研究,本书第七章"俄汉言语行为中的社会性别语用对比研究"将有较为详尽的阐释,此处不再重复。

通过各种对比分析,俄罗斯语言学家总结出了男女不同社会性别的几个语用特点:

4.1 较之于男性,女性在言谈中更注重遵守交际策略准则。她们对言语的礼貌有高度的要求,自觉地拒绝使用脏话粗语,普遍认为同情和表扬是同男性交谈时维系自己尊严的有效手段,从而促使男性在与她们交往时也保持同样的基调,同时不失男性特有的幽默。

4.2 较之于男性,女性在言语交际中更多地使用感情评价词汇以及表小表爱形式,用以表达自己丰富多样的社会性别意图。

4.3 男女两性交谈的主题各有侧重。男性之间喜欢交谈工作问题、新闻、政治、经济、体育等,而女性之间则喜欢交谈个人感情、人际关系、服饰、美容、发型等,且对颜色的感悟与表达比男性更为准确。

4.4 间接言语行为和委婉语是女性的典型语用特征。较之于男性,她们更喜欢以提问的形式来表达请求、肯定或者疑虑等,这种表达言外之意的语用形式比较礼貌,富有人情味。

4.5 女性在与男性交谈中常常居于非统治地位。她们善于倾听,不轻易打断对方,不喜欢喧宾夺主。

总的来说,俄罗斯语言学家认为女性比男性的言语行为更"人性化",更礼貌,更委婉,但这并不意味着男性的言语行为富有"侵略性",而是社会角色、话语风格和情感表达使然。

以上所述仅仅简要分析总结了俄罗斯社会性别语言研究的历史沿革及其基本特点。其他一些重要问题,如俄罗斯语言学家如何挖掘俄语中的性别特征在形式、语义、语用和分布标记等方面的不对称现象以及社会性别语用变异的各种成因(语言环境、语言体系、民族文化、价值观念、社会、心理、生理、性别角色等)等,我们将在以后各章中进一步探究。

参 考 文 献

[1] Аванесов Р. И. Русское литературное произношение[M]. М., Учипедгиз, 1984.

[2] Акишина А. А. Формановская Н. И. Русский речевой этикет[M]. М., Русский язык, 1986.

[3] Арутюнова Н. Д. Молчание и чувство[A]. // Логический анализ языка. Язык речевых

действий[C]. М. , Наука, 1994；178—183.

[4] Бондарко А. В. К интерпретации одушевленности-неодушевленности, разрядов пола и категории рода (на материале русского языка) [A]. //Сост. и ред. Е. И. Демина. Славянское и балканское языкознание, т. 2；Проблемы морфологии современных славянских и балканских языков[C]. М. , Наука, 1976.

[5] Горелов И. Н. Невербальные компоненты коммуникации[M]. М. , URSS, 2006.

[6] Денисова А. А. Словарь гендерных терминов[Z]. М. , Информация - X XI век, 2002.

[7] Земская Е. А. и др. Русский язык в его функционировании. Коммуникативно-прагматический аспект[M]. М. , Наука, 1993.

[8] Иссерс О. И. Коммуникативные стратегии и тактики русской речи [M]. М. , УРСС, 2003.

[9] Кирилина А. В. Гендер：лингвистические аспекты [M]. М. , Языки славянской культуры, 1999.

[10] Кирилина А. В. Гендерные аспекты языка и коммуникация[D]. М. , МГЛУ, 2000.

[11] Кирилина А. В. Проблемы гендерного подхода в изучении межкультурной коммуникации[A]. // Гендер как интрига познания [C]. М. , Рудомино, 2002；20—27.

[12] Кирилина А. В. Гендер и язык[M]. М. , Языки славянской культуры, 2005.

[13] Кобозева И. М. Лингвистическая семантика. М. , УРСС, 2000.

[14] Колшанский Г. В. Паралингвистика[M]. М. , URSS, 2007.

[15] Корнилова Н. Б. Молчание в культурной коммуникации：гендерный аспект[A]. // Гендер：язык, культура, коммуникация [C]. М. ,Рудомино, 2002；215—216.

[16] Красильникова Е. В. ，Капанадзе Л. А. Русская разговорная речь. Фонетика. Морфология. Лексика. Жест[M]. М. , URSS, 1983.

[17] Крейдлин Г. Е. Голос, голосовые признаки и оценки речи [A]. // Логический анализ языка. Язык речевых действий[C]. //М. ,Наука, 1994；141—153.

[18] Крейдлин Г. Е. Невербальная семиотика [M]. М. ,Новое литературное обозрение, 2004.

[19] Крейдлин Г. Е. Мужчины и женщины в невербальной коммуникации[M]. М. ,Языки славянской культуры, 2005.

[20] Морозов В. П. Тайны вокальной ручи[M]. Л. , ЛГУ, 1967.

[21] Пашаева Г. М. Способы выражения пола в разносистемных языках (на материале русского и азербайджанского языков) [M]. Баку-Билик：Центр-Иршад, 1993.

[22] Рябов О. В. "Женственность" и "мужественность" как категории русской историософии [A]. //Женщина в российском обществе[C]. М. , Рудомино, 1996；29—48.

[23] Рябов О. В. Гендерные аспекты подхода межкультурной коммуникации：социальнофилософский анализ[A]. // Гендер как интрига познания [C]. М. , Рудомино, 2002；37—46.

[24] Силина О. Н. Роль социолингвистических факторов в формировании современной

произносительной нормы[A]. // Лингвистика и модели речевого поведения[C]. Л. , ЛГУ, 1984: 176—182.

[25] Уфимцева Н. В. Русские: опыт еще одного самопознания[A]. // Этнокультурная специфика языкового сознания[C]. М. , 1996;139—162.

[26] Формановская Н. И. Коммуникативно-прагматические аспекты единиц общения[M]. М. , ИКАР, 1998.

[27] 曹剑芬,现代语音基础知识[M],北京:人民教育出版社,1990.

[28] 姜宏、曾婷,俄汉语中性别范畴的对比研究:本质特征、语义类型及表达手段[J],外语研究,2011(6):51—55.

[29] 科列索夫 В. В. 语言与心智[M],上海:上海三联书店,2006.

[30] 杨蓉,俄罗斯心智中的女性原型[J],俄语学习,2010(5):32—35.

[31] 赵蓉晖,语言与性别 —— 口语的社会语言学研究[M],上海:上海外语教育出版社,2003.

[32] 周民权,Язык и гендер в русско-китайском речевом этикете [J]. М. , Вопросы филологических наук, 2009, №3, 79—81.

[33] 周民权,当代俄罗斯社会性别语言学研究论略[J],中国俄语教学,2010(3):12—16.

[34] 周民权,沉默:社会性别语言学研究之一隅[J],解放军外国语学院学报,2012(4):29—34.

第三章　国内语言学界社会性别
语言研究概略[①]

20 世纪 70 年代以来,受西方社会性别语言研究的影响与驱策,国内语言学界的相关研究也相继展开,虽起步较晚,但研究成果为数不少。据上海外语教育出版社出版的《外国语言研究论文索引》和 CNKI 数据库的检索统计,从 1979 年到 2009 年,30 年来国内外语教学与研究、汉语与语言学研究方向的学术期刊发表相关论文近 400 篇,先后出版涉及语言性别差异研究的专著 10 余部。

但不能不指出的是,同西方和俄罗斯语言学界的研究情况相比,国内外语界和汉语界的研究无论从深度或是广度上都尚显不足,译介、评介和一般性的综述居多,缺乏系统性、理论性和原创性,各个语种的发展亦不够平衡:外语界比汉语界起步早,动作快,投入的人力多,研究面广,著述也多。英语界率先拉开了国内社会性别语言研究的序幕,成果最多,日语界步步紧跟,在初期阶段作了一定的理论引进工作,俄语界的研究起步稍晚一些,出版和发表了一批著述。汉语界在外语界的影响和推动下步入相关研究,陆续出现了一些研究成果。有鉴于此,从历时和共时角度对国内学界 30 多年来的社会性别语言研究状况进行纵向和横向的简要对比分析,找出问题的症结,作一些期盼性的前瞻,对于促进国内研究尽快实现与国外相关学术成就的借鉴与对接不无裨益。

第一节　研究的大致分期

国外学界对于社会性别语言的早期研究要追溯到 17 世纪中叶,迄今已有 300 多年的历史。早在 1665 年,罗博尼福特所著 *Histoire Naturelleet Moraledes lles Antillet* 一书记载了欧洲人初到小安地列斯群岛时,惊奇地发现当地加勒比印第安人男性和女性使用不同的语言(孙汝建,1998:186)。这部著作应该是"性别语言"的最早文献。但最早从语言学角度研究性别语言的著作当推丹麦语言学家 O. 叶斯柏森 1922 出版的《语言论:本质、发展及起源》一书,作者用整整一章的篇幅阐述了女性语言的特点,认为女性所使用的语言同男性相

①　该章部分内容首次发表于《国内俄语学界社会性别语言学研究略论》一文(《中国俄语教学》2011 年第 2 期)。

比,在词汇上有明显的不同,她们更多地使用委婉语,而在句法方面,男性则较多地使用周圆句和主从复合句,因此他认为男子在智力上具有明显的优势。他的观点遭到质疑,被视为个人的观察与推测,缺乏科学依据,并未引起语言学界的普遍关注。

直到 20 世纪 60 年代,随着社会语言学的诞生以及形形色色的西方女性主义思潮的蓬勃兴起,西方一些著名的女性主义者纷纷致力于社会性别语言差异研究,相关著述接踵问世,纷至沓来。他们的研究主要是从三个方面进行的:一是剖析女性用语(language of women)的特点,归纳描述女性的语言(language about women),从而揭示语言的性别歧视(sexism in language)现象;二是对比研究男女两性在使用语言方面的差异;三是从社会、文化和心理角度分析这些语言性别现象产生的社会根源。(戴炜栋,1983:1)

随着社会发展和语言学研究的步步深入,社会性别语言差异如今业已成为一种必不可少的研究变量,不仅存在于传统的社会语言学、社会心理语言学研究领域,而且延伸到语用学、语言文化学、跨文化交际学、俗语言学、类语言学等学科,渗透到语音、词汇、语法、语义、修辞、会话模式、言语能力、语言习得、教学、语言代码、文学作品角色分析、语言普遍性研究等不同的研究层面。西方学界形成了普遍的一致看法:语言和言语中存在着大量的性别歧视和性别语用差异,它们因各个语种的差异程度不同而表现各异。

西方学界的社会性别语言研究对国内语言学界产生了重要的影响。20 世纪 70 年代末,国内学者开始涉足社会性别语言,研究思路基本上顺应了西方学界的研究方法。从历时的角度来看,国内的社会性别语言研究始于外语界(主要包括英语、俄语和日语,囿于篇幅,其他语种的研究暂未提及),稍后影响到汉语界,经历了一个从无到有、从宏观到微观、从静态到动态、从二元对立到多元探究、从现象罗列到理论升华、从理论引进到本土化具体探索的发展过程,逐步形成了以洋促中、中西结合、跨文化语用对比的研究格局。其发展轨迹大致可以划分为两个阶段:

1. 引进与起步阶段

从 1979 年起,我国英语学者王文昌、戴炜栋、徐祥武、杨永林、何勇、陈中绳等以及日语学者羊坚、李东哲等先后发表文章,分别对国外英语和日语中的性别语言研究情况进行译介或评介。与此同时,国内汉语学界的社会性别语言研究也随之展开,并体现出两大特点:

一是相关汉语著述竞相涉足这一研究课题,如叶蜚声、徐通锵、陈原、邓伟志等学者的专著以及韩军征、黄衍、严筠等学者的文章均有所示。

　　二是以汉语为语料,研究汉语中的社会性别变异,如曹志耘、胡明扬、姚亚平等学者的文章以及陈松岑、王德春、孙汝建等学者的专著均作了具有中国特色的探讨。

　　在俄语学界,徐翁宇、赵蓉晖、彭文钊、李琳、吕鸿礼、李明宇、孙晶、唐媛、史崇文、崔国鑫、李学岩、姜宏、曾婷、周民权等俄语学人近年来先后发表或出版相关著述,对俄罗斯语言学界的社会性别语言研究状况进行过较有意义的探索。

　　但不能不指出的是,国内外学者所做的上述研究基本上局限于社会语言学和口语学的范畴,并没有覆盖社会性别语言研究的全貌,理论性和系统性尚显不足。

　　从1979年到1990年前后,国内的社会性别语言研究经历了10余年的探索与反思,可称之为引进与起步阶段。其主要标志是,我国外语界学者以译介、评介和综述的形式引进和传播国外语言性别研究成果,对于国内相关研究起到了积极的推动作用。该阶段的学术成果大致可划分两类:

　　第一类是有关英语中的性别歧视和性别语用差异的文章,如王文昌的《Chairman还是Chairpercon? —— 美国妇女运动与语言改革》(发表于《外国语》1979年第1期,这应该是国内第1篇有关社会性别语言研究的文章)、戴炜栋的《言语性别差异分析综述》(《外国语》1983年第6期)、陈中绳的《英语异性名、代词的词序》(《现代外语》1985年第4期)、杨永林的《性别在英语语音、语调中的表现》(《外语教学与研究》1986年第2期)、徐祥武的《性别差异在英语中的体现》(《外国语》1986年第5期)等;译介文章有何勇译(1982)、J. 雷恩著的《美国英语中的性别差异》、陈松岑(1985)译、P. 特鲁吉尔著的《性别、潜在声望和诺里奇市英国英语的变化》等。而包含性别语言研究内容的专著有丁信善(1990)译、R. A. 赫德森著的《社会语言学》、谭志明和肖孝全(1990)以及周绍珩(1992)等英语学者译、P. 特鲁吉尔著的《社会语言学:语言与社会导论》。(史耕山等,2006:24)

　　上述译作都是国外著名社会语言学家的有影响的重要作品,在国内语言学界引起强烈反响,在相关文献资料十分有限的情况下,它们对于促进国内的社会性别语言差异研究无疑起到了积极的作用。

　　第二类是有关日语中的性别歧视和性别语用差异的文章,如刘德有的《谈谈女性用语的特点》(《日语学习与研究》1982年第4、5期)、羊坚的《日语中男女用语的不同》(《日语学习》1985年第5期)、李东哲的《日语会话中的男性用语和女性用语》(《日语学习》1988年第1期)等。

　　上述译介、评介和综述性的著述不仅在国内外语界产生了影响,而且推动了汉语界的相关研究。其特点具体表现在两个方面:一是有关专著和综述性的介绍文章纷纷提出语言与性别问题,如叶蜚声、徐通锵的《语言学纲要》(1983)、陈原的《语言与社会生活》(1980)和《社会语言学》(1983)、陈松岑的《社会语言学导论》(1985)、刘宁生的《语言学概论》(1987)等著作以及韩军征的《语言性别歧视和言语性别差异 ——"性别"语言学漫谈》(1987)、严筠的《语言中的性别歧视》(1987)、黄衍的《论语言与性别》(油印稿)等文章都程度不同地提出了性别语言研究问题,或一般性介绍,或专门论述;二是立足于汉语的实际研究汉语的性别歧视和性别差异,如曹志耘的《北京话语音里的性别差异》(1986)、耿二岭的《性别影响方言区的人使用普通话的原因》(1985)、胡明扬的《北京话"女国音"调查》(1988)、姚亚平的《论性差交际的理论和方法》(1988)等文章大都以汉语为语料进行探讨,分别对北京话"女国音"和某些方言中的社会性别语用差异进行对比分析,初见研究成效,标志着性别语言研究已经彰显出中国特色:既突出了实践意义,也重视了文化背景。

　　值得一提的是,1987年12月初在北京西山召开的中国第一届社会语言学学术研讨会为社会性别语言的本土化研究提供了契机。在提交给大会的77篇论文中,关于性别语言研究的几篇论文引起与会者的极大兴趣,如卫志强的《性别语言学概略》、邱大任的《书面语的男女差异》、耿二岭的《方言色彩普通话的性别差异与因素分析》、易洪川的《夫妻是如何用语的》、洪越碧的《从"太太""小姐""夫人"看妇女地位的改变》等。这些论文从社会语言学的视角探究汉语书面语和口语中的性别差异及其成因,为学术研讨会的成功召开增色不少。

　　总的来说,这一阶段是社会性别语言学理论从无到有、不断求索的重要历史时期,伴随着引进与传播,夹杂着观察与反思。囿于认识差异和视野局限,对于汉语汉字性别歧视和性别差异的研究比较零散,缺乏重点,没有形成规模,成果形式几乎都是论文或者著作中的相关章节,专著尚无一部,所有著述仅仅局限于社会语言学和社会心理语言学视角的探讨,关注的重点是静态研究语言中本身存在的性别歧视和性别差异,很少涉足不同社会性别在言语交际中的语用差异动态研究,对外语和汉语教学中的社会性别问题几乎无人问津,研究深度和广度明显不足。

　　但是,应该充分肯定的是,这些译介、评介和综述性的著述毕竟开启了国内社会性别语言研究的新时代,填补了这方面的空白,功不可没,无论外语界还是汉语界都在探索国外社会性别语言理论如何与国内的语言学研究成果借鉴与对接的问题,并体现出两大特点:一是对社会性别语言问题的哲学探讨与译介、评介西方语用学理论并行不悖,二是从评介逐步转向以汉语为语料进行语用分析,从而形成了一定的学术积累,为社会性别语言学理论研究在国内学界的进一步发展奠定了基础。

2. 发展与本土化研究阶段

20世纪90年代以来,随着以后现代女性主义为标志的第三次女性主义浪潮的蓬勃兴起,性别语言研究呈现出多元化、动态化、微观化和本土化发展的趋势,社会性别概念受到女性主义学者的质疑和挑战。受后现代女性主义思潮影响,V. L. 贝里瓦尔,J. M. 邴等西方学者从社会建构的视角来看待性别概念,把这一概念同包括阶级的、种族的、年龄的、宗教的、甚至国家的等等许多表述社会身份的范畴结合起来,去思考和应付复杂的社会文化现实,打破把社会性别看作唯一决定因素的思维范式,从多元化的、建构到解构到再建构的视角去解读复杂的社会现象,竭力反对把男女两性截然对立的二元论,反对具有特定身份的主体的存在,对静止的社会性别观提出质疑和挑战,认为"性别是个动态的范畴,是人们在不同的实践活动中不断建构的事物,而语言则是建构性别的重要方式。因此,研究个人在具体社会活动中的话语,便可了解他们建构性别身份的方式。"(施栋琴,2007:40)由此逐步形成了社会性别建构论(social constructionist gender theory)。该理论对传统的缺陷论、支配论和差异论进行了调节与中和,对异性之间的类同和同性之间的差异作了更具说服力的诠释,更客观而全面地揭示了社会性别语言差异的特点,逐渐成为社会性别语言研究的主干理论范式。

国内外语界和汉语界基于10余年来的理论探索与学术积累,在借鉴西方社会性别建构理论的基础上,以社会语言学、社会心理语言学、语言文化学、语用学等理论为依托,采用动态与静态、历时与共时、宏观与微观相结合的研究方法,着手研究外语和汉语中存在的社会性别语用现象以及教学中的性别差异,对不同语种的外语语料和汉语语料进行对比分析并上升到理论高度,从而使社会性别语言学研究逐步进入本土化发展阶段。最突出的就是对汉字的研究,关注汉字体现的性别歧视以及话语交际过程中的性别差异现象,如孙汝建的专著《性别与语言》(1998)。

从20世纪90年代至今,这种研究一直保持着方兴未艾的研究势头,出版和发表了不少著述,其中不乏总结性的文章,如史耕山等学者的《国内语言性别差异研究概述》(2006:24—27)一文不仅较系统地总结了国内学界的相关研究成果,而且列出了研究者们发表或出版的各种著述清单,一目了然,对其他研究具有一定的参考价值;黄千的《中国性别语言学三十年研究成果综述》一文(2011:4—8)对国内近30年性别语言学的研究成果进行了相关梳理,主要从理论建设、性别歧视现象、跨语言性别对比研究、言语交际中的性别差异等4个方面对现有研究成果进行了介绍,力图指出目前研究中存在的问题,并结合相关研究成果讨论了该领域未来的发展趋势,将 30 年的研究成果按照其发展脉络归纳梳理为 3 个时期,即 1980—1990 年的"萌芽期"、1990—2000 年的"发轫期"以及 2000—2010 年的"壮大期"。

应该说,黄千的上述划分基本上符合国内社会性别语言研究的现状,其中"萌芽期"和"发轫期"相当于我们所说的"发展与本土化研究阶段",但没有包括 2010 年之后这段时间。

第二节　主要研究成果

进入本土化发展阶段之后,国内外语界和汉语界的社会性别语言研究尽管发展不够平衡,但在总的研究方向上基本保持一致,对语言中的社会性别歧视研究较多(详见本书第四章"俄汉语言中的社会性别歧视对比研究"),除此之外,其他方面的主要研究成果大致可以归结为以下 3 点:

1. 社会性别语言差异的表现形式研究

国内外学界比较一致的看法是:从生理角度看,男性和女性在使用语言方面有天然的差异,如与男性相比,女性的声带短且薄,松弛度较小,肺活量也较小,但声调比较高等。这就自然而然地导致了男女两性在语音语调方面的一系列差异。但是,语音现象必然受社会文化和社会心理的直接影响,社会因素致使男女两性在语言使用上出现包括语音在内的后天差异。国内学者主要从音系学特征、构词特征、词汇特征和句法特征等方面研究性别语言差异的表现形式。相关的学术刊物开始发表较多的述评文章,包括一些学者根据自己在国外学习、调查所获资料进行的研究成果。

1.1　英语和日语学界的相关研究

英语学界较有代表性的论文如杨永林的《女性英语音韵语调研究综述》(《外语教学与研究》1993 年第 2 期)、肖建安的《英语性别语体研究的理论发展及研究方法探索》(《外语与外语教学》2000 年第 2 期)、梁鲁晋《性别身份在英语广告中的建构》(《解放军外国语学院学报》2003 年第 2 期)等。

上述论文的作者普遍认为,与男性相比,"女性更倾向于使用标准的、权威的发音方式,更常用逆序重音,即男性常把最高音调放在最重要的单词上,而女性常把最低音调放在最重要的单词上;语调上,女性常用升调来表示礼貌或试探性的口气,而男性的语调则平淡、严肃;词汇方面,女性比男性更喜欢使用情态词语、特殊的色彩语、强势语、委婉语等;句法上,女性比男性更频繁地使用反义疑问句、强调结构等。"(史耕山等,2006:25)例如,女性常用重叠音节词,而男性一般不用；女性比男性更擅长描述色彩词语的选择，如 mauve，beige，aquama-rine，lavender 等色彩词常出现在女性言语中，男性多用强感叹词，甚至咒骂词语，女性则多用弱感叹词。强感叹词比较粗俗、夸张，给人以情感强烈、言辞有力的感觉，多数人认为强感叹词出自男性之口可以理解，若出自女性之口则不礼貌，没有修养，破坏了社会文化所认同的女性性别定型。

对于句法结构的选择，张莉萍（2007）认为，在英语社会里，女性多使用情态结构，即用情态动词 Can，Could，Shall，Should，may，might，will，would 与其他动词 have，be 连用，这种结构的使用，反映出女性对周围发生的事情没有把握或有怀疑，用间接的方式表达思想见解。男性则常用其中几个表肯定或具有权威、命令式的词，常用陈述句、祈使句，直接表明对事情的看法。

关于日语中的性别差异现象，李东哲（1988：28—41）、于国栋、吴亚欣（2002：24—28）等学者作了较为中肯的分析，如通过对比，他们发现日语中男性和女性在使用语言方面也有明显的差异：要是具有一定的日语水平的人大抵可以分辨出哪一句是男子用语，哪一句是女子用语。但是假如把这些用语译成中文或其他语言，便很难区分发话者是男性还是女性，这是日语区别于其他语言的一个显著特点。如在一般情况下，说话人在指称自己的时候，男性往往使用 boku，而女性则使用 watasi 或 atasi。

李钟善（2002：92）认为，日语中的男性用语和女性用语有着严格的区别，这是日语不同于其他语言的主要特征之一，具体表现为：女性用语尽量避免使用断定语，或少用或不用命令式，而男性用语则恰恰相反，以体现男性在社会和家庭中的主导地位。

陈玉泉（2004：78）分析了日语的历史成因及其特点，以此表明，女性用语与不拘礼节、语气上显得过于激烈的男性用语相比，显得较为优雅、含蓄、温柔，极富感情色彩，女人味很浓，具有恭谨、庄重、礼貌的色彩，这是自日本平安时代以来历史形成的一种女性美德，从而使日语日臻完美，极富情调。

1.2　俄语学界的相关研究

俄语界的性别语言差异研究主要见诸语音和语句结构。例如，周民权（2009：79—81）不仅指出了俄汉社会性别语言的共同点，而且重点分析了俄汉语中男女两性的生理差异和言语表达差异，认为其生理差异具有明显的社会意义与文化标记。例如，现代俄语中女性有意拖长元音而将非重读的[o]读成[a]，带有讲求时髦、略显夸张的意味，而中国女性在说话时一般不会有意拖腔，还会有意无意地出现某些吞音，如把"fanzheng"（反正）说成"fan′r"，把"meiyou"（没有）说成"mei"等，顺应了说话随着社会节奏加快而趋于简洁的特点。再如，在称谓的词语选择上，两国的女性也表现各异：俄罗斯女性在称呼孩子时常用阳性形式，即便面对女儿，母亲也会使用"Ах ты мой милый！"（"你真是我的宝贝哦!"),"мой ребенок"("我的小乖乖")之类阳性昵称形式,而中国女性对自己的孩子说话时常常会使用人称代词复数第一人称形式,如:"别哭,我们(而不是我)现在吃糖吧。"

在词汇和语句的选择上,吕鸿礼(2004:27—28)通过对比,认为较之于男性,俄罗斯女性更喜欢使用名词和形容词的指小表爱形式(сумочка,ручка,хорошенький,слабенький)、委婉语(用"гости"指代"менструация",用"задик,сидение,ягодица"来表示身体的特定部位)以及能够体现俄罗斯女性感情外露的感叹词(ой-ой-ой,ну,уж)等。对于句式结构的运用,俄罗斯男女两性表现各异,如在陈述句的使用上,男性惯用长句,而女性较爱用短句形式,表达更为简洁明快,生动有趣;对疑问句的使用也各有目的,女性喜欢用一种试探性的疑问方式来表达自己的想法,作为谈话继续进行的手段,而大多数男性使用疑问句似乎只是为了获取信息,故有人称女性的疑问句是"报道式的",男性的疑问句是"信息式的"。

在祈使句的使用上,男女也各有特点,女性比男性更多地使用带有"давай(те),можно ли,может быть,пожалуйста"等词语的祈使句来建议别人去做某事,以委婉的方式含蓄地表达自己的意图,避免使用生硬的祈使句来发出命令,即便是命令别人,也习惯于使用礼貌语言,甚至在生气、郁闷时也不例外。这种使用方法正好与我们在现实生活中用刚和柔来形容男性与女性的情况相吻合,一般来说,男性的表达简洁明快、直奔主题,凸现出阳刚之气,而女性则讲求委婉礼貌、含蓄羞涩,显现出阴柔之美。从这个意义上讲,俄罗斯和中国的社会性别语言表达方式具有不少共同点,如孙晶(2008:10—17)认为,汉语中的"女国音"与俄语中的塞擦化现象极其相似,这种"咬字"的发音方法能够获得娇柔美的社会评价,而汉语中女性比较偏爱的感叹词是"呀",常被放在句首使用(如:"呀眉红!你在哪里?""呀太棒了,离我家很近"等。——摘自池莉《紫陌红尘》),其功能和俄语中的"ой"基本相同。

李明宇(2009:32)分析了男女用语的结构特点之后,发现男性的书面语中经常可见军队、监狱的行话,常会出现插入语,尤其是具有断定意义的插入语,大量使用抽象名词等,而女性的书面语中用很多插入语、定语、状语、代词、补语以及情态结构来表达不同程度的推测和不确定(может быть,по-видимому,по-моему),喜爱使用中性意义的词语和表达以及委婉语,高频率的出现副词+副词的结构(Слишком безжалостно,очень хорошо)等等。

姜宏、曾婷(2011:51—55)对俄汉语中性别范畴的词汇、构词、词法、句法、修辞等不同表达手段作了对比分析,比较全面地展现了俄汉语中社会性别语言差异的基本表现形式,其中某些分析较有参照意义。例如,作者认为比喻和借代等修辞手段可以表示性别意义,通常用于表达人物的年龄、性格、智力、能力、生理和心理等特征语义类型,如俄语中的 кукла(没有头脑的女人),павой пройтись(傲然自若的女子),ангел по плоти(温柔贤淑的女人),жук(滑头的男人),морской волк(航海老手),травленый(старый)волк(饱经世故的男人)等,汉语中也常可见到各种表示性别语义的修辞手段,如比喻手段:"禽兽,豺狼,绣花枕头";借代手段:(1)以标志代主体("巾帼,粉黛");(2)以局部代全体("红颜,须眉,红妆");(3)以职务或职称代人("驸马")。这些表示性别语义的修辞手段可以在一些固定搭配中找到相应的体现,如"鲜花插在牛粪上""绿叶衬红花""红颜知己""巾帼不让须眉"等。

1.3　汉语学界的相关研究

国内汉语学界最早探讨性别语言差异的应该是赵元任先生。他在1928年出版的《现代吴语的研究》(1956年再版)就提到了男女两性在语音和声调上的差异,对吴语苏州方言中 au 韵字的(好、俏)的性别差异(女性多用 a,男性多用 a 略偏后的音)作了分析,但这只是一种零散研究现象。国内汉语学者以及外语学者对于汉语中的社会性别语言差异的真正探索始于20世纪80年代,主要从语音、词汇、句法结构等方面着手。

杨春(2008:55)认为,汉语语音方面的研究目前主要集中在男女发音的对比上,研究成果表明,女性与年龄、教育、社会阶层和地域相同的男性相比,发音较标准、规范,统计调查方法证明,性别因素在话语的音位、音高、和调性等语音构成的变化上有着重要的社会价值。例如,汉语语音性别差异的表现之一是在音质方面,这种情况在北京话中的"女国音"上表现尤甚:北京一些年轻女性为了追求尖细好听的效果,把汉语拼音中的 j、q、x 的发音向牙齿前移动,发成了尖音(类似 z、c、s),从而形成了非标准的女性方言。(赵学德,2008:79)

最早注意到这种现象并将其命名为"女国音"的是黎锦熙先生,早在20世纪20年代,他就开始关注这种女学生特有的发音方式。也有人将这种据说发源于北京市劈柴胡同(原北师大附属女子中学所在地)的读音称之为"劈柴派读音"。这种现象可能与社会文化心理对女性的影响有关,因为"女国音"读法的开口度比标准音小,更符合社会对女性形象的要求和认同;郭熙在《中国社会语言学》(1999)一书中指出,女国音现象已经扩展到一些成年男性身上,甚至有的男播音员播音时也使用这种语音,这也可能反映了性别差异的逐步缩小。

孙明霞(2008:141)通过调查分析,指出另一种"女国音"现象是:近年来北京女青年中流行将3、4、5发成6、7、8,尽量张嘴小一些,声音尖细娇柔,符合女性说话应柔声细语的传统观念,因而得到了女性的青睐,这也自觉或不自觉地影响到北京男性青少年的言语方式,他们说话时轻声音节特别多,而且常常把舌尖辅音发成卷舌元音,如把"反正"说得好像是"反二",把"保证"说得好像是"保二"。诸如此类的儿化现象近似于女性通常表达细小、亲切或喜爱的感情色彩,如玩儿、小皮球儿、小样儿、小花儿、一块儿等。

学者们比较普遍一致的看法是,由于男女发音器官的构造以及男女语音物理特征的不同,他(她)们在使用同一语言变体时,语音语调上的不同是性别差异中最普遍的类型。一般来说,女性的声带较短、较薄、较紧,声波音频较高,声音尖而细,发音比男性更准确、清晰,更接近于标准汉语普通话的语音,韵律节奏感较强,语调也比较温柔,高低变化的幅度较大,富有表现力,说话时多用表疑问、征询的升调,不像男性那样常用坚决、肯定的降调来回答,如课堂上开始上课时,男老师常用降调说"上课",含有命令、要求意味,而女老师往往用升调说"上课",委婉地表达要求、征询学生意见之意。

在汉语词汇和句法结构的选用上,男女两性也存在着较大的差异。孙汝建(1998)、杨金菊(1994)、刘莹(2001)、王娜(2005)、张莉萍(2007)、赵学德(2008)、杨春(2008)、孙明霞(2008)等学者在各自的著述中分别作了不同视角的分析,大致可以归纳为以下5点:

1.3.1   在颜色词和情态词的使用上,女性大大多于男性,也就是说,女性的颜色识别能力和色彩感受能力强于男性,在表示颜色的词汇和表达感情色彩的语言习得能力超群。他们对颜色似乎有一种天生的敏感,除了能够分辨日常生活中的"赤、橙、黄、绿、青、蓝、紫、黑、白"等基本色调外,还能感受和领悟各种区别细微的色彩,并在语言中进行精确的描述,如蓝绿色、粉蓝色、湖蓝色、紫红色、砖红色、水红色等,并且通过使用具有各种象征意义(如红色是曙色的代表,使人联想到太阳、光明、温暖、幸福、炽热、鼓舞、火急、危险等;绿色是大自然的主宰色,给人以清新、幽静、安逸的舒适感;黑色给人以冷、暗、阴、远、沉、消极的感觉,象征着悲哀、不幸、绝望、死亡,同时也象征着庄严、肃穆、稳重、踏实、内在、脱俗、尊贵、高雅等;白色给人以明、近、阳、轻的感觉,通常象征着纯洁、娇美、明媚等)的颜色词和诸多表达情态意义的语气词、感叹词、夸张词、强势词来抒发自己丰富多样的情感。

从审美的角度来看,女性对美的外在形式感受较男性深刻,用于观察自身衣着打扮的时间比男性多,对社会上流行的样式、花色、颜色等的变化很敏感。这种社会特点是她们长期生活习惯所培养的。她们从小就喜欢把自己(或被父母)打扮得漂漂亮亮的,随着年龄的增长,每每精心挑选各种颜色的衣料服装,与各种颜色直接接触的机会比男性多,久而久之,就能够比男性更为精确地使用表示色彩的词语。而男性一般只能分辨几种基调色彩,不大探究其微小差别。在一些男性看来,这类词语是对话语的真正意义有损无益的"多余包袱",即冗余成分较多,实际意义不大。另外,女性常用重叠音节词,而男性一般不用。男性多用强感叹词,甚至咒骂词语,女性则多用弱感叹词,少用咒骂语。强感叹词比较粗俗,给人情绪强烈、言辞有力的感觉,传统观念认为强感叹词出自男性口中可以理解,有"阳刚之气",若出自女性口中则不礼貌,不雅观,没有修养,一旦带有上述选词特征,往往会被看成是"粗野的假小子"。

1.3.2　在对人和事物的称谓语选择上,男女两性差异较大。相比之下,女性说话时更喜欢在一些词的前后加上表示"小"或"儿"等词缀,如"小狗""小姑娘""花儿""竹竿儿"等,在称呼别人时,女性用语比男性用语更加丰富多样,更具亲和力,常用"亲爱的、宝贝、甜心、心肝儿"等词语表示亲昵的相互关系。此外,女性使用"亲蛋蛋、宝宝、狗狗、美美"之类重叠昵称形式的频率远远高于男性。

1.3.3　在禁忌语和惊叹性词语的使用上,男女各有侧重。女性很少使用禁忌语,多用"哦!我的天哪!""天啊!哎呀!""哟!"之类惊叹性词语表示惊讶或者不满情绪,更加注意语言的优雅与含蓄,而有些男性则经常用"他妈的!""该死!"之类粗俗的惊叹语或诅咒语发泄自己的不满情绪,给人以粗鲁、不文明、不礼貌之感,但也有人认为这就是男子汉的粗犷与豪爽。

1.3.4　在形容词和副词的选用上,男女两性各具特点。在描述同一事物的某种特征时,女性往往选用一些夸张的形容词表达自己的感受,比男性的表示方式丰富,如"可爱的,漂亮的,迷人的,甜美的,贴心的,动人的"等,且喜欢将形容词重叠使用,如"清清楚楚、甜甜蜜蜜、白生生、软绵绵、黑洞洞、高高的、大大的"等。此外,女性还喜欢使用具有强烈感情色彩的副词"十分、非常、多么、极、太"等作修饰语,来强化语气,有时为了淋漓尽致地表达自己的感受,常将几个感情色彩浓重的副词重复或迭加使用,如"那个地方太好玩了!美极了!棒极了!""我是那么那么想念你,你要是待在我的身边该有多好呀!"等。这些词语常带有羡慕、赞赏、娇媚的色彩,能够较为贴切地反映女性的性格特征。而男性强化语气的手段比较简单,通常使用副词"很"来表达自己的感受。

1.3.5　在汉语句法结构的选择上,男女两性各有其倾向性。女性较多地使用与其气质相适应的谨慎、稳重、婉转的标准句式,很少使用无端、坚决的语气,常常采用一些模糊句式,如"我觉得、我想、我认为"等,且常在句中运用"啊、那个、接下来"等停顿语,委婉地表达自己的见解,在表达试探性的请求、建议或不满时也常常使用"我想你是否应该……""我觉得你最好……"之类比较客气委婉的句式,以一种似乎不大自信和商量的口气与对方交谈。因此,女性使用较多的是疑问句和祈使句,较少使用命令句,即便是使用陈述句,也常常在其后附加反义疑问句,以此表明对事情、问题把握程度较低,需要借助于他人的意见加以肯定或加强,如"他是一位好老师,不是吗?""这里是图书馆,对不对?"等。

有学者认为,疑问句的使用可以表现女性的礼貌与淑女气质,避免武断,防止交际冲突,是成功的交际策略之一。女性在在疑问句和祈使句中使用"吧、吗、呢、啊"的频率远远高于男性,她们表示主谓之间的停顿时,一般加入"吧",

男性则多用"呀"及其变体。此类句式结构的使用反映出女性一般喜欢用间接的方式表达思想见解,而男性则倾向于直接表述自己的意见,驱使他人做事,不习惯于事事征询他人意见,常用陈述句、命令句祈使句表明对事情的看法,语气比较坚决、武断,往往会引起冲突。

另外,女性比男性更注意遵守语言的规范,不大使用非规范的语言形式,而男性说话则比较随意,有时甚至有意违规,以达到自己的交际意图。这种现象与语言环境和社会文化密切相关。从客观方面看,由于多数女性在职业上的位置不及男性显著,因此人们对女性的评判标准很大程度上取决于她在社交场合的言谈举止。从主观方面看,女性的言语也多倾向于向声望度更高的标准形式靠近,以符合女性适切行为的社会期望。

赵丽明、白滨、史金波主编的《奇特的女书——全国学术考察研讨会文集》(1995)对流传在湖南南部江永县潇水流域的妇女专用文字"女书"的起源、性质、族属以及社会功能等作了不同程度的探讨,发现这种文字不是表意文字,而是一种单音节表音文字,被当地妇女称为"长脚文字",通过"老传少、母传女"一代一代相传至今,有的写在纸上,有的写在扇上,有的绣在手帕、被子、花带上,用来祭祀、祈祷或歌唱。它虽借源于汉字,但与汉字又有很大的区别,拥有不同于汉语及当地任何村庄口头语言的语音、词汇和语法系统,是一种独特的女性文字符号体系,明显呈现出"图腾崇拜"的痕迹,而这只有在人类早期文化如古埃及文字、玛雅文字、甲骨文中才会出现。而当地的男性根本不知道这些神秘的"天书"写了些什么,表达什么意思。这种奇特的语言现象引起部分汉语学者浓厚的研究兴趣,他们正对面临传承危机的"女书"进行抢救性研究,试图解开"女书为什么只在江永及其毗邻地区流传?""在以男性为中心的封建社会,男性如何能够容许妇女学习和使用男性不懂的文字?""女书何时形成?"等一系列谜团。

戴庆厦的《社会语言学教程》(1993)一书也提到了少数民族语言与性别的研究,对男性和女性的语音差异作了量化分析,以此说明性别在音系上的表现是多方面的,主要是受语言环境和社会文化的影响。

2. 言语交际中的社会性别语用差异研究

与上述语音、词汇、句式结构方面的使用差异相辅相成的是,男女两性在不同的交际场合所实施的言语交际行为也存在着差异,各自都形成了一定的言语表达风格和语用特点。随着认知视野的拓宽和研究的步步深入,国内外学者的关注点逐渐从女性用语和男性用语的形式结构(语音、构词、词汇、句式结构等)差异转向言语行为、交际策略、话语风格等动态研究方面。在研究转型过程中,哲学、人类学、社会学、社会语言学、心理语言学、社会心理语言学、语用学、语义学、功能语言学、语言文化学和跨文化交际学等学科的理论与研究方法不断得以运用，各种观点相互碰撞，相互交融，更进一步夯实了社会性别语言差异研究的理论基础，使之上升到一个更高的层次，更具实践意义。

在西方学术界，最先研究性别语用差异的 R. 莱科夫(1975:73—74)通过翔实研究得出结论:男女两性在语言使用上表现出的性别差异折射出他们各自不同的社会性别角色以及不平等的社会地位，而社会角色的差别使男女两性在说话方式和话题选择方面存在一定的差异，女性的自我受到抑制，因为社会习俗观念使得她们不能强烈地表达自己，鼓励她们用一些琐碎的语言表达一些琐碎的事情，在交谈时对自己谈论的事情要用不太确切肯定的语气。

俄罗斯语言学家 A. B. 基里利娜(2005:18)认为，男女两性之间的言语交际实质上是两种文化的碰撞，即便是在同一种文化背景下长期生活的男性和女性，也会有意无意地表露出各自不同的言语交际特征。这些特征体现在话题的选择、话语量的大小、说话方式与交际策略等方面。

2.1　日语和英语学界的相关研究

我国日语学者李东哲在《日语会话中的男性用语和女性用语》(1988)中曾引用日本明治时期著名作家尾崎红叶在《金色夜叉》中的一段话来说明问题:"要是具有一定的日语水平的人……大抵可以分辨出哪一句是男子用语，哪一句是女子用语。但是假如把这段会话译成中文或其他语言，便很难分辨发话者是男的还是女的。也就是说，在日语语言生活中男女用语有别，这是日语区别于其他语言的一个显著特点。"这段话说明作为作家的尾崎红叶已经注意到了日语中的男女性别语用差异，但他却忽视了另一个问题:这种语言现象并非日语独有，而是见诸英语、俄语、汉语等许多语种。

英语学界的社会性别交际语用差异研究比其他学界发展得快，成果也比较多，其中较有影响的著述是白解红的《性别语言文化与语用研究》(2000)，这是国内迄今为止第一部从语用学、社会语言学、语义学视角研究社会性别语言文化的专著，其中对语用学理论与社会性别语言学及社会语言学理论的关系、语境与语用、遵守与违反语用原则之性别差异、言语行为之性别差异、委婉语之性别差异、语义多层面上的性别差异、人际功能表达之性别差异、性别语言研究的现状及发展趋势等命题作了通俗易懂的论述，结合英语国家的性别与语言差异分析，对英汉两种语言的性别语用差异进行了较为全面的跨文化交际对比研究，分析性别语言得以显现、发展和变化的社会因素与文化因素，阐述性别语言的社会功能与文化功能，对静态的性别语言变体进行语用学视角的动态研究，对性别语言现象进行历时和共时的探讨，具有一定的原创性，对汉语中的社会性别语用差异研究具有较大的方法论意义和参照价值。

　　许力生的《话语风格上的性别差异研究》(1997)一文在介绍国外英语学界相关研究成果的基础上,对男女两性之间话语量大小问题提出自己的看法,认为长期以来存在的女性说话比男性多的固定看法有失偏颇,如许多英语词典中的 babble,chatter,gab,gossip,nag,prattle 之类具有"罗嗦""多话"含义的词语,只要词典中有例句,大多是拿女性来做例子,而社会交往中的话语状况实际上并非如此,几乎所有的调查研究都得出与之相反的结论。在绝大多数场合,包括街市、家庭、饭店或咖啡馆、朋友聚会、社交活动、各种会议、电视讨论、体育比赛、音乐会等等,男性说的话往往比女性多。特别是在男女之间的对话中,这种情况更为突出,夫妻之间也好,朋友、同事或同学之间也好,基本上都是男性说话的时候多于女性。有趣的是,有人曾在某次社交聚会上连续三个小时观察一对夫妻,发现在此期间丈夫说话的时间是妻子的五倍。然而,事后向在场其他人征询他们对这对夫妇的印象时,竟然人人都觉得丈夫说话不多而妻子非常健谈。这个实例颇具代表性,说明在评判言语行为时,人们对男性和女性分别使用着不同的标准。

　　另外,许力生还认为,即使是话语风格上很细微的差异,有时也会造成交际双方的误解,如男性和女性在交谈中对"肯定性最低限度反应"(positive minimal responses)的运用和理解就不一样:在对方说话时,女性较多地发出 yes,oh,mm,hmm 这类反应,意在向说话人表明"我正听着,请继续讲",而男性听对方讲话时则少有这样的反应,因为在他们看来,这种反应意味着"我同意你的说法"。所以,在异性交往中,女性的反应可能被男性误认为是对自己说法的赞同,或者由于女性反应的频繁出现而让男性产生疑惑,觉得女性的真实态度难以捉摸,而女性说话时,由于男性的反应大大低于女性的期待,女性就会以为男性听自己说话时心不在焉,并很可能为此而感到恼火,从而引发矛盾或交际失误。

　　杨永忠(2002)从社会语言学视角划分出性别言语模式与性别语篇模式的基本框架,并分别进行专题研究,阐释了普遍存在的语言性别意识现象所反映的社会规范与民族心智以及其中所蕴藏的语言使用者的文化心理、社会价值取向和思维模式。

　　除此而外,其他一些学者,如杨金菊(1994)、李经伟(2001)、刘萤(2001)、史耕山(2006)、张莉萍(2007)等,都在自己的著述中从不同角度对英语中的社会性别语用差异进行探讨,并结合汉语语料进行英汉对比,向本土化研究倾斜。他们普遍认为,国内现有的大部分社会性别语言研究所引用的观点和语料大都来自西方学者的研究成果,这些成果是在西方国家的社会文化背景下完成的,反映的是西方主流社会的一些语言现象,由此得出的结论不一定具有普遍性和代表性,未必符合中国国情。因此,外语界研究语言学的最终落脚点要着眼于在国内搞本土化研究,加强外语与汉语对比方面的跨文化语用研究,这是语言学研究的一个方向,也是最容易出原创研究成果的突破口。在本土化研究问题上,国内外语界和汉语界已经达成了共识,其中自然包括社会性别语言学的研究。

2.2　俄语学界的相关研究

俄语学界的社会性别交际语用差异研究主要见诸两个方面:一是总结俄罗斯学界的相关研究,二是通过分析俄语语料,对俄汉语中的相关差异进行对比分析,其主要研究成果体现在话语风格、非言语交际行为、委婉语和恭维语以及交际策略的运用等几个层面。例如:

徐翁宇在其专著中辟出整整一章(2008:248—264)研究男女话语风格,认为这种风格"不是个人的风格,而是男女群体的风格;它也不是一般的言语风格,而是话语风格……男女话语的不同风格主要体现在非正式的无拘束的谈话中,而在正式场合男女话语(演讲、报告)的差异甚小,不构成群体性的风格。而在学术著作中那就更难发现男女话语的差异了。基于以上认识,我们把男女话语风格界定为男女社会群体在非正式场合运用语言的特点的总和。"根据这一界定,他从语音、词汇-语法、言语行为及身势语等4个方面探讨了男女话语的社会性别语用特点。

赵蓉晖也在其专著中辟出整整一章(2003:198—271)来论述性别差异与话语风格,通过对比分析中外学者有关风格的论述,并且结合性别差异特点提出了自己的看法,认为所谓两性的话语风格,是指两性对语言手段的不同选择和组合运用所形成的不同特点。基于这一认识,她首先分析了社会文化因素对于两性话语风格的影响,进而从言语的得体性、对话中的合作与协调等视角阐释了两性话语与礼貌准则、幽默准则、克制准则、关联准则的相互关系以及由此引发的话语风格方面的差异。

彭文钊的论文(1999:66—71)分析了委婉语与社会性别差异的相互关系,认为男女两性在发音、用词、句型、语体等方面的差异只是一种倾向性,并不是绝对的,而性别差异的研究不能脱离语境,因为有些差异是诸多因素综合作用、产生合力的结果。例如,其一,在言语交际中,男性比女性更多地使用骂人话表达亲切的感情,而女性比男性更倾向于使用委婉语,常用指小表爱形式表达婉转亲切的语气,但无论男性还是女性在同性交际的情况下都有可能使用一些低俗词表达感情,与语境及话题选择密切相关,并不是性别差异的问题;其二,女性比男性更多地采取委婉间接的表达方式,其婉表意图实际上是一种交际策略,目的是为了完成某种定向交际目的,如俄语电影 *Ирония судьбы*(《命运的嘲弄》)中的一段男女对话足以说明问题:

Женя　И...пошел я?

Надя　А...a...

Женя　Да?

Надя　Как вы будете добираться до аэродрома?

Женя　До аэродрома?

Надя　Автобусы еще не ходят.

Женя　Да, это не важно, доберусь, как нибудь.

Надя　Ну, иди.

热尼亚：那我……走啦？

娜佳：啊……啊……

热尼亚：可以吗？

娜佳：您怎么去机场啊？

热尼亚：去机场？

娜佳：公交车还没有开呢。

热尼亚：哈，这无关紧要，我会想办法到达机场的。

娜佳：哎，那你走吧。

不难看出，影片中男女主人公热尼亚和娜佳都对对方心存好感，但不直接表达出来。热尼亚要离开列宁格勒，娜佳有心挽留，用"Автобусы еще не ходят"（"公交车还没有开呢"）委婉地表明了自己的心意，但热尼亚却没能领会，娜佳十分生气，紧接着说道："Вы же ищете предлог, чтобы остаться."（"您还是找找留下来的理由吧"）其婉转表达的意图一目了然；其三，交际双方的性别差异、熟悉程度、年龄差异等个人状况都会导致委婉语的运用，以保持一定的交际距离。

吕鸿礼（2004:28—29）通过大量的俄语例句来对比分析男女之间的交际语用差异，认为较之于男性，女性更喜欢用一种试探性的方式来表达自己的想法，因而常常使用减弱肯定语气的附加疑问句，以此作为确保谈话继续进行的一种方式，不像许多男性那样，使用疑问句似乎只是为了获取信息而已，如"Нет, ты забыл, вероятно, какие-то вещи, да?"（"不，你大概忘了什么东西，是不是啊？"）一句中的女性用语带有明显的探询口气，以提问方式促使对方说出自己的想法。

李明宇（2008:29）重点探讨了俄语中男女话语风格的差异，即男女两性对语言手段不同的选择和组合运用所形成的不同特点。她通过在中国工作的俄罗斯友人在网上开展问卷调查以验证"话语风格"和"话语表达"中存在的性别语言差异，调查所选取的对象都是受雇于公司的职员，年龄在 25—28 岁之间。例如，针对"Как вы считаете, кто больше всего в разговоре любит перебивать другого?"（您认为谁在谈话中更喜欢打断别人？）这一问题，被调查的 50 名男性中有 88%(44 位)都把矛头指向女性,而女性却不这么认为,76%(38 位)的女性认为自己很少打断别人的谈话。在难分伯仲的情况下,作者又转而对比分析《命运的嘲弄》《办公室的故事》等俄罗斯电影中男女主人公的对话,发现男性打断女性谈话的情况居多,希望以此控制话语权,通过引入新话题将女性的注意力吸引到自己的发言上来,而女性打断男性谈话并不是想控制谈话转移话题,而是表明自己正积极地参与谈话,本质上是想刺激谈话的继续进行,维持会话的衔接,使谈话的气氛更加和谐。

李明宇认为上述情况应验了美国语言学家德·坦嫩对于"打断对方谈话"的性别差异总结分析:女人习惯于聊天式谈话,她们希望每个人都能参与到谈话过程去,而男人则习惯于报告式谈话,他们希望控制话语权。

唐媛(2006:18—23)对话语运用策略方面的性别差异作了探究,认为男性一般运用强势策略,主要表现在谈话时通过打断、重叠、沉默等方式来控制话语轮换,而女性则运用弱势策略,遵循合作、礼貌、委婉的原则。具体来讲,男性在男女会话中经常处于支配地位,他们通过重叠(指的是不等对方讲话结束就抢过话轮,开始说话,其话语与对方的最后一个词或该词的一部分发生重叠)、打断(指的是当对方还在讲话,并且在此轮中尚未表明已经到了可能结束之处时就抢过话轮,打断对方,开始发话)、沉默(指的是对话题没有兴趣,故意保持沉默,不接过话轮,使得会话无法顺利进行)等方式来抢夺和控制话轮,侵犯女性说话的权利,特别是侵犯她们完成一个话轮的权利。

史崇文在其论文中专门辟出一章(2007:40—51)论述非言语交际中的性别差异,以俄、汉语语料为分析对象,重点探讨俄汉语中体态语和副语言(沉默)的性别差异对比。例如,男女两性面部表情中的"微笑"不同:女性一般是微笑,在公共场合很少出声地大笑,而且笑的时候常常用手掩着嘴,努力做到"笑不露齿",并以此为美,否则会被视为不雅,有失礼貌,而男性则多是爽朗的笑,遇到高兴的事时会放声大笑,体现出男性的自信和心胸开阔。然而,从总体特征来看,俄汉两个民族对"微笑"的解读有所不同:中国历来被称为微笑的民族,但俄罗斯人正好相反,一般情况下脸上不带微笑,因此被称为"冷面民族"。俄罗斯人不对陌生人微笑,否则被视为轻佻和有失体面,同时还认为微笑不是礼仪的需要,是做作,既没必要,也不恰当,因此就有了讥讽微笑的俄罗斯俗语"Смех без причины, признак дурачины"("无端发笑,必是傻帽")。

孙晶(2008:21—39)为了更真实有效地对比俄汉两种语言中异性在公开场合和私下场合话语量的大小,分别挑选了《莫斯科不相信眼泪》《命运的捉弄》《办公室的故事》等 3 部俄罗斯电影和中国中央电视台 10 期的《夫妻剧场》节目,同时选取 20 对俄罗斯异性大学生在私下场合的 30 分钟谈话录音,对异性在公开场合和私下场合的谈话时间进行精确计时,分析结果表明:在公开场合,男性话多,女性话少,而在私下场合则恰恰相反,以此可以说明社会上普遍存在的认为女性饶舌的定型看法以及一些有关男性话多的调查结果有失公允。只有结合情景因素进行研究,才能把握两性话语量的真实情况。

崔国鑫(2006:12—29)主要从语言形式结构、话题、话语量、话语方式及策略等方面研究了两性在言语交际中的差异,探索其成因。重点是用语用学中的"合作原则""礼貌原则"和"面子理论"来分析、理解两性在言语交际中语言使用的差异,以及对话中委婉语使用的性别差异,透过纷繁复杂的语言现象充分了解其内在的规律、外部特征、汉俄差异、形成因素等,并在宏观层面上做出概括性认识,进而立足于新的认识高度,全方位地观察、审视其形式功能和相关因素。用语用学原则来分析解释俄语对话中的性别差异可谓是一次新的尝试;在解释俄语语言现象的同时,配以与汉语现象相比较是崔国鑫的另一新的探索。

周民权的《国内俄语学界社会性别语言学研究略论》(2011:24—28)一文对俄语学界的相关研究情况作了较为全面的总结,姜宏、曾婷(2011)、李琳(2000)等学者亦从不同视觉对俄汉语中的社会性别交际语用差异作了较为详实的对比分析。

2.3　汉语学界的相关研究

汉语学界的社会性别交际语用差异研究是在借鉴西方和国内外语学界相关学术成就的基础上逐步发展起来的,其中不乏英语学者的英汉语对比研究。具体来说,其研究成果主要体现在以下两个方面:

一是相关著述结合外语(主要是英语)界的研究成果,对汉语中的一些性别语用差异进行对比分析。如邓炎昌、刘润清合著的《语言与文化》(1989)、顾嘉祖、陆升主编的《语言与文化》(1990)、祝畹瑾的《社会语言学概论》(1992)、王德春、孙汝建、姚远合著的《社会心理语言学》(1995)、常敬宇编著的《汉语词汇与文化》(1995)、徐大明、陶红印、谢天蔚合著的《当代社会语言学》(1997)、贾玉新的《跨文化交际学》(1997)、陈建民的《中国语言与中国社会》《1999)、陈原的《语言与社会生活:社会语言学札记》(1999)、杨永林的《中国学生汉语色彩语码认知模式研究》(2002)和《社会语言学问题研究:功能·称谓·性别篇》(2004)、游汝杰、邹家彦的《社会语言学教程》(2004)、戴庆厦的《社会语言学概论》(2004)等著作都设专章或专节,除讨论汉语语音、词汇、语法等方面的性别差异之外,重点探讨了汉语中的性别语用差异问题;

二是立足于本土视阈,研究汉语的性别语用差异。这方面的著作或者学位论文有赵丽明、白滨、史金波主编的《奇特的女书——全国学术考察研讨会文集》(1995)、孙汝建的《性别与语言》(1998)、史耕山的《汉语称赞语中的性别研究》(2008)、彭晓玲的《男性作家和女性作家短篇小说中的性别差异》(2006)、陈其艳的《汉语文学作品中男女作家性别语言差异的语言表征——一半是火焰一半是海水的语言比较》(2007)、蒙洁琴的《中国性别语言的会话分析——电视节目《心理访谈》案例研究》(2007)、赵娅琴的《性别语言典型及其在交际中的体现》(2007)、张莉萍的《称谓语性别差异的社会语言学研究》(2007)等。除此之外,较多的汉语性别语用差异研究见诸学术论文,如魏耀章的《恭维语的性别差异研究》(2001)、晏小萍的《国家机关工作人员称呼使用的调查》(2002)、丁凤的《汉语请求言语行为中的性别差异》(2002)、钱进的《成语和俗语性别差异的文化透视》(2003)、潘小燕的《汉语道歉言语行为的性别差异研究》(2004)、史耕山的《论性别话语风格的相对性——一种情景研究模式》(2004)、余艳娟的《汉语恭维答语中性别差异的研究》(2005)、刘立吾的《女性称谓国俗语义》(2005)、唐雷的《女性配偶称谓义场的古代历史概貌》(2005)、张松燕的《言语行为之性别差异研究》(2006)、周树江的《词汇内涵意义的语用功能》(2007)、姚芬芳的《女性涉外秘书的语用特征》(2009)、言志峰的《汉语拒绝言语行为的性别差异研究》(2007)以及杨金菊(1994)、刘莹(2001)、王娜(2005)、赵学德(2008)、杨春(2008)、孙明霞(2008)等人的文章。归纳起来,这些著述所探讨的汉语中的社会性别语用差异表现在以下 4 个方面:

2.3.1　会话风格差异

男女两性之间的交流常常带有强烈的竞争性,彼此都把言语交谈作为谈判和维护地位的竞技场所。一般来说,男性侧重于报告信息而不是表达感情,谈话的目的性很强,专业技能也通过谈话来展示,而女性则通常以人际关系为导向,注重感情表达,强调和睦友好,让谈话起到相互沟通、相互支持的作用,这种倾向在与异性交谈时表现尤甚。贾玉新(1997:430—432)对不同性别所采用的交际风格进行对比,简要概括为 20 条(男性和女性各占一半,具体内容详见本书第五章第三节"社会性别定型与言语交际风格")。

戴庆厦(2004:126)对男女两性的话语风格差异总结得更为简练:通常男性说话比较直截了当,注重说明事理,较少运用细腻的修辞方法,而女性则比较善于表达情绪感受,注重描述某件事情给自己留下的影响和由此带来的联想,往往不注意事情本身的描写,尤其是忽视数字。此外,赵学德(2008:80)还提出了一种学术界常常忽视的女性专利语言,就是"发嗲",热恋中的女性时而撒娇弄俏,时而扭怩作态,"嗯""讨厌""人家""你真坏"等嗲语都显示了她们的阴柔娇媚和风情万种,同时还展示自己的优越感。这种话语风格是男性所缺少的。倘若某一男性说话嗲声嗲气,会被人视为"娘娘腔",缺乏阳刚之气,甚至有时会被怀疑为"性别错位的同性恋者",与社会所普遍认同的心理期望相去甚远。

2.3.2　言语行为差异

言语行为是语用学研究的核心内容之一,历来颇受关注,其中性别差异对言语行为的影响越来越受到国内学者的重视。他们从日常交际中的恭维、道歉、称呼、邀请、请求等五个方面对两性在言语行为上表现出来的差异进行对比研究,并分析产生这些差异的各种社会文化因素,旨在为两性之间的言语交际提供指导。例如,戴庆夏(2004:25—26)从招呼、邀请、道歉等方面观察男女两性在汉语言语行为上的差异,发现女性的招呼语多用完整且正规的句式表达,而男性相当随意,不拘礼节;男性较少发出邀请,一旦发出,往往比较具体详细,而女性发出的邀请通常不够具体,有时甚至含糊其辞,因为她们更多情况下表达的不是某种承诺,而是自己良好的意愿,男性一般较少采用道歉策略,认为道歉有损面子,而女性则乐于道歉,视其为积极合作的礼貌行为。

潘小燕(2004:91)、张松燕(2006:152)通过对汉语道歉行为的实例进行调查分析,认为道歉作为一种言语行为,是言语交际的重要组成部分,同时作为一种复杂的言语现象,受到多方面因素的综合作用,男女两性在使用强势词语进行道歉方面,女性略高于男性,比男性更容易向别人道歉,注意维护双方的关系,因此,她们常常选择"直接表达道歉"的策略,使用正式、得体的道歉语,并且喜欢以"真""十分""非常"等程度副词和重复使用"对不起,对不起!"等加强语气方式表达歉意,而男性一般只对较为严重的冒犯行为道歉,所使用的语言也不像女性那么真诚和礼貌。

然而,在表达请求时,男性则积极主动,喜欢直接方式,而女性通常采取间接迂回的表达方式,与表达道歉时的直接方式相反,如丁凤(2002:47—48)根据问卷调查结果,采用双因素(一是性别因素,包括男性和女性两个层面,二是情景因素,包括社会距离大、社会距离小、发话人与受话人为同性、发话人与受话人为异性、所请求事情难度大、所请求事情难度小等 6 个层面)方差分析法对男女请求言语行为的表现方式做了对比研究。

言志峰(2007:125—129)通过问卷调查法,对男女两性的拒绝言语行为进行实证对比分析,得出的结论是:首先,女性总体上比男性使用较多的间接拒绝策略。其次,在具体策略的使用上,男性和女性使用"表达意愿""许诺将来接受""推迟""肯定的响应"有条件接受"和"回赠"等策略的比例大致相当,而在"道歉""说明理由""感谢""称呼语""提供其他选择""踌躇语"的策略的使用上则存在差异。例如,男性和女性都较多地使用"说明理由"策略,但在拒绝时女性比男性更倾向于提供更为具体的理由来拒绝对方,使拒绝显得真诚和礼貌,从而减轻对方的面子伤害,如在拒绝他人的邀请时,女性较多地使用"我今天要去公司面试""我一个同学来了,我要去接他"等具体的理由,而在相同场合下,男性给出的拒绝理由则显得模糊不清(如"我现在有事""有同学在等我有事"等),相比之下,女性的间接拒绝更有礼貌;再如"提供其他选择"策略也常被女性使用,因为这是一种补救性策略,可以弱化和减轻拒绝语中的威胁语气,减少对对方的面子伤害。例如,面对同学的借钱请求,女性容易给出"你先向别人借吧""你借××的吧""我给你想个办法"等说法,使对方不感到难堪。

2.3.3　粗俗语、诅咒语和委婉语的使用差异

在粗俗语和诅咒语的使用方面,男性则多于女性,即便是二者文化素养相当,男性也会在较多场合使用不雅词语,有时甚至不堪入耳,如"他妈的""我靠""该死"之类诅咒语常常出自男性之口,以体现男子汉的粗犷与豪爽。(孙明霞,2008:141)在公众场合大侃黄段子也是一些男性津津乐道之事,特别是与同性交谈时更加随便,口无遮拦,俚俗成分较多,而与异性交谈时,往往会自觉不自觉地对所使用的语言进行"卫生检查",尽可能交谈得体、文雅有礼,避免说粗话、脏话。不仅如此,男性使用粗俗语和诅咒语的内容往往与性器官和性行为有关,而女性通常避免使用此类词语,尤其是文化层次较高的女性更是如此,即便是文化程度低、生性粗鲁的女性,运用粗俗语和诅咒语也远不及男性露骨。据统计,"混蛋""吊儿郎当""三扁担打不出一个瘟屁"之类俚俗词语女性是不常用的,使用几率远远低于男性。相比之下,女性比男性更善用委婉语,因为在大众看来,委婉语的使用显得高雅,很有教养。

刘莹(2001:168)认为,委婉源于禁忌,人们用其他词代替就产生了委婉语。对与性有关的词语,有些人体部位的名称,某些生理现象的名词,女性不愿直说,而常常用委婉语来表述。孙汝建(1998:56—57)则将女性常用的委婉语概括为三个方面:一是对两性关系的词语,二是对特定人体部位的名称,三是对于生理现象的名词(详见本书第五章第三节"社会性别定型与言语交际风格")。

2.3.4　谈论的话题和兴趣存在差异

在这一点上,汉语界的研究和外语界大同小异,即认为女性谈论的话题一般局限于个人的感受、邻居朋友间的交往、家庭什物或日常琐事等,而男性则往往喜欢高谈阔论,对时事政治、汽车、体育比赛、女性、金钱等感兴趣,这种差异可能是由男女两性的社会分工和在家庭中所承担的社会角色决定的。不仅如此,女性在与男性交谈时不喜欢左右话题,常常注意倾听,表现得很顺从,任由男性滔滔不绝,也努力克制自己不去打断对方或者改变话题。究其原因,可能是中华民族几千年的传统价值观念和影响深远的儒家文化在起作用,女性被要求做到"贤淑顺从""三从四德",如果主动左右话题、说东道西、问这问那,则被视为不稳重、举止轻浮的表现。(王娜,2005:71)另外,男性通常注重说明事理,说话比较直截了当,较少运用细腻的修辞方法,而女性则比较善于表达情绪感受,注重描述某件事情给自己留下的印象和由此带来的联想,往往不注意事情本身的描写,尤其是忽略数字。(戴庆厦,2004:26)

3. 外语教学中的社会性别语言研究

如同其他语言学学科研究一样,社会性别语言学的理论研究最终都会与教

学实践结合起来进行。在这方面,国外学界作了许多有益的尝试,如罗晓燕(2009:55—58)总结了西方在外语教学中的性别研究,从性别歧视、性别差异和两性平等教育三个方面阐释渗透在语言教学各个领域的性别因素。

在一般以性别为主要对象的教学探讨中,师资、教材、教法等作为显而易见的评量吸引了许多研究者,涌现了丰富和多元的研究成果。由于人们对无处不在的性别角色、性别关系和性别身份过于熟悉,往往对语言教学中的性别问题视而不见,因而成为盲点。但实际上在语言学习中,学生在读写能力、语言测试、学习风格和策略等方面都体现出性别的影响。而教师的性别观也会影响其教学的手段和结果。例如,课堂教学中教师对男女学生的期望、资源分配常带着性别偏见。与不同性别的学生的交往和互动差异表现非常明显,有悖于性别平等的原则。

对课堂的观察最著名的是 M.萨德克和 D.萨德克,他们广泛地研究课堂上的师生互动方式,在《公允的失败:美国学校是如何欺骗女孩的》(1994)一书中,收集、总结并评价了许多课堂上性别问题的研究,通过统计资料证明:在从小学到大学所有年级的课堂上,师生互动机会明显地偏向男生,教师与男生的情感距离更近,给男生的思考和候答时间大大多于女学生,女生没有获得与男生相等的时间和关注,课堂交际往往由男生主宰。女性受到来自老师的关注比较少,即便受到的关注通常也是负面的居多。

3.1 英语学界的相关研究

西方学界的研究成果对国内外语界的教学研究有较大启迪。一些英语学者借鉴西方经验,尝试将社会性别语言理论运用于外语教学。例如,宋海燕(1998:62)通过分析性别定型及其对言语交际的影响,认为性别定型在外语教育中显得尤为重要:它能够指导不同性别学生学会使用适合自己性别角色的地道的外语表达自己的思想认为,与人进行得体的交往;张萍(2002:35—37)运用定性和定量分析方法,对不同性别的学生在英语词汇观念和策略使用方面的差异作了调查分析。

黄崇岭(2004:104—109)对外语学习中的阴盛阳衰,即女强男弱情况颇为关注,从男女两性的言语中枢发育状况、语言听觉能力、语词视觉能力、学习态度、性格特征和语言特色等方面分析了性别差异对外语学习所带来的影响,并对男女学生在听写、听力、词汇、语法、阅读理解、表达能力等方面的差异与各自的优劣势作了较为详尽的阐释。

张莉萍(2007)通过对性别称谓语的研究,认为从语言教学的意义上讲,重视该项研究是语言改革的重要环节之一,有助于学习者克服跨文化交际的障碍,从而促进英语和汉语语言教学的发展。学校和教师在语言的习得、文化的传授中起着不可低估的作用,肩负着一份神圣的使命。因此,语言教师在英语教学中应该向学生传授新创立的中性表达法,改变对女性的否定态度,力争做到两点:首先,要规范自己的语言,在课堂上尽量避免带有性别偏见的语句;其次,要根据教学内容把女权运动后英语中出现的新词、新用法传授给学生,有意识地加强性别平等的思想教育,让学生了解英语国家的社会变化、语言动态。

庞玉厚(2003:86—90)以社会语言学理论为支撑,综述分析了外语教学中的语言性别差异现象,从4个方面探讨了这些差异现象的研究背景、理论依据、研究内容以及存在的问题与前景,以此表明:外语教学中的性别差异研究是一项艰巨而复杂的任务,一时难以取得一致见解。只有通过跨学科的研究手段,在相关学科之间建立起真正意义上的互动,才能取得创新性成果。

赵静(2002:71—73)从课堂指令、处事方式、对教师为中心的教学方式的适应度、对学生为中心的教学方式的适应度等4个方面对16位不同教龄的高校外语教师(8男8女)的课堂教学进行认真考察,重点是观察其在教学过程中所体现出的性别差异,结果发现,经验丰富的教师(不论男女)在教学风格上基本不受性别因素的影响,即趋于“中性”,其课堂教学效率相对较高,而经验不足的教师(不论男女)在教学风格上均体现出了与其性别相一致的性别特征,即偏重于“男性化”或者“女性化”,明显程度略有差异,其教学效果不及经验丰富的教师。鉴于教师性别差异在外语课堂教学中体现的明显与否制约着教学效率的高低,作者建议各级学校的外语教学督导和主管部门应该加大对外语教师的监控力度,组织各种经验交流活动,着力提高教师对性别差异与教学风格之间相互关系的认识,如课堂教学观摩等,把合理调整性别差异、以性别差异最小化为特征的理想的教学风格真正落实到外语教学实践中去,同时还要考虑学生的性别平衡、年龄范围、文化背景等综合变量,积极寻求更有效、更合适的外语教学方法。

刘宏伟(2008:80—81)认为,我国高校英语专业学生对于同性教师和异性教师教学风格和效果的评价存在差异,师生性别的异同与学生学习成绩具有相关性。问卷调查和课堂观察的结果表明:在英语学习中,高比例的女教师授课应当是女学生英语成绩明显高于男学生的重要原因之一,成绩优秀的学生更能有效地减少教师性别因素对其学习造成的负面影响,而性别不同的教师所擅长讲授的科目和内容则有所不同。

刘宏伟在后来所发表的另一篇文章(2010:126—130)中就“为什么知识、技能和能力较高,至少不亚于女教师的男性教师在一定程度上外语教学效果会不及女教师呢?”展开课题研究,以天津市开设英语的天津外国语学院、天津师范大学、南开大学、河北工业大学、天津财经大学等5所大学作为研究对象,调查男女两性外语教师以及男女学生的性别比例,发现大学英语教师和英语专业学生的性别分布极不均衡、男女比例严重失调已经是不争的事实,由于女学生比例明显偏高,高比例的女教师任教达到一定时间周期(通常从第二学期开始)后会对女学生的学习成绩产生积极影响,从而被理解为女教师的教学效果好。

隆利容(2009)探究了男女教师在话语量、提问方式、回馈用语、指令用语四个方面所表现出的课堂语言差异,认为对比分析男女教师的交际风格及教学风格差异,可为改进英语教学提供有益的参照;吴静、王瑞东(1997)、吴可新(2007)等学者的文章都强调应该重视教学法的研究,面向实际,熟悉和掌握中小学以及大学生的性别差异与学习特点,关注不同性别学生的学习需求,以最大限度地发挥学生的优势为原则来进行教学,做到因材施教,因性施教。

在指导教师的引领下,一些英语硕士研究生也在各自的毕业论文中探讨不同层面外语教学中的性别差异问题。例如:

谭颖沁的《基于性别的大学英语课堂会话研究》(2004)通过对以往语言性别差异理论和方法的回顾,发现关于语言和性别的研究绝大部分集中在以英语为母语的西方国家,而且众多语言研究人员把研究的对象、语境等放在日常会话、会议讨论、工作时的交谈、家庭成员之间的对话上,研究的内容多偏重于社会语言学,很少有人对英语教学中的男女学生的英语会话所表现出来的语言性别差异进行研究,更谈不上论述该研究对教学的指导意义。但事实上,性别因素也是英语教学中尤其是口语教学中一个不可忽视的变量。20世纪90年代以来,外语教育领域大量涌现的有关性别差异研究的文章大多数都偏向于研究男女学习策略、学习风格、学习动机、语言能力等二语习得的差异,极少有人把注意力放在研究英语课堂男女会话模式及策略的差异上,由此引发了论文作者对大学英语课堂会话中的性别差异研究的兴趣;

尹弢的《中美大学生课堂讨论话语性别差异对比》(2008)一文认为,为了更好地实现语言交际的便利,在培养我国本土英语教师的同时,我国不断地从英语国家引入英语教师,也先后建立各种项目派遣中国教师到国外教授汉语。在这一过程中,语言课堂中的跨文化交际凸显其重要性。对于双方教师,更好更快地了解并最大程度地融入对方课堂文化有利于教学任务的完成。在语言课堂中,教师除了要了解对方的文化差异外,对其课堂中显现出的性别差异也需作细致考虑,因为在课堂教学中性别因素的重要性已经得到了越来越多的认可,此外,课堂教学作为一种社会活动也应充分考虑性别这一变量对其产生的影响;

徐芳的《中国高职英语课堂中教师话语的性别差异研究》(2009)是一篇关于中国高职英语课堂中教师话语的性别差异的实证研究。作者认为教师话语在组织课堂教学和语言习得中起着重要的作用,它既是教师在课堂上向学生传授知识的主要途径,也是外语课堂中学习者获得可理解性目标语输入的主要来源。随着语言教学理论及第二语言习得理论的发展,教师话语受到了越来越多的关注,但是基于性别的教师话语研究很少。因此,作者以高职英语课堂里的4位男教师及4位女教师为研究对象,通过对其课堂教学过程进行观察、录音并转写成文字材料的方式,研究男教师和女教师在话语量、提问、交互调整以及回馈四个方面的话语差异,并且根据调查结果以及参照学者们对教师话语的研究成果,分别给男教师及女教师提出如下建议:男教师在教学过程中应多使用能提高课堂交流的提问和交互调整以及能提高学生积极性的有效的积极回馈等,而女教师在教学过程中则要注意减少自己的话语量,同时增加学生的话语量,旨在更有效地提高教学质量,等等。

3.2　俄语学界的相关研究

相比较而言,俄语界对于教学中的性别差异研究成果较少,但具有自己的语种特色。周民权(2012:33—34)就如何在俄语教学中讲授与解读不同社会性别的"沉默"阐述了自己的看法,认为现实的言语交际要求俄语教师对俄语中的沉默现象,尤其是对不同社会性别的沉默表现形式及其差异成因给予必要的阐释,并结合汉语中的沉默进行语用视角的对比分析,丰富学生的交际知识,以适应未来工作应对俄罗斯人的交际需求。另一方面,教师亦应注意观察学生在学习和日常生活中的沉默现象,特别是在外语院校普遍存在男女生比例失调的学习环境中,更要关注不同社会性别的沉默动向,及时与学生进行心灵上的沟通,搞清楚其"沉默"的症结所在,帮助他们排忧解难,疏导心理,使其尽快摆脱"沉默"。

赵蓉晖(2003:142)援引国内学者对中小学生的学习兴趣调查,证明女生重视并喜好语文、外语,男生喜好数学、物理,这一爱好程度与学习成绩成正比,并用图例对此作了具体的阐释。

唐媛(2006:28—30)在其俄语硕士论文中用整整一章的篇幅论述性别差异研究所蕴藏的巨大教育潜能,认为在教学中应该树立"以人为本"的思想,注意研究男女学生在心理、生理、体能等方面的特殊性,把"因材施教"与"因性施教"结合起来,进行扬长补短的性别差异教育研究,让每个学生不受性别的约束而享有选择的自由与发展潜能的机会,培养他们从不同的角度去分析问题、解决问题的能力。为此,教师应该通过文化背景知识的传输,让学生了解所学语言国家的社会历史状况、宗教、传统文化、等级制度、女性地位等方面的情况,丰富学生的知识,促进他们对言语交际中的性别差异的理解以及自身在实际语言运用中的正确、得体性。由于文化背景知识内涵丰富,覆盖方方面面,因此仅靠国情课本是不够的,教师应补充一些相应的资料,同时应鼓励学生自己主动去阅读更多的书籍和资料,在帮助学生掌握日常言语交际中所必需的知识外,让学生更加注意观察言语交际中的男女两性在表达方式和策略上的不同,从而提高自己的外语交际能力。

史崇文(2007:57)通过分析性别因素在跨文化交际中的表现和对跨文化交际的影响,认为研究语言和非语言交际中的性别差异对于提高学生的跨文化交际能力具有积极的作用,因为外语教学的根本目的就是培养学生用外语进行交际的能力,充分了解跨文化交际中的性别差异,有助于培养跨文化交际的能力。除注意性别因素外,还应该注意其他方面的因素,在学习外语的同时,了解有关外语国家的历史地理、社会状况、文化传统和风俗习惯等,提高学生跨文化交际的敏感性和技能。

孙晶(2008:41—43)认为性别差异在外语教学中体现较为明显。例如,女同学在课堂上往往比男同学活跃,积极配合教师教学,喜欢回答教师的问题,而且擅长正确地模仿录音带或者教师的发音,听觉能力和对声音的辨别及定位能力较强,对感知到的事物形象较为清晰准确,对周围事物和外界刺激较为敏感,形象记忆力比较突出,其无意识记忆或机械记忆以及学习成绩普遍优于男同学,而男同学通常偏向于抽象思维,善于理解识记,词汇量较大,视觉能力较强,尤其是空间知觉能力明显优于女生,较之女生更擅长逻辑推理与理解分析,综合归纳能力较强。

面对如此等等差异,孙晶认为,外语教师应该对其高度重视,从不同的民族文化背景出发深入研究这些差异,正确认识性别因素在外语学习中的作用,既不能过分轻视,也不能过度夸张,应该全面了解学生的性别差异以及性别差异与学习的相互关系,采取扬长的策略,令男女生心理发展中的长处得以充分发扬,最大限度地发挥学生的潜力,采取各种措施,利用环境和教育,尽可能缩小性别差异对外语学习的不利影响,如在日常教学中注意对男生采用鼓励性策略,激发其主动参与意识,在课堂纠错时,对男生不要使用比女生更为严厉的语调,以免宽严不一的方法挫伤学生的学习积极性,同时还应针对男女生在认识方面存在的性别角色差异,进行重点强化和培养,可将不同性别、性格和口语水平的同学编为一组,鼓励他们共同完成交际探究任务,做到合理分工,优势互补,互动交流,开阔思路。

3.3 汉语学界的相关研究

汉语学界的教学性别差异研究与俄语界大同小异,颇具中国特色,如孙学明(2006:84—85)针对当前教育理论与教学实践漠视性别差异,尤其是忽视女生的教育现状,提出语文教学应遵循性别心理差异因性施教:因势利导,发展优势,补救劣势,促进女生和谐平衡发展,在强调教育应该适应男女生普遍具有的身心发展规律的同时,也要深入研究两性各自特有的发展规律。

段平(2009:55—56)强调学习风格与学习效果有着密不可分的关系,教学风格同样影响教学效果,而中国男女教师的性别意识差异则同年龄段的变化、学术职称的升迁、学历的提升以及学生的认同密切相关,从而对教学产生不可忽视的影响。例如,学生普遍认为男语文教师幽默风趣、学识渊博、思维敏捷,女语文教师则语言优美、感情丰富、善于落实知识点,如果教师的现实表现与这种预期不吻合,那么,可能使学生产生某种心理"落差",对语文教师或语文课的兴趣及学习效果产生不利影响,但也可能使他们产生"意外"的惊喜,从而更加喜爱语文教师和语文课。为此,作者提出必须采取一些减少教师性别意识差异对教学效果产生影响的措施,如改变男尊女卑社会性别意识状况、加强对教师的性别教育、追求教师的自我理想和为人师表的精神境界等。

张新凤(2007:76)就性别语言研究如何与其他学科相结合,形成跨学科、跨层次的综合研究问题提出自己的看法,认为中国高校女性学/社会性别研究的教学有了尽快进展,"女性学"在 2006 年已被教育部列入了新设的本科专业,与女性学/社会性别语言研究有关的高校课程及其教学在一定意义上已纳入学科主流或拟进入了主流教育视域,但对这一学科及其教学尚未有系统评估,各高校对这一新兴学科的发展和社会性别语言教学的探索应该加大力度,努力建构中国特色的社会性别语言研究体系。

张莉萍(2007)强调在对外交流方面,应该探讨汉语称谓教学,研究称谓的正确翻译,指导外国留学生正确学习汉语,恰当使用汉语称谓;另外,杨春(2004)、史耕山(2006)、赵学德(2008)等人的文章都提出了应该改变西方社会性别语言理论与实践在中国可能"水土不服"的状况,结合我国国情和汉语的使用特点,有针对性地探讨汉语教学中存在的性别差异问题。

一批以汉语为语料的硕士论文对教学中的性别差异现象进行了不同层面的探讨。例如:

张璐的《中学语文性别差异教学研究》(2007)认为,语文新课程改革应"以人为本"作为基本教育理念,以促进学生健康成长、进行完整性建构为教学最终目标,而要达到这个目标,就必须从学生的本体实际与需求出发,关注学生个体之间的差异,因材施教。有鉴于此,作者根据生理学、心理学、社会学和教育学等方面的理论,通过对 130 多名初高中生进行问卷调查以及对语文教学观念与实践进行研究与分析,力图揭示语文教学中的性别盲点和实际存在的性别问题,明确男女学生在语文学习中的性别差异以及进行性别差异教学的必要性,从性别差异的角度对现有的语文教学活动提出可行的教学策略,因为男女两性的性别心理差异是客观存在的,这种差异与男女性激素、遗传基因和神经生理结构等方面所存在的天生差异有关,更与后天两性所处的家庭教育和社会环境因素相连,但最关键的还是学校教育的影响和作用。而在现实的语文教学活动中,还一直残留着传统的性别刻板印象和性别偏见。例如,从性别比例、男女形象塑造以及女性视角三个方面考察,可以发现,现行语文教材中确实存在着缺乏性别视角和性别差异意识,甚至是性别偏见的问题,从事语文教学的男女教师性别比例明显失调,男生和女生对语文学习的兴趣不尽相同等等。

肖蕾的《从性别平等的视角看师生互动》(2007)认为,在教育现代化、教育民主化的大背景下,学校教育需要为所有男女学生提供平等和谐的学习环境和发展空间。然而,综观当前的教育现实,由于教师缺乏性别平等意识、学校忽视性别平等教育,整个学校教育过程尤其是师生互动仍然存在着各种显性或隐性的性别刻板印象、性别偏斜等问题。以开元小学为例,师生之间无论是在课堂教学互动方面,还是在课外语言交流方面,都存在着性别平等性缺失的问题。从性别社会化的角度来看,教师作为学生社会化过程的重要领路人之一,在很大程度上影响着学生的社会化以及自我性别的塑造。

张丹的《教师的性别差异与学生发展》(2009)认为教师的性别差异是一种客观存在的社会心理现象,随着学校教师性别结构的变化,教师的性别差异对学生发展越来越产生重要的影响。本研究从社会学、心理学、教育学视角人手,以广州、深圳、重庆、成都的四所学校为样本,借助问卷调查等手段,从学校教师的性别比例构成、教师自身的性别角色认知、教师态度、教师期望以及师生关系等方面,探讨学校中的性别差异对学生发展的影响,特别是由于对性别角色僵化理解及运用所引发的性别刻板印象给学生性别角色认知、学业动机、专业选择等方面带来的影响。该研究表明,由于社会建构以及儒家传统文化中"主内"思想的影响,对生理性别差异这一客观现象的僵化理解带来的误导性意识,会有意或无意地影响到教师自身的性别意识及角色定位,进而影响到教师的教学行为,并对教育对象——不同性别学生的身心发展带来差异性影响。因此,在学校教育过程中,须将性别意识教育纳入到教师教育与教师发展中来,并积极推进性别公平,在教育政策上适度地能给予倾斜。

张琼的《当代我国性别差异基于学生性别差异的语文读写教学研究》(2009)认为,社会各界对性别差异的关注早已有之,教育心理学界对学生性别差异的研究也可圈可点,但是在我国语文教育领域,由于对培养目标的片面理解以及实践操作上的繁杂阻碍,针对学生语文学习中性别差异的研究及实践却是零落稀少。在新课程改革背景下,对学生的关注以及对个体差异的关注逐渐成为教育理论界及实践领域的重要课题。2003年4月颁布的《普通高中语文课程标准(实验)》要求语文课程充分发挥独特的育人功能,使全体高中学生获得应该具备的语文素养,为适应社会多层次需求,培养个性化人才发挥应有的作用。新课改中的读写教学也要求个性化的阅读和写作,倡导个性化的体验,自主性的创作。新课改立足于全体学生个性的发展,即满足不同学生差异的需求实施教学。性别差异是诸多差异中不容忽视的方面,从本质上影响着学生读写学习的全过程。所以在读写教学的实践中,树立性别差异的理念,进而针对实际存在的性别差异采取不同的教学策略,有待于进一步的研究。

陈燕的《教育的实践研究》(2009)认为,我国的教育事业当前已经取得了较好的发展,人们对教育事业的关注也逐渐进入到微观层面,其中,"教育性别平等"问题的探讨也开始伴随着女性主义的引入而得到关注。但是,传统的性别刻板印象和性别社会期待还顽固地在我国的学校教育中延续,它严重地制约了当前我国性别差异教育的实践发展,尤其是在性别角色已经发生重大的时代变迁,时代发展对两性的知识、能力素质等提出新的、更高的要求的背景下,我国的性别差异教育急需从理念和具体的教学实践进行更新和完善,促进两性的和谐、自由发展,推动"教育性别平等"的真正实现。

第三节 存在的问题及研究前瞻

对于国内社会性别语言研究中所存在的问题,外语和汉语界的学者都从不同视角作了分析,比较普遍的看法是:尽管国内的相关研究已经有了较为厚实的学术积累,成效显著。但还存在一些问题,有不少亟待完善的地方。

1. 研究中普遍存在的问题

从研究内容来看,单纯关注两性语言差异,只研究两性在语言使用方面的性别差异,特别关注性别的歧视问题,却过分强化了这种差异,忽视了两性在语言和言语两个层面上的共性,从而把性别在语言使用方面的体现简单化和片面化;从研究方法来看,国内的语言性别研究还局限在借鉴西方的性别差异研究理论上,研究的层面还停留在介绍西方理论、研究外语为主、兼顾汉外语言性别差异的对比,对汉语词语自身性别差异的规律上缺乏全面而深入的描写和研究。(钱进,2004:49)另外,本土化的研究还需加强,因为参与性别语言学研究的人员中有大量外语方面的学者,他们一方面在介绍国外的研究成果,另一方面也在积极探索将汉语和外语研究结合起来的道路,但如何挖掘汉语中存在的性别问题,汉语中两性在语言中存在的性别差异的表现如何,尚需进一步探索。尽管一些研究汉语性别语言的专著出版,其中有些专著辟出专门的章节介绍性别语言问题,但真正的针对汉语中的性别问题进行研究的专著还太少。

社会性别语言学是在借鉴国外相关研究成果的基础上建立起来的,对国外的性别语言理论的引介是中国学者非常重视的历史责任,但目前的成果原创性远远不够。目前我们已经拥有一支以外语教师、博士硕士生为主的研究队伍,主要研究或介绍英美国家性别语言现象,或者对英汉两种性别语言中的异同进行对比,但真正研究汉语性别语言的汉语学者还不多,所以还需要从事汉语研究的大批学者带领他们的博士和硕士对汉语性别语言的现状进行更加细致深

入的研究。(杨春,2008:57)

　　有些学者认为,西方学者关于语言与性别的研究是在西方国家的社会文化背景中进行的,反映的只是一些西方国家的语言现象,有些研究未必具有普遍性,也未必符合中国的国情。其实,有的研究选择的对象并不具有广泛的代表性,提供的证据也不很充分。还有的研究只是在特定的情景中进行的,得出的结论未必适合其他的情景。因此,我们不能轻信某一时期的某一项研究成果,应当注意该研究依据的是哪种理论,采用的是何种研究方法,收集的是什么样的语料,考虑了哪些有可能影响语言使用的因素,以及是在何种语境条件下进行的等等。

　　与此同时,在研究中应当避免两种倾向:一是既不能不承认言语性别差异的存在,又不能夸大这种差异;二是既不能把复杂的问题简单化,又不能把个别现象扩大化、普遍化,因为性别因素不是影响语言变异的唯一因素,还涉及社会、文化、民族、地域以及人的心理和生理、社会地位、角色关系、语言态度、职业性质、受教育程度、社会交往方式、活动范围等诸多因素,语言变异是性别因素和其他许多因素共同作用的结果。因此,我们在研究中不能过分强调一个方面的因素而忽略其他方面因素的影响,尽可能把所有因素都考虑进去,采取多层面、多视角的综合分析方法,依据真实可信的语料,结合实际的语境,对语言与性别差异做出科学、准确、客观的解释,确定哪些因素在男女两性交际场合对语言使用的影响最大,最具显著性。(李经伟,2001:14)

　　另一些学者认为,从社会、文化等角度研究语言使用,必然会碰到变量不易控制、研究结果难以重复验证等问题。此外,研究者对性别这个范畴、语言与性别之间的关系、性别对语言使用的影响程度等认识上的局限,也是导致诸多问题产生的根源。概括地讲,有以下3个方面的问题:

　　(1)过于看重差异。长久以来,社会学习惯将人分成两个对立的类别,尤其是在上世纪90年代以前,在很多研究者的意识中,性别也是对立的二分范畴,是个人拥有的静态特征,不会随多种因素的变化而变化。据此,他们首先设想男女之间存在本质差异,而且必定能在话语中得到体现,常将具体研究的结果概括为普遍结论,于是,大量的研究针对同一问题,但结论常常相左。此类基于二元对立的争论忽视了男性和女性的同一性和兼容性、社会文化对两性角色的规定和认同以及性别的社会建构因素,因而广遭质疑。

　　(2)忽视多种因素。不少研究还只是静态地考察语言与性别之间的关系,把性别当成影响语言使用的唯一或主要的因素,而不是综合、全面地观察性别与其他不同因素对语言使用的影响。比如以英美文化中男女为考察对象的研究结果,有时就并不适用于其他文化。所以,这些研究发现的某些性别差异,实际上是多种因素共同作用的结果,性别并不是一个显著的变量。

（3）解释简单化。造成具体语言使用中性别差异的原因复杂而多样，至今尚无能普遍接受的解释，但在分析具体研究结果时，研究者也有简单化的倾向。比如支配论和差异论等理论依据的是范围有限的实证性研究结果，但都过分强调引起语言使用中性别差异的某一个方面而忽视其他因素，因此都广遭批评。（施栋琴，2007：40）

具体谈到国内俄汉语界的社会性别歧视研究，总的来说还拘泥于静态视角，基于社会语言学和社会心理语言学的理论观点，从结构主义角度剖析女性语言（женский язык）和归纳有关描述女性的语言（язык о женщине），多元化、微观化、动态化、本土化的研究明显不足。笔者以为，研究的当务之急是解决下边提到的两个问题。

2. 亟需加强和整合研究力量

迄今为止，国内俄汉语界的社会性别研究力量较为薄弱，零敲碎打，没有形成规模。截至目前，国内参与相关研究的俄语学者屈指可数，且各自为战，缺乏相互间的交流与沟通，从而导致了研究成果的匮乏与单一，具体表现为：对俄语性别语言文化的介绍、分析方面的研究成果较多，而对俄语与汉语性别语言的对比研究仍比较薄弱；另外，社会语言学以及相关学科的研究方法还没有得到充分的应用，现在大多数的文章基本上采用的都是文献收集法，研究视角单一，仅从语言本身入手，运用语言学传统的定性方法研究性别语言问题，缺乏第一手的调查研究资料，其缺陷已经逐步暴露出来，导致得出的结论缺少科学性和可信度；再者，研究的层次较低，研究大多集中在语音、语法方面，而对较高层次的话语风格及语用问题的重视远远不够，研究的系统性和深度严重欠缺。

从国内研究情况来看，汉语界的研究略强于俄语界，但与国外学界相比，差距较大。例如，俄罗斯语言学界的社会性别语言学研究尽管起步较之于西方语言学界要晚一些，但投入的人力众多，动作迅速，群策群力，成果斐然，在理论性和系统性方面形成了颇为厚实的学术积累，其研究成果产生了重要的国际影响，丝毫不亚于西方学界，在某些方面甚至实现了超越。（周民权，2010：13）他们之所以在短期内能够异军突起，后来者居上，其主要经验之一，就是有一个以莫斯科国立语言大学社会性别语言研究小组和语言实验室为核心的研究群体，并且辐射到周边独联体国家，形成了集中优势兵力、突出重点、多点开花的研究格局。因此，对于国内俄汉语学界来说，不断壮大研究队伍、建立团队合作研究模式乃当务之急。

3. 社会性别语言研究语料库亟待建立

语言学中对社会性别因素的研究,与语言学本身的研究和发展方向是合拍的,诚如孙汝建(2010:20—21)所说:"语言学研究先由具体实际的语言材料积累起家,后到语言系统本身的考察,再到结合多门学科的经验对语言实际运用的关注。性别研究也经历了由点向面、再向周围扩展的过程,这也是语言学自身发展的一个特点。"由于社会性别语言学研究从符号本位走向人本位,它对于男性和女性的认识和把握,无疑应该借鉴其他学科的人学研究成果,如人本主义科学对人的认识、生理学对人的剖析与解释、心理学对人的心理成素的探究、社会语言学对人的社会特点的挖掘、社会心理语言学对于作为主体的人和作为客体的语言之间相互关系的探究,如此等等,形成了较为厚实的社会性别语言沉淀。

然而,遗憾的是,无论是国内俄汉语界,或拟国内外其他人文学科,对社会性别语言的研究尚处于依赖感性经验阶段,并未建立在科学的统计结果之上,新型语料库的建立和计算机手段在社会性别语言研究中的运用至今仍是软肋。在欧美和俄罗斯语言学界已建或者在建的语料库中,社会性别语言以及性别因素尚未找到明确的归属,零散的语料积累难以进一步拓展社会性别语言研究的深入进行。因此,建立与之相关的语料库刻不容缓,每位有志研究者都应为此尽微薄之力。

除了上述存在问题之外,跨文化交际方面的研究同样尚显不足。俄语界的相关研究基本上都是探讨俄语中的社会性别歧视,与汉语的联系对比分析较少,缺乏本土化研究,而汉语界的研究虽然偶尔涉及英语中的社会性别歧视,但只是局限于借鉴与评介,较少进行真正意义上的跨文化对比研究,都不同程度地形成两张皮,没有相互融会贯通。

最新研究资料表明,从不同的理论角度出发的研究大都是跨文化的研究,或者将不同文化背景下的研究进行对比,以进一步证明研究意义的存在。例如,语言中的社会性别歧视研究的复杂性,使我们越发认识到应把这种研究与人类发展的不同历史阶段的生态环境及不同的社会文化背景联系起来,有助于理解一定的文化价值观对语言中的社会性别歧视如何具有不同的意义,个人是如何按照特定文化价值观所赋予的不同意义去采取行动的,以及在跨文化对比研究中探讨语言中的社会性别歧视形成原因等等。

参 考 文 献

[1] Cochran, E. P. Gender and the ESL classroom[J]. TESOL Quartetly,1996(30).

[2] Lakoff,R. Language and Woman's Place[M]. New York: Harper & Row, 1975.

[3] Земская Е. А. и др. Русский язык в его функционировании. Коммуникативно-прагматический аспект[M]. М., Наука, 1993.

[4] Иссерс О. И. Коммуникативные стратегии и тактики русской речи [M]. М., УРСС, 2003.

[5] Кирилина А. В. Гендер: Лингвистические аспекты [M]. М., Языки славянской культуры, 1999.

[6] Кирилина А. В. Гендерные аспекты языка и коммуникация[D]. М., МГЛУ, 2000.

[7] Кирилина А. В. Проблемы гендерного подхода в изучении межкультурной коммуникации[A]. // Гендер как интрига познания[C]. М., Рудомино, 2002.

[8] Кирилина А. В. Гендер и язык[M]. М., Языки славянской культуры, 2005.

[9] Силина О. Н. Роль социолингвистических факторов в формировании современной произносительной нормы[A]. // Лингвистика и модели речевого поведения[C]. Л., ЛГУ, 1984.

[10] Формановская Н. И. Коммуникативно-прагматические аспекты единиц общения[M]. М., ИКАР, 1998.

[11] 白解红,性别语言文化与语用研究[M],长沙:湖南教育出版社,2000.

[12] 曹志耘,北京话语音里的性别差异[J],汉语学习,1986(6):31.

[13] 崔国鑫,对话中性别差异的语用研究[D],吉林大学硕士论文,CNKI, 2006.

[14] 常敬宇,汉语词汇与文化[M],北京:北京大学出版社,1995.

[15] 陈建民,中国语言与中国社会[M],广州:广东教育出版社,1999.

[16] 陈建民,社会语言学问题研究　功能·称谓·性别篇[M],上海:上海外语教育出版社,2003.

[17] 陈其艳,汉语文学作品中男女作家性别语言差异的语言表征——一半是火焰一半是海水的语言比较[D],华中师范大学硕士学位论文,CNKI, 2007.

[18] 陈松岑,社会语言学导论[M],北京:北京大学出版社,1985.

[19] 陈玉泉,日语中女性语的历史成因及其特点[J],福州大学学报(哲学社会科学版),2004(2):75—78.

[20] 陈原,社会语言学[M],上海:上海学林出版社,1983.

[21] 陈原,语言与社会生活:社会语言学札记[M],北京:生活·读书·新知三联书店,1999.

[22] 陈燕,教的实践研究[D],福建师范大学硕士论文,CNKI,2009.

[23] 戴庆厦,社会语言学概论[M],北京:商务印书馆,2004.

[24] 戴炜栋,言语性别差异分析综述[J],外国语,1983(6):1—5.

[25] 邓炎昌·刘润清,语言与文化[M],北京:外语教学与研究出版社,1989.

[26] 丁凤,汉语请求言语行为中的性别差异[J],西安外国语学院学报,2002(1):46—50.

[27] 段平,教师性别意识差异对教学效果的影响[J],教学与管理,2009(6):55—56.

[28] 耿二岭,性别影响方言区的人使用普通话的原因汉语学习[J],1985(4):22—23.

[29] 顾嘉祖·陆升,语言与文化[M],上海:上海外语教育出版社,1990.

[30] 韩军征,语言性别歧视和言语性别差异——"性别"语言学漫谈[J],黔南民族师专学,

1987(4):18—21.

[31] 胡明扬,北京话"女国音"调查[J],语文建设,1988(1):28—33.

[32] 黄崇岭,性别差异与大学外语教学——对外语学习中女强男弱现象的分析[J],同济大学学报,2004(1):104—109.

[33] 黄千,中国性别语言学三十年研究成果综述[J],现代语文,2011(3):4—8.

[34] 贾玉新,跨文化交际学[M],上海:上海外语教育出版社,1997.

[35] 姜宏、曾婷,俄汉语中性别范畴的对比研究:本质特征、语义类型及表达手段[J],外语研究,2011(6):51—55.

[36] 李东哲,日语会话中的男性用语和女性用语[J],日语学习,1988(1):28—41.

[37] 李琳,论俄语中的性别歧视现象[J],中国俄语教学,2000(1):59—64.

[38] 李晶,语言与性别关系研究的新视角[J],太原城市职业技术学院学报,2008(11):129—130.

[39] 李经伟,西方语言与性别研究述评[J],解放军外国语学院学报,2001(1):11—15.

[40] 李明宇,性别·语言·文化——俄语性别语言差异研究[D],南京师范大学硕士论文,CNKI,2008.

[41] 李明宇,论俄罗斯性别语言研究的现状和特点[J],南京工业职业技术学院学报,2009(3):32—36.

[42] 李学岩,Межкультурная коммуникация: благодарность и извинение в русском и китайском речевом поведении и языковых картинах мира[M]. М.，Изд. Российского университета дружбы народов，2006.

[43] 李钟善,日语口语中的性别用语差异[J],长春师范学院学报,2002(2):92—94.

[44] 刘宏伟,师生性别因素与英语教学效果的关系研究[J],四川教育学院学报,2008(5):80—81,90.

[45] 刘宏伟,师生性别的异同与学生成绩相关性的研究[J],长春师范学院学报(人文社会科学版),2010(4):126—130.

[46] 刘立吾,女性称谓国俗语义,湖南科技学院学报[J],2005(2):111—112.

[47] 刘宁生,语言学概论[M],南京:江苏教育出版社,1987.

[48] 刘莹,语言中的性别差异现象[J],湖南大学学报,2001(2):167—169.

[49] 隆利容,英语教师课堂语言的性别差异[J],边疆经济与文化,2009(4):140—142.

[50] 吕鸿礼,俄语中的性别语言变体及其成因探微[J],解放军外国语学院学报,2004(5):26—29.

[51] 罗晓燕,国外对语言教学中的性别问题研究述评[J],中华女子学院山东分院学报,2005(4):55—58.

[52] 蒙洁琴,中国性别语言的会话分析—电视节目《心理访谈》案例研究[D],广西师范大学硕士学位论文,CNKI,2007.

[53] 庞玉厚,外语教学语境中的语言性别差异现象研究[J],清华大学教育研究,2003:86—90.

[54] 潘小燕,汉语道歉言语行为的性别差异研究[J],西南交通大学学报,2004(1):89—92.

[55] 彭晓玲,男性作家和女性作家短篇小说中的性别差异[D],华中师范大学硕士学位论

文,CNKI,2006.

[56] 彭文钊,社会文化域的语言映像[J],外国语,1999(1):66—71.

[57] 钱进,成语和俗语性别差异的文化透视[J],语言与翻译,2003(2):55—58.

[58] 钱进,语言性别差异研究综述[J],甘肃社会科学,2004(6):47—50.

[59] 宋海燕,性别原形及其在两性言语交际能力中的反映[J],外国语,1998(2):58—63.

[60] 苏杰,汉字中的性别歧视[J],语文学刊,1999(4):39—41.

[61] 孙晶,论俄汉语言语交际中的性别差异[D],哈尔滨工业大学硕士论文,CNKI,2008.

[62] 孙明霞,汉语性别语言差异研究[J],和田师范专科学校学报(汉文综合版),2008(1):141—142.

[63] 孙汝建,语言与性别[M],南京:江苏教育出版社,1998.

[64] 孙汝建,汉语的性别歧视与性别差异[M],武汉:华中科技大学出版社,2010.

[65] 孙学明,论性别差异与语文教学的实施[J],职业教育研究,2006(9):84—85.

[66] 史耕山、张尚莲,论性别话语风格的相对性——一种情景研究模式[J],外语教学,2004(5):27—30.

[67] 史耕山等,国内语言性别差异研究概述[J],外语教学,2006(3):24—27.

[68] 史耕山,汉语称赞语中的性别研究[M],北京:科学出版社,2008.

[69] 史崇文,跨文化交际中的性别差异[D],吉林大学硕士论文,CNKI,2007.

[70] 施栋琴,语言与性别差异研究综述[J],外语研究,2007(5):38—42.

[71] 谭颖沁,基于性别的大学英语课堂会话研究[D],华中师范大学硕士论文,CNKI,2004.

[72] 唐雷,女性配偶称谓义场的古代历史概貌[J],浙江工商职业技术学院学报,2005(1):49—52.

[73] 唐媛,言语交际中的性别差异研究[D],东北师范大学硕士论文,CNKI,2006.

[74] 晏小萍,国家机关工作人员称呼使用的调查[J],语言教学与研究,2002(4):68—73.

[75] 杨春,性别语言研究综述[J],中华女子学院学报,2008(4):54—58.

[76] 严筠,语言中的性别歧视,江西师范大学学报[J],1987(4):149—156.

[77] 姚亚平,论性差交际的理论和方法,汉语学习[J],1988(1):40—44.

[78] 叶蜚声、徐通锵,语言学纲要[M],北京:北京大学出版社,1983.

[79] 尹弢,中美大学生课堂讨论话语性别差异对比[D],山东师范大学硕士论文,CNKI,2008.

[80] 王娜,汉语中的性别差异探析[J],山东理工大学学报(社会科学版),2005(4):70—72.

[81] 王志强,汉语称谓中的性别歧视现象[J],语文学刊,2000(1):33—34.

[82] 魏耀章,恭维语的性别差异研究[J],西安外国语学院学报,2001(1):1—5.

[83] 吴可新,根据性别进行差异性英语教学[J],中国电力教育,2007(5):148—150.

[84] 吴静、王瑞东,外语课堂教学中的性别差异和认识[J],阜阳师范学院学报(社会科学版),1997(2):81—84.

[85] 肖蕾,从性别平等的视角看师生互动[D],南京师范大学硕士论文,CNKI,2007.

[86] 徐大明、陶红印、谢天蔚,当代社会语言学[M],北京:中国社会科学出版社,1997.

[87] 徐翁宇,俄语对话分析[M],北京:外语教学与研究出版社,2008.

[88] 许力生,话语风格上的性别差异研究[J],外国语,1997(2):42—47.

[89] 徐芳,中国高职英语课堂中教师话语的性别差异研究[D],东北师范大学硕士论文,
　　　CNKI,2009.

[90] 于国栋、吴亚欣,语言和性别:差异与共性重于国栋[J],外语教学,2002(2):24—28.

[91] 姚芬芳,女性涉外秘书的语用特征[J],湖南第一师范学报,2009(4):104—117.

[92] 言志峰,汉语拒绝言语行为的性别差异研究[J],合肥工业大学学报(社会科学版)2007
　　　(4):125—129.

[93] 杨春,性别语言研究综述[J],中华女子学院学报,2008(4):54—58.

[94] 杨金菊,性别和语言[J],湖州师专学报,1994(2):56—65.

[95] 杨永林,中国学生汉语色彩语码认知模式研究[M],北京:清华大学出版社,2002.

[96] 杨永林,社会语言学问题研究:功能·称谓·性别篇[M],上海:上海外语教育出版
　　　社,2004.

[97] 杨永忠,论性别话语模式[J],语言教学与研究,2002(2):56—58.

[98] 游汝杰、邹家彦,社会语言学教程[M],上海:复旦大学出版社,2004.

[99] 余艳娟,汉语恭维答语中性别差异的研究[J],理工高教研究,2005(2):127—129.

[100] 臧克和,说文解字的文化解说[M],武汉:湖北人民出版社,1996.

[101] 张丹,教师的性别差异与学生发展[D],华东师范大学硕士论文,CNKI,2009.

[102] 张莉萍,称谓语性别差异的社会语言学研究[D],中央民族大学博士论文,
　　　CNKI,2007.

[103] 张萍、高祖新、刘精忠,英语学习者词汇观念和策略的性别差异研究[J],外语与外语
　　　教学,2002(7):35—37.

[104] 张璐,中学语文性别差异教学研究[D],山东师范大学硕士论文,CNKI,2007.

[105] 张琼,当代我国性别差异基于学生性别差异的语文读写教学研究[D],扬州大学硕士
　　　论文,CNKI,2009.

[106] 张松燕,言语行为之性别差异研究[J],语文学刊(高教版),2006(11):152—153.

[107] 张新凤,国内性别语言研究的现状与展望[J],时代文学(理论学术版),2007(6):76.

[108] 赵静,试论外语教学风格中的性别差异[J],山东外语教学,2002(5):71—73.

[109] 赵蓉晖,语言与性别研究综述[J],外语研究,1999(3):25—29.

[110] 赵蓉晖,语言与社会性别——俄语研究的新方向[J],外语研究,2002(4):19—27.

[111] 赵蓉晖,语言与性别——口语的社会语言学研究[M],上海:上海外语教育出版
　　　社,2003.

[112] 赵学德,汉语的性别差异研究综述[J],妇女研究论丛,2008(6):77—81.

[113] 赵娅琴,性别语言典型及其在交际中的体现[D],西南大学大学硕士论文,
　　　CNKI,2007.

[114] 周民权,俄语语用学在中国:回顾与展望[J],中国俄语教学,2004(3):18—22.

[115] 周民权,Язык и гендер в русско-китайском речевом этикете[J]. М., Вопросы фило-
　　　логических наук, 2009, No 3, 79—81.

[116] 周民权,Гендерные исследования в русско-китайских речевых актах [J]. М., Вопросы
　　　филологических наук, 2010a, No 1, 61—63.

[117] 周民权,О причинах гендерных различий в русском и китайском языках[J]. М.,

Вопросы гуманитарных наук, 2010b, № 1, 111—113.

[118] 周民权,当代俄罗斯社会性别语言学研究论略[J],中国俄语教学,2010(3):12—16.

[119] 周民权,国内俄语学界社会性别语言学研究略论[J],中国俄语教学,2011(2):24—28.

[120] 周民权,社会性别语言学的哲学渊源及方法论探究[J],外语教学,2011(4):47—51,64.

[121] 周民权,国内俄汉语界社会性别歧视研究探微[J],西安外国语大学学报,2013(3):1—4,9.

[122] 周民权,沉默:社会性别语言学研究之一隅[J],解放军外国语学院学报,2012(4):29—34.

[123] 周民权,汉俄称呼言语行为的社会性别语用对比分析[J],中国俄语教学,2013(4):42—47.

[124] 周树江,词汇内涵意义的语用功能[J],求索,2007(5):198—199.

[125] 祝畹瑾,社会语言学概论[M],长沙:湖南教育出版社,1992.

第四章　俄汉语言中的社会性别歧视对比研究^①

当代语言学家对语言中的社会性别歧视（гендерная дискриминация в языке）现象以及标记理论的研究深刻地揭示了语言与性别的社会属性，有力地推动了社会性别语言学这门新兴学科的蓬勃发展。研究表明，作为中性的语言虽不具有性别歧视性，但它作为社会生活的镜子却能反映个人和社会的文化理念与价值观念。因此，只要社会存在着性别歧视，就必然会造就语言中的性别歧视。换言之，语言中的性别歧视不是由语言符号的自然属性决定的，而是特定的社会文化在语言中的必然反映，是基于男女两性的社会化过程差异以及他们不同的亚文化归属。在当今世界，绝大多数语言中都存在着这种现象，俄语与汉语概莫能外。

国内俄语界与汉语界对语言中的社会性别歧视以及标记理论的研究各具特点，在称谓形式不对等、词义褒贬上的差异、词序所反映的尊卑观念、汉语中的"女"字偏旁、社会性别歧视产生成因等方面初见成效，彰显出一定的本土化研究成就，但同时也存在着过分强调性别差异而忽视了其同一性的研究、注重对女性的歧视研究而忽视了对男性的歧视研究等亟待解决的问题。

第一节　研究概略

所谓语言中的社会性别歧视，通常是指语言对女性的歧视，这种歧视不是语言本身固有的，而是社会性的，是生产关系和社会组织结构决定的，按照俄罗斯语言学家 A. A. 杰尼索娃的说法，实际上是指语言中存在的严重的"社会性别不对称（гендерная асимметрия）现象，即语言中对于不同性别的人的失衡展现：语言从男性视角记载世界图景，因而它不仅是以人为中心（着眼于人）的，而且是以男性为中心（着眼于男性）的：语言记载世界图景是基于男性的观点，代表男性主体，以男性的利益为出发点，而女性则在其中主要充当客体，充当'其他人'、'外人'的角色，或者干脆被边缘化了，受到歧视。"（Денисова，2002:29）

---

① 该章部分内容首次发表于《国内俄汉语界社会性别歧视研究探微》一文（《西安外国语大学学报》2013年第 3 期）。

也就是说,性别歧视在语言中的表现通常是针对女性而言,认为男性语言是规范标准和主体,而女性语言只是一种附属的变体,具体表现为,关于女性的语言和女性所使用的语言中都存在着女性用语向"贬化"方向发展,具有消极的意义,而男性用语则向"褒化"方向发展,具有积极的意义。

尽管社会性别歧视偶尔也涉及男性,但国内外学者的研究沿袭了国外学者的传统,重点研究各种语言中对女性的歧视。这种"男尊女卑"的不对称现象成为国内社会性别语言研究的发端。

国内英语界的性别语言歧视研究成果较多,体现在语音、词汇、语法、语义等各个方面。例如,杨春(2008:54—58)探讨了英语的词汇在性别词、词序、后缀、复合词、隐喻词等构词手段以及英语语法和语义中存在的性别歧视现象,认为英语是一种有性别标记的语言,其中有一些专门的名词后缀用来指代女性,且通常以男性词汇为词根,女性词在它们的后面加上常见的-ess, -ine, -ette, -e等女性后缀。在涉及男女性别词汇排序时,往往遵循先男后女的原则,如 Boys and Girls, Father and Mother 等。而语义方面的性别歧视则更为明显,如"easy"一词因性别不同而含义不同,当该词被用作修饰男性时,意思是"容易相处的",但当其被用作修饰女性时,则指"不整洁的""不修边幅的"女人,甚至表示"娼妓""淫妇"之意。

杨金菊的《性别与语言》(1994:57)一文指出了英语中偏袒男性、贬低女性的诸多现象,如不论谈话还是写文章,提到性别不明的人时,一律用 he 而不用 she,主持会议的人,即使是女性,都称之为 chairman,以致出现 Madam、chairman 之类称呼;杜文礼(1993:17—19)从词汇、句法、词序、固定表达等层面论证了英语性别歧视的诸多表现形式及其解决办法,有代表性地反映了当时国内英语学界的研究状况。时隔近 10 年之后,王震静(2002:185—195)对上述问题作了更为全面的述评,阐明了这样一个道理:语言中的性别歧视不是由语言符号的自然属性决定的,而是特定社会的文化理念、价值观念和民族思维方式在语言中的必然反映,是基于男女两性的社会化过程差异以及男女双方分属于不同亚文化的社会现实。

俄语学界的社会性歧视研究始于 20 世纪 90 年代后期,其特点是借鉴西方和俄罗斯学界以及国内学界的相关研究成果,在评介和综述的基础上探讨俄汉语中的社会性别歧视现象。周民权、赵蓉晖、彭文钊、李琳、吕鸿礼、李明宇等俄语学人分别从不同视角探讨了俄语中的各种社会性别歧视现象及其产生成因,唐媛、崔国鑫、史崇文、孙晶等青年学者的硕士论文也对相关问题作了不同程度的探究。例如:

赵蓉晖的《语言与性别——口语的社会语言学研究》(2003)是我国第一部以俄汉口语为素材写成的关于男女言语对比的专著,涵盖了语言与性别概论、语言体系与性别标记的非对称现象、性别差异与语音、性别差异与语词、性别差异与话语风格等 5 个方面,填补了国内俄汉语言性别差异研究的空白,其中不乏对于性别歧视的描述。

周民权的《社会性别语言学的哲学渊源及方法论探究》(2011)一文以西方女性主义的三次浪潮为切入点,从生理决定论到缺陷论、支配论、差异论再到社会性别建构论,直至社会性别语言学理论的确立,对早期的生物学和生理学研究、中期的二元对立研究、后期的后现代主义哲学视角的多元性别建构研究等不同发展时期的社会性别歧视表现形式做了深度分析。

汉语界对语言性别歧视的研究也纷至沓来,智者见智,仁者见仁。如在各自出版的专著中,申小龙(1991)详细介绍了西方学者研究性别语言差异缘由而提出的种种假说,对汉语中的性别歧视提出自己的见解;祝畹瑾(1992)从"差异的发现""英语的性别歧视""女性语体""差异的缘由"等方面,较详细地阐述了性别语言问题,其中不乏对汉语性别歧视的探讨;王德春、孙汝建、姚远(1995)从心理学的角度来探讨汉字的性别歧视、汉语中对女性的偏见问题;臧克和(1995)从说文解字的角度分析女部字所反映的社会性别文化,通过对作为汉语书写符号的汉字进行分析,让人们看到女性在社会中的地位和所从事的主要活动以及人们的思维模式和观念在汉字中所体现的性别歧视;陈建民(1999)对汉语词语意义的不对称模式以及次序上的男性为先现象进行了探讨;朱文俊(2000)则从"男人的霸气""受损伤的女性""性别意识与标志"等角度对包括汉语在内的性别歧视性语言作了较详细的分析。

还有一些从事汉语女部字性别歧视研究的文章,如赵光(1999)、猴新华(2003)、张玉梅(2001)、陈雪梅(2002)等学者从不同视角探究归纳了"女"字偏旁的特点与功能及其所反映的性别歧视现象。

值得一提的是孙汝建的《汉语的性别歧视与性别差异》(2010)一书,这是国内汉语界第一部比较全面而系统地研究社会性别歧视与差异的专著,作者花费大量篇幅,从社会心理语言学和社会语言学视角论述语言中的歧视女性现象、语言中社会性别歧视的局限性及其消除措施等一系列问题,对汉语中的性别歧视和性别差异及其实例、汉字中的女性形象、体态语言的性别差异等社会性别语言现象及其产生成因作了历时和共时的分析,在国内学界产生了较大的影响。孙汝建在早先出版的另一部专著《语言与性别》(1998)中对汉字中女旁字中的"坏字眼"等歧视女性的语言现象作了详尽分析,阐释了汉语姓名用字的性别差异、称谓的性别差异、言语行为的性别差异、体态语的性别差异等,并从心理、文化角度分析了上述差异形成的原因,强调汉字作为语言的书写符号具有社会约定性,勾勒出汉字特征的内部形式意义。

外语和汉语学界的研究都反映了女性在社会中的地位,即女性被当作消受和观赏的客体,而男性是消受者,观赏者,是主体,主体无所谓好坏,而客体则有好坏的区分,主体可以评判客体,而客体只能被动地承受。赵蓉晖(2003：42—43)认为"性别歧视"这一提法富有论战性质和政治色彩,建议采用性别"非对称"(或"不对称")这类中性化的术语。笔者认为,这一看法不无道理,因为在人们的潜意识中,"性别歧视"通常是指男性对女性的歧视,反映了"周公制礼为已谋"的男权世界图景。

　　总的来说,对各种语言中的性别歧视研究还拘泥于静态视角,基于社会语言学和社会心理语言学的理论观点,从结构主义角度剖析女性语言(женский язык)和归纳有关描述女性的语言(язык о женщине)。一般来说,"语言的使用者是按照自身的社会观念和价值观念来赋予语言符号一定的符合自身审美观和价值观要求的语用色彩,那些试图通过改变语言符号而达到消除语言歧视目的的努力是于事无补的,因为语言本身始终是人们用来交流信息的工具。消除语言歧视的根本所在是要消除语言使用者观念中的歧视心理及使用者自身的歧视行为。"(张莉萍,2007：85)

　　社会性别歧视研究促进了国内社会科学研究领域中的多学科和跨学科的妇女理论和性别理论研究,甚至成功地影响到国家相关政策的制定,如江泽民总书记在任期间,曾于1995年代表中国政府在联合国第四次世界妇女大会上提出"把男女平等作为促进我国社会发展的一项基本国策",从而开辟了将男女平等纳入国家政策体系最高层次的新阶段。2014年3月27日,国家主席习近平在巴黎联合国教科文组织总部发表演讲,赞赏该组织多年来为消除性别歧视所做的努力,高度评价该组织在推动文明之间相互尊重、促进世界和平方面所做出的重要贡献,强调"这一宗旨目标与中国的一贯主张是一致的"。

　　据了解,自从全国性的学术团体——中国妇女研究会1999年成立以来,目前已有100多个团体会员,初步形成了全国性的妇女研究组织网络。另外,据不完全统计,国家和省级社科院已有9个妇女研究中心,近50所高校成立了妇女研究中心,对包括性别语言在内的社会性别问题研究颇有帮助。

　　据统计,从1999年到2004年,国家社科研究基金所有立项课题为5275项,共涉及23个学科领域,其中,与妇女和性别研究相关的有28项,涉及9个学科领域(李薇薇：新华网北京2005年08月31日电)。虽然立项较少,但毕竟从无到有,填补了这方面的空白,同时也为该命题的可持续研究提出了更高的要求。

第二节　俄汉语言中的社会性别歧视表现形式

　　关于俄汉语言中的社会性别歧视,国内俄语和汉语界作了不同视角的对比

研究,其中不乏英语学者对于英汉语的对比分析。笔者以为,其研究成果可以归结为以下 4 个方面:

1. 称谓形式不对等

1.1 俄语中的称谓形式不对等

称谓语中的性别歧视现象在汉俄语言文化中普遍存在。称谓语既是语言现象又是文化现象,语言中折射出来的性别差异和性别歧视现象正是特定社会的价值观念和民族思维方式在语用习惯中的必然反映,如俄语第三人称代词 он 是"他",она 是"她",而复数形式 они 则是"他们",是以 он(他)而不是以 она(她)为基础衍生而来的,既代表男性,也代表女性,如同 студенты(大学生)、ученики(中小学生)、преподаватели(大学老师)、учиеля(中小学老师)之类称谓形式的几乎所有复数名词都是由阳性形式构建而来一样,反映了俄语中以男性为中心的贬低女性倾向。(周民权,2009:79—81)

俄语的形态变化体系较为发达,其中表女名词大多具有女性特征所特有的性别形式标记,是以阴性形式来体现的,阴/阳性的对立与人的自然属性对立相互照应。例如,指称从事某种职业的、具有女性形态标记的名词(геологиня[女地质学家],хилургиня[女外科医生],филологиня[女语文学家]…)往往带有贬低、戏谑的语义色彩,这类用法基本在男性用语中出现,而汉语则没有名词性的范畴,表女名词的性别特征标志主要借助于"女"旁字(赵蓉晖,2003:186—187)如同汉语第三人称代词的使用一直受"以男性为规范"观念的影响一样,俄语在所指人物性别没有明确或者没有必要明确的情况下,均用第三人称阳性代词形式来表示泛指。试比较:从笔迹上看不出他是男的还是女的;一个人要是离开了集体,他就将一事无成(现代汉语词典,1997)。— Самое дорогое у человека—это жизнь。Она ему дается только раз…(人最宝贵的是生命,它被赋予他[阳性]只有一次……)。在传统以及现代俄语文化中,человек(人)不仅指代"он"(他),而且通常是和 мужчина(男人)联系在一起的,如俄语谚语"Курица не птица,баба не человек"(母鸡不是鸟,女人不是人)就是歧视女性的典型表征。再如帕斯捷尔纳克的诗歌《分手》:"С порога смотрит человек,не узнавая дома。Ее отъезд был как побег。Везде следы разгрома。"(男人从门口望进去,家不再是家。她的离开就像仓皇出逃,四处一片狼藉。)诗歌讲述的是女主人公离家出走之后,男主人公的伤感和对爱人的思念,整首诗中的"男人"(мужчина)都用"人"(человек)表示。(陈春红,2014:36)

俄语阳性称谓名词是不带形态标记的,如 президент(总统)、артист(演员)、учитель(教师)、продавец(售货员)等,女性若有幸成为其中一员,则要加上形态标记以避免误解，而阴性名词通常是作为阳性名词的派生词而存在的，它所附带的形式标记使其处于从属、次要的地位，以此表明女性的地位和身份，且阴性名词的使用有时带有贬低和嘲讽的意味，是性别歧视现象在语言中的一种明显反映。另外，俄语中还一些既可表示男性又可表示女性的阳性名词，如профессор（教授），директор（经理，厂长，校长，所长等），специалист（专家），врач（医生）等，不论这些词具体用以指称男性还是女性，其词汇语法属性不变，始终是阳性。(唐媛，2006：5)然而，当此类阳性名词表示女性时，尽管与其保持一致联系的词既可以用阳性也可以用阴性，例如：Она наш（или наша）профессор（她是我们的教授），但阴性形式的分布却受到限制，只用于单数第一格，而当它处于其他格时，其修饰语按规范则只能用阳性形式，例如：С этим вопросом мы обратились к нашему специалисту Ивановой.（我们就这一问题求助于我们的专家伊万诺娃）这类现象也同样体现了语言中的性别歧视，反映了以男性为中心的观念。

　　需要强调的是，上述阳性名词既可以称呼男性，也可以称呼女性，如在医院里，病人经常会称呼女医生为"доктор"，学生每天上课前都会起立，对进入教室的女老师说"Здравствуйте, преподаватель!（老师，您好！），其中的"доктор""преподаватель"都是阳性名词。如果按照俄语语法规则，使用与人的生物性别相一致的阴性名词来称呼女性，会被视为一种极不礼貌的歧视行为，这是因为：俄罗斯人的职业称谓受历史形成的社会文化的影响，一般要使用无标记的名词阳性形式，称呼女性时也是如此。只有在特殊情况下，需要指明为"女性"时，才在相应的阳性名词后边添加后缀构成具有性别标记的阴性形式。这也是滋生性别歧视的因素之一。此类情况有两种：

　　(1) 阳性和阴性名词的词义完全对等，如 учитель—учительница（教师—女教师）、лаборант—лаборантка（研究员—女研究员）、помощник—помощница（助理—女助理）、журналист—журналистка（记者—女记者）、продавец—продавщица（售货员—女售货员）、геолог—геологиня（地质学家—女地质学家）等。在言语交际中，这些阴性名词的意思也会发生些许改变，往往带有贬低、戏谑的语义色彩，无形中降低了女性的地位。例如，在俄罗斯，如果以阴性名词称呼女教师为"учительница, преподавательница"，称呼商场的女售货员为"продавщица"，称呼图书馆女馆员为"библиотекарша"等，会被视为一种很不礼貌的歧视行为，引起被称呼者的强烈不满，甚至造成不必要的交际冲突。如几年前在莫斯科的《北京饭店》曾发生过这样一件事：中国某商务代表团宴请俄方合作伙伴，宴会快结束时，有位中方翻译对站立一旁的饭店俄罗斯女服务员说："Официантка, налейте нам чай, пожалуйста.（女服务员，请给我们斟茶。）这位女服务员听到后，气呼呼地扬长而去，久久不把茶水端上来，引起中方人士不满。俄方合作伙伴马上解释服务员生气的原因是,"女服务员"这一称呼伤害了她的自尊,认为中国人瞧不起她。中方代表团团长马上带着那位翻译去给女服务员道歉,一场误会才得以化解。

(2)阳性和阴性名词的词义不完全对等,即阴性名词除了具有与阳性名词相等的意义之外,还有一些表示婚姻状态的附加意义,如 профессор —профессорша(教授—女教授,教授夫人)、врач — врачиха(医生—女医生,医生夫人)、генерал — генеральша(将军—女将军,将军夫人)、секреталь(秘书)—секретарша(女秘书,秘书之妻)等,这些阴性名词都带有歧视的意味。一些女性主义语言学家坚决反对使用这种职业称呼语的阴性形式,认为阴性形式带有明显的人为因素,故作高姿,刻意求全,但实际上是一种修辞上的贬低,是对女性的性别歧视。在他们看来,врачиха(女医生,医生之妻)的地位明显低于 врач(医生),就像 профессорша(女教授,教授之妻)的地位低于 профессор(教授)一样。因此,在日常交际中,面对这些女性时,是禁止使用这种阴性形式的,否则会招致非议。

上述性别歧视现象与俄罗斯历史上形成的职业取向密切相关。随着妇女解放运动的蓬勃兴起,俄罗斯女性在在社会地位、人权、语言等方面逐渐获得了前所未有的待遇,纷纷走出家门,从事与男性几乎相同的职业,表达这些职业称谓的阴性名词以阳性形式为基础应运而生,但仅仅作为一种职业称谓,而不宜作为称呼语使用。

需要指出的是,在句法功能上,上述阳性名词和可以指称男女两性的共性名词十分相似,但二者互有区别,并不是一回事。按照俄语标准语法,所谓共性名词,是指以 -a,-я 结尾的名词,其语法属性是不固定的,在具体的语境中表示男人时,就算阳性名词,当它们表示女人时,则算阴性名词,词典上会在每个词后边做出"(阳及阴)"的标注,如 умница(聪明人)、соня(贪睡的人)、плакса(爱哭的人)、невежа(愚昧的人)、сирота(孤儿)等。它们和上述语法属性很明确的阳性名词不同,不能相提并论。因此,钟国华、闫家业、龙翔(1985:15)等国内俄语学者 20 多年前就曾明确指出:"不应该把 товарищ(同志)、профессор(教授)、врач(医生)、судья(裁判员)(法官)、лентяй(懒汉)等表人的阳性名词与共性名词混为一谈。"

另外,基于职业特点和工作性质,俄语中有些职业称谓则只有阴性名词,如няня(女保育员,保姆)、медсестра(女护士)等。因此,不能使用这些阴性名词来称呼女性,尤其是禁用 медсестра(女护士)这一称呼形式,但可以用 сестра(姐、妹)取而代之,这是一种约定俗成的习惯用法,既表示礼貌,也表示亲切。балерина(芭蕾舞女演员)这个阴性名词也缺乏对应的阳性名词,但这并不是对男性的歧视。该词最初来源于意大利语 *ballerina*。在 17、18 世纪,作为宫廷表演的芭蕾舞,女演员更符合当时男性统治者的享乐要求,所以没有出现相对应的阳性形式,在俄语中该词的解释为 танцовщица／танцорка в балете(跳芭蕾舞的女舞蹈演员).

在称呼从事这些职业的女性时,惯常的称呼形式是"名字＋父称"或者"девушка"(姑娘)、"мадам"(女士)等。对于从事这些职业的男性,在没有相对应的职业称谓的情况下,一般常见的称呼形式是"名字＋父称""господин"(先生)、"молодой человек"(年轻人)等。需要说明的是,在称呼不大熟悉或者陌生的异性时,即便对方稍微年长于自己或者已经步入中年,通常使用俄语中最为流行的"девушка"(姑娘)、"молодой человек"(年轻人)等语用形式来分别称呼女性或者男性,不含有任何性别歧视的意味。

俄语中的性别歧视不仅体现于上述代词和职业称谓,而且在姓名称呼语上有所反映。袁庭栋(1994：1.)指出："姓名是人的称谓中最重要、最基本的称谓,是一个人在社会生活中用以区别于其他社会成员的识别符号。"姓名是社会的产物,也是语言的产物。姓名使用上的差异反映了社会对于男女两性的文化认同,也体现了其社会地位的不平等状况。在俄语中,对于"名字＋父称＋姓"这种称呼类型,性别因素也同样需要考虑。

俄罗斯常见男性姓氏通常以-ов,-ев,-ин 结尾,变格形式按照阳性物主形容词短尾形式来变化。而俄罗斯女性的姓氏则以男性为参照点,通常是在自己父亲或者丈夫的姓氏后面加上-а,如：Елена Сергеевна Булгакова(伊莲娜·谢尔盖耶夫娜·布尔加科娃)、Алла Васильевна Кирилина(阿拉·瓦西里耶夫娜·基利丽娜)等。按照俄罗斯文化传统,女性在结婚之后通常需要改用夫姓,所以在俄语里有这样的表达,девичья фамилия "娘家姓氏""婚前姓氏"等。很少有男性随妻子姓的,偶尔会有男性改随妻姓,他们之所以这么做,或者是犯了罪之后为了逃避责任而隐姓埋名,或者出于其他非正常动机不得已而为之。在正式场合当需要说"某某夫妇"时,通常是用丈夫的姓,比如：Супруги Ивановы(伊万诺夫夫妇),Васильев с супругой(瓦西里耶夫夫妇)等。方言中对女性的称呼大多使用其丈夫的名字或绰号,近年来又出现以丈夫的姓氏为基础而构成的女性称呼语,这也体现出女性对男性的依附关系。类似的情况在欧盟议会上得以提出,与会代表提议取消在官方文件中表示女性婚姻状况的称呼,如 мисс,миссис,мадам 等,将其换作女性的全名。

"名字＋父称"这种称呼模式彰显着俄语的文化特色,俄罗斯人的父称由父亲的名字变化而来,例如：女性的"名＋父称"Наталья Сергеевна(娜塔莉娅·谢尔盖耶夫娜),男性的"名＋父称"Михаил Львович(米哈伊尔·里沃维奇)等等。而只用父称的称呼模式,如女性的父称 Дмитриевна(德米特里耶夫娜)和男性的父称 Лукич(卢基奇)等,同样可以表明对方的性别特征。在这种情况下,说话者想强调跟某人的特殊关系,带有好感和爱戴的色彩。如高尔基的小说《母亲》中称女主角为 Ниловна(尼罗夫娜),这不是名,而是父称,代替了名字。使用父称称呼对方可以让其父亲的形象得到体现——长者,更具权威,生活阅历更加丰富,父系象征其精神始祖和血脉渊源。俄语中使用"名+父称"或者单独使用父名作为称呼语,根本不顾及母亲的姓名,突出了父亲在家庭中的权威和地位,体现了性别上的不平等关系和对女性的性别歧视。

　　所以说,俄语中的性别歧视既表现在父称中,又表现在姓氏中。俄罗斯民族的姓名被打上了父系社会的烙印,女性是男性的附属。虽为姓,实为性(别)也。社会价值以男性为准则,子女跟随父姓,用父称,母亲的姓名对于子女没有重要意义。上述现象都表现了女性对男性的依附和男权社会中女性地位的低下。

1.2　汉语中的称谓形式不对等

　　汉语称谓中的许多空格、缺位现象,如男教师可以对学生称其妻子为"你们师娘/师母",当然也可以说"我妻子/爱人",而女教师一般对学生称其丈夫为"我先生/老公",而不能称之为"你们师爹/师爷",以至于学生没有合适的对应称谓来称呼女教师的丈夫。王志强(2000:33—34)、赵学德(2008:77—81)等学者指出,在现实生活中,男女职业称谓与性别标记不对应的情况比比皆是,很多学历、职业称谓都是以男性为参照点,在不加性别标记的情况下均指称男性。当用来指称女性时则需要在职称前加上性别标记,如在事业上颇有成就的女性被称为"女强人",而非"强人",因为"强人"向来是指男性。对于女性博士,人们称之为"女博士",而对男性而言则没有"男博士"这种称呼。如果女性担任某职或从事某项工作,一般都会在其称谓前冠以"女"字,如女局长、女市长、女作家、女部长、女书记等,明显地将性别因素放在首位,特别是在公布重大会议的参加者名单时,男性的姓名不加任何标记,而女性的姓名后通常会用括号标记出"女"字,突出其性别身份。据统计,尽管世界上的女性比例超过 50%,但一般文献中出现的"他"和"她"的比例却是 4:1! 也就是说,女性"她"的使用比例与其实际拥有人数比例严重失调。

　　诸如此类缺位现象大都是体现传统的有标记的贬女思想的,男性名词被视为规范的、无标记的主导词,而女性名词往往在男性名词上加以变通,附上标记,以此表明男性的舞台是广阔的社会,其人生价值要在"齐家,治国,平天下"的宏伟目标中实现,而女性则是男性的附庸,专为男性成功服务而存在。这种浓厚的性别歧视思想观念在配偶称谓语中表现尤甚:在我国封建时期的"三从四德""三纲五常"等教条的规训下,男女地位差别显著,本应处于平等地位的夫妻关系中也出现了明显的男尊女卑,这一点在诸多作家的著作中可见一斑。鲁迅笔下的祥林嫂便是一例。中国古代妇女完全没有独立性,在出嫁前跟父姓,出嫁后随夫姓,很多妇女的名字就用姓+氏来替代。相比之下,男性取名相当慎重且颇有名目,不仅有名,还有字、号。在各种白话小说中时有出现"官人""夫君""相公""老爷""当家的""一把手""掌柜的"等,而与之对应的女性称谓则是"贱内""贱妾""内人""糟糠""屋里的""做饭的""烧火的"等。相比之下,女性称谓处处显示出女人社会空间的局限和社会地位的低下。

在现代汉语中,对女性的语言歧视还表现在贬称、谑称或侮辱性称呼的数量上,用于对女性的伤害语要比用于男性的多得多,粗语脏话也常与女性相关,如钱进(2004:47—50)、杨春(2008:56)等学者认为"小姐"称谓就是一个明显的例子,该词在不同的历史时期的意义变化反映了社会生活及人们观念的变迁,经历了由尊称(旧中国)而贬称(文革时期)而尊称(改革开放前期、中期)而贬称(近些年)的感情色彩演变过程,其用作对年轻女性的尊称和用于指代三陪女的用法并存,这就影响了人们的语言使用,并在更深层次上影响了人们对女性群体的划分标准。这种女性称谓降格现象表面上是一种语言现象,但降格的根源是男女社会地位的差异以及人们观念上认同。由此我们可以说女性称谓降格正是反映了性别歧视现象的最好例证。因此,"小姐"用于指称三陪女使其成为一个新的社会禁忌语,带有明显的贬化色彩。历史地看,"先生"与"小姐"原来都是对有身份有地位的人的尊称,小姐指名门闺秀,先生指有身份有地位的人士。随着社会的发展,"先生"一词虽然泛化了,但并没有经历感情色彩演变的过程,最初暗含的尊敬之意仍然没有退去,如宋庆龄女士一直被毛泽东尊称为"庆龄先生",如此称谓就是为了表达对在知识界及政界取得非凡成就的宋庆龄的尊重。

相比之下,"小姐"不再是有地位女性的专利。酒店里的服务员可以被称之为小姐,还有三陪小姐,坐台小姐,按摩小姐等等。如果再仔细分析,则不难发现,"先生"与"小姐"在称谓的范围上实际上并不对等:"先生"属于语言学家所说的大社会称谓,在任何场合对任何男性都可以称呼;而"小姐"则属于小社会范围称谓,只能称未婚女子,结婚以后便往往称为"某太太"。"太太"一词说明她们在身份上已成为男性的附属品。直到今天的"女士"一词尽管可称之为大社会称谓,但只能用于正式场合,仍然没有普遍意义,如在知识分子群体中,对女学者、女教师也可以称先生,但它是用属于男性称呼的"先生"来称呼女性的。"也就是说,始终找不到与男性大社会称谓'先生'一词对等的属于女性的大社会称谓词语。时下有'美女'这一称谓,它倒是与'先生'相对应的用来称女性的大社会称谓。"(孙汝建,2010:59)但是,笔者认为,相比之下,"美女"与"帅哥"这两个称谓应该比较对应,带有奉承和赞美之意。

在汉语称谓中,第三人称代词的使用一直受"以男性为规范"观念的影响。"他"和"她"是汉语中唯一能显示性别特征的两个代词,但在泛指时,人们往往使用具有男性特征的"他"来指称,如"当一个人从来未经历过危险,我们不能担保他有勇气""当一个人不能在自身找到他的安宁时,在其他地方寻找也是枉然"等。孙汝建(2010:57—58)对不明性别或无必要指出其性别的一群人,或拟男女两性同时存在、性别明确的一群人,汉语同样是用具有男性特征的第三人称复数"他们"去称代,如"自爱即对自己以及适合于自己的所有的爱,它使人们成为他们自己的偶像的崇拜者""洪常青和娘子军的女战士们星夜兼程,他们在山头上筑起阵地,日夜固守着"等。

　　为了消除"她"在语用上的性别歧视,有人采用"中庸"的办法,把"他"与"她"并列使用,但在排列上仍是男性在前女性居后,于是汉语中就出现了"他或她"的用法,如"一定要问清他或她姓什么、叫什么、哪里来、为了什么,并且最好请他或她留下来等一等,给他或她沏一杯茶,倘若他或她又不等到主人回来便走掉,那么一定提醒他或她别忘了带走上次留下的那把黄伞,并且应当记住他或她大约多高、大约多大、是胖是瘦、穿者打扮有什么特点、说话有没有口音。"(摘自《北京文学》1988年第11期《黄伞》一文)对于"他或她"这种用法,多数人不习惯,常常是用具有男性特征的"他"来代替"他或她"的用法,用吕叔湘先生的话来说,"他"是老字号,"她"是分店(摘自北京语文出版社1992年6月出版的《未晚斋语文漫谈》一书中的《他或她》一文)。

　　关于第三人称代词的历史沿革,曾有过不同的说法。杨春(2008:57)通过研究考证,发现在1918年之前,"他"一直兼指男性和女性,这种现象表现了在封建伦理观念和儒家思想中,女性是没有地位的。她们被剥夺了社会、政治、经济、文化等方面的权利。到了"五四"新文化运动时,一切旧的观念甚至语言,都受到全面的重新估价,女性的第三人称先由"他"字表示,但终嫌笼统,后来,刘半农[①]先生主张造一个"她"字,来承担表示女性第三人称的任务,终于使"他"和"她"在第三人称的所指上处于平等的地位。但由于受男权思想的影响,在第三人称使用的过程中,"她们"常常被淹没在"他们"的背后,表现出明显的性别歧视,时至今日依然如故。各个民族文化中亦有此类现象。例如,美国国会议员基本上都是演讲家。某位男议员有一天发表爱国演说滔滔不绝,激情澎湃,结束时铿锵宣称:"美利坚合众国是平等之国,自由之国,机会之国,一个人,不论他出身如何,水平高低,只要努力奋斗,都有出人头地可能!"此言一出,旋即招致美国上下批评,讨伐声不绝于耳,理由很清楚:性别歧视。"不论他"云云,难

---

① 刘半农(1891年5月29日—1934年7月14日),近现代史上中国的著名文学家、语言学家和教育家,新文化运动的倡导者之一。名复,字半农,江苏江阴人。早年参加《新青年》编辑工作。后旅欧留学,获法国国家文学博士学位。1925年回国,任北京大学教授。所作新诗多描写劳动人民的生活和疾苦,语言通俗。他一生著述甚丰,成果斐然,影响巨大,代表作品有《半农杂文》《半农杂文二集》《扬鞭集》《瓦釜集》等,《汉语字声实验录》曾荣获"康士坦丁语言学专奖"。

道人只能是男士而非女士？迫于无奈，该议员只好为自己如此无知、不讲政治、公然冒犯女性的信马由缰之言道歉不迭，一桩由第三人称使用不当而引发的性别歧视之争方才尘埃落定。

2．词义褒贬上的差异

2.1　俄语中的词义褒贬

俄语中出现的贬低女性现象由来已久，如 девичья память（坏记性），женская логика（荒谬的推论），бабьи сказки（无稽之谈）等，表示女性特征的词语往往带有贬低的色彩，甚至詈语也与女性沾边。赵蓉晖（1999：28）认为，社会性别歧视现象在詈语（бранное слово）中体现为辱及对方女性亲属，如 по матушке，вашу мать，мать бы растак 等，它们分别是三种最粗野的骂娘话的委婉语。不仅是詈语，甚至在俄语委婉语的性别标记及其使用中也会出现歧视女性的现象，主要表现在 3 个方面：

一是有关女性性禁忌的委婉语多于男性，如在《俄语俚语双解词典》的"Б"词条中，"проститутка"（妓女）一词的同义词有 14 个，如 бедка，баруха，бидка，бледь 等等，其中委婉语有 бляха，бляшка，бэ，而没有一个表示"男妓"的词，而对女性性器官及男性对女性的性行为的描写在俄语中更是不胜枚举，如 пирог，чувствительное место 用来婉指 пизда，用 заездить，карить 婉指 использовать женщину，而 лагерная жена 则成为"情妇"的委婉语。俄语委婉语中大量描写与女性有关的性禁忌的事实表明，女性在"性"方面受到关注的程度要比她作为"人"的存在要大得多。同时，"性是肮脏的"这一传统观念将女性与肮脏、不洁、耻辱等概念联系在了一起，俄罗斯社会性别歧视的传统由此可见一斑。

二是用来描写女性的中性词向贬义方向发展，而用来描写男性的中性词却常表现为语义扬升，如 баба-перец 指的是刻薄的女人，секс-бомба 指的是用出卖色相来获取情报的女人，театральная жена 婉指情妇，барышня 婉指未婚先孕的女人，而 юноша 则带有"精力充沛的成年人"的附加意义。

三是女性描写有琐屑化倾向，用于描写女性的词通常倾向于和那些琐屑化的人或事物搭配，用来揭示女性在该社会成员心理中的地位和价值，如 женщины и вино（女人与酒），женщины и песни（女人与歌曲）的搭配，бика，пупсик（洋娃娃）可以用来称呼狗和女人，用 блондинка（淡黄发女子）来称呼金发女郎、伏特加酒和跳蚤等等。把女人和诸如此类的琐屑事物归为一类似乎给人造成这样一种错觉：女人有许多缺陷，比如不成熟、好享受、不重要等等。（彭文钊，1999：66—71）

俄语中有不少作为喻体来贬低女性质量或容貌的词语，女性的一些"负面"

特点因为这类比喻的经常使用而以情感联想进入某些词（通常表示人、动物、植物等）的语义平面，成为词汇意义中的民族文化伴随义素，从中可以发掘俄语性别歧视所折射的民族心理、历史地理、风土人情、思维方式等方面的文化内容，体现出对女性的社会性别歧视，如 корова（母牛，用以指代"笨拙、肥胖的女人"）、камелия（山茶花，喻指"风流女子""妓女"）、гатюка（蝮蛇，指代"悍妇"）、сорока（喜鹊，喻指"唧唧喳喳的女人"）、кукла（木偶，喻指"没头脑的女人"）等。（李琳，2000：59—64）另有一些俄语成语如 базарная баба（泼妇），кисейная барышня（矫揉造作），бабушкины сказки（无稽之谈）等，尽管从内在形式上看是针对女性的性别歧视，但实际上却能指代所有人并表示否定的意义，并不仅仅是对女性而言。

　　除此而外，还有另外一些针对女性的贬义词语，如 старая перечница，старый пердун 等，是具有对等物的，分别指女性和男性的泼辣。因此，"针对女性的否定指称更多"的说法是值得商榷的，一些零散的研究是不具代表性的，应当研究大量的资料，不能做孤立、主观的判断。也就是说，性别歧视现象也不排除针对男性的可能。（李明宇，2009：33）

2.2　汉语中的词义褒贬

　　汉语中的褒男贬低女性现象丝毫不亚于其他语种，对女性的词语贬化远远多于男性。据林杏光、白菲的《简明汉语义类词典》(1987)统计，在表示"性生活放荡"的词条下，用于女性的词有 7 个：荡妇、淫妇、骚货、妖精、狐狸精、破鞋、贱货；用于男性的词有 3 个：淫棍、贪花贼、采花大盗。在"男人"词条下收词 29 个，其中只有一个"仆"表示自谦，其余 28 个无贬义。而在"女人"词条下收词 52 个，其中至少有 27 个含有贬义色彩，如女流（之辈）、妇道（人家）、娘儿们、贱人、祸水、泼妇、悍妇、母老虎、三姑六婆（喻指不务正业的妇女）。同是表示丧偶，用于男性的有 5 个词，如鳏夫、孤老、光杆儿、独身汉、单身汉，而用于女性的有 12 个词，如寡妇、孀妇、孤孀、遗孀、半边人、未亡人、回头人、寡妻、嫠妇、望门寡、弃妇、怨妇等。"妓女"的许多形象说法"婊子、烟花女、窑姐儿、咸水鸭、野鸭、私窝子、半开门儿"等。脏话也常常以女性为攻击对象，如"他妈的""操他娘的""入他奶奶的""滚他妈的蛋""放你娘的屁"等。（孙汝建，1998：7—11）再如"妻子"一词，具有明显的女性特征，它在汉语中的不同称呼也反映了人们对女性的歧视，如贱内、糟糠、烧锅的、接脚妻、内助、家主婆、拙荆、荆妇、黄脸婆等，而"丈夫"一词在称呼上并无贬义。

　　研究表明，汉字对女性的歧视主要反映在"女"旁字上，而"女"旁字的褒贬评价通常体现在女性的行为用字和姿容用字上。有些"女"旁字从字义上看是褒义评价，但在字形上反映了对女性的歧视，如"娱"，字义为娱乐，"娱"离不开"女"，这种生物学意识反映在字形及其说解上，因此有人提议用"俣"来代替

"娱"。许多汉字中有女性地位低下和对女性品格侮辱的痕迹。如"耍"字,它的本义是玩弄女性,因为"而"字是象形字,指男人的胡须,"而"与"女"合起来表示男人把胡须垂到女人的脸上,对女性进行戏弄;"妥"字,指男人以手,即以武力驯服女人;"妾"字中的"立"像一把倒悬的刀始终悬在女人的头上,随时可能落下来;"奴"为手抓女,"奸""姧"的字形都形象地加深了褒贬评价的色彩。此外,还有许多贬义词都离不开一个"女"字,如"妖、奴、奸、妒、嫉、婊、娼、妓"等等,甚至出卖色相的男性,也只能称作"男妓",非要拉一"女"来陪衬不可。(孙汝建,1998:22)

据《辞海》初步统计,汉字中的女旁字共有 257 个,涉及褒贬评价的共 100 个,其中褒义的有 47 个,贬义的有 35 个,褒贬参半的有 18 个。当然,许多褒扬字眼也离不开"女",如"好、妙、娆、妩、姣、婷、娴、婉、娇、婧"等等。还有一些褒贬参半的字如"媔",本来形容眼睛美丽,后来又表示妒忌,而"姍"本来表示讥笑,后来表示缓步轻盈的步伐。这些实例恰恰说明"好"与"孬"都与女性有关,因为女性只是被观赏物,是客体,而男人是观赏者,是主体。客体只能被动地被主体评判,观赏者(主体)则无所谓"好"与"孬",他的功能只是对被观赏(客体)进行褒贬判断、评定,所以这类或褒或贬的字与词大都与男性无关。关于这种褒贬参半的词的用法,钱进(2004:48)、杨金菊(1994:57)苏杰(1999:40)等学者都在自己的著述中做了探究。

汉语中还有一些浓缩了人们的生活经验观察或社会现象概括的谚语俗语,如所谓"唯女子与小人难养也、女子无才便是德、女人头发长见识短、妇人之见、长舌妇、三姑六婆、嫁出去的女,泼出去的水、嫁鸡随鸡嫁狗随狗、三个女人一台戏、矫揉造作、好男不跟女斗、男人不同女人一般见识、河东狮吼"等,都是针对女性的,而轻视和咒骂男性的用语则非常少,甚至连简单的骂人语"他妈的"就是一例,为什么不说"他爸的"呢?(杨金菊,1994:57)世界各地的"国骂"基本都是这样,以"诅咒母亲"或者"骂娘"作为口头禅,有意无意间表现出对女性的歧视。

3. 词序所反映的尊卑观念

3.1 俄语中的性别词序

和其他许多语言一样,俄语中表示男女的词在同时出现时的前后分布顺序能够反映出社会对性别角色的不同认识和不平等待遇。尽管决定两个并列词前后顺序的因素是多种多样的,但往往是语义上显著地占据文化优势的一方位于首位,即处于上位,而语义上处于文化劣势的一方居于下位,俄语和汉语中都存在这种现象,如 брат и сестра(兄弟姐妹),юноша и девушка(男青年和姑娘)、отец и мать(父亲母亲)、дед с бабкой(爷爷奶奶)、муж с женой(丈夫和妻子)等。如果把上面处于并列联系中的两个词调换一下位置,意义虽然没有改变,却很别扭,就不那么符合该语言的表达习惯了。(赵蓉晖,2003:99)这里发挥作用的是人们内心深处的一种"优者在先"的认知定势。例外情况当然也是有的,如汉语中的"阴阳""雌雄"。另一个常见的例子是礼貌的称呼语,如汉语中说"女士们、先生们!"俄语中也说"Дамы и господа(女士们、先生们)"。大家都认可的解释是,这样做是出于对妇女表示特别尊重的愿望,刻意强调和有意突出反而更进一步说明,词序排列中存在着明显的人为因素。

　　但是,俄语中的"Дамы и господа(女士们、先生们)之类句法并列关系中,表女性词汇置于表男性词汇之前的用法并不普遍,仅用于外交以及其他诸如宴会、演讲等有女性在场的正式场合,以表示对女性的尊重。(李琳,2000:63)相比之下,брат и сестра(兄弟和姐妹)、юноша и девушка(男青年和姑娘)、отец и мать(父亲和母亲)、дед с бабкой(爷爷和奶奶)之类表女性词汇置后的用法倒是更为多见,由此可以得到令人信服的结论,即"社会制约语言又在语言中得到反映"这一论断是正确的。因此,我们有理由认为,俄语的并列联系中普遍存在的阳性名词位于阴性名词之前,说明的正是俄罗斯文化(尤其是传统文化)中占据社会生活主导地位的是男性,反映的是男尊女卑、男优女劣的社会性别歧视观念,这种现象实际上体现了俄汉两个民族心理中的一种共同的优劣亲疏取向。(周民权,2009:79—81)

3.2　汉语中的性别词序

　　关于汉语中词语的"男先女后"现象,陈建民(1999)、张莉萍(2007)列举了为数众多的实例,对汉语词语意义的不对称模式进行探讨,认为"男女、父母、夫妻、公婆、子女、兄妹、男耕女织、夫唱妇随、男婚女嫁、男男女女、夫贵妻荣"等男性名词在先而女性名词居后的词序是汉语中典型的社会性别歧视现象之一,是汉民族文化中"男尊女卑"观念在语言中的折射,说明一个具有性别歧视的社会势必造就歧视性的词汇和词序排列。由于受男先女后这种词序的影响,以至于一些贬义词语也沿用这种语序,如"男不男女不女,男盗女娼"等,也影响到与动物有关的词序排列,将男性作为物种之范,如"公母、雄雌、鸳鸯、龙凤、龙飞凤舞"等。基于这一原因,人们心目中和口头上说出来的"英雄"一词常指男性,对于英勇果敢的女性,人们通常只能称其为"女英雄",否则无以名之。

　　但是,"决一雌雄"这一说法是个例外,这里的"雌雄"是"雄雌"的变序,已不是一种纯性别指称,而是有着明显的褒贬意义,与"雌""雄"的引申意义有关。困守待时是"雌伏",昂扬奋起是"雄起"。"我要和你决一雌雄"是说,我先困兽待时,昂扬振奋,然后与你决一胜负。孙汝建通过考察,认为"雄起"一词产生于重庆方言,后由成都火爆的球市而传遍全国,鼓励人们不要灰心丧气,要勇往直前。比如看比赛,朝着队员喊"雄起",就是给他们加油助威,给他们信心。在四川方言中,"雄起"一词源于两只公鸡打架,颈毛竖起。四川土话有"公鸡打架,毛毛雄起"。"雄起"要表达的意思就是"加油"。(孙汝建,2010:61—62)舆论曾经认为"雄起"的说法不雅,不料引起川中文人流沙河的不满,流沙河认为:"雄起乃大雅,对应是雌伏",以此力挺四川人的表述喜爱。

　　"男先女后"的语序在汉语成语中也有所体现,如常州市教育局编写的《成语词典》(1981)中收录了50条与性别有关的成语,其中与人有关的成语30条,与动物有关的成语20条。具体情况为:

　　与人有关的成语中按照"男先女后"语序构成的有24条:才子佳人、痴男怨女、儿女情长、夫唱妇随、夫贵妻荣、孤儿寡妇、孤儿寡母、鳏寡孤独、红男绿女、金童玉女、郎才女貌、卖儿鬻女、男才女貌、男盗女娼、男耕女织、男欢女爱、男婚女嫁、男尊女卑、如丧考妣、善男信女、檀郎谢女、鬻儿卖女、愚夫愚妇、重男轻女;

　　与人有关的成语中按照"女先男后"语序构成的有6条:封妻荫子、佳人才子、媚妻弱子、畜妻养子、怨女旷夫、妻离子散;

　　与动物有关的20条成语均按照"雄先雌后"的语序构成:伏龙凤雏、孤鸾寡鹤、麟角凤距、麟角凤嘴、离鸾别凤、龙凤呈祥、龙飞凤舞、龙驹凤雏、龙盘凤逸、龙翔凤翥、龙章凤姿、龙跃凤鸣、鸾孤凤只、鸾凤和鸣、鸾交凤友、鸾翔凤集、鸾飘凤泊、攀龙附凤、烹龙炮凤、腾蛟起凤。

　　不难发现,上述50个成语中,按照"男先女后"和"雄先雌后"语序构成的44个成语占88%,而6个按照"女先男后"语序构成的成语仅占12%。这种语言现象印证了汉语语序遵循"男先女后"和"雄先雌后"规则的观点,是"男尊女卑""男强女弱"的社会性别歧视观念在汉语成语中的反映。通过仔细分析可以看出,尽管24条与人有关的成语中除了"儿女情长"之外,其他23条成语中的性别语素可以互换位置,即表女语素前置,如佳人才子、如丧考妣、谢女檀郎、玉女金童、怨女痴男等,但实际上很少有人这样使用,除非有意突出女性特点或者贬低男性。例如,孙汝建(2010:116)认为,如果把"夫唱妇随、夫贵妻荣"改作"妇唱夫随、妻贵夫荣",就带有变异修辞色彩,含有对男性的贬义,视男性无能力,这往往是用来形容那些"女强人""妻管严""女当家"的。至于与动物有关的20条成语的语序,是不能按照"雌先雄后"语序互换位置的,这完全是人为因素,对女性的社会性别歧视促成了人们对动物世界"雄强雌弱"的思维定势,二者的前后位置难以更改也就不足为奇。

4. 汉语中的"女"字偏旁

表女性的名词大多具有女性特征所特有的形式标记,如俄语中是以阴性形式来体现的,阴/阳性的对立与人的自然属性对立相互照应,形式变化体系较为发达,而汉语则没有名词性的范畴,表女名词的性别特征标志主要借助于"女"旁字。

一些汉语学者通过对作为汉语书写符号的汉字进行解读,分析其中表现出来的歧视女性现象,如王德春、孙汝建、姚远在其专著(1995)中详尽分析了"女"字偏旁的"奸、嫉、媚、娼、奴、婢"等汉字所明显体现的贬低女性涵义,甚至连指代女性的"阴"字也常用来构成贬义词,如"阴毒、阴谋、阴森、阴险、阴暗"等,这些语言现象反映了中国封建社会男尊女卑的社会现象在汉语语言文字中的历史遗留;赵光(1999)认为先民造字时并没有贬低女性的思想观念,"女"字初文的本意是对女性形体的客观描写,这是先民"近取诸身"象形造字的典型方法,"女"作部首,造字众多,指事广泛,具有审美价值,并不存在歧视女性的问题,只是在夫权制出现之后,人们受男尊女卑观念的支配,又造出一批表奴役、歧视、邪恶的"女"旁字。因此,不应本末倒置,以繁衍的文化造字来理解"女"字初文。

缑新华(2003)归纳了《说文解字》"女"部的6种功能,即姓氏用字、女性"字""号"用字、女性身份和与女性有关的亲属关系用字、婚姻家庭用字、对女性进行描写形容的字、筹划羞辱女性的贬义字等,通过挖掘"女"部的文化内涵来分析其反映的性别歧视现象;苏杰(1999)从训诂学视角探讨汉字字形和字义中体现的性别差异,如带"女"字旁的汉字以及女性的字形和字义都有小卑柔弱的意思,荏苒无力的风都被称作"女风",而汉字中惭德恶德之字往往嫁以女旁,如婷(悖)、媿(愧)、嬾(懒)、嫚(慢)嫉妒、姍、奸、姍等。钱进(2003)总结了汉语成语、俗语沉淀的汉民族观念意识,从语义性别定型的视角分析了汉语成语和俗语中的性别歧视现象:言语行为要求两性有别,容貌类评价两性有别,婚姻关系两性有别,贞操观两性有别,社会地位和社会期望两性有别,咒骂语两性有别等等,其中不乏对于汉语成语中"女"字偏旁的汉字所表达的社会性别歧视的探究。

但是,需要指出的是,并非所有"女"旁字都是贬义的,也有一些表示褒义评价。例如,我们常见的"妙"表示"神妙,美好",汉语中的不少表达此类意义的成语或四字词组,如"妙龄女子,妙不可言,妙趣横生,妙手回春"等;"妍"表示"美丽",如春光明媚,百花争妍,不辨妍媸等;"婷"形容人或花木美好,"娥"表示"美女、美好","嫣"表示"容貌美好",如"嫣然一笑,姹紫嫣红"。此类褒义词还有好、婧、姬、姝、媛、嬿、裴、娟、姹、姣、娆、妩、娴、婉、等。另有一些褒贬参半的

"女"旁字的语义则根据具体的上下文来判断,如"妖"既可表示妩媚、艳丽,又可表示邪恶、怪异,"娇"既表示美好、柔嫩,也可表示娇气、骄横等,其中最有意思的是"好"字,它的褒义不言而喻,但也暗含贬义,因为它是个会意字,在甲骨文中,左边是一个半跪着的妇女,胸前抱着一个婴儿。在古代,可能是以多子女的母亲为好,看来古人是将女子作为生育的工具来看待的,并以生子女多少作为好坏的标准。"(孙汝建,2010:40)

实际上,这些"女"旁字无论是褒是贬,都是历史形成的,反映了人们在造字之初和字形字义演变过程中对女性的不同看法,这些看法和认识随着时间的推移和女性地位的不断变化而逐步发生改变,某些侮辱女性的"坏字眼"演变为褒贬参半的"女"旁字,似乎能够说明这一问题。

第三节　语言中的社会性别歧视成因

社会性别歧视现象由各种原因催生和促成,且在俄语和汉语及其他语言中有着共同的特点,除了生理、心理方面的原因之外,有其深层的历史传承和民族文化背景,主要成因可以归结为以下3条:

1. 历史上群体间的利益冲突

自古以来,当男女两个群体相互竞争时,彼此间的威胁成为社会性别歧视的最有力的心理因素,导致语言中产生否定性的评价,催生了语言中的社会性别歧视。

性别歧视的根源可以追溯到史前时代男女所扮演的社会性别角色。由于男性的肌肉比女性肌肉发达,又不生育,于是他们担当起打猎、耕作的角色,妇女体弱、要生育,所以负责照顾孩子、料理家庭、采集食物等。那时,男女角色虽然不同,但还没有一方价值高于另一方的观念。随着社会生产力的不断发展,男子逐渐从事更多的农业生产活动,占据了主导地位,妇女的地位随着供给食物能力的降低而下降。(让-雅克·卢梭,2003:113)到了中世纪时期,妇女由于能生养孩子,能为土地所有者生养合法继承人,成了地主丈夫的宝贵财产和生育工具。为了使妇女处于听从丈夫的地位,统治者便借助法律和各种不成文的框框条条约束女性,使之屈服和受制于丈夫,于是,各种歧视妇女的社会规范和习俗开始形成。在漫长的父系社会里,妇女依附于男性,受制于男性,社会地位低下,长期以来形成的贬低女性观念逐渐根深蒂固,久而久之成为一种定型的社会规约,得到社会的认可,被人们视为理所当然,天经地义。

在西方文化传统中,男性一直被认为富于创造力,勇于担当重任。在《圣经》里,创造世界的耶和华为男性,而耶和华创造的亚当亦是男性,亚当的妻子夏娃只不过是亚当一条肋骨的衍化物,这一传统观念就把创造力固定在男人身上,后人便有了"拥有创造力的天赋是男性的特征"的说法,并且圣经中的《创世纪》关于上帝造人的神话成了语言起源学说的联想依据。在他们看来,既然上帝造了亚当这天下第一个男人,语言中的"性"范畴就应将阳性置于首位。如果把两者的顺序颠倒过来,就会导致阴阳颠倒,主次不分,不符合语言习惯。尽管世界各国语言的语法并没有规定"先男后女"的语序,但人们在长期的言语习惯中,大都以男为先,女为后,女性只能是跟随在男性后面的第二性别。(穆凤良等,1998:132)

　　汉语的发展变化足以说明上述有关中国文化的看法:在母系社会制度下,女性扮演着家庭、社会核心的角色,主要从事农业、饲养和家务,男性主要从事捕捞、狩猎,在社会经济生活中处于被女性支配的从属地位,所以当时从"女"部的字特别多,而且大多属重要的字,譬如姓氏名称、亲族称呼,或是正面意义的字,如"姓、姚、好、姑、媳、婚"等。随着生产力的发展,男性的劳动转向农业和畜牧业,在社会经济中的地位越来越重要并获得支配女性的权力,以男性为中心的父系社会终于取代了母系社会,其标志是3000年前周朝的建立。由于社会分工的不同以及性别角色地位的变化,女性在体力上弱于男性,加之需要花费很多的时间和精力养儿育女,不得不依附于男性,社会地位越来越低,随之出现了重男轻女的现象,汉语中许多歧视女性的现象应运而生,如从"女"部的字出现了"奴、妓、娼、奸、妒、妖"等有否定意义的字,词序上也出现了"男女、父母、夫妻、公婆、子女、兄妹、男耕女织、夫唱妇随、男婚女嫁、夫贵妻荣"等男性名词在先而女性名词居后的排序现象,"男尊女卑"的不对称现象比比皆是。

　　此外,成语典故中轻蔑女子的也不少,这种性别歧视现象通过一些浓缩了人们的生活经验观察或社会现象概括的谚语俗语可见一斑,如前面所说的"唯女子与小人难养也、女子无才便是德、女人头发长见识短、妇人之见、长舌妇、三姑六婆、嫁出去的女,泼出去的水、嫁鸡随鸡嫁狗随狗、三个女人一台戏、矫揉造作、好男不跟女斗"等等,都是针对女性的,而轻视和骂男性的用语却非常少。这种现象表明男性语言是规范标准和主体,而女性语言只是一种附属的变体,关于女性的语言和女性所使用的语言都体现着女性用语向"贬化"方向发展的趋势,具有消极的意义,而男性用语向"褒化"方向发展,具有积极的意义,这种现象是男女社会地位不平等的必然结果。在男性居于统治地位、女性只能作为附庸的社会背景下,对女性的语言歧视在所难免,各个国家和各个民族的情况基本如此,大同小异,如很长时间以来,女性一直被视为长舌妇,只会搬弄是非,造谣生事,所说的话空洞乏味,索然无趣,只配充当听众,在非正式的个人交谈中情况如此,在正式的交际场合更是如此,她们只能作为旁听者保持沉默,被剥

夺了社会成员所应有的话语权。(周民权,2009:81)

俄汉语中"男先女后"的词序以及称呼等现象尽管是历史形成的,但实际上体现了长期以来俄汉两个民族心理中的一种共同的优劣亲疏取向,其间发挥作用的乃是人们内心深处的一种认知定势,诚如著名法国存在主义作家西蒙娜·德·波伏瓦所说:"从古至今妇女的身份低于男性,成为次于男人的第二性,并不受由于天生的女性特征,而是长期以来男子为中心的社会力量和传统势力造成的。"

2. 社会民族文化的影响

社会文化造就了社会成员的思想、观念、心理、行为和语言等诸多特点。在自然人吸收并适应社会文化、转变成社会人的过程中,每个人都经历了政治思想、道德情操、性别角色、语言的社会化,其言语行为必然受到社会环境和民族文化的熏陶,家庭、抚养者、学校、同辈群体、大众传播等无疑成为影响一个人成长的主要因素。从家庭开始,父母的性格、知识、信念、言语风格、情绪表现方式、职业特点、兴趣爱好等自幼直接影响子女的成长。此后,从学校到成年,到步入社会,每个人通过学习各种知识、技能、行为以及学会诸多社会规范,在不同时期扮演着学生、同学、朋友等社会角色和性别角色,深受同辈群体的兴趣爱好、价值取向的影响,同时接受大众媒体提供的各种不同角色模式、角色评价、价值标准、行为规范等方面的信息,逐步取得社会生活的资格,变成深受语言习得环境影响的社会人。只要社会上存在着性别歧视,社会人的语言中的性别歧视在所难免。

语言中的社会性别歧视之所以产生,是因为受几千年封建父权社会的影响,社会对女性的能力、价值产生了先入为主的偏见,最终形成了一种男权主义思维定势和文化定型而进入社会成员的价值体系。定型是人类所具有的一种认知方式和认知策略,表现为一种从个别到一般的类推过程,虽然有助于事物范畴化的形成,但是却具有"过度概括"的弊端,在同道德信仰、价值体系、语言文化等内容联系起来时,容易生成一些主观化的评判标准,代表了某种陈腐观念和歧视态度。话语分析研究也认为,不同社会群体,对于其他社会群体话语行为的描述和界定往往反映出一定文化定型的影响。这种思维定势和文化定型在多数情况下体现了一种权势文化造成的社会不平等现象,都是通过牺牲女性一方的权益而得以实现和维持的。(张莉萍,2007:31—32)

因此,语言中的性别歧视现象不仅是语言使用的问题,而是一种根深蒂固的社会定型意识的反映,是社会对于男女两性的言语行为的心理认同,是长时间父权制或大男子主义占统治地位的结果,也直接反映了女性长久以来在政治、经济、文化、教育、语言等方面受到的不公平待遇。

20 世纪以来，尽管妇女的社会地位有了很大的提高，但是，包括性别歧视在内的社会化偏见与社会化的过程如影随形，通过社会群体、父母、家庭成员、亲朋好友、伙伴的言传身教和大众传播媒介（广播、电影、电视、报纸、互联网等）影响着人们的思想与言行。在英语中，受传统观念的影响，对女性的语言歧视已经成为了一种恶性循环。比如，懂英语的人一看到或听到"virgin"和"prostitute"这两个词，首先想到的就是"处女"和"妓女"的意思，而很少想到它们还分别可用于指"处男"和"男娼"，而汉语中常见的"泼妇""悍妇""贱妇""长舌妇""美女蛇""狐狸精""头发长见识短""小三"之类说法，则很容易形成和强化对女性的性别歧视。

社会性别歧视与男女两性的性别差异和心理特点密切相关。20 世纪 60 年代以前，两性差异研究往往忽视了女性的心理研究，涉及性别差异心理的研究大多出于试图证实男性强于女性的动机，成为性别歧视滋生的策源地之一。诚如美国心理学家 F. 丹玛克所言："心理学几乎只限由男子对男子或雌性动物进行。95％以上的早期研究从未涉及性别差异，一般认为，从妇女被试者得到的数据是不可靠的，因而总是不加重视。"（转引自孙汝建，2010：212）

随着社会语言学、社会心理语言学、语用学、语言文化学、社会性别语言学等学科的兴起，男女两性的气质、性格、兴趣、动机、智力、语言表述以及各种社会行为中的心理差异成为研究重点，其中自然包括受各种社会心理因素影响而产生的语言中的性别歧视。

与英语、汉语等其他语言中的社会性别歧视相似，俄语中的社会性别歧视背后所蕴藏的社会根源与俄罗斯妇女在历史、民族文化中的社会地位密切相关，是俄罗斯社会漫长的父权、夫权、男权统治史在语言中留下的深深烙印。一代文豪列夫·托尔斯泰也认为妇女根本不该走出家庭，不应该同男人并驾齐驱，到社会上干事业，而只应待在家里相夫教子。按照他的说法，"如果没有女医生、女报务员、女律师、女作家，我们是无所谓的。但是如果没有母亲、没有内助、没有女友……活在世上是会很糟糕的。"（摘自《托尔斯泰文集》第 14 卷：401）

需要指出的是，俄语中的性别歧视与宗教文化亦密切相关。东正教是俄罗斯的国教，而《圣经》则成为东正教徒的教理经典。在《旧约圣经》中，上帝用亚当的一根肋骨造出了夏娃，后来夏娃因受了魔鬼诱惑致使人类堕落，有了原罪。而作为"第三罗马"的继承者，古希腊罗马神话对俄罗斯民族影响颇深，其中"潘多拉""美狄亚"等许多女神都以"祸害""毒妇"的形象出现，这些文化因素使得"女性是邪恶的""女性是有罪的"之类观点在教徒心中根深蒂固。关于这一点，在俄语谚语和俄罗斯文学作品中都有体现，如高尔基在他的《童年》中就写到

"女人是有罪的,上帝被她欺骗过。"

在早期俄罗斯,女性是男性实现其事业野心的手段。如弗拉基米尔大公和雅罗斯拉夫通过政治联姻的方式巩固其统治,"婚姻是礼品交换中最基本的形式,女人是最珍贵的礼物。在这种关系中,女人只是建立关系的中介,等同于一件物品,而不是伙伴。"(魏国英,2012:82)俄罗斯民间媒人这样向女方父母提亲:"您有货,我们有买主。"女方父母如果想要拒绝,就会说:"我们家货不卖。"(里亚布采夫,2007:93—96)俄罗斯农民特别喜欢生养男孩,因为只有男性才能分给耕地,并且儿子结婚时还能给家里带回劳力;女儿正相反,出嫁时还要带走嫁妆。

除了对女性的歧视和贬损,男性还在一切可能的范围内不断在制度上强化男性的地位。如1836年俄国法律条文规定:"妇女必须服从丈夫的权威。在生活中,妻子要关爱、尊重和屈从丈夫。因为丈夫是一家之主,妻子应给予丈夫快乐和关爱。"(Richard,1990:6)

在现代汉语中,受社会环境的影响,对女性的语言歧视常常表现在贬称、谴称或侮辱性称呼的数量上,用于对女性的伤害语要比用于男性的多得多,粗语脏话也常与女性相关,其中"小姐"称谓就是一个明显的例子,从原先对未婚女性的尊称逐渐贬化为带有暧昧色彩的称呼,泛指涉足色情行业的女性。近年来,"女秘书"这一词语也发生了变化,由原先的职业称谓逐步演化为带有暧昧意味的谴称,喻指"领导的情妇或二奶",俗称"小秘"。

"女秘书"本来是一个正常的职业称谓,但近年来受诸多社会因素的影响,也被赋予歧视含义,甚至影响到政府某些决策部门相关政策的制定,如《南方都市报》2003年7月15日曾发表一篇题为《四川男领导不能配女秘书》的文章,指的是四川省委办公厅日前出台的明文规定。该文一经问世,即刻引起强烈反响,举国哗然,有人在google上略做查询,发现此项消息已经传遍全球,被称之为"震惊世界的性别歧视"。许多人撰文或发表讲话,严厉批驳这种以男权观念为基础的规定,认为它公然挑衅我国宪法所规定的男女平等权利,严重践踏和损害了广大女性的权益和自尊,是对女性介入工作领域、妇女参政和妇女工作权的极大歪曲。究其社会原因,"男领导不配女秘书"这个规定的理论前提就是封建时代的"红颜祸水"论,认为女秘书是拉男性领导下水的"祸水",男性领导容易腐败的根源就在女秘书那里,这种看法无疑是受社会现实的影响,从而给"女秘书"这一职业称谓蒙上了负面的阴影,带有明显的贬义。

汉语中长期保持对女性的歧视,主要原因之一是受儒学的影响,两千五百多年前,"儒学已成为政治、文化和为人处世的基本准则,成为统治人民的强大思想体系。一般说来,某种思想观念一旦与制度结合在一起,立刻就会具有强大的约束力,随着以儒学为核心的中国文化的日益发展,妇女遭歧视的境遇不

可避免地反映在汉语中。"（王德春等，1995：81）

　　笔者认为，语言中的社会性别歧视不是孤立存在的，它与形形色色的歧视现象密切相关，相互影响，如种族歧视、出身歧视、贫富歧视、地域歧视、行业歧视、职业歧视、年龄歧视、居住歧视、服务歧视、饮食歧视、外貌歧视等等，无一不折射出社会上存在的根深蒂固的尊卑观念或者优劣意识。

　　以职业歧视为例，社会分工使得人们从事不同的工作，无形中形成了人们意识中的职业高低贵贱之分，把职业分成三六九等，某些职业被视为高高在上、趋之若鹜的热门，另一些职业则遭到歧视，无人问津，如 2013 年 1 月 11 日《光明日报》发表了北乔的一篇短文，大意内容是：

　　某位在城里工作的成功人士回到故乡，在浴室里泡澡之后，想让搓背工搓背时，恰巧迎面遇到了一位从事搓背工作、久未见面的高中同学，惊讶尴尬之余，把"那就搓一下"的话咽了回去，不好意思让老同学为自己搓背，享受消费服务。为摆脱困境，他约老同学去更衣室抽烟，在烟雾缭绕之中聊起了久远的中学时代，沉浸于往日的回忆，三四根烟下去，老同学马上回到了现实，举起了手中的搓澡巾，要为他搓背，他说不搓了，同时感受到了老同学说的"欢迎下次再来"一句话中的失落。事后他心里一直不是滋味，真没想到会在浴室里遇上老同学，一个消费一个服务，老同学间还有比这更难堪的事吗？不过，还是庆幸自己及时化解了这一危机，打定主意以后不再去那家浴室。

　　第二天他与几个同学聚会时说起了这件事，同学们都批评他不对，说老同学为顾客搓背是凭力气和技术挣钱，天经地义，埋怨他不让老同学搓背是不关照他的生意，不够意思，不够朋友，等等。他听后也作了认真的反思，认为是自己内心深处的职业歧视在作怪："碰上开酒店的朋友，我们可以打着'打土豪分田地'的旗号去大吃大喝，结账不结账，心里都踏实。哪个朋友手里有些权力能办点事，我们有什么困难，总能理直气壮地请他帮忙。有朋友开店做生意，我们都想尽一切办法去关照。可为什么偏偏遇上当搓澡工的老同学，我就犯嘀咕呢？要是相互间搓背，那没什么，让他为我服务，我就是磨不开面子。是我把职业分成三六九等了，潜意识里认为搓澡工是低贱的。挖出了我心中的丑陋，我羞愧不已。"（北乔，2013：14）

　　类似的小故事在日常社会生活中屡见不鲜，人们思想意识里的等级和尊卑观念体现在方方面面，造就了社会生活中的各种歧视现象，语言中的社会性别歧视难以幸免。

　　社会文化意识形态的传播也会支持和强化人们对女性的歧视。在对男女两性的价值评判上，就存在不平等的视角差异，如"郎才女貌"，对"郎才"的承认，是社会认可的，而对"女貌"的承认，主要是由男性认可的。也就是说，前者是社会视角，后者则出自男性单方面的视角。从男性视角看女性，带有庸俗的感性成分:男人把女人当花看只注重她艳丽的外表,满足自己的感官享受,正如荷花被称为芙蓉,就是"女为夫容"之谐音和寓意。这种视角对女性是不公平的,甚至埋藏着不利于女性的婚姻危机。常见的现象是,糟糠之妻和人老珠黄的女人在男人眼里往往掉价跌份,遗弃和失宠便成为许多女人的悲剧。而男人如果有才,便能得到社会的认可和尊重,于是丑男娶俊女,乃至老夫可以娶少妻。诚如哲学家尼采一针见血指出的那样:"男人说他爱女人,其实说的是要享受女人。"(转引自孙汝建,2010:65)这种针对女性的不平等的视角差异反映了与文化价值密切相关的性别观念,是语言中歧视女性现象滋生的社会原因之一。

3. 传统观念的影响

导致语言中社会性别歧视的因素除了历史、社会、权势、权力、等级制度等方面的原因之外,还包括传统观念中由于社会分工不同而造就的经济原因,即以性别为基础的劳动分工使得女性在经济上始终处于从属地位,以及角色关系,即社会对男性和女性的性别角色及其行为方式有不同的期待与要求,从而使得女性成为服从社会期望所需求的弱势群体。

不容忽视的是,传统文化与道德观念对性别歧视起到了推波助澜的作用。例如,中国古代礼教对男女两性的语言教育有明确的规定,如《礼记·内则》中的"能言,男唯女俞"、《左传·庄公二十四年》中的"男女有别,国之大节也"、东汉"女"才子班昭所著《女诫》七篇中的中国封建社会男尊女卑、三从四德伦理道德观念、《女语论》和《三字经》对妇女的言行作出的详细规定、唐代宋若莘的《女语论》以十二章的篇幅教导女子应如何立身、学作、学礼、早起、事父母、事舅姑、事夫、训男女(教儿女)、管家、待客、和柔(处事之法)、守节等等,它们发展了社会性别等级观念,精华与糟粕并存,影响深远,流传广泛。(钱进,2004:48—49)这些礼教尽管只是道德、文化对语言的不同性别要求,并非是关于语言的性别研究,但对性别语言的形成和发展有着不可低估的作用,反映了"周公制礼为已谋"的男权世界图景,助长了语言中社会性别歧视现象的滋生与蔓延。

社会传统观念的影响,造成了语言的性别歧视和言语交际的性别差异。人们习惯于认为:女性必须保持淑女形象,注意自己的言行举止和外表装饰,说话柔声轻语,彬彬有礼,举止婀娜多姿,温顺优雅,这样才能符合社会对于女性的心理认同。

不论是哪一个国家、哪一种文化,在其发展过程中,人们对性别角色——男女两性适切行为的社会期望构成了相对固定的性别定型,它们在人类生活的许多方面都有所反映,特别是语言,尤以在两性言语交际能力中的反映最为明显,女性的既定性别定型一般是依赖性强、被动、沉默(尤其在公共场合)、温顺、有耐心、避免冲突与敌对、否认自己的个性和聪明才智等,而男性的性别既定定型应当是独立、主动、积极、进取、好争、自信、勇敢、身强体壮而且在事业上卓有成就、能供养家庭并且保护女性,除愤怒之外对情感有很强的控制力、社会交往广泛等,这就自然而然地导致了男性在言语交际过程中频繁打断女性的话、抢着控制话题、惯用诅咒语和禁忌语、较少使用试探性的疑问句、较多使用强有力的命令句、不像女性那样经常使用能够满足人们面子需求的礼貌用语等 6 种交际行为。(宋海燕,1998:58)

但是,这种传统的性别定型概念在笔者看来有失偏颇,过分夸大男女两性之间的差异,没有看到这些差异随着社会生产力的发展和社会文明的不断进步而逐步缩小,没有考虑到性别角色可以相互转化以及性别定型的概念随着社会的发展而不断变化,没有顾及交际场合以及交际双方的社会地位、受教育程度、亲密程度、年龄、职业、身份、教养等因素的影响。

一些影视作品也反映了歧视女性的情况,反映了传统观念在性别问题上的影响。例如,2009 年我国拍摄的电视连续剧《南下》第 32 集中有这样一个情节:南下干部王三成的妻子姜天美原来是山东沂蒙山区的农村妇救会长,后来作为随军家属来到上海,起先一直在家照顾孩子,洗衣做饭。后来,她不甘心当一名相夫教子的家庭妇女,要求去妇女教养所工作,当她把自己的想法告诉王三成时,王三成很不理解,坚决不同意,并且大声对妻子说:"你个老娘儿们出去工什么作呀? 在家里干点家务就行了!"当姜天美毅然决然离家出去工作时,王三成气愤至极,冲着妻子远去的身影大吼一声:"妇女解放有什么好处?"从他的言语行为中不难看出大男子主义思想在作祟,其中不乏语言上的性别歧视。这种现象反映了当时一大批南下干部的思想,具有普遍的意义。在当时那种历史条件下,这些有一定文化和思想觉悟的男性尚且如此,其他人的情况可想而知,可见传统的男权主义和宗法封建思想余毒的影响何等之深。

一般来说,受历史传承和传统观念的影响,在男性的词汇中以体育、军事、科技类词汇居多,而妇女以文艺、缝纫、烹调类词汇居多。其他语言中都有类似情况,如柴门霍夫于 1887 年创立世界语,世界语中的名词都以具有男性特征的字母"O"收尾,如果要把这些名词写成女性的名词,插进一个词缀就可以了,如"父亲"(patro)、"母亲"(patrino)、"兄弟"(fratro)与"姐妹"(fratrino),只要分别在"O"前加入词缀-in 即可。(孙汝建,2010:64)以简洁见长的世界语也受到男性为中心的传统观念的影响,可见性别歧视无孔不入,无处不在,诸如此类的语言性别歧视都是由于男女在社会生活中地位的不同而造成的,只要社会生活中存在着"重男轻女"性别歧视现象,各种语言必然会受到影响,其中的性别歧视也就在所难免。

第四节 研究中存在的问题

应该说,国内外学界的社会性别歧视研究成果斐然,在社会性别语言研究中占据很大的比重,但也存在一些问题,笔者认为最为主要的问题有以下两个:

1. 过分强调性别差异而忽视了同一性的研究

目前的研究基本上采用的都是文献收集法,缺乏第一手的调查研究资料,导致得出的结论缺少科学性和可信度,且仅从语言本身入手,运用语言学传统的定性方法研究社会性别歧视问题,其缺陷已经逐步暴露出来。其主要表现之一是过于看重对立和差异,习惯性地将社会性别视为对立的二分范畴,认为个人拥有的静态特征不会随多种因素的变化而变化。据此,在研究中常常首先设想男女两性之间存在本质差异,然后在话语中寻找差异,常将具体研究的结果概括为普遍结论,于是,大量的研究针对同一问题,但结论常常相左。此类基于二元对立的过分强化差异的研究方法忽视了两性在语言和言语两个层面上的共性,只注意研究社会性别差异而忽视了同一性的研究,从而把语言使用方面的社会性别歧视现象简单化和片面化。

事实上,社会性别因素不是影响语言变异的唯一因素,还涉及社会结构、社会习俗、文化传统、种族、地域以及人的心理和生理、社会地位、交际角色关系、职业性质、受教育程度、语言习得、语言认知和副语言研究、社会交往方式、活动范围等诸多因素,语言变异是性别因素和其他许多因素共同作用的结果,单靠一种方法很难全方位地反映问题的实质。因此,语言中的社会性别歧视研究应该尽可能考虑多种因素,采取多层面、多视角的综合分析方法,将各种研究理论有机结合起来,互为依托,互为补充,相互完善,相互印证,依据真实可信的语料,结合实际的语境,对社会性别语言的同一性与差异做出科学、准确、客观的解释,确定哪些因素在男女两性交际场合对语言使用的影响最大,最具代表性,从而寻求语言中的社会性别歧视的有效杜绝途径与改进机制。

2. 忽视了对男性的歧视研究

通过上述例证不难看出,国内俄汉语界的社会性别歧视研究沿袭了国外学者的传统,集中在对女性的歧视方面。尽管其中偶尔涉及对男性的歧视,但微乎其微。实际上,有不少学者认为,现实社会活动(包括言语行为)中也存在着对男性的歧视:近年来不少为男性抱打不平的所谓"男权主义者"针对女性主义者提出的性别歧视,提出男性学的理论概念,把男性和女性作为相对立的社会单位,从分析两性角色的差异视角挖掘性别角色及社会行为的意义和本质,揭示语言中对男性的歧视,以此来批驳语言中仅存在对女性歧视的女性主义观点。他们还从男性一生的生命过程入手,观察男性个体和男性群体在社会角色中的变化情况,结果发现社会同样给予男性巨大的性别角色压抑,男性同样承担着极不平等的社会义务,所承受的来自各方面的压力甚至超过女性,所应对的社会期望也超过女性。如美国著名的心理学家 H. 格登博格在其颇有影响的著作《新男性:从自我毁灭走向自我保护》中发出这样的感叹:"男性是在我们的社会中最后一个被明显地否定和歪曲而没有任何反抗的亚社会团体。"(方成,1997:91)

王志强(2000:33—34)认为,语言是人类用来交际的符号系统,这种符号的选择带有很大的任意性,意义只存在于人脑中,而非语言中,语言的各种色彩是社会或使用语言的主体—人赋予的,有贬低女性现象的存在,则必然也存在着贬低男性现象,如汉语中的"酒鬼""流氓"等使用频率不低的词可能是专为男性而设,而"懦夫""恶棍""花花公子"更是男性的专利,是对男性的斥责和贬低。

张莉萍(2007:83—85)谈到贬低男性现象时指出,性别排他性语言是男性语言歧视的现象之一,其特点是将男性排斥在某个概念之外,如人们通常将自己的第一语言称为"母语",以及祖国母亲、母校、母公司等,都是以女性尤其是母亲的形象定性。另外,还有一些社会评价低、遭人鄙视的带有社会否定评价的称谓语,如"流氓、强盗、小偷、土匪、暴徒、地痞、特务、酒鬼"等被人们自然而然地确定为男性的专用名词,如果表示女性,则要在这个称谓语前面加上性别标记"女"(女乞丐,女罪犯等),而盲目跟随他人或者从事色情行业的男性分别被称为"狗腿子""鸭",如同从事色情行业的女性被称为"鸡"一样,同动物联系在一起,带有明显的歧视色彩。究其原因,是由于社会赋予男性坚强、果敢、成熟等肯定的性别定型,整个社会心理要求他们不能有否定的一面,一旦男性的行为背离了社会既定的性别定型时,社会语言便有相应的表现形式,从而滋生语言中的贬低男性现象,如人们常说的"缩头乌龟、吃软饭、耙耳朵、妻管严"等,都是对男性的歧视称谓。

笔者以为,上述过分褒扬女性或者有意抬高男性的厚此薄彼的看法未必客观,此类基于二元对立的争论忽视了男性和女性的同一性和兼容性、社会文化对两性角色的规定和认同以及性别的社会建构因素,因而广遭质疑,如俄罗斯语言学家 E. A. 泽姆斯卡娅(1993:94)曾一针见血地指出:"与女性主义的联系对客观的研究颇有妨碍。公正的科学研究往往被过于热情的争论、激进的评价,有时甚至是虚假的结论所取代。"

国内颇有影响的报纸《参考消息》(2010 年 3 月 3 日第 10 版)曾发表过一篇题为《闯入男性世界的女先锋》的文章,其中德国社会性别学者格特劳德·克莱尔通过分析社会分工中的性别歧视,认为:"歧视永远都会令被涉及者失去能动性,而这是以生产力为代价的。"语言研究领域同样如此,过多地强调男性对女性或者女性对男性的歧视势必会引发一系列社会矛盾和心理失衡,对于和谐社会的构建有害无益。

参 考 文 献

[1] Richard S. The Women's Liberation Movement in Russia: Feminism, Nihilism, and Bolshevism, 1860—1930. [M]. Princeton University Press, 1990.

[2] Денисова А. А. Словарь гендерных терминов[Z]. М. , Информация - X XI век, 2002.

[3] Земская Е. А. и др. Русский язык в его функционировании. Коммуникативно-прагматический аспект[M]. М. ,
Наука, 1993.

[4] 北乔,我做错了什么[N],光明日报,2013 年 1 月 11 日第 14 版。

[5] 常州市教育局,成语词典[Z],南京:江苏人民出版社,1981.

[6] 陈春红,俄语称呼语中的性别歧视研究[J],浙江外国语学院学报,2014(1):32—37.

[7] 陈建民,中国语言与中国社会[M],广州:广东教育出版社,1999.

[8] 陈雪梅,"女"部字语义场文化意蕴浅探[J],安徽技术师范学院学报,2002(2):85—87.

[9] 崔国鑫,对话中性别差异的语用研究[D],吉林大学硕士论文,CNKI,2006.

[10] 杜文礼,初探英语中的性别歧视[J],山东外语教学,1993(2):17—19.

[11] 缑新华,《说文解字》"女"部字所反映的古代文化[J],石家庄师范专科学校学报,2003(5):44—47.

[12] 方成,男性的觉醒:男性学[J],读书,1997(4):90—93.

[13] 李琳,论俄语中的性别歧视现象[J],中国俄语教学,2000 年(1):59—64.

[14] 李明宇,论俄罗斯性别语言研究的现状和特点[J],南京工业职业技术学院学报,2009(3):32—36.

[15] 里亚布采夫 Ю. С. 著,张冰、王加兴译,千年俄罗斯[M],北京:三联书店,2007.

[16] 林杏光、白菲,简明汉语义类词典[Z],北京:商务印书馆,1987.

[17] 穆凤良等,英语中的性歧视与中性化[J],外语与外语教学,1998(6):129—132.

[18] 彭文钊,社会文化域的语言映像[J],外国语,1999(1):66—71.

[19] 钱进,语言性别差异研究综述[J],甘肃社会科学,2004(6):47—50.

[20] 钱进,成语和俗语性别差异的文化透视[J],语言与翻译,2003(2):55—58.

[21] 让-雅克·卢梭,洪涛译,论语言的起源[M],上海:上海人民出版社,2003.

[22] 申小龙,小区文化与语言变异—社会语言学纵横谈[M],长春:吉林教育出版社,1991.

[23] 宋海燕,性别原型及其在两性言语交际能力中的反映[J],外国语,1998(2):58—63.

[24] 苏杰,汉字中的性别歧视[J],语文学刊,1999(4):38—41.

[25] 孙汝建,语言与性别[M],南京:江苏教育出版社,1998.

[26] 孙汝建,汉语的性别歧视与性别差异[M],武汉:华中科技大学出版社,2010.

[27] 唐媛,言语交际中的性别差异研究[D],东北师范大学硕士论文,CNKI,2006.

[28] 王德春、孙汝建、姚远,社会心理语言学[M],上海:上海外语教育出版社,1995.

[29] 王娜,汉语中的性别差异探析[J],山东理工大学学报(社会科学版),2005(4):70—72.

[30] 王震静,英语中的性别差异研究综述[A],社会语言学研究论集[C],北京:北京语言大学出版社,2002:185—195.

[31] 王志强,汉语称谓中的性别歧视现象[J],语文学刊,2000(1):33—34.

[32] 魏国英,女性学概论[M],北京:北京大学出版社,2012.

[33] 现代汉语词典[Z],北京:商务印书馆,1991.

[34] 杨春,性别语言研究综述[J],中华女子学院学报,2008(4):54—58.

[35] 杨金菊,性别和语言[J],湖州师专学报,1994(2):56—58.

[36] 袁庭栋,古人称谓漫谈—文史知识文库[M],北京:中华书局,1994:1.

[37] 臧克和,《说文解字》的文化说解[M],武汉:湖北人民出版社,1995.

[38] 张莉萍,称谓语性别差异的社会语言学研究[D],中央民族大学博士论文,CNKI,2007.

[39] 张松燕,言语行为之性别差异研究[J],语文学刊(高教版),2006(11):152—153.

[40] 张玉梅,《说文解字》"女"部的文化内涵[J],内蒙古工业大学学报社会科学版,2001(1):87—90.

[41] 赵光,"女"字初文阐释之我见[J],洛阳师专学报,1999(1):80—82.

[42] 赵蓉晖,语言与性别研究综述[J],外语研究,1999(3):25—29.

[43] 赵蓉晖,语言与性别——口语的社会语言学研究[M],上海:上海外语教育出版社,2003.

[44] 赵学德,汉语的性别差异研究综述[J],妇女研究论丛,2008(6):77—81.

[45] 钟国华、闫家业、龙翔,实用俄语语法[M],沈阳:辽宁人民出版社,1985.

[46] 周民权,Язык и гендер в русско-китайском речевом этикете[J]. М., Вопросы филологических наук,2009 , No 3, 79—81.

[47] 周民权,О причинах гендерных различий в русском и китайском языках[J]. М., Вопросы гуманитарных наук, 2010 , №1, 111—113.

[48] 周民权,当代俄罗斯社会性别语言学研究论略[J],中国俄语教学,2010(3):12—16.

[49] 周民权,社会性别语言学的哲学渊源及方法论探究[J],外语教学,2011(4):47—51,64.

[50] 周民权,国内俄汉语界社会性别歧视研究探微[J],西安外国语大学学报,2013(3):1—4,9.

[51] 祝畹瑾,社会语言学概论[M],长沙:湖南教育出版社,1992.

[52] 朱文俊,人类语言学论题研究[M],北京:北京语言文化大学出版社,2000.

第五章　俄汉语中的社会性别定型对比研究^①

　　纵观人类历史,无论哪个国家与民族,无论哪种文化与语言,在其发展过程中,人们对男女两性适切行为,即性别角色的社会期望构成了某一历史时期相对固定的社会性别定型(гендерные стереотипы),其表现形式尤以社会性别语言交际能力中体现出的定型差异最为明显,成为社会性别语言学的重要研究命题之一。俄罗斯学者对俄语中的社会性别定型研究成果斐然,在世界语言学界产生了重要的影响,但国内学人知之甚少。因此,梳理与评介其研究概况,对于进一步加深理解俄罗斯社会性别语言学理论的真谛并驱策其研究想必不无裨益。(周民权,2012:5—11)

第一节　社会性别定型的形成基础

　　"定型"(stereotype)一词源于希腊语 stereos(僵化的)和 typos(印痕)两个词,其最初的意义比较单一,但后来被拓宽和引申,广泛运用于人文科学研究。1922 年,美国学者 W. 利普曼在《舆论》一书中首次提出"定型"概念,起初将其视为一种消极的现象,认为"这是一种对其他民族、其他文化的偏见(成见),是错误的,不理性的。不过,后来的社会心理学家发现,定型是一种普遍的、不可避免的人类认知方式,它能节省人们理解复杂社会现象的精力和时间,因此更多地将定型作为中性概念来使用。"(宋洪英,2011:1)基于这种认识,定型概念越来越受到学界的重视,对它的研究也随之展开。

　　20 世纪 30 年代,美国学者 D. 卡兹、K. 布拉鲁借鉴利普曼的定型理论,提出了民族定型(этнические стереотипы)的概念,成为民族定型研究的发端。受其影响,各人文学科竞相介入定型研究,积极探究这种"模式固见"或"约定俗成"的社会文化现象,并相继形成了多种定型理论,如社会学中的"社会定型"论、文化学中的"文化定型"论或者"民族文化定型"论、心理学中的"思维/心智定型"论、交际学中的"交际/行为定型"论、语言学中的"语言定型"论等。进入20 世纪 90 年代以来,"定型"与"象征""仪式""标尺""先例现象""语言世界图

———————————
①　该章部分内容首次发表于《俄罗斯语言学界社会性别原型研究概观》一文(《中国俄语教学》2012 年第 4 期)。

景""语言个性"等一道,成为语言文化学的热点研究命题之一。这些定型理论研究基于不同的方法论,各具特点,各有侧重,形成了"多点开花,视角各异"的研究格局。

正是在上述学术背景下,语言中的"社会性别定型"(gender stereotype)研究伴随着 20 世纪 60 年代席卷欧美国家的三次女性主义浪潮应运而生。莱科夫、齐默曼、韦斯特、贝斯特、索恩、博林格、丘阿思特霍夫、布利斯林等西方学者基于社会语言学、心理语言学等视阈的研究表明,语言中反映出来的人们对男女两性适切行为的社会期望,或者社会对男女两性的素质、标记特征以及行为规范的评价,即社会认定的更符合某一性别群体的特征的总和,构成了语言中社会性别定型的基本内涵。这种观点对世界各国语言学界的社会性别定型研究产生了重要的影响。

作为一种复杂的社会文化和心理现象,定型理论受到各人文学科的普遍关注是不足为奇的。但是,"这种多学科和多视角的研究在深化人们对其本质、功能、作用认识的同时,也容易带来某些负面的东西,如:学界对'定型'概念所作的大量而各异的界说,就足以使人眼花缭乱而无所适从;而不同学科的研究在一定程度上又容易'分割'人们的视野,不利于对该理论体系作整体的把握。"(赵爱国,2006:126)这种说法不无道理,纷繁多样的界定确实给定型研究带来一定的困难,尤其是国内学界对于"定型"的译名问题,直接涉及界定的表述。尽管指涉对象同一,都讲的是"定型",由于译法不同,有时甚至相互矛盾,常常让读者感到困惑,不知所云。有鉴于此,我们认为有必要对"定型"的不同译法进行简明扼要的梳理与阐释。

归纳起来,国内学界对于"stereotype"一词的译法及其界定主要有以下5 种:

1. "模式固见"说。这种译法是范捷平在《论"stereotype"的意蕴及在跨文化交际中的功能》一文(《外语与外语教学》,2003 年第 10 期)中提出来的。他认为,模式固见在社会学中是一个中性概念,主要指人们对思维模式、信息、外部世界和行为等特征判断方式。之所以称为固见,是因为某一群体的某一特征和观念一旦形成,就具有相对稳定性,可通过教育和社会化过程得以延续,不易为某一个人的意志而改变。因此,模式固见具有明显的群体性特征和传统延续性。(范捷平,2003:28)这种译法一度被多次引用,但后来逐渐被其他译法取代。

2. "文化定势"或"定势"说。这种译法见诸于贾玉新的专著《跨文化交际学》(2002:176—177)。他从跨文化交际视角出发,将跨文化交际研究中以国家、民族或更大范围的地域作为边界的整体式文化取向称为文化定势,认为定势是一种思维方式,是一种无视群体内部差异的思维方式,一种无视普遍性之外还存在着特殊性的思维方式,往往带有感情色彩,伴有固定的信念和情感,它在交际中的作用较为复杂,体现出正反作用的悖论性。但需要肯定的是,定势内涵中包含着很多通过观察所获得的准确和重要的事实。当我们把两种文化、两个群体或两个社团看成截然不同的、完全对立的文化群体时,就会产生文化定势(有时简称定势)。罗小英等认同"定势"这一译法,认为定势是过于忽略个性、细节差别,过于概括的认知方式,定势的形成主要是由于文化的差异引起的。(转引自宋洪英,2011:34)这一译法在学界产生了较大的影响,曾被广为引用。

3. "常规范型"或"常规关系"说。这种译法见诸徐盛桓的《论"常规关系"——新格莱斯会话含意理论系列研究之六》(《外国语》,1993年第6期)与《常规关系与认知化——再论常规关系》(《外国语》,2002年第1期)、钟百超的《论常规关系系统的构成及其作用》(《外语学刊》,1995年第2期)、巨芸的《世界图景、常规关系和超常搭配》(《外语学刊》,1999年第1期)、王文忠的《跨文化交际中的常规关系差异》(《中国俄语教学》,1999年第1期)、刘宏的《试论外语教学中的常规关系与民族社会文化常规范型》(《外语与外语教学》,2001年第8期)等。例如,徐盛桓(1993:13—20)将从常规关系(stereotypical relation)中提炼出来的、在话语中体现为含意或隐性表述的具体内容称为"常规范型",认为该范型的作用在于对语句的显性表述做出阐释或补足,使话语表达相对完备而能被理解。每一个常规范型都表示一种常规关系,作为对事物在一定条件下合逻辑、合目的结合程序的规律性概括。

巨芸(1999:55—60)认为,事物和事物之间、现象和现象之间以及语言单位与语言单位之间存在着必然的惯常联系,具有普遍联系特征的自然界不可能没有常规关系,如果失去常规关系,世界图景就变得不可捉摸和无从把握,人类就无法进行交流和协作。常规关系是世界图景中本质的、稳定的要素,它贯穿于各种各样的世界图景中,以各种不同的方式为不同的人所感知,影响并指导着人们的思维和行动。刘宏(2001:27—29)在借鉴俄罗斯学者的相关研究成果的基础上,提出自己对常规范型的看法,认为常规关系寓于人的言语行为之中,并在交际层面上以显性方式表现出来,而在言语交际中两个事物或特征之间会形成必然的为某一民族所接受和惯常使用的联系,表示这两个事物或特征的语言单位就构成了常规范型。这种译法常见于语用学、跨文化交际学和语言文化学等研究领域。

4. "原型"说。这种译法见诸桂诗春的专著《心理语言学》(1986)以及高岚、申荷永的《汉字与心理原型》(《心理科学》,2000年第3期)、钱进的《论汉语词语的语义性别原型模式差异》(《江苏教育学院学报》,2000年第7期)与《语义性别原型与构词模式》(《江西社会科学》,2004年第9期)、魏万德、李从庆的《从性别原型的语义特点看语言中的性别歧视》(《理工高教研究》,2004 年第 4 期)、宋海燕的《性别原型及其在两性言语交际能力中的反映》(《外国语》,1998 年第 2期)、杨蓉的《俄罗斯心智中的女性原型》(《俄语学习》,2010 年第 5 期)、周民权的《俄罗斯语言学界社会性别原型研究概观》(《中国俄语教学》,2012 年第 4 期)等论文。这种译法通常基于心理学视角,把"stereotype"视为一种原本固有的模型:原本表示其原始性、根源性和本质性,而模型则表示着一种高度的概括、一种典型化,二者的结合就构成了"原型"的基本内涵。有关这方面的阐述详见本章相关内容,此处不再赘述。

　　需要说明的是,上述"原型"之说与本专著使用的"定型"概念所表达的内容基本是一致的。在本专著撰写过程中,为了忠实原文,我们引用标题和原文时保留了"原型"之说,而在阐释或论证时统一使用"定型"这一译法,避免产生术语混淆。

　　5."定型"说。这种译法见诸高一虹的《"文化定型"与"跨文化交际悖论"》(《外语教学与研究》,1995 年第 2 期)、文卫平的《跨文化交际中的定型概念》(《外语教学》,2002 年第 3 期)、王静的《跨文化交际中的文化定型》(《江苏外语教学研究》,2002 年第 2 期)、赵爱国的《言语交际中的民族文化定型》(《中国俄语教学》,2001 年第 4 期)与《"定型理论"及其研究 — 文化与认知空间双重语境之解释》(《外语与外语教学》,2005 年,第 10 期)、陈亚明的《文化定型关照下的外语文化教学》(《天中学刊》,2003 年第 12 期)、黄鸣的《跨文化交际中"文化定型"的建立与打破》(《绵阳师范学院学报》,2004 年第 6 期)、延辉、李小华的《略论交际中的性别定型》(《延安大学学报》,2008 年第 3 期)、王璐的《跨文化交际中文化定型的认识与超越》(《南京社会科学》,2008 年第 10 期)等论文。例如,赵爱国在借鉴俄罗斯学者的相关观点的基础上对定型提出自己的见解。他从跨文化言语交际视角对民族文化定型进行界定,认为言语交际中的民族文化定型是指规范的言语或非言语交际情景中带有鲜明民族文化共性色彩的言语行为——思维定型和行为定型,即由此构成的心智—语言复合体单位(2001:56),另一方面,他在文化和认知的双重空间里进一步研究定型,把文化空间里的定型分为社会定型和文化定型,前者是在特定文化空间中形成的思维方式和行为方式,包括思维定型和行为定型,而后者,即文化定型则是对某个社会群体或民族以及社会事物和现象的概括性、形象化认识。社会定型和文化定型在现实生活中常常相互交织在一起,构成了定型研究的内容层面,而认知空间里的定型研究则属于表达层面,实际上是围绕着人的思维能力或语言生成、认知、交际能力而展开的研究,它的主要对象应该是语言定型,体现了人对世界的认知过程,也是人对世界的认知结果。(赵爱国,2005:11—15)王静(2002:43)认为,在日常生活中,人们总是倾向于以一定标准将事物和人归类,于是对不同的群体就会形成各种社会刻板印象,这些印象又称作定型,在人们的社会生活中无时不有,普遍地存在于人们的意识中。

宋洪英在其专著《语言文化学视野下的定型研究》中对"定型"的各种译法作了较为详尽的述评,在认同这种译法的基础上,分别从哲学和认知的角度分析定型问题,认为定型的内涵有很多是通过观察所获得的准确和重要的事实,有些定型是真实的,或部分真实的,或者完全错误的,或者部分错误的,但即使是错误的,也可能有合理的内核,因为它们都是从一般化或极端化的事实中发展而来的,一旦定型语与客观实际吻合,它就变成了一种社会分类,一种科学和准确的分类,这是定型的积极作用之一。定型最重要的功能就是认知,它是一种普遍的、不可避免的人类认知方式,它能节省人们理解复杂社会现象的精力和时间。定型的认知功能包括图式化功能、简化功能、形成及储存集体意识的功能以及其他思维功能。定型之所以能够发挥认知功能的作用,是因为人们所处的环境太过复杂,而人的精力和时间又很有限,不可能对世界上所有的人和事一一体验和认识,因此人们便用一种简化的认知方式,对具有相同特征的人群或事物、现象进行有序的图式化、模式化处理,定型正好满足了人们的这种心理需求。(宋洪英,2011:41—47)这种译法近年来在国内语言学界较为普遍,尤其是俄语学界,已经基本达成共识。

上述译法尽管视角不尽相同,各有千秋,但对该术语的基本内涵和特点已经勾画出比较清晰的轮廓。笔者认为,译者无论基于哪种观点,只要能把各自阐释或论证的问题说清楚,都是可行的。需要说明的是,笔者在完成本项目的前期相关研究成果时,曾使用"原型"这一译法,后来考虑到国内俄语学界的使用情况,加之为了避免与 прототип、архетип 等词的汉语通用译法"原型"相混淆,所以在修订本专著时改用"定型"这一译法。

第二节　语言中的社会性别定型

作为一种观念或者现象(феномен),社会性别定型在语言中必然有所反映,这些反映的总和实际上构成了社会性别语言定型,体现了社会性别语言世界图景中具有言语交际特征的社会规约和恒常现象的高度概括,以及男女两性在特定语境中必然采取或者通常会采取的言语交际策略的类型。

1. 社会性别定型的基本概念

所谓定型(стереотипы),按照 A. K. 拜布林 (1985:3)的解释,是指"固定的经常重复的行为形式,从中可以看到传统机制的核心以及民族文化的独特性。"У. 玛图拉娜(1996：95)则认为定型是"知识与评价的特殊储存形式,是信息与知识状况的加载形式,即一种既定行为结构。"定型概念的内涵纷繁多样,但俄罗斯学者最感兴趣的是其中的社会性别定型,认为性别不仅仅是个人的生理特性,它已被规范化、仪式化。

　　按照 А. А. 杰尼索娃(2002：62—65)等俄罗斯学者的阐释,社会性别定型是文化中形成的关于男性和女性的言行举止的普遍化概念,即在世界各个宗教戒律、民间口头传说和民族经验的基础上所形成的固定概念,并且随着时间的推移不断变化。它的形成受历史形成的社会性别关系模式的制约,从而使得性别差异凌驾于男女两性的个人素质差异和个别差异之上,并且由此产生了一系列隶属于男性和女性的二元对立定型。例如,哲学、心理学以及文化学研究中可以看到下述社会性别定型:逻辑性与直觉、抽象与具体(男性注重逻辑推理,擅长抽象思维,女性做事常常凭直觉,喜欢具体的东西,擅长具体的形象思维)、实用主义与富有表现力(男性注重目的和行规,做事坚定,并且好发施令)、支配与服从(男性历来喜欢支配女性,成为庇护者和领袖,女性习惯于逆来顺受,服从于男性,获得强有力的庇护)、秩序与混乱(历史上长期以来曾认为男性建构与确立秩序,女性则表现出无序和混乱)。

　　但是,现代心理学家推翻了上述观点,认为每一种性别都有各自的行为类型,如男性习惯于首先记载下来任何一个问题,然后进行分析,而女性则紧随事件进程分析各种相互关系。如果女性勤于思考并专注思维过程,会被视为男性化,不符合富于表现力及擅长感性认识的女性社会性别定型特点,而男性如果感情过于细腻,情感丰富,会被社会视为女性化的男性。只有文化性别定型的改变有助于将男性和女性气质集于一身的个性充分发展。另外,他们还发掘出以下社会性别定型:独立、强调个人与亲和力、强调集体性(女性首先关注的不是客体对象以及问题如何解决,而是交际圈内人与人之间的关系是否融洽,她们比较拘谨,乐意服从,富有同情心,民主意识较强,而男性一般都比较独立,强调个性,喜欢表现自己,支配欲强烈,行事果断)、强势与懦弱(通常认为男性强势,大都遵循人类学和个性原则,而女性处于弱势地位,通常遵循集体主义原则)、冲动、积极与冷静、消极(亚里士多德等都认为冲动、积极、运动和生命力来自于男性,而女性则表现出消极、顺从、依附与懦弱,这一观点流行于中世纪各个年代。现代学者认为男性的积极与女性的消极各有千秋,是一个不可分割的整体)以及变幻无常、不忠诚、激进与恒常性、忠诚、保守(社会通常认为男性变化多端,言行激进,而女性比较保守,喜欢怀旧,对已经发生的人与事保持忠诚,与男性截然相反)等。

　　哲学家、人类学家和心理学家所归纳出来的上述社会性别定型未必客观,对于男女两性的"好"与"坏"的界定未必公正,其中不乏社会性别歧视方面的主观偏见。因此,A. A. 杰尼索娃等学者认为,现实生活中可以看到逻辑性强、积极而又有主见、支配欲强烈、富有侵略性的女性以及多愁善感、消极、逆来顺受的男性。男性和女性概念所获得的社会意义来自于对现实中男性和女性个人的观察。这些观察表明,每种文化中的男女两性都具有一系列社会所认同的社会性别行为既定规范,但无论从生理还是心理角度来看,没有纯粹的男性特征或者女性特征,每个人身上都存在着自己的性别本身和异性相"混合"的生理及心理特征。

2. 社会性别定型的非口头交际特征

社会性别定型不仅体现于言语交际,也常常见诸非言语交际,即非口头交际。Т. Б. 谢潘斯卡娅(1991:17—29)强调,社会性别定型不一定都是口头的,非口头形式比比皆是,常常带有非语言性质,可以用一些符号代码(动作,视觉形象等)记载下来。Г. Е. 克列依德林(2005:24)注重研究交际中的非口头社会性别定型,引用大量的欧美和俄罗斯文学作品片段来说明一个问题:男性更喜欢碰触女性,而不是相反,其原因何在? 是人们通常所认为的男女社会地位差异所致,还是女性喜欢男性触动她们? 作者认为,在碰触方面女性的克制和男性的不克制,足以说明男女两性对于适应现存的社会文化和交际行为规范的约束能力,而绝非女性的从属地位和男性的主导地位所致。

实际上,每种文化里面都存在着女性化(фемининность)和男性化(маскулинность)的概念,通常体现于各种习俗仪式、民间口头作品、神话故事以及世界图景等,但各种不同文化中的社会性别定型与价值尺度不尽相同。男性和女性的社会角色不同,一般会被明确规定,这些规定起初逐步定型化,然后按照"对/错"模式在集体意识里发挥作用。与此相关且得到佐证的观点是:定型行为实质上具有两个属性,一是由于性别不同,同一行为会在各种文化中被赋予不同的意义,二是同一意义会在行为中得到不同的表述。

与其他学者不同的是,Г. Е. 克列依德林(2005:26—36)坚持把交际中的非口头和口头社会性别定型结合起来进行对比研究,较全面地总结出俄罗斯文化中迄今为止形成的 12 种社会性别定型:

(1) 女性的交际敏感性高于男性;

(2) 男性的美德在于能言善辩,既体现于口头表达,又见诸身势动作展示,而女性的美德则在于同倾听直接相关的沉默;

(3) 女性关注更多的是语境的心理方面,而男性则是认知方面;

(4) 女性的优势是下意识和直觉,而男性的优势是逻辑和理性;

(5) 较之于言语行为和对方(无论任何性别)的面部表情以及符号动作,女

性比男性更关注视觉代码,尽管她们在识别手势或者头部动作方面并不比男性
强多少;

　　(6) 实用主义氛围、自我肯定、热衷于完成社会工作和认识外部世界,这是
男性所喜欢的,而女性则喜欢社会感性氛围,注重内心世界和交际的舒适性。
Г. Е. 克列依德林引用了 И. А. 斯捷尔宁的一段话来说明男女两性之间的差
异:"男性似乎总是试图做点什么,而女性不知道该做什么,于是经常会对男性
说'你可是男人啊,快想出什么主意吧!'等等。"(Стернин,2002:6)

　　(7) 女性的交际基调很大程度上是社会性(社会所确定的)的,很少表现出
个性;

　　(8) 较之于男性,女性较少表现出交际侵略性,更多的则是耐性;

　　(9) 较之于男性,女性对非口头交际行为更为敏感,因为她们对交际另一方
表现出更多的移情心理(团结、同情、设身处地地为对方着想);

　　(10) 谈话主题不同,女性谈论较多的是家庭、孩子、疾病(对健康情况关注
较多)、行为等,而男性谈论较多的是工作、体育、政治、军队、技术、汽车等;

　　(11) 女性表现出的压抑、郁闷状态比男性多,主要见诸非口头交际行为之
中,女性常常明显表现出害怕、怀疑、抱怨等状态,男性抱怨较多的是工作中发
生的不愉快事情,但很少抱怨健康和家庭争吵等;

　　(12) 较之于男性,女性较少以缺乏知识或者能力来解释自己的行为,更多
的解释理由是不走运、失利、命中注定、厄运等。

　　Г. Е. 克列依德林认为,上述社会性别定型在俄语非口头交际中表现尤甚,
从孩提时代就明显表露出来,甚至在人的暮年有增无减。他在 20 多年的中小
学教学过程中,长期观察小学低年级男女学生的体态动作,发现了好多有趣的
社会性别差异。例如,和男孩不同,小女孩会经常整一整自己的服装和发式,对
着镜子反复转身,从侧面看看自己。她们会因为高兴而双手击掌,浑身颤抖,剧
烈抖动,经常会用手掌撑住头作沉思状,喜欢双手叉腰站着,学"男孩子"的样
子。稍大一些的女孩子走路时会扭动臀部,当着男孩子的面慢慢交叉和伸直双
腿,不时地抚摩自己的小腿肚子和臀部,装扮地好看一些。而高年级的男孩子
也善于使用装扮动作:整一整西装、衬衣和领带,走路时挺直腰板,下巴一上一
下扬来扬去,想让自己看上去更潇洒。他们为了表现自己的力量、独立和"成
熟",常常把双手插在裤兜里,高高地扬着头,一副桀骜不驯和蔑视他人的神态,
装着对"女孩子"不感兴趣,所以当女孩子走近他们时,有意回避或者侧身而立,
不屑一顾。但与此同时,有些男孩子也会经常纠缠熟悉的女孩,且气势汹汹,极
具侵略性。他们所做的一切通常以非口头形式进行:在学校课间休息或者在街
上时,他们会推搡、触摸女孩子,使绊子,用手或者书击打她们。

　　但是,他们不会这样对待不认识的女孩子,表现为所谓的"欺熟不欺生",究

其原因,Г. E. 克列依德林(2005：39)认为"这些男孩子表现出侵略性,其目的
实际上并不是想给女孩子造成损失,而是希望吸引女孩子的注意力并带有其他
'崇高的'目的。"

第三节　语言意识中的社会性别定型

E. И. 戈罗什科在《社会性别术语词典》(Денисова,2002：164—165)中撰
写了"语言意识中的男性和女性形象"这一词条,详尽分析社会性别定型的语言
特点及其认知属性。她认为,俄语意识中的男性和女性形象研究是以广泛实验
所获得的联想场(ассоциативные поля)为基础的,由此产生了一大批跨学科的
相关研究成果,其中最为常见的是男性与女性语言意识,即从对比视角研究社
会性别对口头联想行为的影响。例如,为一组被询问者提供名词"女人"作为刺
激联想的词并提出要求:以任何一个首先进入脑际的词作为反应词,然后将所
有人的反应词汇集起来,构成联想场,其中有核心(最常反应)和边缘(个别反
应)。现代心理语言学认为,此类联想场乃是群体语言意识的独特表现。对其
进行研究的俄罗斯学者分为两类,第一类是把被询问者按照性别分开,区别对
待;第二类是在从事男性化(маскулинность)和女性化(фемининность)形象、对
有社会性别标记的词汇的理解以及社会性别定型的研究时,对混合或者根本不
按性别特征划分所抽取的数据进行分析。这两类学者经常采用跨文化对比的
方法进行研究,所利用的素材要么是俄语与德语,要么是俄语与英语、要么是俄
语与哈萨克语。

从研究男性化和女性化形象的俄语联想场所获取的资料表明,总体上对女
性的态度是正面的,予以高度评价,包括她的外貌的重要性以及不大强烈的性
别对立等。

实际上,母性的爱、无私、献身精神等优秀品质至今未变。相比之下,男性
的形象有点模糊不清,对其最常反应是"强劲有力的"和"帅气的",而"聪明的"
则是个别反应。男性的社会性别定型历来表述不清,对男性的负面评价基本上
和酗酒挂钩,有时与对妻子不忠诚相联系。事实上,这些联想实验结果并未确
定男性的突出特点。

一些俄罗斯学者进行联想实验,试图挖掘俄罗斯男性与女性的语言意识,
如 A. B. 基里利娜 (1999:189)所做的联想实验表明,所有被询问者,不分性
别,都把女性形象与耐心、善良、热爱劳动、漂亮、爱心(首先是母爱)、无私奉献
等联想在一起。他们很"看重"俄罗斯女性的积极、果断、充满活力、目的明确、
精打细算、母性十足,也高度评价她们的忠诚、关心他人、富有同情心、热情奔放
等优秀道德品质。作者由此得出结论:在俄语语言意识中,较之于男性形象,女

性形象得到更为正面的评价,女性特点使人联想到的不是懦弱,而是强势、果断、韧性、耐心、爱心、聪慧、漂亮。俄罗斯男性高度评价俄罗斯女性,看重的不是其美丽外表,而是人品素质。而俄罗斯女性对俄罗斯男性更多地持批判态度,联想实验资料表明,俄罗斯男性首先展现出来的恶习是酷爱酗酒,女性联想场对其最常反应是"酒鬼"。俄罗斯男性对自己的评价高于女性对其评价,但低于他们对女性的评价。

А. В. 基里利娜(1999:105—143)的联想研究很有意义,表现在两个方面:

一是研究的词汇具有社会性别标记,使得俄语语言意识中的社会性别定型特点得以充分挖掘;

二是研究中的联想资料顾及到了被询问者的性别归属,使其言语行为本身的社会性别标记成为谈论话题。她的联想实验有助于揭示社会性别定型在语言意识中的动态以及发挥功能情况,而且在此基础上所得出的结论与从成语语料研究中所获取的结论完全对应。例如,她曾以大量的俄罗斯谚语为例,论证这样一个事实:母亲同男性的对立或者母亲同父亲的对立是不存在的,也找不到任何一个谚语,从中可以看到母亲身上所体现的负面女性定型特征,如好争吵、缺乏理性、爱唠叨等。因此,她认为俄罗斯的基本范畴是母性,俄罗斯的保护者是圣母(Богоматерь),这是不争的事实。(Кирилина 1997:25)在崇尚母性、追求真善美的女性定型中,凝聚着俄罗斯人对于精神与道德的理解以及向往。

在俄罗斯人的思想意识中,"祖国"这一神圣的概念总是和"母亲"紧密地联系在一起。关于智慧女神 Софья(索菲娅)及其女儿们 Вера(信仰)、Надежда(希望)、Любовь(爱)的神话之所以被俄罗斯心智接受,或许正是源于这种心灵的契合,同时也与俄罗斯人的圣母崇拜互为渊源。俄罗斯三色国旗中的蓝色在十月革命前被诠释为圣母的象征,表明圣母形象在俄罗斯人的心目中至高无上。这种心智上的集体认同在语言意识中势必反映出来,例如,俄罗斯国家的国名从古代的 Русь(罗斯)到今天的 Россия(俄罗斯)均为阴性,这一与语言相关的性别化的思维特征也赋予了俄罗斯心智女性的灵魂。

在俄语词汇中,阴性名词主要表示集合与抽象意义,灵魂(душа)、生命(жизнь)、善良(доброта)、自然(природа)与美丽(красота)、纯洁(чистота)等词汇都是阴性,这种看似约定俗成的语言表象事实上隐含着发生学的论据和深刻的、关于女性的哲学思维;再如,俄罗斯文学中以女性为主的正面形象群通过语言文字被形象地展现出来,从 А. С. 普希金、列夫·托尔斯泰、Ф. М. 陀思妥耶夫斯基、Н. Г. 车尔尼雪夫斯基、А. П. 契诃夫等文学巨匠们的创作中不难看出,身心美好的女性形象久已融入俄罗斯的精神意识,她们大都兼具丰富的内心世界和女性独有的优秀品质,是神圣世界的恭顺子民,也是女性形象中所含精神之美的代言与升华(杨蓉,2010:32—35)。事实上,无论是俄语词汇中的阴性形式,还是文学创作中关于女性的文字描写,都从不同方面反映了俄语语言意识中的的社会性别定型,无一例外地体现了对女性,尤其是对母性的尊重与景仰。

Д. С. 利哈乔夫①在《解读俄罗斯》一书中对俄罗斯心智中的圣母崇拜作了详尽的阐述,认为圣母崇拜有着更为深刻的民族文化背景,并不局限于单纯的基督教意义,如在评述史诗《伊戈尔远征记》时,他明确指出(2003:240):"雅罗斯拉夫娜不是偶然哭泣着向太阳、风和第聂伯河②发出请求,即向四种力量中的光明、空气、水等三种力量发出请求。她不应该向土地请求,因为她本人就是土地,即祖国。"

由此可见,在俄罗斯人的意识中,祖国、大地自古以来就与女性和母亲紧密相连,родина, земля 这两个词和上边所提及的自然、灵魂、生命、爱、善良、美丽、纯洁等俄语词汇一样,都是阴性形式,借助于民族语言将母性和土地的关系融入祖国母亲的形象,土地被神话为地母,作为母性的基本范畴。母亲作为生命发生的初始,如同大地作为万物的依托,使人联想到故土与祖国。在俄罗斯人的民族意识中,大地是生命之母,命运之母,丰收之母和家园的最后庇护者,大地母亲的形象在很大程度上与圣母的形象合二为一(杨蓉,2010:34)。也就是说,大地和祖国等俄语阴性词汇一样,体现了俄罗斯人崇尚母性的心理取向以及俄语语言意识中注重女性词汇的社会性别定型。

俄罗斯思想家 B. B. 科列索夫在《语言与心智》③(2006:181)一书中指出,俄罗斯心智的基本取向是道德,而不是权利。历史上,正是女性的起始成分中和了暴虐的程度(从家庭开始),加强了道德水平,催发了人世间的和谐与安宁。B. Ф. 沙波瓦洛夫(2001:293)认为,最先倡导皈依基督教、事实上操纵国内外政策并臣服天下的基辅大公夫人奥莉加(Ольга)是强悍有力的女性类型的先驱,她奠定了俄罗斯女性独立、甚至长期占据统治地位的社会基础,她所代表的

---

① Д. С. 利哈乔夫(Д. С. Лихачёв, 1906—1999),俄罗斯国学大师,社会活动家和文艺理论家。1938年毕业于俄罗斯圣彼得堡大学,1946—1953年任圣彼得堡大学教授,1953年被选为俄罗斯科学院通讯院士,1960年任俄罗斯科学院文学和语言学部委员,1970年当选为俄罗斯科学院院士。他一生从事多门学科的深入研究,著作等身,成果斐然,影响深远。《解读俄罗斯》(*Раздумья о России*)(1999)是他的绝笔力作,其中对俄罗斯及其文化做了独到的思考,对 21 世纪俄罗斯文化的走势作了深刻的预测和分析。

② 第聂伯河(Днепр)是俄罗斯欧洲部分的第二大河,欧洲第三大河。它发源于俄罗斯首都莫斯科以西的瓦尔代南部沼泽,流经白俄罗斯和乌克兰,出海口为黑海。全长 2200 公里。流域面积 50.4 万平方公里。

③ 本书分为三部分内容:第一部分是概述,简单叙述了各种不同观点,其中包括和"语言与心智"这个主题密切相关的历史文化问题,并对概念下了基本定义;第二部分用具体的语料详尽说明俄罗斯"心智图景"所形成的历史条件,揭示它在词语的历史中如何被反映出来;第三部分通过现代言语行为的种种变化,来阐述丰富人们潜意识的俄语的心智发展方向。

豪勇和大无畏精神在俄罗斯民间文学创作中得到了生动演绎,融汇在壮士故事中的女性豪杰、将领或骑士形象中,在俄罗斯心智中留下了不可磨灭的印记。

俄罗斯女性定型的强势特征在苏联时期达到了极致,尤其是在第二次世界大战结束之后,国家困难重重,百废待兴,勤劳勇敢、坚忍不拔的俄罗斯女性和男性一样,用瘦弱的肩膀扛起了重建家园、振兴祖国的重任,在教育、文化、军事、航天、体育、科学技术和国民经济各个部门发挥了巨大的作用,先锋模范层出不穷,英雄人物不断涌现,创造了人类发展史上女性崛起的奇迹,找到了发挥女性潜能的最佳平台,最大限度地展现了俄罗斯女性形象的强悍成分,造就了一段只属于俄罗斯女性的辉煌,把俄罗斯女性定型的美好形象演绎得尽善尽美,给世人留下了难以忘却的印象。

Н. В. 乌菲姆采娃(1996:139—162)对比分析了俄语和英语语言意识中的社会性别定型差异,以翔实的语料表明,在人的称呼方面,对于俄罗斯人来说,居于第1位概念的最常反应是"人"一词,然后是"房子""好""坏""朋友"等词,与性别有关的词进不了前10位,"男人"一词仅居第32位,"女人"一词居于第39位,而"人"一词介于其间,排在第36位。相比之下,英语语言意识中的相关排位则是另外一种情形:居于第1位的是"我"一词,然后是"男人""好""性""不""钱""是""工作""食物"等词。尽管"男人"一词在英语中可以表示一般意义上的"人",但排位中显然是指"男人"之意,可见英语语言意识中的社会性别定型是以男性为主导,在某种程度上反映了西方社会重男轻女的社会性别歧视倾向。(周民权 2011:20)

俄罗斯女性在国家的发展史册上书写着异常灿烂的篇章,在政治、文化和社会生活中发挥着无可替代的作用,取得了举世公认的成就。俄罗斯心智中的女性形象是俄罗斯文化定型的组成部分之一,是关于女性认知的原始形态和规范的价值取向,它经历了历史和文化的沧桑沿革,具有文化定型的稳定性和集体无意识的特征,在现代文化体系中不失其民族性和代表性。在俄罗斯人的意识中,富有内涵的女性是具有崇高理想,谦虚而又恭顺的。内心的强大与外在的温柔构成俄罗斯女性形象的两极,而现实中的女性类型通常摇摆于两极之间:当外部环境险恶时,女性形象中的精神力量往往得以彰显和强化,而当环境相对平稳安逸时,女性固有的温雅柔弱更容易自然流露。将女性类型中的强、弱特质进行了完美结合的正是俄罗斯心智中的母亲形象。(杨蓉,2010:32—34)

母亲的使命在俄罗斯文化传统中占有极为重要的地位,它不仅仅局限于生命的孕育与繁衍,所以常常被高度升华,得到特别评价。在俄罗斯人的意识中,母亲形象首先是精神化的、崇高的和世界观意义层面的,神圣肃穆,至高无上,它超越于死亡之上,象征爱的永恒与生命的庄严。作为女性生命体的至高阶段,母亲的思想精髓就是女性理想的直观写照,"母亲元素"事实上已经成为俄罗斯女性形象的内在基石。

俄罗斯民族文化中的女性美始终遵循着相对趋同的标准,饱满的双颊、健美的体态、垂至腰际的长辫与色彩鲜艳的头巾成为俄罗斯传统女性形象的经典素描,而白桦树、樱桃树、花楸树、苹果树、稠李树等丰富的树木形象成为映照女性定型的最佳载体。作为健美身姿的直观写照,此类树木形象无一不是形态俏丽挺拔,或枝叶飘摇,或花美果香,使人浮想到春华秋实,恰似女性生命历程的缩影。

在笔者看来,这些树木在俄语语言意识中被赋予特殊的意义,象征着女性阴柔的美丽。其中白桦树最能体现俄罗斯的女性定型,白桦树的美、白桦的气质、白桦的情感在各种文学作品中被高度升华,赞美之词不绝于耳。只要说到"бepeзa"(白桦树)这个词,俄罗斯人的语言意识中首先出现的是女性形象,继而会联想到 красивая, нежная, стройная, женственная 等表达秀美苗条、温文尔雅、妖媚动人的形容词。在俄罗斯人看来,白桦树象征着女性,代表着美丽,它既不像苍松那样傲立山头炫耀,也不像垂柳那样依偎河畔弄情,总是身着素装,从容而平静,个个亭亭玉立,俊秀挺拔,浓荫蔽热,历经风霜,奉献着母亲般的爱,透出母性的坚强。

第四节　社会性别定型与言语交际风格

社会性别定型与言语交际风格形影相随,密不可分。自从 20 世纪初瑞士学者 Ch. 巴利在《风格学纲要》(1905)一书中提出建立旨在探讨语言风格的风格学以来,交际风格(style,стиль)便逐步跨入语言学的殿堂,成为学者们关注和研究的对象,俄汉语言学界概莫能外。

"风格"通常是指文艺领域中个人或流派的创作特点的总和。创作特点包括作品的思想内容、艺术表现手段和创作手法。有反映个别作家的创作手法的个人风格,有反映一个时代、一个民族或一个艺术流派的风格。此外,"风格"还用来指个人言语特点,即个人在谈话或写作中运用语言的方式,如说话人或作者选用哪些语音,如何遣词造句等(徐翁宇,2008:249)。也就是说,无论男性或是女性,在言语交际中都有自己的个人言语风格。

男女两性所采用的交际方略和交际风格不尽相同,各具特点,西方学者对其作了较为详尽的探究,其主要论点简要概括如下:

女性的交际风格与方略主要表现在:(1)用言语建立和维系和谐关系;(2)通过展示自己与对方取得共识,善解人意;(3)用言语与对方建立平等关系,寻求共同点和一致性;(4)同情别人,善于移情;(5)用语言或非语言行为支配别人讲话,善于倾听;(6)包容他人,以询问的方式参与交谈和争取发言机会;(7)以提问的方式使对方畅所欲言,常用肯定的话语或点头的方式对别人的谈话表示感兴趣,很少打断别人谈话,不争夺发言权,使用各种方式支持别人把话说完;(8)及时对交谈者的话语做出反应,以表示全神贯注听别人说话;(9)常做出试探或建议性反应,以使对方能自由阐述自己的观点;(10)谈话的目的是为了维系和谐的关系,言谈琐碎生动有趣,常常在枝节方面做文章。

男性的交际风格与方略主要表现在:(1)用言语表明自己的权威和自信;(2)不轻易展示自己,以使自己处于有利地位;(3)用言语确定自己的主导地位和权势;(4)把自己与别人对比,设法引起别人的关注;(5)提出具体意见,帮助解决问题;(6)垄断发言权,善于从别人那里取得发言权,及时表明自己的观点;(7)具有较强的独立精神,无须把发言权让给别人;(8)能够及时对别人的话语做出反应,但目的是为了显示自己,使别人逊色;(9)自信、果断,喜欢占有支配权;(10)说话呈线性流动,目的明确,不喜欢谈论琐碎枝节问题,以免妨碍目标的实现。(贾玉新,2002:430—432)

通过对比不难看出,男女两性在上述10个方面展现出各自不同的交际风格,较之于男性,女性更富有包容性和同情心,善于倾听,善于忍让,善解人意,表达形式多样,交谈方式委婉,不争夺发言权,不好强逞能,注意建立和谐与平等的交际氛围,常常为了维系和谐的交际关系而不惜委屈自己。

作为语言学研究对象的交际风格有狭义和广义两种理解:"狭义的风格指的是共时态语言的交际功能变体,即一种语言内部的不同功能变体,这是共性风格,又称'语体';广义的风格,除了语言的交际功能变体,还包括不同民族、不同时代或不同个人的言语风格,即包括非共性风格。"郑远汉(1998:3)一般来说,狭义的风格是功能修辞学的研究对象,而广义的风格则成为社会语言学、语用学、言语交际学、社会性别语言学等学科的研究对象,研究视角各异。概言之,交际风格实际上是"对语言成分进行不同选择或处理的结果。对语言成分、语言单位所作的不同选择或处理,也就是言语特点,也就是不同风格类型的风格成分或风格表现。所谓两性的话语风格,正是两性对语言手段不同的选择和组合运用所形成的不同特点。"(赵蓉晖 2003:199)这些表现各异的风格特点在社会性别的言语交际和非言语交际中都有不同程度的体现,一直受到语言学界的关注。

徐翁宇(2008:263)认为,不应该把言语礼节看成男女话语风格的区分性特征,因为"一般来说,受教育程度和文化修养较高的群体的言行较有礼貌,交谈时注意倾听对方,通常不会打断对方的话语,特别不会打断女性的话语,而受教育程度和文化修养较低的群体不太重视言语礼节,说话比较粗俗,而且好打断对方的话语。"也就是说,女性不常打断对方的话语只是体现她们的一种话语风格,与受教育程度和文化修养没有必然的联系,换句话说,男性喜欢打断对方的话并不意味着他们的受教育程度和文化修养一定很高。

关于男性和女性的言语风格,E. A. 泽姆斯卡娅等(1993:112—115)早有论述,认为女性通常以"弱势风格"说话,使用各种间接性提问形式(не так ли 等)、情态结构、评价(通常是礼节性和美学性质的评价)以及诸多技巧性非口头从属符号,如社会地位较低的女性同上司谈话时即是如此,显示出高超的交际内行水平,但即便这样,也不足以顺利达到交际目的。生活经验表明,在事务性交际中,女性尽管具有丰富的知识和经验,其行为也不像男性行为那样自信有效,她不得不使用一些特殊的非语言符号,如放松身躯、面带微笑、身体斜向对方一边、较为聚精会神但却不经常性的眼神交流、不惹人讨厌和不强加于人的各种手势、停顿以及发出声音等。显而易见,如果女性在事务性交际中希望获取最大限度的益处,就必须自觉而认真地正视非口头交际行为。

E. A. 泽姆斯卡娅等同时也认为,男性和女性的言语交际风格之间尽管存在差异,但实际上"没有明显的、不可逾越的界限。所谓的男女话语风格只是男女运用语言的一些趋势而已。"(Земская и др.,1993:133)也就是说,男女两性的话语风格差异不是绝对的,相互交换话语方式的情况也是有的,如男性有时也可能使用"女性的"言语要素(如 Ой! Ужас! Кошмар! 等),例如:

— Михаил Евгенич, а двор был хороший у вас?

— Ой отличный. О-о

"米哈伊尔·叶夫根尼耶维奇,你们的院子还好吧?"

"啊呀,好极啦!"

И. A. 马利科夫斯卡娅(2004:180)认为,言语交际风格体现于不同社会性别之间的跨文化交际,而跨文化交际是指不同主体之间在跨文化相互作用过程中相互交流宝贵的观点和目标、知识和世界观立场,从而导致出现了"文化对话""文明对话"等概念。因此,俄罗斯学者在研究俄语非口头交际中的社会性别差异的同时,也借助于别国文化进行对比研究,参与这种对话。例如,Г. Е. 克列依德林(2005:42)借鉴古代中国人的阴阳观念阐释社会性别差异问题,认为人类的所有痛苦都是因为人身上的阴阳正确比例关系遭到破坏所致:尽管阴代表女性,阳代表男性,但每个人身上都有阴阳存在,男性身上有女性的性别因素,女性身上有男性的性别因素,这两种因素的相互关系构成了人的个性。基于这种理解所形成的"男性特征"和"女性特征"成为确定对话各方的社会性别角色和行为的依据,由此可以引入社会性别非口头交际风格(гендерный невербальный стиль)这一概念,从而能够对非口头行为的一些身势体态和交际风格做出正确评价,分辨出哪些属于正面风格,哪些属于负面风格,不管现实世界中完成这一动作或者坚持这种风格的人是什么生物性别。

　　以谈判风格为例：按照社会性别定型，女性在谈判中更倾向于合作，而男性则表现得更自信、坚决、要求颇多。但是，实验所获得的非口头交际数据却显示出与这一社会性别定型相互矛盾的一面，原因很简单：问题不在于生物性别，而在于会话类型以及会话各方的性格特点和行为风格。令人愉悦的外表，再加上沉稳、有心计、有信心、很果断、富有建设性、很可靠、有文化修养等性格特点体现于行为方式和体态，就能够促进谈判顺利进行。相反，懦弱、过度的情感外露、过分平静、缺乏合理的证据以及做决定时的犹豫不决等成为谈判中的负面因素。能够信心满怀地坐在谈判桌前，借助于坚定的手势和辅助语言手段陈述问题的内容实质，严肃地目视对方，而在必要时缓和语气，面带笑容，与对方交谈时声音很自信，用声音表达对于顺利完成谈判的关注，还可使用许多体态语来实现既定的战略意图和谈判策略，这都是促成谈判的公务素质和纯个人素质的非口头规范表现形式。

　　Г. Е. 克列依德林(2005：45—48)认为，男性和女性的言语之间实际上没有无法逾越的界限和特别明显的差异，只有语言使用趋向，即存在着非言语交际风格的典型特征。一般来说，性别差异同年龄、职业、文化程度、出生地、居住地以及交际目的等方面的差异交织在一起。对于以标准俄语为母语并且受过高等教育的女性来说，她们更注重交际和接触的目的性，说话时常伴有大量的常规手势，话语量通常多于男性。不仅如此，她们在交际中还更容易转换话题，变换角色，心理上表现出更大的灵活性和机动性。其结果是，她们会将谈话引入同交际语境完全"不搭界"的话题(当然指的是一般的非正式交际场合)。如此等等，给女性的言语和非言语交际策略打上下述印记：将交谈引入"题外的"话题，导致产生交际话题多样性发展的言语高度联想性，以及对交谈的心理意向。

　　相比较而言，男性则对交谈的基本话题表现出更大的关注，高度重视自己和对方的思维进程，正如人们常说的那样，他们在很大程度上表现出心理屏蔽(психологическая глухота)的固有特点。在日常生活空间中，还有许多口头和非口头的表现手段都可以佐证男女两性的取向特征。例如，女性的言语更富感染力(富有表现力和感染力的词语在其话语某个阶段高度集中)，有其喜爱的充满感情色彩的话题和语义场，如典型的女性话语"Устала, как не знаю кто"(我也不知道讨厌谁)、Надоело, как это самое(厌倦的正是这些)、Себя ругаю, как не знаю что(我不知道骂自己什么)等，其中带有代词的比较结构的基本功能就在于表达不可分割的负面评价。男性在表达负面评价方面比较克制一些，但通常使用"逆向"评价，即用具有负面评价意义的骂人词语来表达夸奖、赞叹以及其他正面评价，如 Вот, собака, как чешет(看这狗日的挠得多舒服啊)、Смотри, подлец, что делает(瞧，小痞子干得多好哦)等。再如，在看电影时，女性更多关注的是动作，即非口头要素，而男性则关注的是话语，即口头要素。

事实上,由于男女两性的话语风格不同,对语言手段的选择和组合运用所形成的特点不同,就难免产生交际失误。这些失误在男女两性对话中时有所见,主要表现在 4 个方面:

一是由话题引起的交际失误,由于男女对谈话题材的选择各有其倾向性,所以在谈论不同的话题时,男女两性可能表现出不同的谈话兴趣和心理适应性,对自己喜好而又熟悉的话题不仅能够积极参与,而且反应迅速、灵敏,反之则不然,常常引发交际失误;

二是由于理解和表达的重点不同而引起的交际失误,由于认知心理的影响,两性言语的侧重点各有不同——女性感情丰富,表达的自由度也比较大,因此她们的话语带有比较多的情感色彩,属于**情感型**,而男性习惯于陈述事实和资料,通常关注言语表达的字面内容,属于**事实型**。因此,女性所使用的字面意思很容易误导习惯于陈述事实的男性,当她们用一些戏剧化的语言来表达自己的心理感受时,男性往往当真,曲解其言外之意,如一位女性对男性说出"人家都不注意我"这句话,其实是想发泄一下自己因少有人注意而产生的挫败感,而男性却极有可能理解成是针对自己的抱怨和指责,从而引出一大堆的辩解;

三是对沉默的不同反应引起的交际失误,由于女性常常不理解男性沉默的实质,而男性不了解谈话和打破沉默对女性的重要性,两性之间的误解就在所难免;

四是由谈话协调方式不同而造成的交际失误,由于男性之间相互交往的方式以权利为基础,女性之间的相互交往的方式倾向于维护彼此之间的关系和支持以及重视谈话中的合作与协调,所以男女两性之间交谈时常常会出现失调现象,特别是谈话被对方打断时,男性比女性更容易感到不满,采取反击措施的可能性更大,对话题的控制欲更强。(赵蓉晖,2003:254—266)这些交际失误和那些有意造成的误解现象(如欺骗、搪塞、沉默等)不同,它往往会导致交际双方不曾预料、也不曾希望的消极效果的产生(如委屈、不满、愤怒、惊奇、羞愧等),从而影响到交际气氛和交际的继续进行。

由于女性对打断话题通常比较宽容,而男性对此忍无可忍,有时难免引发矛盾和冲突,出现无意识的交际失误,如 E. A. 泽姆斯卡娅(1993)曾列举这么一个事例来说明问题:一位俄罗斯男性去自己熟悉的女性朋友家做客,给她谈起科学院的情况,而她的无意打断则引发了男性的强烈不满:

М. Ситуация в науке сейчас очень изменилась.

Ж. Простите, я чай заварю.

М. (обиженно)Да нет, я чая не хочу. Я пойду. Я вас утомил.

Ж. Что вы! Мне очень интересно то, что вы рассказываете. Но я хотела вас чаем напоить.

М. Нет-нет, мне пора.

男:科技方面的情况现在已经发生了很大的变化。

女:对不起,我去烧茶。

男:(感到委屈)不,我不想喝茶。我走啦。我让你厌倦了。

女:哪里的话! 我对您说的话很感兴趣。我不过是想请你喝茶罢了。

男:不,不,我该走啦。

　　由此不难看出,男女两性之间好像是共同进行着一场游戏,但双方却遵循着各自不同的游戏规则:一般来讲,男性自己经常打断对方的话题,对此不以为然,女性也会宽容大度,不大介意,并且设法将对话继续下去,但如果自己的话题被对方打断,则感到无法忍受,对对方做出合作与协调的姿态不屑一顾,一走了之,使得交际无法进行下去。

　　造成交际失误的原因是复杂而多样的,性别差异只是其中的一个方面,因此对男女之间的差异需要有清醒的认识,既不能忽视,也不应过分夸大。(赵蓉晖,2003:269)应该把两性话语风格置于得体性的背景之下,以便能够更宏观地、更系统地考察两性在语言运用心理和技能方面的区别,从而使该项研究区别于以往那些零散的讨论,因为言语的得体性是一个关乎言语交际全局的问题,能够充分体现交际者在达成交际意图方面的素质和能力。要避免交际失误,达成言语的得体性,交际双方就必须遵守礼貌、幽默、克制等3条基本准则,确保自己和对方在交际过程中得到足够的尊重,善于制造幽默气氛,尽量采用克制的方式表达对别人的不满或责备,防止自己或他人颜面受损,采取预设、淡化等补救措施,缩短彼此的心理距离,改善交际气氛,使对话保持和谐。

　　男性和女性的言语交际风格差异还表现在踌躇语和拒绝语的使用上:踌躇语通常是拒绝的前奏,本身没有任何语义,只有语用功能,即表示说话人不愿意或犹豫不决,可以让对方做好被拒绝的心理准备。女性常常使用这种策略,表明自己很不愿意拒绝对方,如果拒绝也是不得已而为之,使拒绝显得真诚和礼貌,也维护了对方的面子。例如,言志峰采取问卷调查法,在武汉某高校几个不同专业的90名男女大学生(男女生各45名)中就以下两个问题进行课堂随机调查:男性与女性在拒绝语策略的使用上是否有显著差异? 在拒绝策略的使用上,女性是否比男性更倾向于使用礼貌的拒绝策略,为什么?

　　调研结果表明:男性直接使用拒绝策略的比例(8.38%)明显高于女性(3.18%)。直接拒绝简洁明了地表达出拒绝之意,给对方没有留一点回旋余地,如男性较多地使用"不行""今天不行""别找我"等直接生硬的拒绝形式,对对方的面子伤害很大。与此相比,女性则倾向于使用比较柔和、婉转的直接拒绝语,如"今天恐怕不行吧!""算了吧!""我觉得这样不行"等,显得比男性有礼貌,更注重维护对方的面子,保持双方的友好关系。在具体的间接拒绝策略的使用上,参加课堂随机调查的男女大学生存在着共同点和不同点。

根据以上调研结果,言志峰得出如下结论:男性比女性更多地使用直接拒绝策略,而女性则比男性使用更多的间接拒绝策略,究其原因,与男性和女性在社会中所处的不同地位以及所具有的不同权势密切相关。由于社会上广泛存在的"重男轻女""男尊女卑"的观念根深蒂固,人们往往根据职业、收入状况和能力来评价男性,根据言语行为和相貌来评价女性,从而使得社会对女性的期望应该是温柔、贤惠、服从和合作,女性的语言都更为正式、礼貌,以感情的表达为主,比较间接、含蓄、委婉,倾向于建立、发展以及维持人与人之间的关系,以获得尊重和个人价值的实现,而男性由于其主导地位,在社会交往中则往往通过直接、积极、确定的语言来显示其权力和支配地位。(言志峰,2007:125—129)

男女之间的差异不能脱离所在的社会文化背景而被孤立地看待。男性和女性都处在一定的社会与文化背景中,同一的主流文化造就了他们同属一个民族或文化,因此不管男性或是女性,他们都会在社会化的过程中既习得属于主流文化的价值观和行为方式,又习得属于各自的价值观和行为方式。因此,研究男女在言语行为中的性别差异时,也要注意他们的共同之处。

另外,言语交际风格还体现在男女两性对语用合作原则和礼貌原则的遵守与违背方面。例如,男性在与女性交谈时经常违背关联准则,岔开或打断自己不感兴趣的话题,把话题转向其他方面,与前边交谈的内容不相关联,妨碍会话的顺利进展。

不仅如此,男性还经常违背礼貌原则的策略准则和宽宏准则,在与女性交谈时较多地使用直截了当的、不太考虑对方面子的祈使句,如男医生常对女病人直接地说出"把鞋子脱了,躺下""把病历拿出来""去验个血"之类带有命令含义的话语,不大顾及对方的性别身份和心理感受,而女医生对男病人表达自己的要求时则常常使用商量式的疑问口气,如"请你躺下好吗?""带病历了吗?"等,一方面自己显得客气,另一方面又表示尊重对方,使双方置身于一种和谐友好的交际氛围之中。再如,对于同情准则,男性更多的是违背,女性则常常自觉地遵守。她们不像男性那样较多地使用诅咒语和禁忌语来表示强烈的憎恶,而是本能地回避那些粗俗下流的词语,选用一些文雅的、间接的表达方式,尽量掩饰对他人的不愉悦,并且经常对别人的不幸遭遇表示安慰,不像男性那样对此往往显得热情不高,如:

— Я жутко переживала!

— Ой, я прямо не знаю что тебе надо!

— Ой, как же мне его жалко!

"我烦得要命!"

"噢,我真不知道你需要什么啊!"

"噢,我好可怜他啊!"

通过上述例证不难看出,女性在言谈中比男性更多地表现出同情心,考虑的因素更多,换句话说,就是遵循的原则更多。这些表面看起来不是硬性规定的东西,实际上是长期以来传统观念和等级制度潜移默化影响的结果(唐媛 2006:23)。这也是社会性别定型的具体表现形式之一。

运用语用学理论中的合作原则,可以对俄汉语中的社会性别言语行为进行对比分析。例如,无论俄罗斯或是中国的女性,在与男性交谈时一般都自觉地遵守"数量准则",一旦接过话题就尽可能给对方一个令人满意的应答,而有些男性则经常保持消极沉默,要么应答敷衍含糊,心不在焉,使得对话很难进行下去,而对于"质量准则",男女双方都可能出现有意无意违反的情况,如俄罗斯女性喜欢以夸张、感情色彩浓重的表达方式来抒发内心感受,常常会说出 "Я жутко переживала!"(我烦得要命!)、"Бо-о-же! Я пря-мо перепугалась!"(天哪! 我简直吓破了胆!)之类被男性视为颇为夸张和言过其实的话语,而男性尽管不明白女性为什么会有如此强烈而丰富的感情表达手段,但自己在言语交际中却经常夸大其词,自吹自擂,言而无据,这与他们在社会中的地位、所受的教育以及几千年文化赋予他们的性别角色有关。

对于会话过程中后一话语与前一话语彼此关联的"关联准则",男性由于往往专注于某一话题(政治、体育方面的较多)而对于其他不闻不问,或者对女性的话语或提问前言不搭后语,常常违反,这种现象被俄罗斯语言学家 E. A. 泽姆斯卡娅称之为"心理屏蔽"(психологическая глухота),被女性视为一种近乎麻木不仁的状态。尽管女性在大多数情况下是遵守关联准则的,但不等于她们就不会打断话题,不会违反关联准则,这是因为女性的思维更加活跃,联想更为丰富,在交谈时她们的脑子里可能同时存在着几件事情,有时可能突然联想到什么就脱口而出,从而破坏了话语的关联性。

关于要求说话人必须言语表达清楚、言简意赅的"方式准则",俄语和汉语中都存在着男女两性有意无意违反的情况,如在所指相同的情况下,女性在说话时往往选择礼貌程度高、间接、过于复杂的表达方式,难免含糊其辞,晦涩难懂,而男性则喜欢用报告式的长篇大论来展示自己的博学和才智,说话往往显得过于冗繁和复杂,不够明白简练。(孙晶,2008:21—39)这种说话方式有意无意体现了男女两性不尽相同的言语交际风格,与它们各自所承载的社会性别定型有着密切的联系。

由于社会性别定型和言语风格不同,男性和女性在发音、用词、句型、语体等方面难免存在差异。一般来讲,女性更擅长于使用委婉表达的交际策略,旨在实现自己的交际意图,这种情况在日常生活、文学和影视作品中屡见不鲜,如

俄语电影 *Ирония судьбы*（《命运的嘲弄》）中的一段男女对话足以说明问题：

Женя　И... пошел я?

Надя　А... а...

Женя　Да?

Надя　Как вы будете добираться до аэродрома?

Женя　До аэродрома?

Надя　Автобусы еще не ходят.

Женя　Да, это не важно, доберусь, как нибудь.

Надя　Ну, иди.

热尼亚：那我……走啦？

娜佳：啊……啊……

热尼亚：可以吗？

娜佳：您怎么去机场啊？

热尼亚：去机场？

娜佳：公交车还没有开呢。

热尼亚：哈，这无关紧要，我会想办法到达机场的。

娜佳：哎，那你走吧。

　　不难看出，影片中男女主人公热尼亚和娜佳都对对方心存好感，但不直接表达出来。热尼亚要离开列宁格勒，娜佳有心挽留，用"Автобусы еще не ходят"（"公交车还没有开呢"）委婉地表明了自己的心意，但热尼亚却没能领会，娜佳十分生气，紧接着说道："Вы же ищите предлог, чтобы остаться."（"您还是找找留下来的理由吧"）其婉表意图一目了然。（彭文钊，1999：69—70）

　　关于女性常用的汉语委婉语，孙汝建（1998：56—57）将其概括为三个方面：一是涉及两性关系的词语，如云雨、儿女事、风流事、房事、同房事、发生关系、失身、男女关系、作风不好等；二是涉及特定人体部位的名称，如女性常常避免说"阴部""处女膜""乳头""阴茎"之类词语，代之以委婉的说法。对此，陈原在《语言与社会生活——社会语言学札记》（1999）一书中讲了一个笑话：在某次战争中，有一位妇女的大腿负了重伤，抬入医院急救。外科大夫问她哪儿伤了，她说伤了肢，大夫急了，又问："上肢还是下肢？"回答："不是上肢。"大夫更急了，问她伤了左腿还是右腿，是大腿还是小腿，还是其他什么部位，这样一来，该女子更加不敢言语了；三是关于生理现象的名词，如女性习惯于将月经称之为"例假""倒霉""大姨妈"等。

　　在国内日常生活中，男性和女性对一些词语的用法也不尽相同，如"怀孕"在男性用语中常见，而女性更多地使用"有喜了""有了""大肚子了""快做妈妈了"之类委婉语。对于"避孕"一词，男性通常直言不讳，女性则惯用"计划了"

"采取措施了""节育措施"等。另外,对于一些把握性不大的词语,女性比男性多用,这一方面反映女性说话、做事留有余地,有礼貌,另一方面也反映出女性对自己的言行不确定,拿不准,用模糊词语加以掩饰。例如,对同一件事情的回答,男性往往比较直接,"行"或"不行","对了"或"错了",而女性往往比较含蓄,先客套一番,然后用委婉含蓄的方式表达自己的意思,商量的口气较浓。

即便在某些事情上男女双方都愿意,男性是直接表现出愿意的态度,而女性会装着不愿意,在言语行为上故意表现出冷淡态度,故作矜持,比如有一男一女与你的关系都很密切,当你邀请他(她)们明天一道出去郊游时,男性会直接表示肯定或否定,而女性虽然心里很愿意去,但表面上可能会客客气气,态度模棱两可,说出"这个主意很不错,可惜我明天另有安排,如果能去一定尽量去,但能否去还说不定呢"之类含含糊糊的话,使得你误以为她是婉言谢绝或者确实有事无法成行。如此看来,对于委婉的言语交际风格需要正确解读,否则会出现令交际双方感到遗憾的误解。

言语行为的交际风格不仅体现了社会性别定型,而且反映了社会文化差异,如贾玉新(2002:443—444)专门从跨文化交际的视角论及谈判中的沉默,认为西方人,尤其是美国人很少在谈判桌上保持沉默,视沉默为消极行为,常常表现出热情、诚恳、信心和积极性,有时霸气十足,为了达到目的,甚至不惜工本,即使用包括威胁、警告、强迫在内的各种手段。

相比之下,中国人则显得温和,说话简洁隐晦,而且常常使用沉默这一非言语行为,有时对某问题有看法,或者表示不同意某条款时,不直接说"不",而用沉默来代替,以这种非言语交际风格来体现自己的意图,表示对对方的礼貌和尊重,这对于对沉默有消极看法的美国人来说,自然难以接受,因为沉默,尤其在谈判起始阶段,可能意味着他们的某项提议没有被接受。笔者由此联想到俄罗斯人的谈判风格,其中有好多特点和美国人十分相似,宁愿说"不",也不愿保持沉默,最典型的例子是苏联外交部长葛罗米科,由于他在谈判桌上经常说"不",令对方不时感到难堪,西方人便给他起了个讥讽性的绰号"不先生"(господин "нет")。

研究表明,从言语交际风格来看,女性能够比男性更好地表达自己的情感,也就是说,她们的非口头表述能够被别人更为准确地辨识。总的来说,在言语交际中,女性较多地看对方,较多地微笑,从男性那里获取的眼神比男性从女性那里获取的眼神要多,同对方处于较近的交际距离,但不图谋进入其私人空间,注意自己的姿势和体态动作,喜欢使用比较小的、不太复杂、更容易感知的动作和手势,与男性恰恰相反。不仅如此,女性较少犯言语和辅助言语错误,其言语停顿常常伴之以某些声音和动作。更为重要的是,在比男性更为感情冲动的情况下,女性表现出比男性更少的侵略性。

概言之,从社会性别定型的视角来看,女性受社会期望与规约的影响,在言语行为上比男性更人性化,更礼貌,更委婉,这与男女两性交谈的主题和话语风格不无关系。一般来说,"男性之间喜欢交谈新闻、政治、经济、体育等,而女性之间则喜欢交谈人际关系、服饰、美容、发型等,且对颜色的感悟与表达比男性更为准确。一般来说,女人习惯于聊天式谈话,她们通常以人际关系为导向,注重感情表达,希望每个人都能参与到谈话过程中去,强调和睦友好,让谈话起到相互沟通、相互支持的作用,而男人则习惯于报告式谈话,侧重于通报信息而不是表达感情,谈话的目的性很强。"(周民权,2010:16)男女之间不同的话语风格从某种程度上体现了其不尽相同的思维方式和性别定型,为社会性别定型的深入研究提供了参照依据。

第五节　俄汉语言中的社会性别定型对比研究

在俄罗斯语言学界,社会性别定型(гендерные стереотипы)研究始于 20 世纪 80 年代,发展迅速,成果斐然,已经建立了较为完整的理论研究体系。А. Байбурин(1985)、Е. Мещеркина(1997)、И. Стернин(2002)、А. Денисова(2002)、Г . Крейдлин(2005)、А. Кирилина(2005)、Н. Горелов(2006)、Н. Формановская(2007)等一大批俄罗斯学者对俄语中的社会性别定型进行多维研究,迄今已出版相关著述 100 余部(篇),形成了厚实的学术积累。

在国内俄语学界,近十几年来,彭文钊(1999)、徐翁宇(2000)、赵蓉晖(2003)、杨蓉(2010)、宋海英(2011)等学者发表的著述不同程度地论及俄语中的社会性别定型以及相关俄汉对比研究,如周民权(2012)对俄罗斯语言学界的社会性别定型研究作了较为翔实的述评。

在国内汉语学界,20 世纪 90 年代以来,常敬宇(1995)、王志强(2000)、高岚、申荷永(2000)、钱进(2004)、戴庆厦(2004)等学者对汉语中的社会性别定型作了不同视角的探究,如孙汝建的两部专著(1998,2010)对该定型的消极作用所引发的性别歧视具有较为独到的见解。

在国内英语学界,从 20 世纪 80 年代起,桂诗春(1986)、贾玉新(1997)、宋海燕(1998)、杨永林(2002)等学者先后评介西方社会性别语言研究成果并进行英汉对比,其中不乏汉语中的社会性别定型探究,如延辉、李小华(2008)对该定型在交际中的正负作用作了较为详尽的阐释。

上述情况表明,国内外学界的社会性别定型研究取得了可喜成果,我们从以下两个方面进行整合梳理,并进行简要的对比分析。

1. 俄语中的社会性别定型研究

　　作为定型概念中的一个重要组成部分,社会性别定型概念在语言交际中广为运用,俄罗斯学者对它的诠释大同小异,互为补充。A. B. 基里利娜(2000:144)认为,语言中的社会性别定型是指受制于文化和社会舆论的男女两性的素质、标志以及行为规范及其在语言中的反映。它在语言的各个层面均有记载,同评价的表达形式密切相关,对各种前提的形成过程也会产生影响。A. K. 拜布林(1985:5—8)认为,作为一种社会现象,社会性别定型常常受制于社会文化机制,这就意味着,每个国家都有自己的行为定型。如此一来,完全有理由从两个方面审视社会性别定型:一是基于男性和女性的自我意识,二是立足于集体的社会意识。毫无疑义,这两个方面在现实中常常紧密相连,融为一体,只有在构建科学的描写模式时才会被分割开来。

　　除此以外,还有一种情况不无重要意义,即不同的社会行为具有不尽相同的社会意义,由此产生了规范行为与自由行为之间的差异,其中包括口头和非口头行为。行为范围越有意义,越明确,对于遵守规范行为的监督就越严格。因此,社会性别定型研究的重中之重是男女两性不尽相同的行为规约。

　　关于语言中的社会性别定型,A. B. 基里利娜在 A. A. 杰尼索娃主编的《社会性别术语词典》(Денисова, 2002:66—67)中将其作为一个词条详细论及,认为社会性别定型是定型概念的恒常表现,最能体现其所有特点。它是文化和社会约定俗成的关于男性和女性的素质、标记以及行为规范的评价及其在语言中的反映。在语言中记载下来的社会性别定型同评价的表述密切相关,并且对于期待男性或者女性表现出一定的行为模式产生影响。它可以使现实语境极度简单化,但在集体的社会意识中却根深蒂固,变化很慢。一些带有偏见的性别定型在某种程度上影响着每一个人。按照由来已久的观念,社会上认为女性的价值不及男性。每一种文化对于男性特征(мужественность)和女性特征(женственность)及其特点都有既定的概念,通过各种礼仪、民间传说、神话以及"素朴的世界图景"体现出来。

　　但是,在不同文化中,社会性别的定型和价值尺度不尽相同,男女两性的社会角色亦全然各异,它们都有严格的规定。这些规定固定下来,在集体意识里按照"对/不对"模式发挥功能。由于性别不同,一个人的同一行为在不同文化中被赋予迥然各异的含义,同一含义在行为上呈现出不同的表现形式,社会定型从中发挥行为纲领作用。性别的社会文化规约性、程序化以及制度化为研究社会性别定型及其在语言中的反映提供了充分的依据。每一种文化都为男性和女性分别规定了一系列体现其社会性别行为的标准和评价,在语言中以固定表达形式反映出来,如俄语中的 Все бабы дуры(天下女人个个傻)、Курица не птица,баба не человек(母鸡不是鸟,女人不是人)、Волос долгий, ум короткий(头发长见识短)、Женщина—это прежде всего мать(母性为女性之首)、Три женщины—базар(三个女人一台戏)、Муж—глава семьи(丈夫乃一家之主)等。

　　笔者以为,尽管上述某些说法表露出对女性的社会性别歧视,但它们是历史形成的,是某一时段社会现实的真实写照,会随着时间的推移而不断发生表述变化,从中不难看出,语言是了解社会性别定型及其时空变化的最主要来源之一,也就是说,通过分析语言结构,可以"划定"社会性别定型。语言中记载了所有的社会性别定型,但其在言语中的使用频率大不相同,只要分析言语交际,就可以确定最常用的社会性别定型,这首先涉及大众媒体,因为它们的指涉对象是群体受话人。通过分析针对群体受话人的文本以及各种交际场景的话语,就能够搞清楚,哪些社会性别定型在某一历史时期最常使用,它们是如何发生历时动态变化的。

　　O. B. 里亚博夫(1996:29—32)在自己的专著中重点研究社会性别定型的另一方面:同男性特征和女性特征密切相关的语言的性格学特点。他认为,对俄罗斯和斯拉夫人的民族性格一般用女性特征这一术语诠释,而对德国人以及其他西方人的民族性格则用男性特征这一术语进行解读。这样一来,各个国家的民族性格便同女性特征或者男性特征挂起钩来(这是隐喻概念)。例如,在大多数情况下,同俄罗斯相联系的是女性特征,即形而上学意义上属于女性的一系列特征。如果是这样的话,那么根据性格学特点,俄语应该具有标记性的女性特征,其中包括与男性特征相对立的感性(而非理性)、缺乏积极性以及被动性(而非主动性)等。

　　O. B. 里亚博夫(2002:43)在另一篇文章中进一步发挥,认为在各种不同的文化中,"分别存在着一些固定的、具有感情色彩的、已形成统一的'典型男性'和'典型女性'的代表形象,这些代表形象在一个整体条件下相互制约。典型的文化代表通常指的是男性,如德国人的'循规蹈矩'、法国人的'浪漫殷勤'等相应文化标记常指的是男性而非女性。而在一些男性主义倾向较弱的文化中,情况有所不同。例如,在一些俄罗斯和西欧作家的作品中,女性被描绘为成俄罗斯性格的最高成就与代表……在俄罗斯的语言意识中,妇女形象比男人形象更具有正面色彩。"

　　许多俄罗斯学者对上述看法表示赞同,认为俄罗斯女性被奉为男女两性代言人的几率大于男性,如 B. B. 科列索夫(Колесов,2006:180)认为,尽管男性作为强势性别的优越性得到普遍公认,但社会状况、历史沿革、文化传统及宗教信仰等方面的差异,导致在不同民族的心智中,针对女性群体的认知也不尽相同。俄罗斯心智中的理想规范始终是女性,女性是民族意识的理想类型。作为民族文化的基本要素,心智以言语化形式存在于民族记忆之中,俄罗斯心智中的女性定型发端于俄罗斯民族文化的原始形式,又融汇于其中,成为精神与世俗、阴柔与阳刚的矛盾组合。在俄罗斯民族语言形式中,可以看到关于女性认知的生动实例,如俄语语法中"性"的范畴使俄罗斯民族的思维获得了独特的生理潜台词,可以毫不牵强地说,俄语标准语的类涵义上义词的发展就是"女性特点"。(科列索夫,2006:238)

　　俄罗斯心智中的女性形象汇聚道德、智慧、美丽、健康于一体,兼有纯粹的精神内核与温和阴柔的女性气质。对俄罗斯人而言,女性的初始更接近于天然与自然,女性形象是纯美的化身,犹如天使般纯净明朗。女性的内在气质中绝少男性的平庸与动物性,精神和理想的光芒在她们身上得到更加直接生动的体现。女性品质奠定了俄罗斯民族精神的重要基石,被视为其民族性中永恒的成素,并在很大程度上决定了俄罗斯民族的心理特质和精神走向。(杨蓉,2010:32)正因为如此,俄罗斯民族心智中的女性形象光彩照人,魅力四射,内涵极为丰富,具有突出的民族特征和深刻的文化意蕴。事实上,"在许多场合,被询问者很难确切地说出俄罗斯男性的典型特征,但确定俄罗斯女性的典型特征却没什么困难,如果敢、韧性、耐性、爱心、聪明、美丽等等。"(周民权,2010:15)这些典型特征乃是俄罗斯女性的社会性别定型的部分表现形式,反映了俄罗斯社会对女性的期望和认同。

2. 汉语中的社会性别定型研究

　　汉语中的社会性别定型研究近年来取得了一定的成效。国内一些汉语和外语学者以定型和心理定型的内在联系为切入点,逐步引申到汉字与定型的关系,进而论及汉语中的社会性别定型。

　　高岚、申荷永(2000:121—122)认为,原型概念原本属于心理学范畴,包括两层含义:一是侧重于文化心理和集体无意识范畴的原型,二是侧重于认知过程和创造心理方面的原型,实际上,这两种原型概念具有内在的一致性。他们把"原型"理解为"一种心理范畴的原本模型":原本表示其原始性、根源性和本质性,可以包含其丰富的文化心理学方面的内涵,而模型则表示着一种高度的概括、一种典型化,可以包含其丰富的认知心理学方面的意义。汉字中包含着心理原型,这种心理原型既具有深远的文化心理学方面的意义,具有其潜在的心理影响力,同时也具有认知心理学方面的意义,能够体现在概念形成,模式识别和原型启发等诸多方面;

　　以上所援引的"原型"就是我们所要阐述的"定型",二者所表达的内容基本上是一致的。基于这一认识,可以来分析与探讨汉字与定型的关系,以及汉字中所包含的心理定型的意义。象形和表意是汉字最主要的特征。作为象形和表意的文字要最简洁地表现自然万物的特点,也就必须要找到自然万物的鲜明特征,以及自然万物的"相别异"之处,从而完成一种抽象与概括的定型作用,涵盖一种原始性的意念和意象,从而也就形成了汉字中所包含的定型意义。因此,可以通过汉字的起源、汉字的内在结构以及汉字的部首,来分析汉字与心理定型的关系,以及汉字中所包含的心理定型的意义。

汉字一旦产生,也就开始对人的认识具有一种相应的启发和规范作用,实际上也就包含了一种心理定型的意义。因而,许慎①在《说文解字》(2004:1)中说:"盖文字者,经艺之本,王政之始,前人所以垂古,后人所以识古。故曰:'本立而道生',知天下之至啧而不可乱也。"按照许慎的解释,汉字的产生及其使用,使得人们"知天下之至啧而不可乱也",使得人们能够从千变万化的客观事物中获得一种秩序,获得一种定型的认知规范,或者是获得种种认知的基本定型。同时,汉字的起源,以及汉字的形成和汉字本身,也包含着我们中华民族原始心灵的秘密,包含着丰富而深蕴的文化心理信息。

因此,可以通过对汉字起源的分析,来作进一步的理解,如"春"字的甲骨文原形一边是"日"字,象征着太阳,一边是"屯"字,象征着破土而出的植物种子,二者的结合表示"春"的物候特征,彰显出对自然的高度概括,成为一种融认知定型和文化定型意义为一体的汉字定型。因而,在"春"字所包含的定型意义中,也就包含着生命和生长的信息,包含着兴奋和喜悦的意境,如汉语中的"春意盎然"和"春风得意"等,便是"春"之本义和意境的投射与反映。再如"秋"字,其甲骨文原形为蟋蟀之类昆虫的象形,而蟋蟀属于一种秋虫,只活于秋季,其叫声愀愀然,以其秋去而身死故。因此,"秋""字所包含的定型意义也就有了生命衰微走向死亡的信息,包含着凄凉和悲哀的意境。了解了"秋"字所包含的这种定型意义,也就可以进一步来理解"愁"字的含义了:

用秋天的自然景象来抒写伤感凄凉的心境,悲哀与失意的情绪,早已铸就一种源远流长的表现传统,因此也可以见到"定型"所发挥的深远的影响作用。

实际上,许多汉字本身都可以溯源,也都可以追溯到一种基本的象形或象意,追溯到其原始的意象表达,或者是追溯到其所包含的定型意义。

以上对"春""秋""愁"等汉字起源的分析,实际上也已经涉及了对汉字结构所包含的定型意义的探讨,事实上,在汉字的内在结构中,既包含着深刻的心理特性,也包含着丰富的心理定型的意义,如汉字"六书"中所突出的"象"字,比如象形、象事(指事)和象意(会意),乃至象声(形声),集中体现了汉字结构的心

---

① 许慎(约58—约147),汉代著名的经学家、文字学家、语言学家,中国文字学的开拓者。东汉汝南召陵(现河南漯河市召陵区)人,获得"五经无双许叔重"之赞誉,代表作品有《说文解字》和《五经异义》等,其中《说文解字》于公元100年(东汉和帝永元十一年)问世,是中国首部字典。

理特性。首先,象形是一种生动直观的对意念或意象的表达,是一种最古老的、最直接的文字表意方法,以"象"字为例,其甲骨文的原形突出了大象的鼻子和身体,而大象的长鼻子和庞大的身躯,也就是大象最典型的特征。同样,"羊"字的甲骨文原形所把握的是羊角的突出特征,而"牛"字的甲骨文原形所反映的也正是牛角的突出特征,并且也与羊角有了区别。因而可见,即使是这样一种原始象形的表意,也已经有了在对所表达事物观察的基础上,对其典型特征的把握和抽象。在这种意义上,也就具有了一种"定型"认知模式的意义。

除了在汉字的起源和内在结构中所包含的心理定型意义之外,在汉字的"部首"分类中,也具有人们所理解的心理定型意义。许慎在其《说文解字》中将9353个汉字分别归之于540部,并且解释说:"其建首也,立'一'为端。方以类聚,物以群分。同条牵属,共理相贯。杂而不越,据形系联,引而申之,以究万原。"显而易见,若是"部首"的作用在于举一形而统众形,那么"部首"也就包含了一种"定型"的意义和作用,因为部首内部的汉字,往往是"以类相从","部首"便成为该类的定型。

利用540个汉字部首,可以进一步研究汉字的字形和字义的关系。汉字的表意功能在部首中体现得较为突出。部首字本身所表示的意义,会以种种方式随同字形一起进入该部的合体字。在这种意义上,部首字也就成了该部所属汉字的"意符",以"心部"汉字为例,其部首的定型意义丰富多样,因为"心"既是一个独立的汉字,有它特定的字义和深刻的内涵,同时又是一个构字的部首,有它的配合,或由它作为定型,可以构成许多含有"心意"的其他汉字,在《康熙字典》中,心部的汉字有1170之多。凡是属于心部的汉字,即以"心"作为"意符"并作为构字基础的汉字,大都与人的心理现象、心理活动或心理过程有关。按字之本意,可归类于描述与表征心境的、心态的、和心情的等,如形容与表征心情和心境的汉字有忐忑、怏怏、息、忒、愁等,描述与表征心意、心计和心性的汉字有悉、悟、慧、意、志、慈、悲、忠、恕等。大凡西方心理学中的基本范畴,如感知、思维、情感、态度、性格、意志等,汉语心部中的汉字与心词无一不涉及,尤为可贵的是,心部汉字在反映现代心理学意义的同时,还包含着一种独特的文化心理学,即以"心"为主体的中国文化心理学,它包含着我们的古人以及传统文化对人的心理现象和心理活动的认识与理解。

"心"在作为部首的同时,还具有另外一种定型性的意义和作用,那就是"心"字的构词功能,借助于部首"心",可以构成许多词汇,如心理、心意、心情、心态、心思、心灵、心神、心性以及良心、善心、贪心、欺心等等。高岚、申荷永(2000:121)把"心"的这种构词与英文略作比较:英语的"心"是"heart",但"心理"是"psychology","心意"是"will","心态"是"attitude","心思"是"think"或"thinking",其中都不具有汉字"心"构词的整体性与统一性。这正如钱穆先生曾经对汉字"人"的分析以及与英语的比较:在汉字"人"的构词中,不管是男人、女人、中国人、外国人,其中的关键是,他们都是"人";而英语中则不然,"男人"是"man","女人"是"woman","中国人"是"chinese","外国人"是"foreigner",其中没有"人"的统一与整体性,也即没有汉字中表示人的整体概念并且统一性的"人"。实际上,汉字的这种构词现象被称之为定型构词,它是汉字定型意义的另外一种体现,与汉字部首的定型意义相类似,在这种定型性的构词和组词中,也包含了丰富的定型的意义和作用。

高岚、申荷永认为,尽管关于汉字的心理学研究长期以来积累了许多有价值的研究成果,但至少存在以下两个方面的不足之处:其一,有把汉字单纯作为一种认知或实验材料来处理的偏向,没有对汉字本身所包含的心理学意义,包括其中的文化心理学意义进行充分而有效的研究;其二,关于汉字的心理学研究,没有能够很好地与汉字学的研究,尤其是汉字文化的研究结合起来,这无疑成为今后汉字心理学研究努力的方向。

桂诗春(1986:155)介绍了 H. 普特纳姆特等人的"原型"模式论,在语义特征的基础上增加了"原型"的概念,将其引入语言研究,认为"一个人必须掌握一个词的原型,才能说得上是掌握了它的意思。如他必须知道一个定型的老虎是有斑纹的、凶残的、长在森林里的,才会知道老虎的意思。"也就是说,词义以文字形式反映了人或物的某些定型,而这些定型是在长期形成的固定看法或刻板印象的基础上形成的。因此,只有掌握了词的定型意义,才会产生与之相匹配的联想。

吕婧、胡志清(2001:120—123)介绍了 P. 特鲁吉尔等人提出的"性别定型"概念,认为在任何国家和文化当中,人们对男女两性行为都有一种相对固定的社会期望,构成了相应的"性别定型"。这种定型对语言也产生了强大的影响,逐渐形成了男女在言语行为中不同的特征。

宋海燕(1998:58—63)借鉴西方学者的研究成果,对两性言语交际能力中所体现的性别原形(sexual stereotype)概念作了较为清晰的诠释,认为不论是哪一个国家,哪一种文化,在其发展过程中,人们对性别角色——男女两性适切行为的社会期望构成了相对固定的性别原型,它们在人类生活的许多方面都有所反映,特别是语言,尤以在两性言语交际能力中的反映最为明显。女性的既定性别定型一般是依赖性强、被动、沉默(尤其在公共场合)、温顺、有耐心、避免冲突与敌对、否认自己的个性和聪明才智等,而男性的性别既定定型应当是独立、主动、积极、进取、好争、自信、勇敢、身强体壮而且在事业上卓有成就、能供养家庭并且保护女性、除愤怒之外对情感有很强的控制力、社会交往广泛等,这就自然而然地导致了男性在言语交际过程中频繁打断女性的话、抢着控制话题、惯用诅咒语和禁忌语、较少使用试探性的疑问句、较多使用强有力的命令句、不像女性那样经常使用能够满足人们面子需求的礼貌用语等 6 种交际行为,但在宋海燕看来,这种传统的性别定型解释有失偏颇,过分夸大男女两性之间的差异,没有看到这些差异随着社会生产力的发展和社会文明的不断进步而逐步缩小,没有考虑到性别角色可以相互转化以及性别定型的概念随着社会的发展而不断变化,没有顾及交际场合以及交际双方的社会地位、受教育程度、亲密程度、年龄、职业、身份、教养等因素的影响。

宋海燕以西方语言学家的社会性别定型理论为基础,分析我国男女两性的既定定型,认为总是在公共场合抢风头去说而不是积极地听的女性没有"女人味儿",而总是在听而不去争取讲话权利的男性没有男子汉气概。这样看来,两性会话中,男性不遵守正常会话角色转换规则而更为健谈就不足为奇了,他们会抢着控制话题。为了说明这一问题,她以亲身参加 1996 年 11 月在复旦大学中文系举办的"新世纪中国语言学的发展与青年学者的历史使命"研讨会为例,对来自上海 4 所大学的 43 名(其中男性 19 人,约占总人数的 44%,女性 24 人,约占总人数的 56%)参会人员的发言情况进行对比分析,发现安排在主讲人发言之后的讨论几乎都是由男性控制话题,共有 9 名男性发言谈论自己的观点和看法,只有 1 名女性参与发言,二者的比例是 9∶1。不仅如此,9 名男性发言人不仅发言时间偏长,而且争相控制话题,针锋相对,毫不相让,且话题转换唐突,相互之间几乎没有联系。唯一的女性发言人不仅发言时间较短,而且态度温和,避开了争论的焦点,仅对以前发言人的话题善意地提了几点建议。

通过对比分析,宋海燕谈了自己的 4 点看法,我们将其简要归纳如下:

(1)性别定型是人类文明的产物,它不是一成不变的。人类发展的不同时期,社会性别定型具有不同的内涵。随着生产力的不断发展,社会对男女两性的要求也发生了很大的改变,许多领域已不再仅属于男性。传统性别定型的概括有些过头,夸大了两性之间的差异。事实上,男性并非比女性更聪明,两性只是在某些方面存在一些差异而已,这些差异随着社会生产力的发展也在逐渐地缩小;

(2)性别定型的定义相对于社会及其发展具有稳定性和滞后性,其稳定性体现在每个社会时期总存在一个人们公认的两性行为及言语交际的合适模式,这会使得人们的社会活动趋于有序性,促进社会的发展,而其滞后性则体现在当社会随生产力发展时,原有的模式已不能完全适应社会的需求,传统的性别定型和人们实际的性格、行为可能发生矛盾。于是,现代聪明的男性和女性将两性性别定型中的优秀质量混合起来,根据不同的情形自动调节自己的行为,表现得更能适应新环境,更加独立,由此形成了一种新的社会性别定型。年轻的一代,尤其是受过高等教育的年轻人更倾向于这种新的定型,这在言语交际能力方面也有所反映;

（3）时代在变化，男女两性的言语行为受到社会变革、年龄、职业、受教育程度、教养、社会身份、地位以及会话双方的亲密程度、话题、场合等多重因素的影响，其社会性别定型作为人类整体文明的组成部分，当然会随之发生变化，并越来越会适应人们赖以生存的社会，同时，作为人类交际工具的语言也会随之发生一些变化，而且会越来越趋于文明；

（4）正确认识社会性别定型及其对言语行为的影响，对于外语教学尤为重要，它能够指导不同性别的学生学会使用适合自己性别角色的地道的外语表达自己的思想，与人进行得体的交往。

魏万德、李从庆（2004：125—127）从性别的角度探讨性别定型的语义特点，认为性别定型是在两性生理差异的基础上形成的，有历史、宗教、政治、经济等多方面的原因，同时也受英语中反映的性别差异的很大影响。表示性别歧视的词语概念是以"性别定型的语义特征"的形式储存在大脑里的，如"男子汉或大丈夫"是"男人"这个概念最典型的元素，也就是"男人"的性别定型的语义特点，而"贤妻良母"是"女人"这个概念最典型的元素，是"女人"的性别定型的语义特点。社会生活的变化带来了前所未有的新观念和新问题，人们必须创造新词或者赋予旧词新的含义以表达新事物，而不变的是由于性别差异所引起的、根深蒂固了的性别定型。人们依据对不同的性别定型的掌握，来指称或描述不同性别，构成了词语性别定型语义的差异和对立，导致了指称不同性别词语的语义类聚的差异和对立，即语言中的性别歧视。治标先治本，要消除语言中的性别歧视现象，首先要唤醒人们对性别歧视现象的认识，消除存在于人们头脑中的思想意识的偏见，改变基于性别定型的语义特点。

延辉、李小华（2008：18—110）借鉴 W. 布利斯林等西方学者的观点，认为性别定型论的理论基础是社会性别的本质化理论。传统心理学认为男女的一切社会性别特质的差别是生物性差别决定的，由此脱离了具体的社会历史和政治情境。而社会性别建构论者们发现，性别这一概念实际上包括生理性别（sex）和社会性别（gender），其中后者并非由生物特性或生长习性决定，而是根植于社会情境之中。性别定型涉及任何对个体特征的归类，而这种归类往往掩盖了个体特征之间的差异，它也是一种概括的形式，涉及某一群体的名称以及有关这一群体的描述，因此，性别定型往往带有简单化的特点，尽管具有积极作用，但也往往容易使人们忽略性别个体之间的差异，产生消极作用。交际过程中这类有意或无意的性别定型倾向往往会造成交际的失败。性别定型还往往会导致交际中的歧视行为，不仅减少了交际的有效性，而且还会严重阻碍交际的进行，如在实际社会交往活动中，女性求职者经常受挫的根本原因就是性别歧视和偏见造成的结果。从有关的各种报道来看，用人单位拒绝女性求职者的遁词基本上都可以归咎于性别方面的问题，即女性"不适合"从事某项工作。由于性别定型而导致的性别歧视和偏见往往剥夺被定型者的话语权。只有客观理解性别定型,才能在交际活动中超越性别定型,促进真正意义上的性别平等。

延辉、李小华分析了社会化、大众传媒和从众效应等 3 个因素对性别定型所起的重要作用,其主要观点是:

(1) 所谓社会化,是指儿童学习传统的社会规范的过程,分为初级社会化与二级社会化。初级社会化指儿童成为他所属的文化或社会的一员的最初阶段,主要媒介是家庭。学龄前儿童通过家庭活动认识周围世界,学会相关的行为准则,同时内化成人有系统的、反复表现出来的群体规范和价值观念,形成特定的性别定型观念。二级社会化发生在儿童脱离家庭,独自接触社会的阶段,媒介有学校、同辈群体及其他社会组织,使其学会欣赏自己文化群体所共有的认知标准与价值,在欣赏的过程中逐渐内化其价值观念;

(2) 所谓大众传媒,是指社会组织为在广大社会成员之间传递信息、互通情报所采用的各种通讯手段,如广播、电视、报纸、书籍、杂志以及网络资源等。社会心理学研究表明,在性别定型形成中,大众传媒起到了不可低估的作用。因为大众媒体是社会的产物,它们对任一群体的报道往往反映了目前社会上普遍流行的关于该群体的定型观念,传播了关于男性和女性性别特征的"刻板成见"。与此同时,大众传媒通过非强制性的、内在的、深层的手段,对既有社会性别定型观念进行强化与巩固。然而,大众传媒也可以颠覆旧的性别定型观念,介绍推广新型的性别观念,如 2005 年湖南卫视策划的"快乐中国——超级女声"节目触发了极为丰富而复杂的全新的女性性别定型和社会心理的震荡。作为"超女"总冠军的李宇春,具有一种"非女性化"的少女形象,然却成为这个时代的女性公众的偶像,获得了超乎寻常的热情追捧和持久深刻的心理认同,显示了强烈的性别象征意味。在这一女性形象的公开演绎中,中性审美观粉碎了男人们统治已久的美女标准,体现了对男性审美观的反叛,颠覆了传统的女性定型,展示了当今时代所产生的一种全新的社会性别心理。不仅证实了女性对身体的重新认识,而且体现了他们对传统的性别定型的发掘和思考。女性性别模式已经不仅仅只包括女性在经济上不依靠男人,更加入了在美的概念上不迎合男人的新内容。其间大众传媒的强大的积极影响和全方位的推动作用是有目共睹的。所以,大众传媒是把双刃剑,对于性别定型观念有着深刻的影响。大众传媒不仅会传播传统的性别模式,加强固有的性别模式,而且可以颠覆固有的或推广新型的性别模式,尽管并不多见。

(3) 所谓从众效应,它作为一个心理学概念,是指个体在真实的或臆想的群体压力下,在认知或行动上以多数人或权威人物的行为为准则,进而在行为上努力与之趋向一致的现象。从众效应既包括思想上的从众,又包括行为上的从众。从众是一种普遍的社会心理现象,从众效应本身并无好坏之分,其作用取决于在什么问题及场合上产生从众行为,具体表现在两个方面:一是具有积极作用的从众正效应,二是具有消极作用的从众负效应。积极的从众效应可以互相激励情绪,做出勇敢之举,有利于建立良好的社会氛围并使个体达到心理平衡。虽然从众行为是一种普遍的社会现象,但在不同的文化里,从众效应对形成性别定型观念的影响不一样。在趋同程度高的文化群体里,从众效应是形成性别定型观念的重要原因。在趋同程度低的文化群体里,从众效应与性别定型观念的关系相对松散些。受众对电视广告中的性别角色定型的反应是一个复杂的过程,会受到多种因素(如性别、年龄、受教育程度和女性主义意识等)的影响。"超级女声"的粉丝们由"媒介事件"聚拢成的一群人,他们缺乏固定的交往和稳定的联系,但在可以网络上匿名随意地共同表达个人的喜好和情感。尽管"超级女声"的粉丝们表现出强烈的主体意识,但是毫无疑问这个人群的形成本身就是大众传媒策划导演的,促成强烈的从众效应。当然,从积极的方面来说,粉丝们意见的自由表达至少提醒学者们重视社会性别,因为它有助于抵抗性别定型对人的全面控制,尽管有的时候是在无意识状态下发生的。

钱进(2000:80—83)把性别定型概念运用于汉语词语的语义分析,认为人们关于词语的性别差异概念是以"语义性别定型"的形式储存在头脑里的,如"男子汉或大丈夫"是"男人"这个概念的语义定型。人们依据对不同性别的语义定型的掌握,来指称或描述不同性别,构成了词语语义性别定型的差异和对立,导致了指称不同性别词语的语义类聚的差异和对立,渗透到汉语词语的各个层面。例如,依据性别,语义性别定型可以分为男性语义定型模式和女性语义定型模式:男性模式称为"强势模式",在社会、文化、传统意义上,"男性"常意味着社会赋予的权力、责任、气概、事业、名誉、道德和地位等,担当着"男子汉大丈夫"的社会角色,男性模式的词语定型是男子汉、大丈夫和强盗、绿林好汉;女性模式又称"弱势模式",以女性是否具有纯洁、忠贞、贤淑、庄重、奉献等品德为区别性语义特征,女性模式的词语定型是:烈女、圣女、贤妻、良母和妓女、狐狸精、荡妇、悍妇、恶婆等。

钱进认为,由于性别的对立,在指称事物时,必然表现为所指概念的对称,由于强势模式和弱势模式的语义差异,在指称事物时,又必然表现为失衡,如男子汉大丈夫↔贤妻圣女、强盗、绿林好汉↔悍妇。再如毛泽东著名的"半边天"比喻,女性由原来对应于"天"的"地"升为"半边天",这当然是社会进步,但只是一种政治概念,在词语的世界里,对于男性来说,天仍然是完整的一个天,只是由原来的有标记变成了现在的无标记的"天","半边天"一般来说只能是指女性,很少有人会说男性也是"半边天"。这种比喻倾向是人类思维的一个共同特点,人们喜欢根据自己的性别给庞大的天体确定一个性别,如神话及童话中的"太阳爷爷、月亮娘娘"等。人们习惯性地把"大地、大海、祖国"喻为"母亲",把长江、黄河喻为"母亲河",就是因为哺育万物的"大地、河流"与"母亲"的形象相似,要是比喻为"父亲",就会显得荒诞可笑,比喻男性的天体则常与"强大、力量、光明、权力"联系在一起,而"月亮、夜晚"则使人联想到"软弱、温柔、变化无常"等,这并非出于偶然,与"男=强、大,女=弱、小"的语义性别对立密切相关。

时隔4年之后,钱进在又在另一篇文章(2004:149—153)中提出"词义性别原型"概念,即词义性别定型概念,认为心理语言学的定型概念是为了解释如何掌握词汇、获得词的概念的途径,而词义性别定型则是为了分析词语构成的语义定型差异和词语选择的模式差异。词语和性别关系在词语语义系统中形成了一种相对固定的语义对应关系,并分化为不同性别倾向的语义定型。词语和性别定型的关系,体现了语言世界与性别定型的一种对应关系,通过性别定型,可以归纳出原始性的性别意念和意象,演绎出汉语词语中所包含的性别定型意义。词语的性别定型是物理世界、心理世界和文化世界中的性别关系的结合,是人的社会性和自然性的辩证统一,在汉语构词和用词活动中,渗透了词义性别定型的丰富内涵和巨大作用。据此,钱进把原来提出的"男性定型"分为正面模式(典型范例:男子汉、大丈夫)和负面模式(典型范例:绿林好汉、强盗),两者的语义定型模式只有一点相异,即社会地位的差异。而女性定型的"社会义""文化义"和"心理义"和男性不同,可以分为两个层面:

一是情感层面,以是否美丽、温情等特征为区别语义特征;

二是婚姻层面,以是否贞洁、贤淑、奉献等妻子特征为区别语义特征,其正面模式的词语典型范例为圣女、贤妻、良母、烈女、贞女,负面模式的典型范例为妓女、悍妇、恶婆等。

词义性别原型的认知对立和人们对客观世界的性别认识有相应的对应关系,即人们依据性别定型的"词义性别定型模式"的认知对立,对现实加以处理,给自然万物中与人们生活密切相关的事物分出"社会性别"或拟"词义性别定型",而这些性别定型的语义特征在现实中总是成对、成群地出现,从而构建了客观事物的"词义性别定型"的对立系统。这种对立在性别词汇中就有明显的表现,如"男和女、雄和雌、公和母……"的对立,表示女性的词本来就有"美、柔、弱、小"的含义,而表示男性的区别词有"强、高、大"等义,反映在比喻中,就会有相应的认知对立。例如,比喻男性的动物一般具有无标记的语义特征,但用来比喻女性时,常常含有贬义:喻指男性的"老虎"表示厉害、威猛,"小老虎"招人喜爱,可"母老虎、胭脂虎"就无人敢恭维,"雄狮"形容男性,"母狮"形容女性就不太妙了,如"河东狮吼"令人恐怖,这"狮"可是专指女性的。再以"鸡"为例,骂一个女人为"鸡"可是极大的侮辱,但同是这只"鸡",加上一个"雄"字,便有了褒义,如"雄鸡一唱天下白"。

通过以上的研究对比,我们可以看出,尽管俄汉两种语言中的社会性别定型有不少相似之处,但由于社会文化、民族习性、思维方式、价值取向以及语言表达方面的特点不尽相同,差异在所难免。例如,俄语中从古至今对俄罗斯女性有许多歧视性的性别定型表述,但同时也不乏正面的性别定型评价。具有勤劳、果敢、韧性、爱心、聪明、美丽等定型特征的俄罗斯女性是民族意识的理想类型,是俄罗斯男女两性的代表,在某种程度上可以说是俄罗斯国家形象的体现者,如 2011 年 9 月至今一直担任俄罗斯联邦委员会(议会上院)主席的瓦莲金娜·马特维延科就是其出类拔萃的代表人物,而俄罗斯男性尽管具有独立、勇敢、积极、进取、好争、自信、身强体壮等正面的主流性别定性特征,但它们常常被喜爱酗酒、缺乏责任心、懒懒散散等负面定型特征所掩盖,给世人造成了俄罗斯社会"女强男弱"的印象。

究其原因,笔者认为,这种情况除了受西方女权运动的影响之外,还有一个重要原因,是受俄罗斯社会发展的特殊进程所驱策,其中最为明显的例证是苏联卫国战争(1941—1945)所带来的影响。这场抗击德国法西斯的战争旷日持久,空前惨烈。英勇顽强的苏联人民同仇敌忾,浴血奋战。坚强不屈的苏联女性也积极投身于这场保家卫国的战争,巾帼不让须眉,前线后方、各条战线都有她们勇敢战斗的身影,如著名苏联作家鲍·瓦西里耶夫的小说《这里的黎明静悄悄》中 5 位先后壮烈牺牲的女兵就是战争时期俄罗斯女性的缩影,她们无疑是那一历史时期苏联女性的杰出代表。经过 1400 多个经历生死考验的日日夜夜,苏联终于赢得卫国战争的伟大胜利,但同时也蒙受极为惨重的牺牲,损失了两千多万人的生命,其中大部分是年富力强的男性,从而导致当时的苏联社会男女比例严重失调,给战后重建工作带来了极大的困难。正是在这种情况下,在卫国战争中奋勇杀敌、历经磨难的苏联女性和男性一道,承担起了在废墟中重建国家的艰巨任务,在各行各业做出了巨大的贡献。

有人曾这样形象地表述:"俄罗斯女性用她们脆弱的双肩挑起了建设国家的重担"。从当时的实际情况来看,这样的说法并不过分。时至今日,俄罗斯女性仍然一如既往,在俄罗斯社会的方方面面发挥着重要的作用。她们的不懈努力受到举国上下的高度赞誉,获得了苏联社会的普遍认同。俄语中对俄罗斯女性的正面社会性别定型正是在这样的背景下逐步形成的。但是,一些负面的社会性别定型并没有因此而消失,只不过是退居次位罢了,还会时不时出现在男女两性的言语交际中。实事求是地讲,俄罗斯男性的大男子主义思想根深蒂固,时至今日仍时有所现,有些人对女性的赞美和尊重常常停留在口头上,"女士优先"的原则并没有得到深入的贯彻,俄罗斯女性的社会地位尚未发生根本性的改变。在这种情况下,俄语中对女性的性别歧视也就在所难免。

相比之下,汉语中对中国女性的正面社会性别定型没有像俄罗斯女性那么高扬,对中国男性的负面社会性别定型也没有像俄罗斯男性那么明显,这都是受中国国情、民族文化、传统观念、思维方式等因素的影响所致。尽管我们国家和社会在各个方面积极倡导男女平等,并且取得了一定成效,但千百年来形成的"男强女弱""重男轻女"等观念和现象在短时期内难以彻底改变,尚需时日。因此,汉语中的社会性别定型也相应地需要经历一个随着社会发展而逐步改变的过程。

　　总的来说,俄汉语言学界的社会性别定型研究富有成效,以翔实的对比分析表明,社会性别定型是解读社会性别语言学理论的重要组成部分之一,对其研究可以从社会性别对比和跨文化交际的视角进行,不仅能够挖掘出社会性别定型所固有的一般特点,而且可以确定其民族文化特色及其在语言中的反映。

参 考 文 献

[1] Арутюнова Н. Д. Молчание и чувство[A]. // Логический анализ языка. Язык речевых действий[C]. М. ,Наука, 1994：178—183.

[2] Горелов И. Н. Невербальные компоненты коммуникации[M]. М. , URSS, 2006.

[3] Байбурин А. К. Некоторые вопросы этнографического изучения поведения [A]. // Этнические стереотипы поведения[C]. Л. , ЛГУ, 1985：7—21.

[4] Денисова А. А. Словарь гендерных терминов[Z]. М. ,Информация - X XI век, 2002.

[5] Земская Е. А. и др. Русский язык в его функционировании. Коммуникативно-прагматический аспект[M]. М. , Наука, 1993.

[6] Здравомыслова Е. Гендерные стереотипы в дошкольной детской литературе：Русские сказки[J]. Альманах. 1998 (6).

[7] Кирилина А. В. Женский голос в русской паремиологии[J]. Женщина в российском обществе, 1997, № 3, 23—26.

[8] Кирилина А. В. Гендер：Лингвистические аспекты [M]. М. , Языки славянской культуры, 1999.

[9] Кирилина А. В. Гендерные аспекты языка и коммуникация[D]. М. , МГЛУ, 2000.

[10] Кирилина А. В. Гендер и язык[M]. М. , Языки славянской культуры, 2005.

[11] Корнилова Н. Б. Молчание в культурной коммуникации：гендерный аспект[A]. // Гендер：язык, культура, коммуникация [C]. М. ,Рудомино, 2002：215—216.

[12] Крейдлин Г. Е. Голос, голосовые признаки и оценки речи [A]. // Логический анализ языка. Язык речевых действий[C]. М. ,Наука, 1994：142—148.

[13] Крейдлин Г. Е. Невербальная семиотика [M]. М. ,Новое литературное обозрение, 2004.

[14] Крейдлин Г. Е. Мужчины и женщины в невербальной коммуникации[M]. М. , Языки славянской культуры, 2005.

[15] Лихачёв Д. С. Раздумья о России[M]. СПб, LO. GOS,1999.

[16] Мальковская И. А. Знак коммуникации[M]. М. , УРСС, 2004.

[17] Матурана У. Биология познания[A]. // Язык и интеллект[C]. Сб. Статей /Под ред. В. В. Петрова. М. , 1996：95—142.

[18] Мещеркина Е. 《Зазеркалье》 гендерных стереотипов. Вы и Мы: Диолог российских и американских женщин[J]. Альманах. 1997 (1).

[19] Рябов О. В. "Женственность" и "мужественность" как категории русской историософии [A]. //Женщина в российском обществе[C]. М., Рудомино, 1996: 29—48.

[20] Рябов О. В. Гендерные аспекты подхода межкультурной коммуникации: социальнофилософский анализ [A]. // Гендер как интрига познания[C]. М., Рудомино, 2002: 37—46.

[21] Стернин И. А. Общение с мужчинами и женщинами[M]. Воронеж, Наука, 2002.

[22] Уфимцева Н. В. Русские: опыт еще одного самопознания[A]. // Этнокультурная специфика языкового сознания[C]. М., 1996: 139—162.

[23] Формановская Н. И. Коммуникативно-прагматические аспекты единиц общения[M]. М., ИКАР, 1998.

[24] Шаповалов В. Ф. Россиеведение[M]. М., ФАИР-ПРЕСС, 2001.

[25] Щепанская Т. Б. Женщина, группа, символ (на материале молодежной субкультуры) [A]. // Этнические стереотипы мужского и женского поведения[C]. СПб, LO. GOS, 1991: 17—29.

[26] 范捷平,"stereotype"的意蕴及在跨文化交际中的功能[J],外语与外语教学,2003(10): 30—33.

[27] 高岚、申荷永,汉字与心理原型[J],心理科学,2000(3):121—122.

[28] 高一虹,"文化定型"与"跨文化交际悖论"[J],外语教学与研究,1995(2):37—44,82.

[29] 桂诗春,心理语言学[M],上海:上海外语教育出版社,1986.

[30] 贾玉新,跨文化交际学[M],上海:上海外语教育出版社,2002.

[31] 巨芸,世界图景、常规关系和超常搭配[J],外语学刊,1999(1):55—60.

[32] 科列索夫 В. В. 语言与心智[M],杨明天译,上海:上海三联书店,2006.

[33] 利哈乔夫,解读俄罗斯[M],吴晓都、王焕生、季志业、李政文译,北京:北京大学出版社,2003.

[34] 刘宏,试论外语教学中的常规关系与民族社会文化常规范型[J],外语与外语教学 2001 (8):27—29.

[35] 吕婧、胡志清,语言中的性别差异研究[J],华中科技大学学报(社科版),2001(4): 120—123.

[36] 彭文钊,社会文化域的语言映像[J],外国语,1999(1):66—71.

[37] 钱进,论汉语词语的语义性别原型模式差异[J],江苏教育学院学报,2000(7):80—83.

[38] 钱进,语义性别原型与构词模式[J],江西社会科学,2004(9):149—153.

[39] 史崇文,跨文化交际中的性别差异[D],吉林大学硕士论文,CNKI,2007.

[40] 宋海燕,性别原型及其在两性言语交际能力中的反映[J],外国语,1998(2):58—63.

[41] 宋洪英,语言文化学视野下的定型研究[M],郑州:河南大学出版社,2011.

[42] 孙晶,论俄汉语言交际中的性别差异[D],哈尔滨工业大学硕士论文,CNKI,2008.

[43] 唐媛,言语交际中的性别差异研究[D],东北师范大学硕士论文,CNKI,2006.

[44] 许慎,说文解字[M],北京:中华书局,2004.

[45] 徐盛桓,论"常规关系"——新格莱斯会话含意理论系列研究之六[J],外国语,1993(6):

13—20,82.

[46] 徐盛桓,常规关系与认知化——再论常规关系[J],外国语,2002(1):7—17.

[47] 徐翁宇,俄语对话分析[M],北京:外语教学与研究出版社,2008.

[48] 王静,跨文化交际中的文化定型[J],江苏外语教学研究,2002(2):45—48.

[49] 魏万德、李从庆,从性别原型的语义特点看语言中的性别歧视[J],理工高教研究,2004
(4):125—127.

[50] 延辉、李小华,略论交际中的性别定型[J],延安大学学报,2008 (3):110—113.

[51] 杨蓉,俄罗斯心智中的女性原型[J],俄语学习,2010(5):32—35.

[52] 言志峰,汉语拒绝言语行为的性别差异研究[J],合肥工业大学学报(社会科学版),2007
(4):125—129.

[53] 赵爱国,言语交际中的民族文化定型[J],中国俄语教学,2001(4):56—63.

[54] 赵爱国,“定型理论”及其研究——文化与认知空间双重语境之解释[J],外语与外语教
学,2005(10): 11—15.

[55] 赵蓉晖,语言与性别——口语的社会语言学研究[M],上海:上海外语教育出版
社,2003.

[56] 郑远汉,言语风格学[M],武汉:湖北教育出版社,1998.

[57] 周民权,当代俄罗斯社会性别语言学研究论略[J],中国俄语教学,2010(3):12—16.

[58] 周民权,Исследования гендерных стереотипов в русском языке [J]. М., Вопросы
филологических наук, 2011, № 2, 18—20.

[59] 周民权,俄罗斯语言学界社会性别原型研究概观[J],中国俄语教学,2012(4):5—11.

[60] 周民权,俄汉恭维语的社会性别语用对比研究[J],浙江外国语学院学报,2013(1):
14—19.

第六章 标记理论在社会性别语言
研究中的运用①

俄汉语言中的社会性别差异可以从社会语言学、类型学、社会学等视角进行诠释,但从标记理论角度予以分析似乎更为直接、更为贴切,因而成为国内外学界探究语言中的社会性别差异问题时所惯常采用的一种研究方法。

第一节 标记理论的基本内涵

标记理论(Markedness Theory)是结构主义语言学中一个重要理论,由布拉格学派②的俄罗斯音位学家 H. C. 特鲁别茨科依首创于 20 世纪 30 年代,历经 P. O. 雅可布森、A. N. 乔姆斯基、约翰·莱昂斯等语言学家发展和完善,在当代语言学的各个学科研究中发挥着独特的方法论作用,其基本学理是:世界上的各种语言中,某些语言成分更基本、更自然、更常见,被称之为无标记成分,而除此之外的其他语言成分则被称为有标记成分。较之于有标记成分,无标记成分具有组合形式简单、意义概括程度高、使用频率高、分布广泛等诸多特点,涵盖了有标记成分所要表达的内容,因而处于主导地位。标记理论对尔后的语言学及文学研究产生了重要影响,社会性别语言概莫能外。

迄今为止,标记理论的发展大致经历了四个阶段:(1) H. C. 特鲁别茨科依创立音位标记理论;(2)雅可布森提出音位区别性特征标记,并扩展到语法研究中;(3) A. N. 乔姆斯基、约翰·莱昂斯等语言学家对标记理论的进一步拓展;(4)标记理论在当代描写语言学、语义学、语用学、类型语言学、应用语言学、符号学、人类学、文学等不同领域的广泛运用。

---

① 该章部分内容首次发表于《20 世纪俄语音位学研究及其影响》一文(《外语学刊》2012 年第 2 期)。
② 布拉格学派虽非出自俄罗斯本土,但其音位学理论主要是由身处异国他乡的俄罗斯语言学家提出并完成的。该学派的代表人物除捷克语言学家马泰修斯(B. Матезиус,1882—1945)外,还有当时侨居国外的俄国语言学家特鲁别茨科依(H. C. Тубецкой,1890—1938)、雅可布森(P. O. Якобсон,1896—1982)和卡尔采夫斯基(C. O. Карцевский)等。作为结构主义语言学的主要学派之一,布拉格学派主要以音位学研究及其成果著称于世;所创建的音位学理论在结构主义语言学诸领域中居于领先地位;所提出的实际切分理论为话语语言学的形成奠定了基础;所倡导的分析比较法有力地推动了类型语言学和语言普遍现象的研究,定量分析法又为数理语言学的形成创造了条件;语言结构研究成果又为机器翻译这一应用学科的兴起提供了学理保障,等等。

1. H. C. 特鲁别茨科依的音位标记理论

H. C. 特鲁别茨科依从 1926 年起潜心研究音位学,耗时整整 12 年,收集了 100 多种语言的数据进行对比分析,最终基本完成了其在语言学界享有盛名的代表作《音位学原理》(《Основы фонологии》)。他 1938 年逝世后,该书由 P. O. 雅可布森于 1939 年整理出版,最初是德语文本,后来多次用德语和法语再版,并且被译为英语、意大利语、西班牙语、波兰语、日语等多国文字,广为传播。1960 年,该书的俄文版本问世,随即被抢购一空,成为图书馆稀有的藏书。书后附有 A. A. 列福尔马尔茨基所写的长达 32 页的后序——《H. C. 特鲁别茨科依和他的音位学原理》,对作者的创作生涯以及著作的主要内容作了详尽的阐释。2000 年俄文版再版时,又增加了 Л. Л. 卡萨特金教授撰写的前言,对这部著作的重要性和再版的意义作了充分的说明。(赵爱国、周民权等,2012:133)

H. C. 特鲁别茨科依(2000:80)以对立关系为原则来研究语音单位的各种功能,主要是辨义功能。他从各个不同的角度把对立关系分为许多类型,其中最重要、后来用得最广的是正负对立。在这种对立的双方中,一方有某一区别特征,另一方没有,成为有无对立,如浊音对非浊音、清音对非清音、鼻化音对非鼻化音、唇化音对非唇化音等等。具有特征的一方称为有标记项,而另一方则称为无标记项,无标记项的使用频率通常高于有标记项等等。这就是著名的标记理论。(周民权,2012:67)

具体来讲,H. C. 特鲁别茨科依(2000:80)对音位的阐释是:音位就是在一种语言中彼此对立且又能够区别意义的语音特征。音位之所以能够区别词,概源于它本身具有区别性特征和非区别性特征。区别性特征通常形成音位的“对立”(оппозиции),这种对立可以区别各种意义,表现为 3 种类型:

(1)有无对立或拟缺位对立(привативные оппозиции),即对立中的一个成分具有某种特征,另一个成分则没有这种特征,如“浊音—清音”“鼻化—非鼻化”“唇化—非唇化”等,其中前者有特征,称之为“有标记成分”(маркированный член),后者缺少特征,称之为“无标记成分”(немаркированный член)。这一对立类型对音位学至关重要;

(2)程度对立或拟级差对立(градуальные оппозиции),即对立成分的同一特征在程度或者递进方面有所不同,如德语元音“u—o, i—e”的开口度大小不同或者不同音位之间的音高程度有别;

(3)均等对立或拟等值对立(эквивалентные оппозиции),即对立的两个成分逻辑上是等值的,既不是任何特征的两个级别,也不是对某个特征的肯定或者否定,如德语的 p—t、f—k 等,这类对立在各种语言中最为常见。

上述第一种有标记和无标记的对立现象发生在涉及具有某一共同语音特征的成对的音位中,如英语中的[t]和[d]、[k]和[g]、[p]和[b]、[s]和[z]等。前者[t]、[k]、[p]、[s]是无标记成分,因为它们是清辅音,而[d]、[g]、[b]、[z]是有标记成分,因为它们是浊辅音。也就是说,辅音的浊音特征构成了相关标记。这种对立关系构成了标记理论的基本内核。另外两种对立的客观存在对标记理论的构建及其向词汇、语法、语义、语用等各个层面的拓展亦产生了很大的影响。

P. O. 雅可布森只主张一种对立,即二分对立(binaru opposition),一个成分要么是有标记的,要么是无标记的,他以音位的声学特征为基础,进一步概括出了12种有标记和无标记对立的区别性特征,认为"在音位层次上,任何特定对立中有标记项的位置是由音位系统中这个对立与其他对立之间的关系所确定的,换句话说,是由该对立与同时或暂时邻近的区别性特征之间的关系所确定的。"(王立非,1991:3)

P. O. 雅可布森的最大贡献是将标记理的运用从音位学扩展到形态学,提出了形态学不对等法则,其分析范围主要涉及俄语动词的各种语法范畴和名词的格范畴,认为音位学中的有/无标记对立是一种排除关系,而词法中的对立则是一种包容关系,其中有标记范畴表示明确的肯定特征,无标记范畴则置该特征于一种非显性状态,即对这一特征既不肯定也不否定。因此他认为,无标记范畴的概括意义和覆盖面要远远大于标记范畴,在一定情况下,非标记项可以中立化,从而代替标记项,如英语中 man 和 woman 的对立,意义上无标记项 man 可以包容有标记项 woman 的所指,但只有后者肯定了阴性特征。(赵蓉晖,2003:66)

P. O. 雅可布森认为,由于词汇层次受形态规则的影响,一对反义词之间就出现有标记与无标记的区分,如 host-ess 和 host 这两个词,前者是有标记的,因为该词尾部有一后缀-ess,表明它所指称的对象是阴性,而后者没有性别标记。又如在句法层次,由于各个句子成分在句中的位置的不同也会产生标记与无标记的现象,如英语中 SVO 的句型是无标记的,而 OSV 的句型则是有标记的。(孟凡胜、滕延江,2005:14)

关于语法形式的不对称性,P. O. 雅可布森(1985:210—211)总结出两个方面:

一方面,一个语法相关形式的非对称性可以表现为表明 A 和不表明 A 之间的矛盾。两个符号可以指同一客观现实,但其中一个符号的意义确定该现实的某一特征,而另一符号的意义却没有提及这一特征。例如,"母驴"可以由"ослица""осел"两个词表示,二者指同一对象,区别在于"осел"表示的意义不够具体。

另一方面,由相关形式的非对称性产生出另一对矛盾,即无标记形式的一般意义和部分意义之间的矛盾。同前一个矛盾相比,这一矛盾体现在没有表明A和表明A之间。同一符号可以具有两个不同的意义。"没有表明A"是指涉及的客观现实的某一特征未被确定,即特征A的存在与否既没有得到肯定,也没有得到否定。"表明非A"凸显的是这一特征不存在,如"осел"既可以泛指"驴"而不顾及其性别,也可以特指"公驴"。

2. 欧美学者的标记理论研究

以A. N. 乔姆斯基为代表的美国转换生成语法学派认可P. O. 雅可布森的标记理论,认为音位是一系列有标记特征和无标记特征的组合,任何特征是否有标记完全是任意的,标记性是双向的、相对的、动态的概念。标记性是天赋的,属于普遍语法,为人类语言学所共有。标记本身具有普遍意义,是语音音位的结构成分之一,同时也是对各种语言音系中不同层次范畴做出高度概括的方法。A. N. 乔姆斯基通过研究,发现在所有的辅音中,p、t、k、s、n是最没有标记性的字音,在大多数语言中都存在。其他字音,如v、z被认为是标记性大得多的字音,而且也不怎么普遍。

在句法研究的不同阶段,A. N. 乔姆斯基始终将标记理论作为贯穿其研究的一个中心概念,主要围绕两个核心思想进行:一是认为有些语法选择更容易得到,标记概念对语言习得的优选结构进行编码;另一个认为这些优选结构可以形式化,标记概念反映特殊选择的成分。经过上述学者的探索和努力,标记这一概念也从最初的基本意义(即二元对立的"+""一"项)扩展到表示普遍的和罕见的、正常的和非正常之间的对立。这一概念的应用使语言学家们觉得方便,因为标记理论具有很强的概括力。但由于这一理论在语言的诸多层面上的内涵不尽相同,并且很多学者使用标记概念时没有严格界定,使得标记理论蒙上了一层疑惑的阴影。(张凤,1999:44)

20世纪70年代,英国语言学家约翰・莱昂斯(Lyons, 1977:307)对标记理论的研究突破了布拉格学派形式上的局限,将标记区分为形式标记(formal marking)、分布标记(distributional marking)和语义标记(semantic marking),从而进一步丰富了标记理论。例如,莱昂斯认为"一个语义有标记词比其相应的语义无标记词更具体",如lion和lioness,前者是无标记项,既可以是狮子范畴的全称,又可以指雄狮。与此同时,约翰・莱昂斯认为"一个词项的语义标记性是一个程度问题",如对于大多数英语本族人来说,dog相对于bitch在语义上完全是无标记的,因为它可以毫无限制地作为bitch的上义词使用,cow和dog相比,无标记程度较弱,可以用those cows(over there)来泛指一群牛,而并

不暗示这群牛里没有公牛。但如果一群牛全是公牛，就不可用 those cows 来指称。（罗苹，2006：19）

3. 国内语言学界的标记理论研究

国内学者对标记理论的研究以评介和综述西方学者的相关学术成果为主，如沈家煊的《类型学中的标记模式》(《外语教学与研究》，1997 年第 1 期)与专著《不对称和标记论》(1999)、李兵的《音系标记理论的产生与发展》(《新疆师范大学学报》，1990 年第 3 期)、王立非的《布拉格学派与标记理论》(《外语研究》，1991 年第 1 期)与《关于标记理论》(《外国语》，1991 年第 4 期)、苗兴伟的《从标记理论看英语中的性别歧视》(《四川外语学院学报》，1995 年第 3 期)、张凤的《标记理论的再评价》(《解放军外国语学院学报》，1999 年第 6 期)、陈勇的《语言学研究中的标记理论》(《外语研究》，2002 年第 6 期)、赵蓉晖的专著《语言与性别——口语的社会语言学研究》(2003)、孟凡胜，滕延江的《标记理论述评》(《外语与外语教学》，2005 年第 8 期)、肖建安、肖志钦的《论英汉性别标记言语的象似性》(《外语教学》，2003 年第 3 期)、罗苹的《语义标记理论的再思考》(《中国俄语教学》，2006 年第 3 期)、李海滨的《布拉格学派标记理论在词素义研究中的应用》(《齐齐哈尔大学学报》，2011 年第 3 期)等，其中不乏本土化研究成果。例如：

沈家煊(1997:5)认为有标记和无标记的对立在语言的各个层次上都起作用，除了语音和形态（词法），句法上像现在时和过去时的对立、肯定句和否定句的对立也都是无标记和有标记的对立，在语义上反义形容词"大"和"小"、"长"和"短"、"深"和"浅"的对比也一样，一般只说"有多深?"和"三尺深"，不说"有多浅?"和"三尺浅"，"深"相对"浅"是无标记项或中和项。有无标记的对立不仅在所有层次上都起作用，而且在所有层次上保持一致，例如，p 相对于 b 如果在音位变体的层次上是无标记项，那么在音位层次和形态音位的层次上也都是无标记项；同样，单数相对于复数如果在构词法上是无标记项，那么在句法和语义层次上也是无标记项，这种一致性促使人们去探求造成标记现象的缘由。

赵蓉晖(2003:97—103)在其专著中辟出一章专门论述性别标记的非对称现象，不仅对俄汉语中的形式标记与语义标记的不对称现象作了较为全面的对比分析，而且对俄汉语中分布标记不对称的两种表现形式进行探究：一是从分布范围来看，作为二项对立中的无标记项，表男性词分布的范围要大得多，它们在很多场合可以概括或者代替表女性词汇的意义。在俄语中甚至已经形成了这样的规范：在正式场合使用阳性名词，即使表人名词的所指为女性，如 храбная капитан(勇敢的船长)；Директор у нас строгая(我们的厂长非常严格）；Г. Николаева—специальный корреспондент Литературной газеты（Г. 尼古拉耶娃是《文学报》的特派记者）等，其中修饰阳性名词的形容词，按照严格的规范形式应该使用阳性形式，但在现代口语中根据实际所指可以使用阴性形式，这就形成了一种阴（形容词）阳（表女性名词）结合的独特语言现象。汉语虽然没有名词性的范畴，但表男性名词可以表示概括和泛指，如"子孙"可用来泛指后代、传人，其中自然包括女性。

李福印、杨桦（1997：29）认为，英语中也有类似情况，在表示男女两性的词中，几乎所有的男性名词在形式上是无标记的，是常用的，普通的，这是根据标记理论的划分依据得出的结论，事实也是如此。这一点可以反映出语言对男性的偏爱，对女性的歧视，形式标志常常是把女性当作多余的人（women—as—extra—human）来对待。但是，例外情况也是有的，如在 bride / bridegroom，widow / widower 两组词中，bride 和 widow 的无标记性却从另一个侧面反映了社会对女性的歧视，因为自古以来，多是男方把女方娶到自己家里，称"新娘"，视为私有财产，这是"常用的，普通的"，故为无标记，与之相邻的"新郎"为有标记。widow 为无标记，道理亦同。丈夫故世，女人必须守寡，被称之为"寡妇"（widow），实为"正常，普通"，而逝去妻子的男人称"鳏夫"（widower），但鳏夫常常可再续弦，即可脱掉"widower"的称号，因此就不常见了，故在词形上是有标记的。

另外，汉语和俄语、英语等语言一样，在使用第三人称代词单数形式时，如果所指人物性别没有明确或者没有必要明确，均用表男性代词"他"表示泛指，如"从笔迹上看不出他是男的还是女的""一个人要是离开了集体，他就将一事无成"等，以此表明作为无标记项的表男性代词更加强调社会认同的内容；二是表示男女的词在同时出现时的前后分布顺序有别，如上所述，通常都是按照"男先女后"的排序规则，如俄语中的 дед с бабкой（爷爷奶奶），отец и мать（父母亲），брат и сестра（兄弟姐妹），муж и жена（夫妻），юноша и девушка（男女青年）等。

汉语中也有类似情况，如按照"男先女后"规则排序的男女、爷爷奶奶、父母亲、公婆、夫妻、儿女、兄妹等，如上所述，若把这些处于并列联系的两个词调换一下位置，意义虽然没有改变，但却非常别扭，就不那么符合汉俄语言的表达习惯，这里发挥作用的是分布标记所体现的社会性别不对称性，它已经成为人们内心深处难以更改的一种认知定势和优劣亲疏取向，从中能够反映出社会对性别角色的不平等待遇和不同期望。当然，按照"女先男后"规则排序的例外情况也是有的，如"姐弟"，其中起主导作用的不是性别，而是年龄大小，同样不宜倒置使用。

李海滨（2011：39）认为，由布拉格语言学派 Н. С. 特鲁别茨科依提出的标记理论强调无标记性和有标记性,最初用于音位学和形态学研究领域中,后来俄语语法、语义等研究领域借鉴了标记理论,对语言机制更深入地加以解释,标记理论也得到进一步完善,如语义的基础性研究应从词素(最小的音义结合的语言单位)着手,词素义研究中引入标记理论,可以对词素义进一步解读。

第二节　社会性别语用标记的不对称现象

随着语言研究向人类中心论的转向,标记性在社会语言学、类型学、社会性别语言学、语言习得和外语教学、认知语言学和心理语言学等学科的研究中竞相出现,语用学也不例外。

1. 中西方语用标记差异

标记理论进入语码选择研究是朝语用扩展的一个显著标志,语码选择是说话人协调与听话人的权利义务的手段,语码选择的标记性定义为是否符合制约某种语码的使用的社会规范。祝畹瑾(1994:13—17)认为,解释语码转换的社会动机可分为无标记语码选择、有标记语码选择和试探性语码选择三类。语用交际中的问题也可从标记的角度解释。例如,在英语国家,"How do you do?"是交际双方见面时常用的问候语,但如果同样在这种交际场合保持沉默,那么,沉默比问候语更富有含义。这是因为,社交寒暄用语在交际场合常为无标记的,没有确定含义,只不过是寒暄客套而已,不传达任何实际信息。相反,沉默不语却是有标记的,因为它传达一种肯定信息,起到某种特定的交际作用。(王立非,1991:4—6)也就是说,沉默并不等于不说话,而是沉默中有"话",在不同的语境中通常表示同意或者不同意、不解、对抗、较劲、无言以对、蓄势待发等多重意义,可谓"此处无声胜有声"。

受标记性的影响,中国人与西方人在对同一事物的理解上并不一定总是能够达成一致,有时会造成跨文化交际中的障碍或冲突。例如,中国人心中对"西风""龙""柳树"等的感受与西方人心目中对"west wind""dragon""willow"的感受并不相同。(贾玉新,1997:236—239)在中英两种语言中,这些词语所表达的"无标记的"意义基本一致,都分别表示"从西边吹来的风""古代传说中一种有鳞有须能兴云作雨的神异动物""柳属的一种落叶乔木或灌木,枝细长下垂,叶狭长,其中少数(如白柳和垂柳)为观赏遮荫树木"等。但是,它们所表达的"有标记的"意义却迥然不同。在中国,由于"西风"通常出现在晚秋或隆冬,气温降低,寒风飕飕,树木凋零,万物沉寂,因此在汉语中,文人笔下的"西风"往往就成了凄凉、萧条、冷落的代名词,如马致远的"枯藤老树昏鸦,小桥流水人家,古道西风瘦马。夕阳西下,断肠人在天涯"(《天净沙·秋思》)、李白的"咸阳古道音尘绝,音尘绝,西风残照,汉家陵阙"(《忆秦娥》)、艾性的"海田未必知天数,空对西风老泪滂"(《避乱逢友人》)等,无一不勾勒出"西风"所隐含的悲凄意境。

与中国相反,在英国,当"west wind"(西风)吹起来的时候,正值春天来临、万物复苏,生机盎然,令人心旷神怡,于是,"west wind"就成了英语中被讴歌的对象,象征着力量与希望,代表着强悍与威严。英国大诗人雪莱在《西风颂》中有这么一段:"剽悍的西风啊,你是暮秋的呼吸,/因你无形的存在,枯叶四处逃窜,/如同魔鬼见到了巫师,纷纷躲避;/……剽悍的精灵,你的身影遍及四方,/哦,听吧,你既在毁坏,又在保藏!……"寥寥数语,言简意赅,赞美之情溢于言表。

这种对同一事物的不同理解在跨文化交际中比比皆是,即便是同一民族或者使用同一种语言的交际双方亦会因为对某一语言标记理解不同而出现交际失误,如俄语动词有未完成体和完成体之分,前者为无标记项,后者则属于有标记项,因被加上各种词缀或者发生词形变化而获得不同的意义,以动词 сдавать-сдать 为例:

— Кирилл сдал зачет по английскому?
— Не сдал.
— Провалил?!
— Да нет, не сдавал, у них преподаватель заболел. (Формановская,1998:236)

"基里尔的英语考查通过了吗?"
"没通过。"
"考砸啦?!"
"哪里哪里,他压根儿就没参加考查,他们的老师病了。"

不难看出,回答者所说的"没通过"之所以引起提问者的反问,是由于他不正确地使用了有标记的完成体动词"сдать",从而让提问者误以为基里尔参加了考查,但没有通过。相比之下,汉语里一般不会出现这些问题,尽管汉语的动词没有"体"的范畴,但可以通过助词"着""了""过"或者其他词汇手段表示"是否通过""是否完成"之意,如可以回答"没参加考查""没参加过"等,一般不会出现语言标记上的理解误差。

2. 社会性别语用标记的不对称现象

关于社会性别语用标记的不对称现象,俄汉语中均有不尽相同的表现形式,标记现象在其语用层面随处可见,此时语言单位的标记性表现为语用标记,通常体现于间接表达恭维、问候、请求、道歉、拒绝、抱怨等言语行为,原因在于:直接言语行为属于常规性的自然表达,通常没有什么标记,而间接言语行为一般刻意体现礼貌与委婉表述,带有明显的社会性别语用标记。

美国语言学家 T. 吉冯(Givon)对于语用层次的标记现象作过较为全面的分析,其代表性观点是标记性取决于语境,同一个结构可能在这个语境中是有标记的,而在另一个语境中是无标记的(张凤,1999:45)。换言之,标记性和非标记性是可以相互转化的,在转化的过程中,语境起着决定作用。人们将这种现象称为不同语境下的范畴标记值颠倒。由此可见,在语用层面,语言单位的标记性是一个完全动态的概念,随着语境的变化而改变原有的标记特点。以间接言语行为(indirect speech act)为例,美国哲学家 J. R. 塞尔提出的规约性间接言语行为和非规约性间接言语行为分别属于无标记性的常规性表达和有标记项的非常规性表达。其标记性与语境度密切相关。如:Could you pass the sail?(你能否让帆船通过?)一句中,听话人无需视其为"询问",而是直接把它理解为"请求"的间接用意,这种对规约性间接言语行为的理解无需太多的语用推导,只需对字面意义作一般推断即可得知说话人的真实意图,是一种无标记的表达。

关于间接言语行为,J. R. 塞尔曾在《间接言语行为》(1975)一书中将其定义为"通过实施另一个行事行为而间接地实施的一个行事行为",认为最简单的表达意义的情形是,说话人说一句话的意思完全就是他所说语句的字面意义,这是直接言语行为。但是,在间接言语行为中,说话人的话语意义和句子意义是不一致的,即话语的深层结构内容多于其表层结构。这是由于间接言语行为同时体现着两种言外行为(illocutionary acts),即:主要言外行为(primary illocutionary act),即说话人的交际意图,和次要言外行为(secondary illocutionary act),即话语的字面意思。不仅如此,他还认为话语的言外行为不仅决定于意图,而且取决于规约。因此,他以主要言外行为和次要话外行为之间的联系性为依据,将间接言语行为区分为规约性间接言语行为(conventional indirect speech act)和非规约性间接言语行为(unconventional indirect speech act)。在规约性间接言语行为中,主要言外行为和次要言外行为之间联系紧密,具有约定俗成性、习惯性和程序化的特点。(王德春等,1995:74)

俄罗斯学者 H. И. 福尔马诺夫斯卡娅(1998:157—158)赞同 J. R. 塞尔的上述观点,认为规约性间接言语行为属于常规性的表达,为非标记项。例如:在地铁里说一句"Вам нетрудно подвинуться?"(请您让一下位子好吗?),听话人对其第一反应不是"问题"(次要言外行为)的字面意义,而是直接把它理解为"请求"(主要言外行为),这种对规约性间接言语行为的理解无需太多的语用推理,即便是在没有上下文的情况下,只需对字面意义作简单推断,即可得知说话人的真实交际意图,这在日常交往中似乎已成为交际双方心知肚明的一种共同规约,因而是一种无标记的表达方式。但是,非规约性间接言语行为则是一种有标记的非自然表达方式,脱离上下文难以判断其真实含义,如孤零零的语句"У меня болит горло"(我的咽喉痛)仅表示一种"陈述",但是,如果将其作为"Давай съедим мороженого"(我们吃点冰激凌吧)一句的答语,则作为不能吃冰激凌的理由来表示"拒绝"的间接用意。主要言外行为(拒绝)和次要言外行为(陈述)之间联系并不紧密,具有非约定俗成性、非习惯性和非程序化的特点。根据 J. R. 塞尔(1975)的观点,理解非规约性间接言语行为大致需要经过十个逻辑推断步骤,主要依靠说话双方共知的语言信息和语用前提知识以及具体的语境因素来推断,因而较为复杂,不确定因素较多,属于一种非常规性的、不自然的、有标记的表达。

　　然而,在语用层面上,标记项的判断和确立往往是相对的,并非一概而论。例如,规约性间接言语行为相对于非规约性间接言语行为是无标记的,但相对于显性施为句等一般言语行为则是有标记的。施为句是英国哲学家 J. 奥斯汀提出言语行为理论的依据和着眼点。他认为某些陈述句的作用不是"描述"行为,而是"实施"行为,言语和行为同时发生,由此提出施为句的概念,形成了言语行为理论的最初基础。(周民权,2009:25)按照他的划分方法,含有施为动词(performative verbs)的施为句是显性施为句(explicit performatives),不含施为动词的施为句是隐性施为句(implicit performatives)。

　　何自然等英语学者(2002:61)认为,施为动词就像施为句所表达的言语行为或施为用意的名称或标签,即有什么样的施为动词就有什么样的言语行为。也就是说,显性施为句所表达的言语行为属于直接言语行为,如:"I order you to pass me the salt."一句通过"order"这个施为动词明白无误、直截了当地表达了"指令"这个言语行为。而在"Could you pass me the salt?"之类疑问句中,由于缺乏具体的施为动词,说话人真正意欲实施的言语行为或者说施为用意就变得更为隐蔽、含糊,听话人在理解时需要多费脑筋,首先必须作出判断:说话人到底是在"询问"还是在"请求"? 如何正确判断此类隐性施为句所表达的规约性间接言语行为?

　　福尔马诺夫斯卡娅(1998:164—165)认为,施为句与其他语句不同的主要判断标志,是看语句中是否具有意向意义以及指向受话人这两大特征,二者缺一不可。例如,"Я прошу его об этом"(我请求他做这件事)一句尽管表达意向意义,但并非指向受话人,说话人的目的只是陈述事实而不是请求。与此相反,"Я говорю тебе об этом"(我给你说这件事呢)一句中的行为虽然指向受话人,但并不表达意向意义。因此,它们都不是施为句。即便是在一些具有施为意义的语句中,说话角色的相互转换或者动作时间和地点的改变都可能使句子原有的语用意义发生变化。例如"Ты просишь меня о невозможном"(你求我的事是做不到的)表达的不是请求,而是拒绝,"Я целый год прошу тебя об этом"(我整整一年都在求你这件事呢)一句表达的是责备而不是请求,其中发挥作用的是人称形式和时间标记,它们背离了施为语句所特有的"я — ты — здесь — сейчас"("我— 你 — 此地 — 此时")这一语用标记。只有"Я прошу вас об этом"(我请求您做这件事)之类语句才直接表达"请求",属于真正的施为语句。不仅如此,"Вам нетрудно подвинуться?"(请您让一下位子好吗?)之类没有施为动词的疑问句也可以间接地表达请求意义,受话人只需做出让位动作或者找出拒绝理由即可。

　　据此,我们认为,从某种意义上讲,和显性施为句比较,隐性施为句所表达的规约性间接言语行为是有标记的:句子形式和所表达的意思不相一致,也就是说,意向意义不是直接用陈述句或者祈使句表达,而是用疑问句形式表达的,旨在体现礼貌或拟委婉,带有明显的语境因素。这一解释符合许多学者从语境角度对语用学所下的定义,即"语用学通常被看成是语境学,研究语言的显性内容(语义)和隐性内容(含义)是如何通过语境发生关系的。"(熊学亮,1999:8)

　　在谈到语境的功能时,何自然等人(2002:118—121)认为,从说话人的角度看,语境会影响说话人在说话内容、表达方式、表达手段等方面的选择;从听话人的角度看,语境有助于听话人确定指称(reference assignment)、消除含糊(disambiguation)、充实语义(semantic enrichment)等。概言之,作为语用学核心内容的语境会影响意义的表达和理解,脱离语境就谈不上语用研究了。美国语言学家 T. 吉冯对于语用层面的标记现象作过比较全面的探讨,其代表性观点就是标记性取决于语境,同一个结构可能在这个语境中是有标记的,而在另一个语境中是无标记的。(张凤,1999:46)换言之,标记性和非标记性是可以相互转化的,而在转化的过程中,语境起着决定性的作用。人们将这种现象称为标记颠倒,即在不同语境下范畴的标记值(marked value)会发生颠倒。所以,标记性和非标记性会随着语境的动态变化而相互转化。也就是说,上述疑问句如果表达本身的疑问意义,就是无标记的,倘若表达的是意向意义,即说话人所力图表述的言外之意,则是有标记的,其意义视具体语境而定。

第三节　关于取缔各种与会代表名单中的女性标记的建议

　　前边提到,长期以来,从上到下,在公布重要会议的与会代表名单时,通常会在女性代表的姓名后标记出带括弧的"(女)"字,突出女性的性别身份,即使是女代表占多数的场合也是如此,已经形成一种雷打不动的惯常做法。这种做法究竟表示男女有别还是倡导男女平等？孙汝建（2010:；57）认为："产生以上现象的原因在于：人们习惯上认为有声望的人往往是男性，而女性一旦成为有声望的人时，似乎必须作为特殊的例外来看待……把女性作为例外，是把女性视为男性的附属的另一种表现。"笔者认为这种看法不无道理。通过对标记理论的探究，我们逐步认识到，尽管有标记的语言形式并非都是歧视，有时是组合形式较为复杂、有时是意义概括程度和使用频率不高、有时是分布不够广泛，等等。但是，给参会女代表的姓名加注女性标记，这种区别对待则是一种不平等现象，体现出一种以男性为参照点的对女性的潜在性别歧视，其产生原因在于：

1. 代表名单中的女性标记产生的原因

1.1　受国际大气候和时代潮流的影响

语言表述中的有意突出女性现象有着深刻的国际和时代背景，伴随着 20世纪 50 年代语言学研究向社会范式的转型以及 60 年代欧美国家女权运动的迅猛发展，西方社会语言学家的开始关注"语言与社会中的女性"这一新型命题，推动了世界各国的性别语言研究，各种舆论宣传和文字表述极尽褒女之能事，突出女性形象的势头有增无减。国内的相关宣传无疑受其影响，在各种会议报道中加注人名女性标记以突出其性别身份的做法便应运而生。需要指出的是，20 世纪 50 年代，尽管我国在舆论宣传方面常常效仿苏联的做法，但苏联并没有给女性姓名加注性别标记的先例，其他国家和民族的语言表述中亦很少有此惯例。由此看来，我国各种与会代表名单中的女性标记是时代的产物，具有中国特色。

1.2　传统方式和惯性思维使然

应该充分肯定的是，新中国成立以后，妇女的政治地位和社会权益得到空前提升，大量宣传报道妇女在建设社会主义事业中的重要作用、突出其性别身份是时代的需要，对男尊女卑的封建残余思想形成强大的冲击，在很大程度上改变了对女性的性别歧视，真实地反映了当时中国社会对女性形象的心理认同，在这个问题上，舆论宣传的巨大导向作用功不可没，在新中国成立初期，刻意突出女性标记是必要的，否则难以纠正积习已久的认识偏差。我们自己当时都很赞同这种习以为常的做法，视其为顺理成章之举。

但是，此一时彼一时，时代在发展，社会在进步，60 多年后的今天，在人们对男女两性适切行为，即性别角色的社会期望已经基本固定下来的情况下，仍然按照惯性思维，沿袭几十年前的传统做法，在会议报道中有意突出女性代表的性别身份，就令人感到牵强附会，没有与时俱进，有时难免给人造成假大空的印象，似乎这样做就是尊重女性，不这样做就是"掉链子"，就是有悖常规，等等。

于是乎,习惯成自然,上行下效,层层模仿,随大流,走过场,并没有抓住新形势下如何宣传男女平等的实质。因此,舆论宣传中的传统习惯和思维方式的转变刻不容缓!

1.3　初衷是倡导男女平等,结果却变成男女有别

事实证明,语言表述中的性别歧视之所以产生,是因为受几千年封建父权社会的影响,社会对女性的能力、价值产生了先入为主的偏见,最终形成了一种男权主义思维定势和文化定型而进入社会成员的价值体系。它们在多数情况下体现了一种权势文化造成的社会不平等现象,都是通过牺牲女性一方的权益而得以实现和维持的。

1949 年以来,党和政府一直致力于消除男女不平等现象,采取了一系列切实可行的措施,推举女性代表参政议政就是其中之一。但是,重要的在于实际参与,而不在于以文字形式给她们的姓名打上性别标记。宣传的本意是给社会传递男女平等的信息,表明女性和男性拥有同等的社会地位和政治权利,殊不知一味地突出女性标记,反而会刺激社会各界人士对这一问题的敏感神经,引发他们的议论纷纷。人们会发现,实际上男女有别,无论什么会议,女性代表参会人数少之又少,成为男性代表的"点缀"。难道体现男女平等的做法就是加注女性标记?这种人为的举措能给和谐社会的构建带来什么益处?为什么不能让更多的女性代表参政议政,使之摆脱与男性代表人数相比所处的绝对劣势地位?因此,注重实际行动,摈弃表面文章,这才是真正实现男女平等的关键所在。

1.4　本意是尊重女性,实际上事与愿违

不容置疑的是,给女性代表的姓名加注性别标记,本意是对她们参政议政能力的认可,唤起社会对她们的尊重与关注。然而,参加各种会议的女性代表未必希望她们仅仅是身为女性被尊重或者被赞美,她们无疑是经过层层筛选脱颖而出的社会精英,通常都希望享受和男性代表相同的政治待遇,内心深处未必愿意自己被重点关照,被作为"异类"区别对待,被"标记"以显示自己的与众不同,等等,就像正直的人未必喜欢自己被别人刻意奉承一样。既然同为代表,为什么她们的性别受到特别关注,而不考虑诸如职业、受教育程度、政治面貌、社会角色、年龄、职务、职称、所代表地区、能力、成就、贡献等其他因素呢?其性别被突出强调的结果,容易给人造成一种错觉,似乎她们身为代表主要是性别因素在起作用,这种看法未必会得到女性代表的认同。可以毫不夸张地说,这样的有意突出或者抬高并没有体现出对女性代表的尊重,可能还会有意无意地伤害其中部分人的感情。

除了上述客观和主观方面的原因之外,还有一个不是原因的原因,那就是人们对该现象没有引起注意。人常说:不知者无过,无意者免责。我们对上述问题进行分析,意在探索一种现象的是与非,并不是对主管宣传工作的领导以

及辛勤工作在第一线的相关人员进行指责。他们并非有意歧视女性,也没有意识到这种现象是一种潜在的性别歧视,这一点不难理解。实事求是地讲,包括笔者自己在内,在较长一段时间里也同样感到茫然,对这种现象感到别扭,但说不出为什么,也认识不到问题的实质。只是通过标记理论的探讨,才逐步明白其中道理。

2. 建议取缔与会代表名单中的女性标记及其益处

综上所述,我们建议相关部门及时作出决策,自上而下展开行动,逐步取缔各种会议报道中为女性代表的姓名加注女性标记的做法。这样做至少有以下几点益处:

2.1　顺应时代潮流,与时俱进,改变传统的思维模式,倡导求真务实的宣传报道风气,进一步拓展弘扬男女平等的新途径。

2.2　营造和谐的社会性别氛围,为男女两性提供宽松愉悦的生存空间,减少社会各界人士对男女平等问题的敏感刺激,引导大家保持平和心态,坦然面对存在问题。

2.3　有利于保证对各级与会女性代表的充分尊重,让她们摆脱各种压力,不再因为自己的性别身份被“标记”而感到烦恼。

2.4　有利于引导各级组织平衡与会代表的性别比例,增加女性参会系数,实现真正意义上的男女平等。

2.5　有利于向世界宣传中国,在以后翻译或者对外宣传介绍国内各种重大会议的报导时,不致因为其中的女性人名标记而让外国人士产生不必要的疑虑或者误解。

参 考 文 献

[1] Holmes, J. Sex Differences in Apologies: One Aspest of Communicative Competence [A]. // Applied Linguistics 10/2[C]. 1990: 194—213.

[2] Levinson, S. C. Pragmatics [M], Cambridge: Cambridge University Press, 1983.

[3] Lyons, J. Semantics [M]. Volume 1. Cambridge : Cambridge University Press, 1977.

[4] Scarle, J. R. Indirect Speech Acts [M]. In P. Cole and J. L. Morgan (eds), 1975.

[5] Трубецкой Н. С. Основы фонолонии[M]. М., Аспект Пресс, 2-е издание, 2000.

[6] Формановская Н. И. Коммуникативно-прагматические аспекты единиц общения[M]. М., ИКАР, 1998.

[7] Якобсон Р. О. О структуре русского глагола [C] // Избранные труды [A]. М., Прогресс, 1985.

[8] 陈勇,语言学研究中的标记理论[J],外语研究,2002(6):28—32.

[9] 顾亦瑾,吴国华.语言与文化[M],郑州:河南人民出版社,1991.

[10] 方成,男性的觉醒:男性学[J],读书,1997(4):90—92.

[11] 何自然、陈新仁,当代语用学[M],北京:外语教学与研究出版社,2002.

[12] 贾玉新,跨文化交际学[M],上海:上海外语教育出版社,2002.

[13] 巨芸,世界图景、常规关系和超常搭配[J],外语学刊,1999(1):55—60.

[14] 李兵,音系标记理论的产生与发展[J],新疆师范大学学报,1990(3):49—55.

[15] 李福印、杨桦,从词形与词义看性别歧视[J],外语学刊,1997(1):29—34.

[16] 李海滨,布拉格学派标记理论在词素义研究中的应用[J],齐齐哈尔大学学报,2011(3):39—42.

[17] 刘宏,试论外语教学中的常规关系与民族社会文化常规范型[J],外语与外语教学,2001(8):27—29.

[18] 罗苹,语义标记理论的再思考[J],中国俄语教学,2006(3):19—23.

[19] 孟凡胜、滕延江,标记理论述评[J],外语与外语教学,2005(8):14—16.

[20] 苗兴伟,从标记理论看英语中的性别歧视[J],四川外语学院学报,1995(3):51—55.

[21] 沈家煊,类型学中的标记模式[J],外语教学与研究,1997(1):4—13.

[22] 沈家煊,不对称和标记论[M],南昌:江西教育出版社,1999.

[23] 孙汝建,语言与性别[M],南京:江苏教育出版社,1998.

[24] 孙汝建,汉语的性别歧视与性别差异[M],武汉:华中科技大学出版社,2010.

[25] 肖建安、肖志钦,论英汉性别标记言语的象似性[J],外语教学,2003(3):40—42.

[26] 熊学亮,认知语用学概论[M],上海:上海外语教育出版社,1999.

[27] 王德春、孙汝建、姚远,社会心理语言学[M],上海:上海外语教育出版社,1995.

[28] 王立非,布拉格学派与标记理论[J],外语研究,1991(1):3—9.

[29] 张凤,标记理论的再评价[J],解放军外国语学院学报,1999(6):44—46,53.

[30] 赵爱国、周民权等,20世纪俄罗斯语言学遗产:理论、方法及流派[M],北京:北京大学出版社,2012.

[31] 赵蓉晖,语言与性别 — 口语的社会语言学研究[M],上海:上海外语教育出版社,2003.

[32] 祝畹瑾,语码转换与标记模式 —"语码转换的社会动机"评介[J],国外语言学,1994(2):13—17.

[33] 周民权,当代俄罗斯社会性别语言学研究论略[J],中国俄语教学,2010(3):12—16.

[34] 周民权,20世纪俄语音位学研究及其影响[J],外语学刊,2012(2):66—69.

[35] 周民权,俄汉恭维语的社会性别语用对比研究[J],浙江外国语学院学报,2013(1):14—19.

[36] 周民权,汉俄称呼言语行为的社会性别语用对比分析[J],中国俄语教学,2013(4):42—47.

第七章　俄汉言语行为中的社会性别语用对比研究①

第一节　作为语用学核心内容的言语行为理论

早在 20 世纪 20—30 年代,波兰裔人类学家 B. 马林诺夫斯基、美国语言学家 L. 布龙菲尔德和美国行为主义心理学家 J. 华生等人先后使用"言语行为"这一说法,但现代语言哲学意义上的言语行为概念则是英国哲学家 J. 奥斯汀于 1955 年在讲稿《论言有所为》中提出来的,后由他的学生 J. R. 塞尔在 60—70 年代加以修改、补充和完善,进一步发挥语言的功能特点,最终形成了具有重要影响的言语行为理论,奠定了当代语用学理论的研究基础。

俄罗斯语言学家 Н. Д. 阿鲁玖诺娃认为,言语与行为两者之间密切相关。言语与行为之间的联系之所以显而易见,皆因得益于言语习性反应行为活动的诸多表现形式:既包括言语行为,也包括 хитрить, юлить, третировать, соблазнять, унижать, унижаться, ухаживать, кокетничать, заигрывать 之类非言语行为。个别言语习性反应行为的称名既可以表示言语行动,又可以表示非言语行动,如 обмануть, надуть, ободрить, обидеть оскорбить, ввести в заблуждение 可以是行动,也可以是言语。动词 выражать, выказывать 既属于习性反应行为,也属于言语行为: выражать (выказывать) симпаиию (восхищение, неприязнь и пр.)."言语行为(речевой акт)可以从两个方面去探究:一是看其真值,二是看其所实施的行为动作。我们将称其为言语习性反应行为(речеповеденческий акт),它们参与言语交际时,总是有指向的。这是言语习性反应行为和不一定指向另一方的举动的区别所在。"(Арутюнова, 1999: 643)也就是说,言语行为通常是在面对面进行交际的语境中实施的,必须符合"я—ты—здесь—сейчас"这一语用标记,即便是文艺作品中的描写,通常也遵循这一语用规则。

徐翁宇(2008: 258)认为,在现代社会中,男女的权利基本上是相等的,但他

---

① 该章部分内容首次发表于《俄汉礼貌用语中的语言与社会性别探究》一文(俄罗斯《语文学问题研究》2009 年第 3 期)、《俄汉言语行为中的社会性别研究》一文(俄罗斯《语文学问题研究》2010 年第 1 期)。

们在社会和家庭中的地位和作用不同,他们的性格、情趣不同,因此他们使用语言的方式,他们的言语行为有这样或那样的差距。比如,西方和俄罗斯学者都提到的话题差异:男性喜欢谈论运动、技术、政治,而女性喜欢谈论时装、烹调、孩子;男女谈话的意图也有所差异:男子说话更多地为了传递信息,他们喜欢演讲,喜欢在公众场合高谈阔论,而女子说话常常为了交流感情,她们在私下场合非常健谈;男女说话的方式亦有一定差异:男性说话直截了当,而女性说话比较含蓄委婉。

J. R. 塞尔认为,之所以要研究言语行为,要用言语行为来描述语言,是因为"任何语言交际都牵扯到言语行为,人类语言交际的基本的、或最小的单位不是作为符号的词和句子,而是实施言语行为。准确地说,在一定条件下构造具体的语句,就是实施言语行为,言语行为是语言交际的最小单位。"(НЗЛ, 1986:152)

我们认为,作为语用学理论的核心内容,言语行为理论在语言哲学中的价值主要体现在 4 个方面:

1. 语言不仅可以描写并反映人对世界的认知过程和结果,而且可以行事或者施为,这一重大发现突破了传统的语言单功能观,标志着语言多功能时代的到来,为语言哲学研究男女两性创造世界的主观能动性提供了新的可能与契机。

2. 突破了语言真值观的局限,表明言语行为不存在真假之分,只有是否得体、能否实现之别。这两个重要观点被称之为语言哲学史上的"哥白尼式"的革命。

3. 言语行为理论的主要功能是解释语言,而不是指导人们如何使用语言。

4. 一个完整的言语行为通常可以划分为三个层次:"言说行为"或"言内行为"(локутивный акт),即用口头表达出的有一定语音结构、符合语法规范、有一定意义和所指对象的句子形式;"意向行为"或"言外行为"(иллокутивный акт),即用以实现语势、以某种言语方式表达说话人的意图或愿望的行为;"取效行为"或"言后行为"(перлокутивный акт),即口头表达出来的话语对受话人的思想行为产生某种影响,引发某种效果。这三种行为是同一个语句共时体现、相互依托,互为存在前提的三重行为,集"说""做"及其产生的"效"于一身。(赵爱国、周民权等,2012:331)

作为言语行为的重要组成部分,称呼语、问候语、恭维语及其答语、道歉语、抱怨语、请求等言语行为较为充分地体现了上述三重行为,其中的社会性别语用标记发挥着重要的阐释作用,这种作用通过俄汉语语用对比能够更为明显地体现出来。

第二节　俄汉称呼语的社会性别语用对比分析①

称呼语是日常交往最经常发生的沟通人际关系的信号和桥梁,最能明显地体现说话人之间的社会关系和社会地位以及亲疏程度。由于称呼语的指称对象是言语交际活动中的人,所以,性别、年龄等特征通常是必须考虑的,甚至成了选择称呼语的说话人需要选择适合交际情景的称呼方式,以引起受话人的注意,并与其进行交流;对于陌生人,可以根据眼睛所看到的对方最显著的特点来称呼他;对于熟人,可以用双方共知的特征或定型因素之一来称呼。

在现代俄罗斯语言学中,对"称呼语"的本质的理解主要是 A. A. 沙赫马托夫来完成的,他认为:"称呼语——这是一个词或者一个词组,符合说话人所指向的第二人称称名"。(Шахматов,1941:261)М. В. 费多罗娃和 И. М. 那乌莫娃(1999:113—114)等学者支持这一观点,她们认为:"在所有使用称呼语的场合,首先它与受话人的实体称名相关联,其次和代词"ты"(你)相关,作为言语接受者逻辑——概念称名的载体"。

A. A. 阿基希娜、Н. И. 福尔马诺夫斯卡娅在其专著(1986)中把称呼语划分为针对熟人或者陌生人,使用于正式或者非正式交际场合,称呼对方时因人而异,即因对方的社会性别、性别角色、年龄、社会地位等不同因素而异,因语境而异,其中不乏社会性别的语用差异。(详见本书第二章第二节)

Н. И. 福尔马诺夫斯卡娅(1987:51)认为,作为一种句法现象,称呼语备受语言学家关注,是因为它的特点别具一格:俄语词典通常将称呼语界定为"用言语指称人或物的词或者词群",但是,这一界定与学者们经常强调的称呼语的两大特点相互矛盾:它不与句子中的其他词发生句法联系,并且具有特殊的语调。也就是说,词作为一种称名单位,没有必备的语调,那么,作为词的称呼语是如何获得必备语调的? 再者,称呼语不与句子中的其他词发生句法联系这一点似乎难以自圆其说,因为俄语词形变化规则迫使它与其他词发生联系:作为称呼语发挥功能的词形结构通常具有形态聚合体。这两个矛盾一直困扰着俄语学界,至今没有一个明确的答案。

需要指出的是,汉语中的"称呼语"和"称谓语"在俄语中都表示为"обращение",虽然二者联系紧密,但互有区别:称谓语指的是人们由于亲属、身份、职业等方面的相互关系和社会角色而得来的名称,如 отец(父亲)、кассир(收款员)、директор(经理)等;而称呼语指的是用言语指称人或物的词或者词组,以

---

① 该章部分内容首次发表于《汉俄称呼言语行为社会性别语用对比研究》一文(《中国俄语教学》2013年第 4 期)。

及当面招呼用的表示彼此关系的名称,如 товарищ(同志)、дорогой(亲爱的)、господин(先生)等。但在具体的俄语言语交际过程中,一般的职业称谓语常常被用来直接称呼对方,成为称呼语的重要组成部分之一。 如 профессор,доктор,учитель 等等,把它们与 товарищ(同志)、господин(先生)、уважаемый(尊敬的)、дорогой(亲爱的)等词连用,则显得更加礼貌和尊重。例如:Господа депутаты, вашему вниманию предлагается доклад.(代表先生们,提请您们关注报告。)Уважаемый президент! Разрешите мне сказать несколько слов.(尊敬的总裁,请允许我讲几句话!)Товарищ милиционер, где здесь ближайшая станция метро?(警察同志,请问离这里最近的地铁站在哪里?)等。(Акишина、Формановская,1986:8)

称呼语是社会关系中"权势"和"平等"关系的标志,受差序格局的社会结构、传统伦理、血亲关系、宗族社会因素、社会地位、职位高低、职业、性别、年龄、受教育程度以及交际场合等多种因素制约,在中国式称呼语中表现尤甚。"中国社会之称呼远比西方复杂,中国较习惯于非对称式的称呼类型,而西方偏爱于对等式;中国非对称式之称呼语的使用表现出一种权势取向,它是垂直式社会关系的标志。而西方社会,由于受平行社会关系、个人本位取向的影响,人们所崇尚的对等式称呼较充分地表达出平等的文化取向,是一种平等式社会关系之标志。"(贾玉新,2002:334)也就是说,称呼语直接体现了人际关系方面的中西方文化差异。

另外,汉语中的称呼语最能体现中华民族的礼貌习惯,有着极为严格的社会规范,这种规范已经高度格式化、公式化。中国人普遍敬老尊老,注重礼节,尊称很多,带有鲜明的汉民族文化标记。例如,在中国,认识的人相互之间见面时的有标记称呼大致可划分为以下 5 类,我们不妨与相关俄语称呼语予以比较:

1. "老"字不离口与忌讳说"老"

老+姓或姓+老(老王或王老,老李或李老等)这种称呼形式在中国最为流行,常见诸中老年人或同事、同辈之间。另外,夫妻之间互称"老公""老婆"屡见不鲜;一些年轻人也竞相效仿,相互之间常以"老"字互称,一口一个"老马""老郭";出自小孩之口的"老爸""老妈""老爷爷""老奶奶"不绝于耳;"王老""李老"等将"老"字置于姓之后的用法,则是对专业造诣精深或者德高望重的老前辈的尊称。这是独一无二的中国"土特产",其内涵不是所有"老外"都能领会的;至于现在流行的"老外",应算是一种对外国人不含任何贬义的昵称。实际上,此类称呼对中国人说来都是尊称形式,人们已经习以为常,因为在中国文化里,

"老"除了表达无标记的表示年龄大的意义之外,还作为一个有标记的敬语,在各个年龄段广为运用。中国人崇尚"尊老",这也是中华民族的美德之一。被人称为"老",中国人听了通常会觉得受到尊重,非常高兴,甚至连不知愁滋味的少年也常常互称"老+姓","老"在中国文化中的标记意义此处可见一斑。

近年来受西方文化的影响,一些研究生也称呼自己的导师为"老板",视自己为雇员,这可能与导师需要从自己的科研经费中付给研究生一定的报酬有关,也可能是一种习惯性称呼,别无他意,其中的"老"近似于"老师"一词中的"老",与年龄没有多大关系。这一称呼乍一听来感到有些别扭:师生关系怎么会变成雇佣关系?但仔细想想,其实"老板"这一称呼相当于一种职业称谓,与"老师"区别不大,仍然与前边所说的"老李"或"李老"之类中国式称呼有着某种内在联系,包含着对导师的敬畏与尊重。

但是,对于动辄称"老"的称呼,俄罗斯人听了很不理解:有些人根本不老,可为什么偏偏喜欢别人说自己老? 实际上,是他们把汉语中"老"的无标记的字面意义与有标记的语用意义混为一谈,因为"старый(老的)"在俄语里只表达字面意义,不涉及有标记的"尊称"意义,更何况俄罗斯人最忌"老"字,最不愿听到带"老"字的称呼,特别是上了年纪的妇女尤其"恐老",一听到别人说自己"老"就火冒三丈,感到是莫大的污辱,谁也不想"老"得太早太快。因此,在上了年纪的妇女群体中,在谈到另外一个人时,不能谈论"Она уже старая"(她已经老啦)或者"Ну, в этом возрасте..."(哎,在这个年龄段……)之类敏感话题,不能打听女性的年龄,无论她处在什么年龄段。俄罗斯成年人之间有自己独特的表示礼貌的尊称形式:名字+父名,如"亚历山大·尼古拉耶维奇、塔季娅娜·阿列克谢耶夫娜"等。无论是对同辈和同级,还是晚辈对长辈或长辈对晚辈,以及下级对上级或上级对下级,都可以这样相互称呼。这是俄语中用得最多、也是最合乎言语交际规范的称谓形式。

2. 行政职务脱口而出与避而不提

姓+行政职务(朱主席、赵团长、黄经理、李副局长、冯副主任等)是颇具中国特色的称呼形式。在日常工作和生活中,下属对上级,或者同事之间,以"姓+行政职务"作称呼最为常见,甚至在称呼上不惜有意拔高,随意"扶正",把副职朝上抬,省去"副"字,"李副局长"成了"李局长","冯副主任"成了"冯主任"等,似乎这样才能表示敬意,才能显示对方的身份。

俄罗斯人对这种称呼难以接受,他们不明白称呼对方时为什么非得说出职务,岂不多此一举? 即便是在苏联时期,俄罗斯人也不常这么称呼对方,惯常的称呼是"名字+父称,同志+姓,同志+职业称谓"。苏联解体之后,尽管"同志"

这一称呼逐渐被代之以"先生",但在平时的言语交际中,俄罗斯人也不习惯叫你什么长,什么官,而是按照他们的习惯直呼其名或者使用"先生＋姓"(如господин Ли 等)这种尊称形式,切莫以为这是看不起你,实际上那恰恰是友好亲近和尊敬的表示。当然,在一些正式的交际场合,俄罗斯人也会出于外交礼仪的考虑,使用"先生＋职务"的尊称形式,如 господин председатель(主席先生)等,带有浓厚的官方语体色彩。最常见的还是上述"名字＋父名"形式,对国家总统也不例外,如俄罗斯人无论普通百姓或是政府高级官员,一般都当面称 В. В. 普京总统为"Владимир Владимирович"(弗拉基米尔·弗拉基米罗维奇)或"господин президент"(总统先生),认为这是最为贴切的礼貌称呼。

笔者以为,中国人平时习惯以职务称呼对方,除了作为尊称之外,还往往带有奉承含义,这与长期以来中国社会发展进程中存在的"官本位"现象和残留在人们潜意识里的等级观念有关。几千年来,中国一直是个比较强调等级制度的国家,级别或职务高低往往决定着一个人的身份和社会地位以及别人对他的称谓。"礼"往往是下对上而言,故古人有"刑不上大夫,礼不下庶人"之说。下对上毕恭毕敬,俯首帖耳,唯命是从,尊敬有加。由此看来,古人的"礼"具有很大的局限性,并非整个社会不分尊卑贵贱,人人有"礼"。受这种观念的影响,口必称官,言必叫"长"在中国就成为一种根深蒂固的尊称形式,某些说话人认为只有这样称呼才是看得起对方,唯恐用之有误,而听话人也坦然面对,乐于接受,更有某些喜欢摆谱的人甚至因为对方没有称呼自己的官衔而心怀不满,觉得对他不恭不敬。这种以官为荣、以"长"为耀的中国式称呼实质上是"官本位"的一种变体表现形式,带有明显的社会等级标记,没有长期接受中国文化熏陶的俄罗斯人自然是体会不到其中韵味的。

3. 职业或学位学衔屡被提及与偶尔说起

姓＋职业或学位学衔(如张老师,孙医生,陈师傅,刘教授,马博士等)这种在中国较为流行的称呼常见诸学生对老师、下级对上级或者同事之间,是一种谦恭和礼貌的表示。这种情况在俄罗斯也有,所不同的是,俄罗斯人直接以职业或学位学衔称呼对方,较少使用姓名,即便使用,也是按照自己的表达习惯,把姓或名放在后边,如 профессор Иванов, доктор Алексей 等。

另外,中国人还出于尊敬,有时把本来没有师徒关系的人称为"师傅",称非职业教师的人为"老师",比如中央电视台年轻主持人常常尊称著名老前辈赵忠祥、宋世雄为"赵老师"和"宋老师"。俄罗斯人对此不大理解。在他们看来,有师徒或师生关系的人才可以称"师傅""老师",不当教师的人不能称其为"老师"。中国学生常常直接称教师为"老师",而俄罗斯学生对教师只用"名字＋父名"这种标准的称呼,不能直接称之为"老师"（учитель，преподаватель），更不能称女教师为"учительница，преподавательница"（女老师），其原因在于:俄罗斯人的职业称谓受历史形成的社会文化背景的影响,一般要使用无标记的名词阳性形式,称呼女性时也是如此。否则,教师就会认为学生没有礼貌,甚至是一种轻蔑的行为。

　　尽管俄罗斯女性对男性吝于言辞,但对同性则温情有加,常常称呼相互熟悉的一些并不年轻的女性为"девочка""девчонка"（小姑娘），以此表示友好和亲近。即便是面对素不相识的商店营业员、饭店服务员、列车员、公交车售票员等女性,无论她们年龄多大,哪怕是50—60岁的老太太,人们都习惯称呼她们为"девушка"（姑娘），并不提及职业称谓,否则会被视为不敬,如在商店称呼一位50开外的女售货员为"продавщица"（女售货员）或者"бабушка"（老奶奶），她会非常生气,因此故意不理睬你。

　　俄罗斯女性对女孩子经常会使用无标记的阳性词语,以表达自己的爱抚之情,如"Ах ты мой милый"（你真是我的小乖乖!）、"Голубчик ты мой!"（我的小宝贝!）等。对于不认识或者不熟悉的男性,俄罗斯人有时会称呼他为"молодой человек"（年轻人），尽管某些被称呼的人已经并不年轻,但乐于接受,毫不见怪。这种鲜明的俄罗斯性别称呼标记在中国很少见到。与之相反,中国男女两性对年龄问题不是很在意,相互之间问起年龄时,一般都会如实回答,即使不愿回答,也不会生气,特别是一些年长者,喜欢年轻人称呼他们为"叔叔""阿姨""爷爷""奶奶"等,甚至加上一个"老"字取悦于老年人,这在俄罗斯人看来是不可思议的。

　　受西方文化的影响,一些西方流行的表示亲昵的称呼语逐渐为国人所接受,在日常生活中屡见不鲜,甚至在影视作品中也不时出现。例如,在2001年唐国强与金韬共同导演的24集大型革命历史题材电视连续剧《长征》中,从苏联回来的王明和妻子孟庆树仍然保留了用俄语互称"亲爱的"的习惯,这与他们长期接受俄罗斯称谓文化熏陶不无关系。但遗憾的是,孟庆树在称呼王明时,也照搬了王明称呼她的"Дорогая!（指称女性的阴性形式），令人啼笑皆非。可能是不懂俄语的中国演员以为俄语和汉语的"亲爱的"一样,男女通用,殊不知这一俄语称呼语带有明显的性别标记。不知者不为过,也许问题的症结在于俄语翻译没有把这一情况给演员讲清楚。近些年来,"亲爱的"之类称呼在国内年轻的情侣或夫妻之间颇为流行,已经成为表达亲昵和爱意的惯常用法。

4. 从他亲属称呼中的差异

　　按照学界普遍公认的二分法,称呼语被分为社会称呼和亲属称呼,上述3

种称呼形式无疑属于社会称呼(包括职业称呼、姓名称呼、排行称呼、通用称谓等)或者非亲属称呼,而亲属称呼则是带有明显的中国标记。中国人习惯使用表示血亲关系(指由遗传决定的,不论亲疏程度,彼此有血缘的关系)的词语去称呼家人、亲属(如大姐、二哥、三弟、姑姑、舅舅等),乃至用其称呼朋友和陌生人等,这种现象在西方实属罕见。

除此而外,另有一种称呼语,即口语中广泛运用的从他亲属称呼语,或者转称形式,回避直呼对方的名字,如孩子他爹,孩子他娘,向第三者表示谦虚时,称父亲为"家父""老爷子""老头子"(该称呼可能意味着父子关系不正常)等,是汉语亲属称谓系统中十分特殊的语言现象,这种有标记的称谓方式是指说话人跟着某一个亲属去称呼另外的亲属,其中包括:从儿或从女称谓、从夫或从妻称谓、从父或从母称谓、从孙称谓等等。例如,用自己儿女对祖父母或外祖父母的称呼"爷爷、奶奶"或"外公、外婆"作为丈夫或妻子对对方父母的称谓,丈夫用妻子对她妹妹的称呼作为自己对姨妹的称谓,妻子用丈夫对他自己的亲戚的称呼作为自己对这些亲戚的称谓,用孙子或孙女对祖父母或外祖父母的称呼为老年夫妻之间的互称等。

从他称谓的形式主要有:1."他"＋血亲称谓、姻亲称谓、血亲称谓的派生形式,如他爷爷、他奶奶、他爸、他大伯、他叔;2.孩子名字的昵称"娃""孩子"＋他＋爸、爹、妈、娘,或者孩子名字的昵称＋爸、爹、娘、妈;3.孩子的名字或昵称＋他＋血亲称谓,如:石头他奶奶、石头他爷爷;4.他＋姓＋血亲称谓或姻亲称谓,这种称呼方式一般用于非亲属之间,如:他李爷爷、他刘婶、他王叔等。

从他亲属称呼现象多半发生在女性身上,并且多数是以男性,如丈夫和儿子为中介来完成称谓的,其中最明显的就是从"儿"称谓和从"夫"称谓。女性称呼丈夫的父母,即自己的公公、婆婆时,常常从自己孩子的角度出发,称呼他们为"爷爷、奶奶",一方面显示了女性对长辈的尊重,但另一方面也恰好说明了女性作为媳妇在家庭中的卑微地位。

妻子与夫家是"一家人",但又与他们不同,他们之间是有血缘关系的,而她在这个家中是异姓、外来人。妻子与丈夫家族成员的亲属联系实际上是以丈夫为中介的,但在传统家庭中,夫妻关系不是一种独立完整的关系,它要加上亲子关系才能构成家族和社会所认可的三角结构的关系单元。"妻子"一词的文化含义不仅是"丈夫的配偶",而且是"家族继承者的母亲"。她在夫家的身份是这两种角色的合一。所以,她与夫家成员的亲属关系也主要是以儿女为纽带来联结的,这在称谓上体现为她常被人称为"XX他娘",而她也惯用从儿称来叫其他家族成员。如在《水浒传》第二十四回中,潘金莲欲勾引武松时,殷勤得几乎每句话都称"叔叔",等遭到拒绝时,便骂"你这厮混沌",以"你"来代"叔叔"称呼。可见，从儿称"叔叔"是带有敬重的礼仪意义的。女性对丈夫的兄弟姊妹没有一个独立的称谓语，通常也常跟着孩子称他们为伯父、叔父、姑母等。也就是说，女性对夫家的亲属没有自己单独成体系的称谓，在称呼丈夫这一边的亲戚时，基本上是按照丈夫或孩子对他们的称谓来进行的。

　　所有姻亲的称谓语都是从"我"这个男性本体出发来称呼的，没有经过妻子的中介。丈夫对妻子的直系亲属都有相对独立的称谓，如称妻子的父母为"岳父""岳母"，妻子的姐妹为"姨"，妻子的兄弟为"舅"等等。虽然划分得没有血亲亲属称谓那样丰富细致，但毕竟自成一体，与男性自己的亲属相区别开来。相比之下，女性在家庭中的从属地位就尽显无疑了。这种现象恰好从侧面印证了女儿不是自家人的传统观念，嫁出去的女儿被视为泼出去的水，就算丈夫家的人，与丈夫和丈夫家人的关系照理至少和与自己家人的关系一样亲近。（张莉萍，2007：165—168）所以，女性对丈夫家的人没有独立的称谓，而是按照丈夫或孩子对其的称谓进行称呼，而男性与妻子结婚后，他也不算是妻子家的人，所以需要一套独立的称谓语来称呼妻子的直系亲属。

　　伍铁平曾提到王希杰先生在《汉语修辞学》①一书中所谈到的关于称谓与说写者的视点的相互关系问题。视点是人们观察世界、认识世界和语言表述的立足点和出发点，体现着说写者的立场和看法。"语言学家从人类学的角度考察语言的亲属称谓系统时，曾提到某些从他称谓的来源，例如，汉语中'公公、婆婆、伯、叔、姑、舅、姨'等属于从儿称谓，此外还有从夫称谓、从父称谓等。"（伍铁平，1985：244）也就是说，说写者所处的不同位置和视角直接影响着从他称谓的结果。

　　除上述有标记的称呼形式外，汉语中还有一种特殊的拟亲属称呼语，即指在一般非正式交际场合使用亲属称谓来称呼非亲属，是一种体现汉民族文化传统习俗的有标记称呼形式。拟亲属称谓实际上是将亲属称谓语延伸使用到非亲属关系的人们之间。这种延伸使用有两种情形：一种是用于熟悉的人们之间，表示交际双方在过去交往的基础上形成的亲近感情和亲密关系，并且起到维持、增强已有关系的作用。另一种是用于陌生的人们之间，作为民间礼仪表示对称谓对象的敬重心意和亲近意图，起到拉近双方距离、为交际创造亲近语境的作用。

　　据此，拟亲属称谓可分为两种：一类是熟悉者之间使用的，一类是陌生者之

---

① 《汉语修辞学》是已退休的南京大学教授、博士生导师王希杰（1940—　　）所著，于1983年由北京出版社出版，被国内许多著名学者誉为"20世纪80年代中国最好的一部修辞学著作""一本全面系统富有新意的修辞学专著"等，也是唯一一部由吕叔湘先生作序的修辞学著作。该作的核心是结构和关系，突出强调实体之间的关系以及实体在其所隶属的整体之中的位置，其中的视点说属于作者自己的原创性观点。

间使用的。两类拟亲属称谓语不仅功能有别,就是在称谓词语的确定原则上也是有差别的。陌生人之间根据性别和年龄因素确定称呼语,如果双方的交际不能继续保持,这种称呼只是现场临时使用的。由于属于临时使用,根据性别和年龄确定称呼的原则也不是严格实行的,有时为了表示尊重,年龄大些的一方称另一方为"大哥"或"大姐"。

熟人之间的关系有两种,一种是世袭的,一种是非世袭的。非世袭的关系根据对方性别、年龄确定称呼,世袭的关系要加上世袭的辈分这一因素。拟亲属称谓语具有口语性特征,主要以性别和年龄作为确定称呼的依据。称呼对象是男还是女,年龄的大小都与正确称谓语的选择有关系,年龄比自己大的男性,可称为"大哥、大叔、大爷、叔叔、老哥"等,年龄比自己大的女性可称 为"大姐、大嫂、大妈、大娘、老奶奶"等,年龄比自己小的男性称为"老弟、小兄弟"等,年龄比自己小的女性可称为"小妹、妹子、大妹子"等。如果不分性别和年龄随便称呼陌生人,那将会招致不良后果。拟亲属称谓语运用中的一个特点,就是拟亲属称谓语借用的基本上都是父亲宗亲称谓语,尤其体现在对女性的称呼上,如称呼熟悉的已婚女性为"嫂子"或"弟妹"时就是以男性为中介,没有将其视为一个独立个体。而称"姐、大姐"则带有褒义,有尊敬之意。(张莉萍,2007:169)实际上,"大哥、大姐"之类称呼与年龄关系不大,被称呼者不一定年长。这种称呼在我国东北一带较为流行。

上述称呼方式在非亲属关系的人们之间进行交际时频繁使用,给人以亲切与平等之感,可以缩小交际双方的心理距离与生疏感,使对方感受到尊重和亲近,具有良好的交际效果。国内汉语学界一些学者对拟亲属称谓进行社会语言学视角的研究,如陈松岑的《北京城区两代人对上一辈非亲属使用亲属称谓的变化》一文(1984:45—51)认为,汉语中的称呼可以大致分别为亲属称谓和非亲属称谓两大类。亲属称谓不仅可以用来称呼亲属成员,在一定条件下,也可用以称呼某些本无亲属关系的人。由于几千年的封建社会的传统,汉族十分重视亲属血缘关系,不但亲属称谓系统比较复杂,用来称呼非亲属的亲属词也很多。例如,对上一辈非亲属的亲属称谓,在英语中只有 uncle 和 aunt 两个词,而在汉语中,单是北京话就有"大爷、大妈、大叔、大婶儿、伯伯、伯父、伯母、大娘、叔叔、阿姨、姑、姨"等等。

陈松岑在给北京大学中文系汉语专业的高年级同学讲授"语言与社会"课程时,于 1983 年 5 月组织同学和进修教师共 19 人,采用访谈和问答相结合的方式就上述问题进行了非随机性的较小规模的调查,以翔实的社会调查资料展示了北京城区拟亲属称谓的使用状况,用确切的统计资料分析了这一称谓的年龄、性别、职业、交际场合、双方关系等社会因素。

郭展在《寒亭称呼语规则试论》一文(1996:80—83)中描述了位于胶东半岛

西部的小城镇寒亭的称谓习俗,分析了拟亲属称谓使用情境制约因素,认为称呼语几乎是每人每日都在运用着,似乎是不假思索,脱口而出,无规律可言,其实不然,称呼语有一套严格的规则。之所以说它严格,是因为在具体情境中必须按规则称呼,来不得半点马虎,如寒亭城区中心是机关企事业单位,周围8个自然村环绕。村子和中心区紧密相连,从地理上完全可以看作一个整体。然而,就是在这个整体中,称呼语却把中心区和8个村子分为两个天地。在中心区,以"老""小"冠于姓前是较为普遍的称呼,而村镇则以年龄划定"老"与"小":18至30岁之间称"小",30岁以上称"老"。但这并不绝对。30岁左右的同龄人可互称"小",20岁对30来岁的就必得称"老",以此表示尊敬,40—50岁的又称这个30岁的为"小"。更为有趣的是,有的人刚进单位开始工作时17—18岁,人们自然以"小"称之,称习惯了,这个"小"有可能称到不惑之年,直到人们认为再叫"小"实在名不副实了,就改称为"老"。这种情况不仅存在于男性和女性同性之间,也见诸异性之间的称呼,无疑是一种带有地域文化特点的有标记称呼形式。

相比之下,俄罗斯的称呼语远不像中国那么纷繁多样,尤其是在亲属称谓和拟亲属称谓方面差异没有可比性。但在从他亲属称呼方面有近似之处,具体表现为从儿或从女称谓,如夫妻之间会以孩子为中介,互称"папа"(孩子他爸)"мама"(孩子他妈)。另外,较之于"папа,мама"(爸爸,妈妈),"отец,мать"(父亲,母亲)这一称呼带有正式语体标记,通常使用于较为庄重的场合。例如,在高尔基的小说《母亲》中,主人公巴维尔的成长在语言变化中也经常体现出来。他参加革命之前,话语不多,词汇贫乏,句子简单,语气粗暴,但参加革命后,性格变得开朗起来,越来越健谈,讲话愈来愈明确中肯,不仅政治用语日益增多,而且对母亲的称呼也发生了变化,如他第一次给母亲讲叙革命道理之前,突然改称"妈妈"为"母亲",令母亲惊讶不已,一下子警觉起来,预感到儿子要给她讲什么重要的事情,接下来发生的情况果然如此。

另外,俄罗斯人面对和自己同龄、甚至稍微年长一些的长辈亲属,会直呼其名,不像中国人那样称呼"叔叔""婶婶""姑夫""姑姑""姨父""姨""舅舅""舅妈"等。即便是面对年龄小于自己的长辈,中国人也习惯于按照辈分称呼对方,不好意思直呼其名,否则会被人视为不尊重长辈,不礼貌,在农村尤其如此。这也许是等级观念对人的称呼的一种潜移默化的影响,也许是"尊老"理念传承的结果,无可非议。

笔者认为,上述从他亲属称呼中的差异不仅体现了汉俄两种语言的语用差异,而且折射出中俄民族文化方面的不同理念,诚如张会森(2010:43)所说:"语言的使用一方面受到语言本身的约束,即受到语言系统决定的规则的约束,同时也受到社会文化、民族文化诸方面的约束。影响语言在交际中运用的除了语言规则,还有语言使用的'社会规则''文化规则',也就是非语言系统或结构决定的规则。比如汉语亲属称呼中常用'大叔''二叔''三叔''四叔'……,而俄英语中却不会这么称呼。这是非语言因素制约的,也即我们的俄汉语用对比所要研究的问题。"

5. 称谓视点的性别变换差异

除以上所述之外,俄汉语中还存在着称谓视点的性别变换现象,即"异性而呼",男女均有,两性分别倾向于用同自己性别一致的称呼来表达心理上的接近和接受,用异性的称呼来表达戏谑的意味,它反映了特定的情感色彩和特殊的社会文化心理。(赵蓉晖,2003:190)俄语中的阴性名词用来指称男性,能够表达出亲昵的感情色彩或者轻蔑的态度,如"красная девица(девушка)"常被女性用来称呼那些"大姑娘似的男子、腼腆的小伙子","баба"(娘们儿)被用来讽刺缺乏阳刚之气的男子、懦夫,"кисейная барышня"(目光短浅、矫揉造作的娇小姐)用来表示娇气十足的男人或者女人,"политическая проститутка"(政治娼妓)则蔑指那些为个人利益不惜出卖灵魂的小人。

汉语中也有类似情况,如在上海的川沙方言里,中、老年妇女,甚至年轻的妈妈常常称呼小男孩为"阿妹",以显示亲昵。即使是三十多岁的男子,有时也会被六七十岁的老奶奶昵称为"阿妹"。(卫志强,1992:116—118)但是,按照当地习俗,男人无论如何都不会称男孩子为"阿妹",而是叫名字,或者叫"阿弟""弟弟"等。也就是说,"阿妹"成为高龄或大龄女性称呼年龄小的男性的专利。

如果使用阳性名词指称女性,既能够表达景仰、佩服的含义,也可以表达亲昵的感情色彩,这种赋予女性以男性化称谓的做法一方面是出于语言表达手段欠缺(即语言的缺项和不对称)而带来的无奈,另一方面也意味着男性群体对个别女性的承认与接受,受到褒奖和肯定的特质(坚决、果敢、成就斐然等)都是人们印象中男性所具有的正面特征,如俄语中的"свой парень"在指称女性时含有明显的赞许意味,表示"果敢的女子"或者"信得过的伙伴":Таня частенько воспринималась ими(молодыми офицерами)как свой парень. Они делились с ней своими мужскими заботами, обсуждались служебные дела (Кулешов, Голубые молнии)他们(年轻的军官们)常把塔尼亚看作是"信得过的伙伴",把自己的一些男人方面的心事告诉她,并和她一起讨论公事。(赵蓉晖,2003:192—193)

俄语中还常看到女性用阳性名词称呼小女孩或者亲密的女友,如母亲会对女儿说"Ах ты мой голубчик!"(哎嘿你呀,我的小宝贝!),女子会对自己的女伴说"Ты мой милый!"(我亲爱的你啊!)等等。

汉语中也有类似情况,将女性称为"先生"表达了对在某一领域取得卓越成就的女性的高度敬仰,如前所述,宋庆龄一直被毛泽东等人尊称为"宋先生",丁玲、冰心、杨绛等知名女性曾被人称作"先生"。再如,人们常把泼辣能干、风风火火的女孩子称为"假小子""女汉子",娱乐圈的时髦说法是"春哥""范爷"等,有的男士常把自己的爱女称作"儿子",有些女性之间以"哥们儿"互称,如此等等,不一而足。

笔者认为,俄汉称呼语中出现上述社会性别变换现象,其主要原因之一,是受社会性别定型的影响。所谓社会性别定型,按照 A. A. Денисова(2002:62—64)等俄罗斯学者的阐释,是指文化中形成的关于男性和女性的言行举止的普遍化概念,即在世界各个宗教戒律、民间口头传说和民族经验的基础上所形成的固定概念,并且随着时间的推移不断变化。换句话说,人们对男女两性适切行为,即性别角色的社会期望都会构成某一历史时期相对固定的社会性别定型,其表现形式上的差异在言语交际能力中最为明显。尽管每种文化中的男女两性都具有一系列社会所认同的社会性别行为既定规范,但现实世界中经常可以看到逻辑性强、积极、支配欲强烈的女性以及多愁善感、消极、逆来顺受的男性,也就是说,"无论从生理还是心理角度来看,没有纯粹的男性特征或者女性特征,每个人身上都存在着自己的性别本身和异性相'混合'的生理及心理特征。"(周民权,2012:6)于是,当男性或者女性的言语行为表现出这种"混合型特征"时,就会出现赋予女性以男性化称谓或者赋予男性以女性化称谓的现象,但是,有时对对方使用同自己性别一致或者与对方的生理性别不一致的称呼,是为了表达心理上的接近和认同,或者出于亲近之情和尊重。

通过汉俄称呼言语行为的社会性别语用对比分析,可以看出,称呼语中凝结着厚重的历史传承,蕴含着丰富的社会元素,体现了汉俄两个民族的文化记忆和语言特点。本章仅仅重点探讨了彼此认识或者熟悉的人相互之间见面时的称呼言语行为,而对陌生人之间的称呼言语行为少有提及,这将是我们今后继续关注的研究命题。

第三节　俄汉问候语的社会性别语用对比分析

问候语(приветствие)是言语交际中最为常见的言语行为之一,直接反映了不同民族的文化语用特点。

1. 中西方问候语中的文化差异

在汉语交际中,中国人习惯于根据自己的观察,通过询问或推测对方在干什么或准备干什么来问候对方,尤其是上了年纪的女性喜欢使用,如:"去上班吗?""去买菜啊?""在看电视啊?""领工资啦?""什么时候结婚啊?"等等。这些表达法都是中国人常用的一般打招呼用语,具有非常规性的标记意义,并不是常规性的无标记询问意义,所以听话者通常不会在意,视具体情况简单作答,或者敷衍几句即可。

但是,初到中国的西方人却对此大惑不解。他们认为中国人见面时关于经济、婚姻,行动去向等问题的问候语本身就构成对西方社会个人隐私的威胁,一是奇怪中国人为何选择日常生活中的琐事作为交际的话题,二是感到浑身不自在,觉得自己的一言一行受到别人的监视,因为在西方人看来,自己在干什么或准备干什么纯属个人隐私,旁人是无权过问的。所以,不谙中国文化的西方人往往疑惑地反问一句"是啊?",或者不礼貌地"回敬"一句"关你什么事?!",诸如此类的回应都是不自然的、不正常的、不符合常规的,是一种有标记的表述。(肖小敏,2006:119—120)

俄罗斯人对中国的言语礼仪文化有自己独特的见解。他们认为中国文化底蕴深厚,历史悠久,中国人的言谈举止和待人接物向来以礼仪为重,而这些礼仪均来自于孔子所倡导的儒教。诚如苏联著名汉学家 B. M. 阿列克谢耶夫所说:"中国文化是世界上最古老、最有意义的文化之一,其中包括礼仪文化……在各种不同的场合,孔子提出的旨在照顾面子和调节行为的'礼'往往发挥着主导作用"。(Алексеев,2002:173)他们普遍对孔子所说的"辞达则已矣"和我国古人所云"言谈之道,攻心为上""发人曲衷,动之以情""以虚求实,曲得所谓"等至理名言推崇有加,视其为中国言语礼仪文化内涵的经典。

另一方面,在现实生活中,俄罗斯人在与中国人交往或者观察中国人相互之间的言语行为时,往往会发现许多不大理解的地方,用 B. M. 阿列克谢耶夫的话来说,就是"很有意思但又很费解的地方"。这种费解是俄罗斯人以自己的言语礼仪为参照,在跨文化交际对比的基础上形成的,反映了他们的礼仪文化观和思维方式,同时也折射出中国人某些独具特色的民族心理特点和耐人寻味的言语礼仪特色。

2. 俄汉问候语的社会性别语用差异

中国人之间互致问候,自然带有中国标记,俄罗斯人要么感到好奇,要么未置可否,但有些中国式的问候被一些懂点俄语的中国人套用到俄罗斯人身上,俄罗斯人连叫"受不了"。试举几例:

2.1　"Привет!"("你好!")这一带有俗语性质的问候被随意滥用。某些粗通俄语的中国人同俄罗斯人初次见面或者刚认识不多久,便以这种形式问候对方。特别是一些学生对老师,不看对象,不分场合,常常使俄罗斯人难以容忍。在俄罗斯人看来,这一问候形式的使用要受语境、交际的正式程度、交际双方的熟悉程度、年龄、性别、社会地位及其身份等语用因素的制约,如学生对老师、晚辈对长辈、下级对上级、对互不熟悉或者素不相识的人是不宜使用的。即便是彼此很熟悉的人,在庄重的正式交际场合亦切忌使用,否则会被视为一种缺乏教养、极不礼貌的言语行为。标准的称呼应为"Здравствуйте!",相当于汉语的"您好!",作为一种尊称形式,没有粗俗和高低贵贱之分,使用一般不受限制。

2.2 "Вы уже покушали?"("您吃了吗?")这一问候形式曾在中国盛行多年,现在仍然时有所见。俄罗斯人听到这一问候,先是迷惑不解:想请我吃饭吗? 因为这是他们请人吃饭的开场白。这话如果是男的对女的说,女的会以为男的要请她去过一段"浪漫"时光,因为俄罗斯青年的约会也经常以"请吃饭"为序曲。后来,有的俄罗斯人听中国人说多了这一问候,开始生厌:难道我饿着肚子? 难道我没钱吃饭?

如果仔细分析一下,则不难发现,无论俄罗斯人还是西方人,都不会使用这种令人尴尬的打招呼方式,其重要原因之一,是他们将汉语中这些"有标记的"语用意义误以为"无标记的"命题意义。具体来说,汉语的"您吃饭了吗?"的"无标记的"字面意义是指说话人关心听话人当时的状态,询问听话人是否吃过饭;而用来打招呼,即作为语言的寒暄功能时,表示的是其"有标记的"意义,即相当于"您在干嘛?""您好吗?"之类打招呼语句,和吃饭干系不大。即便是经过解释,外国人明白了其中含义,但仍然感到困惑,甚至认为这种警察式的询问(说话人旨在打听听话人做了什么)有些愚蠢。也就是说,这句话的字面意思和语用意义俄罗斯人和西方人都无法接受。

中国人什么时候开始以"吃饭"为题来问候,暂没有人作过考证,这恐怕跟中国人以前吃了上顿没下顿的贫困生活有关。"民以食为天",填饱肚子是中国几代人的梦想。如今这一梦想虽已成为现实,但这一问候却未完全成为"过去时",只是成为一句与"吃饭"无关、没有任何实际意义的寒暄语,在农村一些地方虽然保留下来,但随着时间的推移,已渐渐地被"您好"所取代,在知识层次较高的人中间更不多见。

2.3 "Вы идете на урок?"("您去上课啊?")俄罗斯人听了此类话会觉得反感:这不是明摆着吗? 明知故问,是什么意思?

这种明知故问的中国式问候俯拾皆是,比如"上市场买菜啊?""您在擦车啊?""下班啦?"等等。在这种情况下,如果真要与俄罗斯人寒暄,"套近乎",有两种方法可供参考:一是改换成祝愿,如"Приятного аппетита!""Удачи!"等,二是改换成称赞,如"Молодец!""Хорошо!"等。尽量避免说一些言不由衷的废话,以免产生不必要的误会。

需要指出的是,俄罗斯人在问候对方时也常常会夹带一些客套的寒暄语,如"Как дела?""Как здоровье?"等,并不要求对方详细讲述自己的工作、身体等情况,在回答时一般只需说声"Спасибо, все хорошо."之类表示谢意的客套话即可,切忌滔滔不绝,说个没完。

2.4　"Куда вы идете?""Чем вы заняты?"("您去哪儿?""您忙什么啊?")俄罗斯人一听到这话往往不高兴,心里犯嘀咕:关你什么事? 我爱去哪就去哪儿,我爱干什么就干什么! 这话由中国的宾馆服务员说出最可怕,因为曾有俄罗斯人抱怨说:天天问我去哪儿,是不是宾馆对我的行动进行监视? 因此,误以为中国人多事多疑,喜欢过问别人的私事等等。实际上,在中国人看来,这不过是一句随意的口头禅,并不意味着打探别人隐私或者干涉他人自由。

2.5　"ты"(你)与"вы"(您)不分,混淆乱用。这种情况与上述称呼密切相关,常常出自于某些对俄语一知半解的中国人之口。他们在同俄罗斯人打交道互致问候时,尽管是初次见面或者刚认识不多久,却一口一个"ты",或者是在非正式场合对已经彼此非常熟悉的、年龄远远小于自己的晚辈以尊称形式"вы"相称,令俄罗斯人哭笑不得,难以接受:随意以"ты"相称让他们误以为你不尊重人、没有礼貌,或者是不懂规矩,乱套近乎;以"вы"相称则使他们误以为你有意疏远对方,或者是你的脑子有问题,长幼不分等等。

实际上,中国人的一字之差和口误并非有意,概源于不懂得这两个俄语词所隐含的深刻的文化背景意义:"这两个简单得不能再简单的人称代词,统治并制约着交际语言的各个层次。所以有的苏联学者说,掌握了 ты 和 вы 的用法也就基本上掌握了苏联人的交际礼节。"(顾亦瑾、吴国华,1991:182)这种说法不无道理,因为在俄罗斯人交际的过程中,这两个代词时时刻刻都在左右着交际中的诸多因素,如年龄、性别、职务、身份和社会地位、正式场合与非正式场合、称谓、称呼、人与人之间上下左右的相互关系以及这种关系的细微变化、词语的选择、动词的人称和数范畴以及相关此类的形态变化等等,其复杂的交际功能及其所谓"反复无常"的情感变化极不好掌握。如"ты"既表示彼此关系密切,又表示极不礼貌,既表示熟人之间不拘礼节,又表示尊敬和亲切。只有融入俄罗斯文化,才能体会其中韵味,把握好使用的分寸和尺度。

但是,这并不意味着 ты 和 вы 的使用没有规律。俄罗斯人从小就接受教诲,懂得其中要领。例如:学生对教师必须称"вы",据说苏联教育家 А. С. 马卡连柯[①]曾因一个学生对他称"ты"而给其一个耳光,以使其明白学生应该如何称

---

① A. C. 马卡连柯(A. C. Макаренко,1888—1939),苏联教育家,作家。1905 年起担任小学教师和校长,1920 年后主要从事对流浪儿童和少年违法者的教育改造工作,1935 年出任乌克兰内务人民委员部工学团管理局副局长,同时从事写作和学术讲演活动,在长期的教育实践中创建了一系列著名的教育理论。

呼老师;男性对不熟悉的女性一般应以"вы"相称,即便对方年龄小于自己,否则给人以不尊重女性、随便套近乎、有非分想法等不好的感觉;夫妻之通常只能以"ты"相称,改为"вы"则意味着双方感情破裂。如此等等,需要仔细琢磨,切忌滥用。

关于俄汉问候语中的社会性别语用文化差异,还可以通过夫妻之间的问候形式体现出来。例如,在俄罗斯或者西方其他国家,丈夫对妻子说声"我爱你"作为问候的情况司空见惯,丈夫喜欢说,妻子乐意听,并且说声谢谢,以"我也爱你"作为答语。这样的问候语和答语无疑增进了夫妻之间的感情。而在中国,受传统文化的影响,大多数丈夫通常羞于启齿,不大好意思对妻子说出"我爱你"三个字,有时即便说出来,也显得别别扭扭,妻子也觉得难为情或者唐突。如在中央电视台 2005 年的春晚节目中,有一个小品《浪漫的事》颇能说明问题:扮演丈夫的演员郭达在扮演妻子的演员蔡明的一再要求下,硬是从鼻缝里艰难地说出"我爱你"三个字,把本来属于无标记的自然表达变成了无奈之下刻意说出的有标记话语,令人忍俊不禁。

笔者的一位朋友笑称,有一次,他们 8 个清一色的已婚男士在一起聚会,饭饱酒足之后,其中一个朋友提议大家都给在家的妻子发个短信,说一声"我爱你"作为问候,看妻子们如何反应。然后大家把手机集中在一起,相互监督,静等回复。过了不久,8 位妻子的回信已经到齐。大家相互传看内容,结果发现妻子们的回复不约而同,言简意赅,集中体现在 3 句话上:(1)你发错啦! (2)你有病! (3)神经病! 大家相视哈哈一笑,但心里都有种说不出来的酸楚。这个笑话说明,正是由于丈夫们平时很少对自己的妻子说出这一正常而自然的无标记话语,从而导致出现了妻子们的非正常反应,她们以为丈夫在开玩笑或者戏弄自己,所以用一句戏谑作为回敬。

相比之下,汉语中的"你"和"您"远没有俄语复杂。"您"作为尊称形式在中国广泛使用于各种交际场合,只要留意,说话人一般都不会用错。特别是我国南方一些地区在口语中根本就没有"您"的情况下,一个"你"统揽一切。所以,"你"的使用范围更广一些,即便在一些交际场合使用不当,人们也往往采取一种宽容的态度。可能正是受这种文化理念的影响,才会导致某些中国人的"ты"与"вы"不分。

从社会性别语言视角来看,上述有标记的问候形式在中国男性的言语行为中较为常见,女性之间相互问候时也会出现这种现象。但是,在同男性交往时,年轻女性较少使用上述问候形式,通常出言谨慎,讲求礼貌,说话委婉,且使用"вы"的几率远远大于男性。

第四节　俄汉恭维语的社会性别语用对比分析^①

恭维语(комплименты)作为一种广为运用的礼貌言语行为,向来体现着丰富的民族文化理念,表达了社会对于男女恭维行为的心理认同和期望,无疑成为人类进行言语交际的重要组成部分之一,见诸社会生活的方方面面,存在于各种不同的语言之中。说话人用直接的或者间接的委婉方式表达对听话人的赞赏和尊重,维护交际双方的和谐关系,在某种程度上已经成为衡量男女两性之间亲疏关系的手段之一。俄汉恭维语的语用对比分析揭示了男女两性在实施恭维行为时不尽相同的社会性别语用特点及其成因,有助于正确掌握俄汉社会性别语言的基本特征以及不同语言、不同性别之间的跨文化交际。

1. 俄汉恭维语研究的基本特点

礼貌是人类社会生活中具有道德和伦理意义的行为准则,是人类文明和人际关系和谐的标志,自古以来一直备受推崇。作为礼貌原则的重要组成部分之一,恭维语在交际行为中广为运用,成为调节人际关系的重要手段。说话人通过恭维言语行为向受话人直接施加影响,以期达到改变其情感状态、令其愉悦的美学效果和语用功能。

俄罗斯和中国学者对于上述问题具有共识,并且在此基础上对恭维语的分类作了详尽研究,通常将其划分为两大类:一是直接恭维,即说话人指出受话人所拥有的优点,并给予直接的正面评价,二是间接恭维,即说话人使用隐形语义表达方式恭维受话人。除此而外,俄罗斯学者 О. С. 伊谢尔斯(2002:192)认为,还可以将其划分为原本恭维语(собственные комплименты)和伴随恭维语(сопутствующие комплименты),前者是指恭维语本身,后者是指在遵守真诚条件的前提下,不改变恭维的性质,运用其他策略作为恭维手段。笔者认为,这种划分实际上是直接和间接恭维语的翻版,大同小异,只不过是使用不同的术语罢了。

在言语交际活动中,遵循礼貌原则是实行合作性会话的重要方面,对于人与人之间的相互沟通起着重要的桥梁作用。按照英国哲学家 G. N. 利奇所提出的礼貌原则(其中包括得体、慷慨、赞誉、谦虚、一致、同情等 6 条准则),恭维语的使用属于该原则中的赞誉准则,即减少对对方的指责,多赞扬对方,因为赞

---

① 该章部分内容首次发表于《俄汉恭维语的社会性别语用对比研究》一文(《浙江外国语学院学报》2013年第 1 期)。

扬令对方心情愉悦,意味着对方的言行举止是正确的,是值得褒奖的。(Формановская,1998:64)对于恭维语的基本特点以及在交际中的重要作用,俄汉语学者的表述和认识基本上是相同的,但在恭维语的运用及其反应方略等方面,中国人和俄罗斯人存在着一定的差异,具体表现在对于恭维与自谦、恭维与奉承的不同理解与表述方面。

1.1　恭维与自谦

无论在俄语还是汉语的口头交际中,对别人给予的恭维,应该说声 Спасибо(谢谢!),属于正常的无标记表达,人们一般情况下都会正确表达。但是,如果为了谦虚而不承认甚至否认别人的恭维就是一种语用失误,是一种有标记的表达,如有些中国人听到对方的恭维后,常常会说"哪里哪里!""岂敢岂敢!""过奖了!""没什么,这是我应该做的"等,往往自谦一番,采用一种"不接受""非同意"方略。这是喜欢使用恭维语的俄罗斯人始料不及的,并经常使他们陷于十分尴尬的境地。对西方人喜用恭维语、中国人喜用谦辞的文化现象,有人作了一个很好的比喻:中国人强调一种"您行,我差远了"的"水落石出"式的交往态度,既要抬高对方,又要贬抑自己;而俄罗斯人和其他西方人一样,强调一种"您行,我也不差"的"水涨船高"式的交往态度,既赞赏和尊敬对方,也要肯定自己。

但是,中国人的自谦有时可能导致不良的后果。比如,你去求职时对俄罗斯老板说:"我初来乍到,没有经验,请多多包涵",俄罗斯人不但不会"包涵",反而要么连饭碗都不给你,要么让你去干些不需要"经验"的杂活。如果俄罗斯老板赞扬你工作很出色,你要是谦虚地说"我没做什么,主要是大家的帮忙",那么老板便要怀疑自己是否对你判断有误,要重新考虑是否有必要对你委以重任。更糟的是,如果你帮了俄罗斯人的忙,他们向你表示感谢,而你却谦虚地说"Это моя обязанность"(这是我的职责),那么你的谦虚态度在他们眼里便成了"冷若冰霜"的形象,因为俄罗斯人对这句话的理解是"这是我的职责,不得不这么做!"恰当的说法应该是"Очень рад вам помочь。"(很高兴给您帮忙)之类表示乐意的话。

中国人自谦的另一形式就是人际往来中的客套话,在刻意贬低自己的同时,有意恭维对方。例如,有些人上台发言的开场白是"本人才疏学浅,没有准备,随便讲几句""本人班门弄斧,请各位指教"等等。俄罗斯人听了这类谦辞往往困惑不解:既然没有准备,还随便讲什么? 这岂不是浪费听众时间,拿听众寻开心吗? 如在一次国际俄语教学研讨会上,一位中国教师是这么结束他的发言的:"随便聊聊,乱弹琴,仅供参考。"在座的几位俄罗斯人听完后感到纳闷:"乱弹琴"(безобразничать)还有什么可参考的?

由此可见,对恭维语的自谦反应是中国人习以为常的表达方式,与喜用恭维语的俄罗斯及其他西方人形成了鲜明的对照,无怪乎一些学者在诠释 G. N.

利奇提出的礼貌原则中的谦虚准则时,常常以汉语中的一些谦辞为语料,以此表明中西方语用与文化差异。究其原因,中国是一个差序格局的社会,尊卑有等,亲疏有序,中国文化较偏重垂直的角色关系,因此,恭维语在西方社会所起到的"一致性"或"平等性"关系的协同功能在中国社会显得不是很突出,或者根本不需要。(贾玉新,2002:372)正因为如此,恭维语也远没有在西方文化中使用得那么频繁,或者说,中国人不像西方人那样习惯于使用恭维语。

1.2　恭维与奉承

恭维与奉承(лесть)都是赞誉或者抬高对方的言语行为,但二者有着较大差异,前者通常被视为正面行为,后者则被视为负面行为,成为"阿谀""献媚"的同义词。中国人和俄罗斯人总体上对于奉承行为都是持以批判性的态度,认为它极力夸大和抬高对方的某一优点,常常与事实不符,曲意逢迎,言不由衷,过溢的赞美让人听起来感到肉麻。奉承的主要目的是说话人企图利用对方的某一优势来实现自己的一己私利,也就是说,奉承者关注的焦点在于自己的目的和需求,并不关心被奉承的对象,自己的话是损害或是抬高对方,对于他来说并不重要。

Н. И. 福尔马诺夫斯卡娅引用西方学者的相关观点,认为奉承有其积极的一面,是人们之间进行各种交际的蜂蜜和调料,尽管它属于一种过度的不真诚的恭维,通常是下级对上级,旨在达到自己的某种非交际目的,但是,它仍然属于一种独特的赞誉,与表扬、赞扬、恭维同属一个系列,可以让灰心丧气的人振奋起来,让悲伤的人高兴起来,让懦弱的人打起精神来,让发呆的人机灵起来,让病人摆脱病痛,让发狂的人安静下来,让相爱的更亲近。它激励少年掌握科学知识,让老人兴高采烈,能够以赞赏的、不带羞辱的形式向国王奏本并提出劝诫。总而言之,每个人由于被奉承而变得可亲可爱,心情愉悦,幸福之最正在于此。(Формановская,1998:251—252)

笔者认为,从某种意义上讲,这种看法或许有一定道理,但言过其实,不够客观,它把奉承与赞誉、表扬、恭维混为一谈,过高地估计了它给被奉承者带来的益处,从而掩盖了它谋取一己私利的负面特点。

相比较而言,恭维语通常表达的是对方的现实存在的优点,体现出一种友好的态度和正面的情感,目的是让对方开心,感到高兴,以此表明对方的为人处事或者某一特征是说话人所赞赏和喜爱的。也就是说,恭维语和奉承的主要区别体现于目的和动机,前者在于维系交际双方的关系,后者着眼于谋取私利。

在以个人本位主义为主要取向的俄罗斯文化中,恭维语是润滑人际关系的重要机制,言不由衷的曲意奉承相对较少,但"在以群体、关系和他人为主要取向的中国文化中,它起着不同的作用"。(贾玉新,2002:372)也就是说,中俄两种文化在恭维语方面的差异,是两个社会的传统文化结构的差异所造成的,尽管传统的文化结构已经发生了很大的变化,但其影响仍然根深蒂固。由于受主要文化取向的影响,超越恭维底线的曲意奉承在中国历史上一直比较盛行,不仅出现在官场,在日常人际交往中也屡见不鲜。据史书载,晚清重臣李鸿章早年求学,在完成学业辞别老师时,老师问他以后如何立身做人,他说准备了100顶高帽子,以后见人就送,老师教育他不能这样做,做人应该诚实,李鸿章说:"大多数人都好名,像老师您这么正直的人有几个呢?"老师听后捻须微笑,乐于接受。李鸿章出门后得意地对别人说"已经送出去一顶了"。由此可见,不管实情如何,人喜欢给对方戴高帽子,对方同样喜欢被赞美和奉承由此可见一斑。于是有人总结出奉承他人的各种规律,例如,对女人要称赞她长得漂亮或者皮肤好,这两样不好了就说身材好,身材实在不敢恭维了就说气质好,想方设法讨取女人欢心。这种不切实际的、给对方戴高帽子的曲意逢迎行为在现实生活中时有所见,与贴切地赞誉对方的恭维行为形成了反差。

　　但是,恭维语与奉承之间的界限有时是比较模糊的,常常难以区分,往往取决于交际语境、交际双方的相互关系及其年龄、性别、社会地位等诸多特点。例如,一位学生在考场对主考女教师说:"Вы сегодня прекрасно выглядите!"(您今天气色很好!)一位秘书对刚作完报告的领导说:"您今天的讲话很精彩!"这些话很难说这是恭维还是奉承。但是,如果是这位主考女教师、作报告的领导的好友或者上司说了这句话,那就很可能是恭维而不是曲意奉承。

2. 俄汉恭维语的社会性别语用差异

　　男女两性在社会中扮演不同的角色,不论是哪一个国家,哪一种文化,人们对男女两性的社会期望和心理认同是不尽相同的,因此,男女在言语交际中的表现也有很大的差异,这种差异在恭维语的使用上表现尤甚,通过俄汉恭维语的社会性别语用对比分析可见一斑。

2.1　恭维女性方面的语用差异

　　Н. И. 福尔马诺夫斯卡娅以语用学理论为基础,以俄罗斯文化为参照,从跨文化的角度来审视与探讨中国言语礼仪文化中的各种表现形式。例如,在论证语用礼貌原则时,她广征博引,用翔实的语料说明中国人喜欢自贬,同时又喜欢恭维对方,有时一句话可以集谦虚准则与赞誉准则于一身,在其他语言中实属少见。如过去中国人在邀请对方去家里做客时常常会说:"Я, недостойный, и моя ничтожная жена приглашаем вас, глубоко почитаемого, посетить наш жалкий дом."("鄙人与贱内邀请尊贵的您大驾光临寒舍。")(Формановская, 1998:66)许多俄罗斯人对此不解:中国人为什么喜欢抬高别人,贬低自己以及家人?把自己的妻子说成是"贱内",岂不是羞辱妻子,难道她不生气?为什么非要这么说,非要自己作践自己? 可见这些恭维对方并同时贬抑自己的中国式表达方式常常会造成不必要的交际误解。实际上,这不过是中国人的一句谦辞,并不含有真正的褒贬含义,是中国千百年流传下来的一种有标记的言语表达习惯,意在尊重和对方,自己和家人也心知肚明,一般不会产生误解。

有些外国人在与中国人的交往中使用恭维语,也会出现因为文化差异而引起语用失误。例如,《南方日报》1993 年 10 月报 11 日曾刊载了这样一则故事:一个外国人去参加一个中国朋友的婚礼,出于礼貌,他对新娘说:"你真漂亮!"这时候新郎代替新娘回答道:"哪里! 哪里!"这下可让这位外国朋友大吃一惊,想不到笼统的赞美,中国人觉得还不过瘾,还要举例说明! 出于无奈,他只得用生硬的中国话说:"头发、眉毛、眼睛、耳朵、鼻子、嘴巴都漂亮!"这一交际失误从表面上看是外国朋友与中国新郎对于彼此文化缺乏深入了解,从而导致文不对题,答非所问,但借助于标记理论,就可以清楚地看到深层次的问题症结所在:这个外国朋友不了解汉语中"哪里"除了无标记的"去哪里,在哪里"等方位意义之外,还有"没有的事,不敢当"之意,这是一种有标记的中国式谦语。也就是说,外国朋友将汉语"哪里"的有标记意义错当成常规性无标记的意义,误以为中国新郎进行刨根问底式的询问,最终闹出笑话。

按照语用学的诠释,在这种情况下,最直接的方式就是接受对方的称赞,因为"接受是无标记的言语行为……干脆利落"。(沈家煊,1999:24)如果对于对方的赞美予以拒绝,则不合常规,具有标记性,通常需要作出解释,颇费口舌,搞不好会出现不应有的语用失误或者交际冲突,如笔者曾在俄罗斯亲眼见证这样一件事:在商务谈判间隙,一位俄罗斯男士对担任代表团翻译的中国姑娘彬彬有礼地说"Вы очень красивая, симпатичная!"(您很漂亮,很可爱!),没想到这位姑娘随口说了一句"Хулиган!"(流氓!),搞得那位俄罗斯男士很尴尬,不知道他究竟说错了什么,因为在一般俄罗斯人看来,此类话语并不包含具有标记性的色情或者猥亵含义,仅仅是一种无标记的赞美之词。

笔者以为,之所以出现上述误解,根本原因是中西方文化差异所致,不管恭维者是男性还是女性,对女性的外貌进行恭维在西方国家中被公认为非常普遍的言语行为,无论年龄、社会地位、职业如何,女性的外貌永远是被恭维的对象。但在中国,特别当一个男性恭维女性的外貌时,"有可能被视为犯了禁忌,至少不是社会所期望的行为"。(贾玉新,2002:366)显而易见,这位中国姑娘的表达方式带有中国传统文化的标记。

2.2　恭维语指涉对象及表述方式等方面的社会性别语用差异

与任何恭维语一样,俄汉恭维语具有自身的话题和指涉对象,在具体的运用过程中体现出某些共性以及不尽相同的语用特点。

2.2.1 男女两性的恭维话题和指涉对象不同

就恭维语本身来讲,一般的"话题集中在三个方面:成就、外貌和服装,每一位恭维者的话题大多只涉及一个方面,只有少数谈到两个方面,但没有人同时提到三个方面"。(魏耀章,2001:4)在这一问题上,俄罗斯人和中国人的认同感基本一致,但在恭维语的具体运用方面,男女两性各有差异。

在恭维语的使用方面,俄罗斯女性面对异性时往往"语塞",不像男性那么信手拈来,侃侃而谈,究其原因,可能是由于担心夸奖男性会让对方产生误解,避免引起不必要的麻烦,不致使男女双方的交际陷入尴尬境地。所以,在面对一般男性时,女性通常将话题转引向对方的家庭或称赞男性在工作上的成就,避而不谈男性的外貌。然而,与此相反的是,俄罗斯男性在面对女性时,常常不吝赞美之词,开诚布公,畅所欲言,很直接地赞扬女性在容貌、着装方面的上佳表现,女性一般会坦然接受。再从男女恭维词语的具体运用情况来看,"俄罗斯女性的表达手法非常丰富,在她们的言语中频繁地出现肯定的感叹词、感叹句和副词、形容词,甚至还有点"言过其实"的夸张,而俄罗斯男性赞扬别人时常常会从实际情况出发,言简意赅,一般不会大肆褒奖"。(李明宇,2008:39)对于已经习惯被恭维的俄罗斯女性来说,男性的这种态度有时会让她们觉得"意犹未尽",期待更多的恭维。

俄罗斯男性通常恭维的是女性的外貌,女性恭维的是男性的成就或者能力。男性一般习惯于无标记的直接表述,相互之间很少恭维,但看到漂亮的女性时,会不吝赞美之词,"很漂亮、很美、很可爱、很迷人、富有魅力、极具吸引力"等恭维语信手拈来,特别是遇到自己心仪的女性,会穷追不舍,极尽恭维奉承之能事,力图博得对方好感,为自己树立良好印象,达到进一步交往的目的。对于俄罗斯女性来说,"对其外表的赞扬显得特别真珍贵。当她们听到赞扬后,会容光焕发,喜气洋洋,显得格外年轻"。(徐翁宇,2008:260)无论男士的恭维是否符合实际,女士通常都会乐于接受,例如:

Новосельцев. Вы — красавица, Людмила Прокофьевна!

Калугина. Вам правда нравится?

Новосельцев. Очень.

Калугина. Ой, как я рада!

诺沃谢尔采夫:"您是个美人,柳德米拉·普罗科弗耶夫娜!"

卡卢基娜:"您真的喜欢吗?"

诺沃谢尔采夫:"很喜欢。"

卡卢基娜:"啊,我太高兴啦!"

对于并不漂亮的女性的相貌,俄罗斯男士也是刻意恭维,诚如著名作家契诃夫在短篇小说《万尼亚舅舅》中借助索尼娅之口所说:"Когда женщина некрасива，ей говорят：у вас прекрасные глаза，у вас прекрасные волосы"（面对一个不漂亮的女人，人们会说：您的眼睛很美，您的头发很漂亮），幽默中不乏对女性的赞美。而俄罗斯女性对于男性的恭维通常都是坦然笑纳，即便不喜欢对方或者明知对方是在说假话，也会随口说声"谢谢"，一切显得自然平和，不给对方难堪。

这种男女两性刻意恭维对方的情况在俄罗斯非常盛行，但在我国并不常见。受传统思想的影响，中国男性面对女性时表现一般比较内敛和矜持，不善于当面赞美女性的容貌，不习惯对女性的衣着打扮进行评价，女性对男性的恭维更是慎之又慎，尤其避免赞赏男性的外貌和着装，尽可能遵守社会对于男女两性的心理认同和交际规约，以免引起不必要的误会，这实际上就是性别文化差异的具体表现。同汉民族相比，俄罗斯民族更崇尚恭维语，其使用情况在同性之间屡见不鲜，在异性之间亦是随处可见，从称赞对方的衣着打扮和外貌，到夸奖对方的工作成绩和能力，男女两性都表现出各自不同的浓厚兴趣，特别是男性之于女性，使得恭维语如同营造和谐交际氛围的催化剂，进一步提升了相互之间的亲和力和吸引力。

同恭维话题密切相关的是，恭维对象亦因国情不同而有所差异。在俄罗斯，恭维对象通常不是关系生疏或者不大熟悉的人，而是关系较为密切和地位平等的人，这种平等既体现在年龄上，也体现在社会地位上，发生在同龄人和地位基本相等的人之间的恭维几率远远高于非同龄以及社会地位悬殊较大的人之间。相比之下，中国人恭维的对象往往是泛泛之交或者关系一般的人，关系密切的人之间互不恭维，以免见外，关系生疏的人之间同样如此，以免唐突和尴尬。

从年龄和社会地位角度来看，被恭维者较多的是年长者或者社会地位高于自己的人，这主要是由于两国文化中的权利距离不一样，中国的权利距离要比俄罗斯的大。也就是说，中国人对权利分配不平等这一事实的接受程度要高，因为"中国社会是一个注重社会等级而非个人成就的社会，中国人非常看重年龄、人际关系、权利等因素对一个人的影响。所以，中国人尊重权威。相比之下，俄罗斯文化就会更加注重个人成就"。（汪方方，2010：28）俄罗斯一般不信任盲目的权威和过分的官僚，不指望权威人士的帮助，不愿意讨好官员，不喜欢行政命令，就像一些西方学者所指出的那样，如果以官方指令或者规定的形式介绍某事，俄罗斯人通常不会信任或者不乐意执行，但如果是个人的推荐，他们一般会认可，并表现出积极实施的态度。

2.2.2 不同恭维表述方式所体现出的社会性别关系

如上所述，恭维语的表述方式通常分为显性和隐形，或拟直接和间接两种，前者指那些符合惯常程序、脱离具体语境仍能明确辨识的恭维语，一般通过具有明确赞赏意义的话语直接表达出来,而后者通常没有明显的褒扬成分,通过间接的方式表达赞誉,其言外之意,即恭维含义需借助于具体的语境才能体现出来。

一般来说,男性恭维女性较为直接,无所顾忌,一吐为快,而女性恭维男性时比较讲求策略,不是直接表述,通常采用间接方式,如一位女士对某位事业有成的男士说"Я всегда ставлю вас в пример своему мужу"(我向来把您作为我丈夫学习的榜样),既委婉地表达了自己对这位男士的肯定与恭维,也以丈夫为挡箭牌,以免对方产生误解。

中国女士在这一点上和俄罗斯女性比较相似,对男士的成就、能力以及性格常常会给予间接的恭维,如有位女士对一位共事多年、才华横溢而又温文尔雅的男士说"有您这个丈夫,您太太真是好福气啊!"即使是对同性的容貌或者其他才华,在互不熟悉的情况下,女性或者男性有时也会采用标记性的间接恭维方式。这种情况在现实生活中屡见不鲜,例如:

在健身房上完体操课之后,一个女孩对她旁边一位柔韧性特好的女孩说:"你是练舞蹈的吧?"言外之意即是说:你的身体柔韧性真好。

在歌厅,当一位女孩子以悠扬而甜美的歌声吸引了其他听众时,其他女孩子会问她:"您受过专业训练吧?"言外之意即为:您的歌唱得真好!

在打靶场,当一位男子枪枪命中目标时,另一位男士问他:"你是从部队回来的吧?"不言而喻,军人通常都接受过射击训练,枪法普遍较好。

在一次国际俄语学术研讨会上,一位中国男教师用纯正的俄语作了大会主题发言,会议结束后,几位出席会议的俄罗斯男女嘉宾问他:"您是从小学俄语的吗?""您在俄罗斯待了很久吧?"等等,言外之意是:这位男教师的俄语很棒,只有从小学俄语或者在俄罗斯待了很长时间的人才会说得这么好。

诸如此类的例子不胜枚举,从中不难看出,在俄罗斯人或者中国人的日常言语交际中,彼此之间不是很熟悉的人才会使用这种间接的恭维方式,当然也不排除直接的恭维。从言语行为理论的视角来看,说话人使用的语言表达形式是疑问句,其字面意思,即言内之意是提问,但实质上是表达一种委婉的赞赏,其言外之意,即语用意义只有通过具体的语境才能体现出来。如果彼此之间关系密切或者相互了解,通常会直接说出赞美的话,不会采用提问的方式。

由此可见,无论俄罗斯人还是中国人,无论同性还是异性,其相互关系的亲疏程度往往决定着直接或间接恭维语的使用,相互之间越是不熟悉,恭维语的标记性就越明显,反之亦然。在中国,相互熟悉的异性或者同性之间经常以"美女""帅哥"之类恭维语相称,被恭维者不一定真的是"美女""帅哥",但一般对此欣然接受,因为他们心里很清楚,恭维者并无恶意,彼此之间相互熟悉才会这样直接表达恭维。由此可见,恭维语在某种程度上已经成为衡量男女两性之间亲疏关系的手段之一。在这一点上,俄汉恭维语的社会性别语用特点基本相同。

第五节　俄汉道歉语的社会性别语用对比分析①

　　道歉语(извинения)作为人们日常交际中频繁使用的一种礼貌言语行为,在言语交际中发挥着重要的调节作用,主要用来化解矛盾,弥补冒犯别人带来的后果,顾全被冒犯者的面子,维护交际双方的和谐关系,因此,可以称其为"维护面子的言语行为"。这种情况在男女两性的言语交际中尤为重要。

　　道歉源于说话人对受话人的冒犯,由此对自己的错误或过失进行承认,并力图为被冒犯者挽回面子的一种弥补性的言语行为(Goffman,1971:140—143)。在日常言语交际中,社会性别因素对道歉言语行为的影响受到语言学界越来越多的关注。我们对俄罗斯和国内汉语学界有关道歉言语行为的社会性别语用研究成果进行梳理与整合,通过阐述道歉言语行为的基本特点、道歉策略和表述方式及其制约因素,进而分析社会性别因素对道歉言语行为的影响以及差异产生的原因。

1. 道歉语的基本特征

　　作为一种说话人表达歉意的言语行为(речевой акт),道歉语总是具有明确的指涉对象,即接受道歉的受话人。按照俄罗斯语言学家 Н. Д. Арутюнова (1999:643)的观点,对言语行为"可以从两个方面去探究:一是看其真值,二是看其实施的行为动作。我们将其称为言语习性反应行为(речеповеденческий акт),它们在参与言语交际时,总是有指向的。这是言语习性反应行为和非指向性行为的区别所在"。也就是说,道歉"是在面对面进行口头交际的语境中使用的,必须符合'я—ты—здесь—сейчас'这一语用标记"(周民权 2013:42)。如果其中任何一项缺失,都会对道歉言语行为的施为意义表述产生影响,难以达到说话人和受话人所期待的交际意图。

　　Н. И. 福尔马诺夫斯卡娅(1987:46—47)认为,作为一种语言现象,道歉语与请求、恭维、致谢等言语行为一样,与说话人的主观意图及其期待的言后效果息息相关,从而体现言语礼节所特有的交际动机,如 Я хотела бы просить прощения, Мне хотелось бы извиниться перед вами之类情态句式结构并不包含客观的虚拟含义,而仅仅体现说话人对受话人表示高度礼貌的主观情态意

---

① 该节部分内容首次发表于《俄汉道歉言语行为的社会性别对比研究》一文(俄罗斯《人文科学问题研究》2011 年第 2 期)。

义。因此，它们和 Прошу прощения，Виноват（a），Извини（те），Я хочу извиниться перед вами 之类句式一样，表达了说话人为自己的小小失误或大错而向对方致歉的意愿，与具体的交际语境、道歉的正式程度及其修辞色彩、交际双方的亲疏关系及各自的社会角色等语用因素密切相关。

　　笔者认为，说话人在口头致歉时，无论使用什么句式，都应该体现"здесь—сейчас"这一应景应时的特点，也就是说，道歉这一言语行为体现着句法现在时及语句的施为意义，表明该行为是在与受话人面对面进行交际的情况下完成的，尽管道歉的事由发生在说话时刻之前。从言语行为的视角来看，说话人在致歉过程中同时进行着表达、反思和诠释三种言语行为：首先，说话人是认识行为的主体，通过功能性言语传递命题内容，即说出具体的道歉话题；第二，说话人是反思行为的主体，通过功能性言语传递命题态度，即表明自己的歉意；第三，说话人是诠释行为主体，通过功能性言语引导听话人对道歉内容的理解，即对听话人施加影响，以期达到改变其情感状态、令其接受道歉的美学效果和语用功能。这三种言语行为互为依托，集"说""做"及其产生的"效"于一身。

　　从社会交际的角度看，道歉是在冒犯别人的前提下，为适应一定的社会行为准则和规范而对自身行为过错的一种反应。当一个人在社会团体中违背了社会规范或冒犯了他人时，恰当地选择和实施道歉言语行为，不仅体现了个人修养和有错即改的诚意，而且通过获得对方的谅解来恢复自己的社会地位和个人形象，是维系和谐的人际关系与体现社会文明的必备素质。道歉言语行为的产生源于礼貌要求、心理需求以及各种内在和外在因素的影响，其制约因素主要体现在被道歉者的受损程度、道歉双方的社会地位以及双方的亲疏程度等三个方面。比如，记得以前的小学课本上有这么一个情节：一个花瓶被人打碎了，在彼得和伊万眼中，损失程度截然不同：彼得认为那只不过是一个普通的花瓶，不值什么钱，而对伊万来说，那是已故姑母的纪念物，具有非同一般的精神价值和纪念意义。因此，对于过错方的道歉，伊万可能不会轻易接受。再如，契诃夫的小说《小公务员之死》中的那个奴颜婢膝的庶务官切尔维亚科夫，在剧院里的一个小"不慎"将唾沫溅到了坐在前排的将军级文官身上，小公务员惟恐大官人会将自己的不慎视为有意冒犯而一再反复道歉，弄得那位大官人由毫不在意到真的大发雷霆，而执着地申诉自己毫无冒犯之心的小公务员，在遭遇大官人的不耐烦与呵斥后竟抑郁而死。一个人竟丧命于自己的喷嚏或者不合时宜的道歉，看似可笑，其实反映的是双方悬殊的社会地位以及素不相识的疏陌关系，小公务员丧命于他自己对达官贵人与权势的恐惧。假设他只是对着妻子或者与自己亲近的人打了个喷嚏，那他决不会落到如此地步。可见道歉并不是简单地说声"对不起"，其中蕴含着各种各样的社会元素。

2. 俄汉道歉语的社会性别语用对比研究

受文化理念、民族性格、价值观念、思维方式等语言外因素的影响,俄汉道歉语的表现形式纷繁多样,尤其涉及男女两性的道歉行为时,更彰显出不同民族文化的社会性别语用共性与差异,因而备受国内外俄语和汉语学界的关注,引发了不少学者的研究兴趣。

2.1　俄语道歉语的社会性别语用研究

俄罗斯学者 А. А. 阿基希娜、Н. И. 福尔马诺夫斯卡娅在其专著(1986:109—118)中详细归纳总结了道歉语的使用场合,认为无论男性或者女性,在正式交际场合通常使用 Разрешите（Позвольте）извиниться（перед вами）, попросить прощения（у вас）, принести извинения（вам）或者 Я должен（-жна）, хочу, не могу не извиниться（перед вами）, попросить прощения（у вас）, принести извинения（вам）等句式,而老年人则喜欢使用 Прошу прощения за... 或者 Приношу（свои, глубокие）извинения за... 等句式。在她们罗列的大量例句中,可以看出女性喜爱使用 Не серди（те）сь（на меня, на то, что..., за то, что...）＋простите（извините）或者 Мне бы не хотелось вас（тебя）обижать 等较为委婉的表达方式。关于受话人对于道歉语的反应,作者认为最常见的答语是 Пожалуйста, Ничего, Не стоит（извинения）,对因小事致歉的回答通常是 Это пустяки! Это мелочь! Какие пустяки! Какая мелочь! Ничего страшного,而不拘礼节的回应是 Ну что вы! Да что вы! 这些语料的整合与分析为研究男女两性的道歉语用特点提供了佐证。

А. Г. 巴拉凯(2002:40—42)认为,说话人的性别因素与其说是本身具有意义,不如说是对受话人更有意义,因为男性和女性说出来的同一句话可被男性和女性受话人作不同的理解与阐释。需要强调的是,男性说话人如果是知识分子,他在面对女性受话人时通常会选择彬彬有礼的话语,尤其在正式或者庄重的交际场合更是如此。

Р. 拉特迈尔(2003:215—216)认为,在俄语中,同说话人的性别有关的差异首先体现在他们选择哪一种道歉形式上。表达羞愧的道歉语（Как мне стыдно!; Мне так стыдно!; Мне очень неловко и т. д.）绝大多数情况下出自于女性之口,而表达有错的道歉语（Я виноват и т. д.）大都出自男性之口,且"виноват"这一表达方式既针对男性,也针对女性受话人。另一方面,使用于道歉语之前的感叹词"ой","ах"常见诸女性言语,如:Ой, какой кашмар! Ах! Извините, пожалуйста! Забыла! ой 与 ах 分别表示对所造成损失的害怕与惊慌,从而体现出行为的非故意性;而使用于道歉语之前的插入语"черт возьми"

则属于男性言语,显示了男性的粗犷与随意。如女性常常会说:"Я действительно должна перед вами ужасно извиниться(我确实应该向您深表歉意)"这里的 действительно 和 ужасно 在起加强作用的同时又具有情态意义,因为借助于它们表明了行为的客观性:说话者是如此强烈地意识到自己的错误,道歉行为势在必然。其他表达方式在男女两性的道歉语中均可见到,没有使用上的差异。至于接受道歉者的性别和年龄,较之于道歉者的总体礼貌程度,所起的作用微乎其微:同一个人实际上使用相同的道歉表达方式,不管他在这种场合所冲撞的人是谁。但总的来说,在俄罗斯文化传统中,尚不能确认女性比男性道歉得多,原因在于俄罗斯女性在独立性和责任感方面丝毫不逊于男性。

　　但是,在说话人的社会地位高于受话人的场合,处于上位的俄罗斯女性道歉的几率大于50%,而处于上位的男性一般较少道歉,例外情况也是有的,如给女患者造成严重的精神损失时,大多数男性医生会道歉说:"Извините, тут перепутали анализы. Беременности у вас нет(对不起,这里混淆了化验结果。您没有怀孕)."诚如新西兰学者 J. 霍姆斯(1990:209)所说:"在面对与自己地位相等的交际对象时,男性和女性使用的道歉语数量相等。但是,在'对上'和'对下'时,男性的道歉语比重很大。女性的大多数道歉语是说给熟悉的女性的,而男性的大多数道歉语则说给保持社会距离的男性和熟悉的女性。"

　　胡抢宝(2011:41—42)对道歉言语行为的社会性别语用差异成因进行了探讨,认为无论在汉语还是俄语中,交际参与者的性别都会对道歉策略的选择产生重要的影响,存在着一些分别属于男性和女性专用或者多用的道歉符号。之所以有性别差异,有其社会原因(男女两性的活动范围和工作性质有所不同、在社会和家庭中的社会地位有异、民族和地域文化传统以及风俗习惯有别)、语义差异(出现隐喻、含义增生等现象)、修辞差异(男性话语里常见到带有粗俗幽默、富有感情色彩的表达方式,如 Черт возьми, забыл конспекты. Извини, пожалуйста!(活见鬼,我忘带提要了。对不起啊!);而女性则适宜使用温存的话语,其中包括民间诗歌中常用的词语和带有指小表爱及情感评价后缀的表述方式,如 Ой, какой ужас!(哦哟,多么可怕呀!);Почему я такая дура(我怎么这么傻啊!)等等。

2.2　汉语道歉语的社会性别语用研究

　　潘小燕(2004:90)根据中外学者的观察与研究,认为道歉行为通常包括以下内容:(1)直接表达歉意,如"对不起""抱歉"等;(2)表达说话人对冒犯所负的责任;(3)对冒犯造成的原因进行解释和说明;(4)提供补偿;(5)承诺将约束自己。其中前两种策略比较明显和普遍,几乎在所有道歉行为中都会单独出现或一起出现,后三种策略和具体的情景有关,随着冒犯行为的严重程度而可能出现或可能不出现。

贾玉新(2002：373)认为，在研究汉语道歉言语行为时，可能会出现一种错觉，人们或许会将男性或者女性的道歉视为极其简单的言语行为，认为"对不起""请原谅"等足以构成道歉的全部事实。实际上道歉是一个很复杂的言语现象，受到多方面因素的综合作用。例如，在什么情形下采用何种策略道歉？怎样对别人的道歉进行响应？……道歉言语行为的实施还涉及其他诸多方面，如该行为和社会因素的关系、性别因素等等。一般来讲，女性更注重维系良好的社会关系，她们常把道歉视为维持与他人的和谐关系的一种手段；而男性则往往从自我出发，认为道歉是承认失败、有损本人面子的行为，会使自己处于交际中的不利地位，因而尽可能避免道歉，以维护本人的面子和社会地位，只有在冒犯程度严重或意识到对方地位高于自己或与自己社会距离远(如对陌生人)的情况下，才容易采用道歉言语行为，他们更多地注重社会地位、权力因素的影响。

另外，在道歉反应策略方面，女性更加乐意接受道歉，遵循"以和为贵"的道德准则，把接受道歉当作是一种积极礼貌的言语行为，是表达对说话人的一种理解，愿与说话人共享相互间的态度和价值观，恢复交际双方的和谐，而男性一般则不像女性那样非常乐意接受别人的道歉，有时甚至对别人的道歉横挑鼻子竖挑眼，这可能是因为接受道歉被男性视为间接承认冒犯者对自己面子的威胁。

笔者认为，诸多的社会因素中必然包括使用道歉语的社会性别差异，即男女两性的道歉有什么异同。研究表明，文化及性别的差异对言语行为的理解和使用有着很大的影响，不同国家、不同性别会产生不同的言语行为模式。

汉语界的相关研究表明，较之于男性，女性通常更多进行道歉，也更多地运用直接道歉策略。例如，周娉娣、张君(2002：108)通过"语篇补全测试"(Discourse completion Tests) 问卷法，试图实证分析不同性别的学生对某些特定情景的道歉言语行为中存在的差异，旨在反映男性与女性对同样语境采取不同的道歉策略。他们把受试者分为男女两组，每组各 20 人，所有受试者都是大学四年级学生。道歉言语行为的分布模式为：女生发出和接受的道歉行为各为 61％和 57％，多于男生，男生的道歉言语行为也更多的用于女生而非男生(39％和25％)。另外，女生之间的道歉行为也多于男生之间(各为 34％、15％)。不管是男生还是女生对于男性的道歉言语行为远少于对女性的道歉言语行为(51％和 43％)。

王力等(2009：108—110)以部分男女大学生在道歉这一言语行为上的表现为素材，通过"语篇补全测试"收集资料，重点探讨汉语道歉言语行为中男女两性在使用强势词语进行道歉以及运用直接道歉策略和关心策略上的性别差异，用中文共设计了 20 个涉及受试者所熟悉的日常生活各个方面的情景,每个情景都对行为所发生的背景作了描述,要求受试者根据自己的经历在问卷中做出相应的道歉言语行为,把社会距离、社会权力和社会行为难易程度作为控制因素,主要围绕以下 3 个问题进行讨论:

(1) 女性是否比男性更多地使用强势词语进行道歉;

(2) 女性是否比男性更多地使用直接道歉策略;

(3) 汉文化中,是否较多使用关心策略,在这一策略使用上是否存在性别上的差异。

通过对 58 份(男女性受试各 29 份)调查问卷进行统计分析,共计得到道歉言语行为 1160 次,其中男性使用诸如"真""很""太""真是""实在""实在是""非常""十分""真的"等一系列加强感情色彩的强势词语 83 次,女性使用 101 次,比男性高出 10 个百分点,表明女性更善于用强势词语来增强言语的表现力,这可能是由于女性的感情更丰富,更敢于并乐于抒发自己的感情,而男性使用强势词语的场合大多是在表达否定评价的时候。

从认知语言学的角度说,由于认知心理的影响,两性言语的侧重点各有不同:女性感情丰富,表达的自由度也比较大,因此她们的话语带有比较多的感情色彩,属于情感型,而男性习惯于陈述事实和资料,通常关注言语表达的字面内容,属于事实型。另外,在使用一些数量少但频率高的程序化直接道歉方面,女性高于男性 14 个百分点。汉语中常用的直接道歉语有"对不起""不好意思"以及"抱歉"等。在不同的冒犯前提下,道歉者采用至少一种或结合多种策略来实施道歉,结合的方式有多种,但一般来说直接道歉策略往往出现在前,其他补充成分在后。从语言形式来看,大多数直接道歉言语行为只使用少数的词汇项目与句法形式,常常加上强势词语,来加强道歉的程度和诚意。调查中得到的 1160 次的道歉言语行为中,直接道歉策略的使用频率高达 51.3%,共计 595 次。其中男女两性使用比例分别为 44.3% 和 58.3%。可见男女两性在直接道歉策略使用上女性略高于男性,男性较多地使用间接道歉形式。

关于关心策略的使用,王力等(2009::110)认为,从传统上来说,中国传统文化非常讲究人与人之间的关系,不重视个人的空间和隐私。对他人的关心表示以及对集体意识和传统文化的认同,是被社会接受和赞许的行为。按理来说,关心策略在汉语中应该大量存在,并且在女性道歉语中比例应该较高。但调查结果却显示,男女两性使用关心策略的比例都很低,在 1160 次的道歉策略中,只有 19 次解释策略的使用,比例为 1.6%。而其中男性使用 8 次,比例为 1.4%;女性使用 11 次,占 1.9%。可见男女两性在关心策略的使用上并未显示出性别差异。

与上述问卷调查法不同,潘小燕对汉语中的道歉行为采用了实录法,即以语用学研究中最为理想的自然语境中的会话为语料展开调查,避免了受调查者潜意识地或者故意使用一些真实语境中不会出现的策略。采取的收集方法是在观察到了受观察者在自然状态下的真实话语,并且在他们离开之后,立即将其记录下来,在一定程度上保证了调研的真实度与可信度。调查来自三种不同的真实语境:

(1) 请几位老师将书或参考资料借给自己的学生,并且不明确说明归还时间,然后过两天突然要求学生归还,看他们如何反应;

(2) 由调查者将书或物品借给自己的朋友,也不明确说明归还时间,过几天突然要求朋友归还,看他们如何反应;

(3) 在人流密度较大的地方,如学生食堂、图书馆、公共汽车、餐馆等地方,观察当某人不小心撞、挤、碰或影响、妨碍了别人时的反应。

通过观察 53 人(其中男性 25 人,女性 28 人)在上述 3 种自然语境中道歉反应。调查者发现,几乎所有的女性(1 人除外)都对其冒犯行为采取了明显的道歉策略,如"我忘记带来了,明天给您送来吧""您急着要的话,我立刻去取""真对不起""真是不好意思"等,而男性只有 58% 的人采取了明显的道歉策略,没有道歉的冒犯者甚至对社会距离近、社会权利平等(双方为朋友)的被冒犯者说出"你没有说过什么时候带来啊?""啊,没带""噢,忘记了"之类毫无歉意的话语,但是,面对老师时,即使是男性,也使用了:"解释原因""提供补救措施"这两种道歉策略。

由此可见,在语境大致相同的情况下,由于被冒犯者的身份地位不同,冒犯者会因人而异,采取不尽相同的道歉策略,这种情况在男性身上体现得尤为明显。在道歉程度的表达上,女性比男性更多地运用直接道歉策略,更多地使用"真""十分""太""非常"等程度副词,这种用法和俄罗斯女性表达歉意时趋向于使用 очень, действительно, искренне, слишком 之类副词的情况十分相似,旨在加强语势,借以表达自己的道歉诚意。

2.3　俄汉道歉语的语用对比分析

如上所述,俄汉两种社会性别语言中的道歉言语行为有不少相似之处,例如,较之于男性,女性对道歉的感悟与解读更为深刻,更多地使用加强语势的表达方式,较常运用礼貌道歉策略,更积极主动地承担责任,也就是说,从道歉的原因、目的以及主动性方面来看,男性一般不及女性,不像女性那样积极实施道歉行为。

笔者认为,无论在俄罗斯还是中国,女性道歉多于男性的情况基本相似,其中深层次的原因可能与女性长期以来所处的从属地位有关,长此以往的社会性别歧视可能使得女性养成谦恭、顺从的习惯。另外,在笔者看来,还有一个重要的原因,是女性的礼貌程度相对普遍较高,尤其是受过高等教育的女性,她们对道歉的感悟与解读更为深刻。所以,"致歉不为下"的观念和行为方式在她们身上体现得较为明显,其道歉与言语行为的难易程度、社会性别定型、社会权力、社会关系不无联系,社会对于她们的期望通常体现为"温良恭俭让"和淑女风范。较之于男性,她们更能从他人立场出发,把道歉当作减轻或消除由冒犯带来的不良影响和恢复双方和谐关系的礼貌行为。因此,无论冒犯的程度如何,即使与被冒犯者社会权力相当或者处于相对优势地位(如上级对下级、老者对少者等),社会距离近,即便是轻微的冒犯,她们也会实施积极的道歉行为,如主动解释原因、采取补救措施等等,来避免可能造成的误解或不快,维护双方的正常交际关系。

但是,由于俄罗斯人和中国人所处的社会文化背景不同,在各自的语言使用中秉承不尽相同的社会性别理念,男女两性在不同的亚文化环境中难免会习得各自的性别文化,在实施道歉言语行为时,就不可避免地表露出这种性别文化特征,俄汉语界在道歉言语行为的研究方面亦有差异,主要体现在以下几个方面:

2.3.1　以上研究表明,在道歉言语行为研究的基础性和系统性方面,俄语强于汉语,如 A. A. 阿基希娜、Н. И. 福尔马诺夫斯卡娅和李学岩的专著以及胡抢宝的硕士论文等,都有不同视角的探索。但是,在实证研究方面,汉语强于俄语,如周娉娣、张君、王力、刘欣红、王锦山和潘小燕等学者的论文均有较为独到的见解。

2.3.2　在对待性别与年龄方面,中国人和俄罗斯人的理念中出现文化差异,难免影响道歉言语行为的实施。性别与年龄在交际中具有重要的作用,但它们在俄汉文化中的主次位置却全然不同:对于俄罗斯人来说,女性在礼仪等级中一般高于男性,"女士优先"成为人际交往中的重要准则之一,因此,性别因素大于年龄因素,而对于中国人来说,情况则正好相反,年龄被视为受尊重的最主要特点,从等级上高于性别,由此产生的文化碰撞势必会引起交际冲突。中国文化中的性别因素之所以次于年龄因素,与汉民族"尊老"的历史传承不无关系。李学岩(2006:91—92)曾列举了一个现实生活中的例子来说明问题:在圣彼得堡的公交车上,一位中国姑娘看到一位挂着拐杖的俄罗斯老爷爷上车,便很礼貌地起身让座,但这位老人既没有入座,也没有表示感谢,双方都感到很尴尬。引发这种误解的原因就在于性别与年龄在中国人和俄罗斯人的礼仪等级观念中互不相同,差异很大。俄罗斯人首先考虑的是性别因素,而中国人则将年龄因素放在首位,性别因素次之,年轻人应该给老年人让座,不管是男性还是女性,这是一种有礼貌和有教养的标志,被称之为"尊老"。

中国的"尊老"现象对道歉语的使用颇有影响,年长者常常成为接收道歉的优先者。笔者以为,"尊老"有其历史原因,这实际上是历史上孔子的儒家思想对中国文化和中华文明发展的不断影响所致。在中国的封建社会里,女性应该遵守"三从四德"的道德规范,社会地位低下,一切屈从于男性。尽管新中国成立后倡导男女平等,但男尊女卑的封建残余仍然挥之不去,在与性别有关的问题上时有表露,在遇到性别与年龄问题发生碰撞时,"尊老"观念又会趋于上风,所以女性的地位亟待提高。笔者认为,"尊老"观念体现出了中华民族的一种"长者为先"的传统美德,即便由于这一因素在跨文化交际中出现一点误解,也情有可原。

2.3.3　在对待性别与社会地位方面,中国人和俄罗斯人的态度有一定差异。尽管俄罗斯男上司对女下属致歉时,不如女下属对男上司致歉那么积极主动,但比中国的类似情况要好得多。例如,我们在电视上常常会看到,在俄罗斯国家杜马的各种会议上,女性下属常常对男性上司直接提出批评,后者也会对女性下属当面道歉,如果性别角色发生转换,女上司也会因自己的某些不当行为对男下属致歉。而在我国,性别因素往往让位于权势和社会地位因素,在性别与社会地位因素同时存在的情况下,后者通常起主导作用,接收道歉者较多的是社会地位相对高一些的女性或者男性,而致歉者无论是男性或者女性,对于无意或有意冒犯上司会表现出某种诚惶诚恐,远不像上司给下属致歉时表现得那样平和。

究其原因,主要是由于俄中两国文化中的权利距离不一样,中国的权利距离要比俄罗斯的大。也就是说,中国人对权利分配不平等这一事实的接受程度要高,由于受历史上千百年等级社会的影响,中国人注重社会等级而非个人成就,非常看重权利、年龄、人际关系等因素对一个人的影响。所以,中国人尊重权威,畏惧权威。相比之下,俄罗斯人更加注重个性、个人成就和能力。由于俄罗斯人和中国人对于权威的态度不同,俄汉社会性别语言中的道歉言语行为为难免会出现差异。

上述研究简要总结分析了俄汉道歉语的社会性别语用形式及其差异,从中可以看出,男女两性的道歉言语行为受到多方面因素的制约,是一个较为复杂的言语现象,其中蕴含着丰富的社会元素和民族文化记忆,体现了俄汉两种语言厚重的历史传承。不仅如此,男女两性的道歉言语行为在一定的语境中还可以表达请求、反对、拒绝等非道歉意义,我们将在今后作进一步的研究。

第六节　俄汉抱怨语的社会性别语用对比分析

抱怨语(жалоба)本质上是一种威胁面子的言语行为。为了削弱和淡化抱怨语的威胁性,人们通常借助于礼貌的语言策略。由于抱怨者和抱怨对象的社会性别不同,抱怨策略的选择常常因人因时因地而异,体现出明显的社会性别语用特点。

1. 抱怨语的社会性别语用特点

国内外学界对抱怨言语行为的研究相对较少,不如称呼、恭维、道歉、请求等言语行为的研究那么深入和广泛,而对抱怨语的社会性别语用研究则更为不足,为数不多的研究成果一般围绕着以下几个问题进行:

(1) 男女两性之间的抱怨语通常是针对个人还是针对他人?

(2) 男、女两性分别使用什么样的抱怨语? 二者是否相同?

(3) 在涉及社会距离即对陌生人以及朋友的抱怨上,男女两性的抱怨语是否相同?

(4) 在涉及权势即对相对地位高及地位低的人的抱怨上,男女两性的抱怨语是否相同?

(5) 同性之间以及异性之间通常使用什么样的抱怨语,其差异表现在哪些方面? 等等。

一般来说,女性的抱怨多于男性,但无论男性还是女性,抱怨通常针对个人,借此宣泄一下自己的某种情感,如对气候变化、睡眠不好、健康不佳、做事不力等。针对他人的抱怨通常发生在彼此熟悉的人之间,而对陌生人或者不熟悉的人抱怨较少。

男性采取的抱怨方式要比女性采取的抱怨方式更加直接,其中男性更喜欢用建议抱怨策略,而女性更喜欢用抱怨策略中的积极抱怨。具体来讲,当对朋友以及地位相对低的人进行抱怨的时候,女性的抱怨要比男性的抱怨更有礼貌、更间接。

无论男性还是女性,对朋友的抱怨要比对陌生人的抱怨更直接,对地位相对高的人要比对地位相对低的人的抱怨更间接;对陌生人抱怨时,男女均选择抱怨策略中的沉默不抱怨;对地位相对高的人抱怨时,男女均选择消极抱怨策略及以避免为主的抱怨策略。

同性之间的抱怨策略比异性之间的抱怨策略更为直接,男性和女性往往都会采用建议抱怨策略,相互之间比较容易沟通。

异性之间的抱怨策略比同性之间的抱怨策略更为间接,往往采用消极的礼貌抱怨策略。女性的抱怨策略比男性更有礼貌、更间接。也就是说,女性要比男性更容易妥协,这一点可以根据对朋友、对相对地位低的人、对异性的抱怨策略上分析看出。这些特点也反映了女性的社会地位要比男性的低。(高鹏燕,2010:4)抱怨言语行为体现了男女两性在交际中的不平等待遇,尤其在回应抱怨语方面,有意无意反映出男性对女性的不尊重或者歧视。

　　笔者以为,这些差异在汉俄两种社会性别语言中大同小异,从中可以看出抱怨这一言语行为有其特定的社会性别定型,通常反映出女性不仅较多地采用有标记的间接言语策略,而且善于积极回应说话人的抱怨,用间接方式表达自己的不同意见,给足对方面子,一般显得比较得体。

2. 俄汉抱怨语的社会性别语用对比研究

　　对于以上所提 5 个问题,俄罗斯学界和国内学界都有不同视角的探究,通过东西方社会性别语言与文化的相互交流和对比借鉴,丰富了俄汉抱怨语言语行为的研究。

　　Н. И. 福尔马诺夫斯卡娅(1989:93—94)认为,抱怨语主要是针对个人而言,说话人通常以此表达自己的不佳状态,如失意、身体不适等,而且对不大熟悉和不认识的人不能抱怨,抱怨对象一般是朋友或亲人,如一位长期在外出差的记者对朋友说:"Вы спрашиваете, как я живу. Живу я неплохо, но очень скучаю по дому. Не хватает московских друзей, товарищей, родных."(您问我生活得怎么样? 我过得还好,但就是非常想家,想念莫斯科的朋友、同事和亲人。)一位考试不及格的女孩子对男友说:"Мне так нужно тебе пожаловаться на то, что плохо сдала экзамен."н(我考试考砸啦,特别想给你诉说一下。)一位生病的女性对朋友说:"Болела я целую неделю, да и сейчас еще плохо себя чувствую, голова болит и горло."(我病了整整一个星期,现在仍然感觉不舒服,头和嗓子还疼。)

　　А. Г. 波斯佩洛娃(1992:184)认为抱怨语是现实交际中的一种溶合性言语行为,因为它既反映某些客观现实,也表现出说话人对这些客观现实的不满,同时给听话人通报信息,促使他采取相应措施。也就是说,抱怨语不仅针对说话人个人,而且针对听话人或者第三方,抱怨内容包括人或者事,如可以抱怨天气不好、灯光太暗、环境污染严重等等。

　　孙晓佳(2012:35—37)归纳梳理了俄汉语中男女两性的抱怨语表现形式及其响应方式,认为较大的差异主要体现在以下几个方面:

　　(1) 女性的抱怨多于男性,甚至一些微不足道的小事都会招致她们无休止的抱怨,而男性则不在意或者默默忍受一些不得体的言行,很少抱怨,例如,一位女性抱怨说:"Я жутко переживала. Почему Анна не сказала мне об ее женихе? Неужели я не ее подруга?"(我太难过啦! 为什么安娜不给我说说有关她的未婚夫的事? 难道我不是她的朋友?)而男性遇到这种情况时,通常不会抱怨,认为这是别人的私事,女友没有告诉他纯属正常,但那位抱怨的女性却不这么想。这种差异的形成与男女之间不同的社会地位密切相关,在很大程度上取决于社会对其权利的认可。

（2）男女两性表达抱怨的策略不同：男性的抱怨借助于直接的言语行为，而女性则更多采用有标记的间接言语策略，试比较：

— Ты почему жаришь картошку на постном масле? Я не люблю, — сказал муж.

— Сегодня воскресенье, — сказала жена мужу.

丈夫抱怨说："你为什么不用素油煎土豆啊？我可不喜欢这样哦！"

妻子对丈夫说："今天是星期天啊。"

妻子这样说话，实际上是用间接的表达方式抱怨丈夫，怨为什么他不陪她逛街，因为今天是星期天，丈夫不上班，在家休息，有时间陪她外出。

（3）抱怨目的不同：男性抱怨总是为了阐释问题的实质，而女性抱怨仅仅为了表达不满情绪或者其他情感，例如：Сегодня опять дождь!（今天怎么又下雨啦!）如果男性这样抱怨，其目的可能是为今天不能去森林而感到遗憾，而女性的抱怨只是表示不喜欢这种下雨天。

（4）抱怨的内容不尽相同：当女性们汇聚在一起时，她们喜欢抱怨个人的各种情况，如孩子、同丈夫的关系、家务事、健康状况等，而男性的抱怨内容常常是抽象的，如政治、经济、宗教等。也就是说，女性的抱怨话题相对较窄，而男性的抱怨话题更为宽泛，这同日常生活中女性经常从事具体工作有关，她们常常担任售货员、会计等，或者不工作，只当家庭主妇。女性的生活圈子相对较小，相比之下，男性的生活圈子就大多了，他们经常同复杂的技术打交道，因此，抽象思维能力是必需的。例如，女性常常会抱怨说："Почему курс валюты опять падал? Ужасно!"（为什么外币兑换汇率又下跌了？太可怕啦!）、"Я не люблю, когда муж целый день сидит играть в карты!"（我不喜欢丈夫整天坐着打牌!）等等。

（5）对抱怨语的回应各具特点：女性对抱怨的响应总是比男性积极。当对方抱怨时，女性听众常常是用"ой, ох, эх, эй"（哎哟，啊呀，嘿，嗨）之类语气词，以确认自己对抱怨内容表示理解的事实，即"я внимательно слушаю тебя"（我在认真听你说话呢）。听完对方的抱怨后，女性通常会提出建议或者回答抱怨者的问题。在与说话人意见不一致的情况下，女性会优先选用间接的方式表达自己的不同意见。而男性在听对方抱怨时，常常会流露出不耐烦，或者根本不回应抱怨者的话语，或者打断抱怨者的话。例如：

— Почему так шумно? Неужели они не видят, что я учусь. Ведь завтра у меня будет экзамен.

— Не волнуйся! Ты можешь учиться в библиотеке.

"为什么这样闹哄哄的？难道他们没看见我正在学习？要知道明天我有考

试啊！"

"别激动哦！你可以在图书馆学习嘛。"

以上对比表明,抱怨的内容极为宽泛,且男女采用不同的抱怨策略,无论直接抱怨还是间接抱怨,女性都比男性表现出积极主动的态度。

高鹏燕的《汉语抱怨语的性别语用比较》(2010)以 J. 奥斯汀和 J. R. 塞尔的言语行为理论、布朗和列文森的面子威胁理论、杰弗里·利奇的礼貌原则、顾曰国的礼貌原则以及徐盛桓的礼貌原则为理论基础,将理论与问卷调查的实证结果相结合,总结出中国男女用汉语进行抱怨所使用的抱怨策略,得出汉语抱怨语存在性别差异的结论,并对存在差异的原因进行了分析,认为男女两性在抱怨言语行为方面的不同表现表明,女性往往委曲求全,处于弱势,其社会地位低于男性。

杜小燕的《中英间接抱怨语对比研究》(2010)在直接抱怨语和间接抱怨语的分类基础上,主要针对间接抱怨语的实施方式以及应答策略进行定性和定量的研究。论文以社会地位、社会距离以及说话人的期望值为变量,通过 DCT 的方式收集数据,对汉语母语使用者和英语母语使用者的两组调查对象的间接抱怨实施方式进行对比分析,研究结果表明:汉英间接抱怨语表达策略以及应答策略存在异同,如在实施间接抱怨时,汉语母语使用者和英语母语使用者都不同程度地受到社会地位、社会距离和说话人的期望值的影响,但是相比较而言,汉语母语使用者对社会地位这一变量更敏感,而英语母语使用者对社会距离和说话人期望值更为敏感。作者通过具体语例,从文化的角度阐述了这些差异形成的原因。

刘惠萍的《抱怨语的语用研究》(2004:125—128)对抱怨语的定义、分类、实施策略、社会语用特征及抱怨答语进行了分析,认为社会语用特征实际上包括社会因素和语用因素两大类,社会因素对所有言语行为施加作用,而语用因素会随着言语行为的不同而不同。因此,在一定的文化规范里,社会地位和社交距离对言语行为的实施策略产生不同的影响,而语用因素与每个言语行为产生的前提密切相关,为该言语行为所特有。从这个意义上讲,抱怨语与感谢、祝贺等言语行为不同,它不是要确立谈话双方的一致关系,相反,它是一种威胁面子的言语行为,只有从社会语用角度研究抱怨言语行为,才能真正掌握其深层含义。作者主要研究直接抱怨言语行为,认为该行为的发生需要满足 4 个前提条件:

(1) 说话者期待一个有利于自己的行为发生,如实现诺言、归还财物等,或者期待一个不利行为的避免,如约会的取消、损害或侮辱等,期待的落空是实施抱怨行为的一个前提条件;

(2) 说话者认为这种行为对自己有不利影响,这种行为因而具有冒犯性;

（3）说话者认为听话者应对此行为负责；

（4）说话者决定采用口头方式来表达自己的不满和牢骚,他此时需要考虑两个因素:一是情景语境因素,即是否有弥补的可能,二是面子因素。从社会语用视角来看,男性一般较多地实施直接抱怨行为,而女性比男性更多地进行间接抱怨,也比男性更多地遭受到间接抱怨。

显而易见,无论从男女两性的抱怨言语行为的发生性质,还是从其抱怨的表达手段和内容中,都可以看到很大的差异:较之于男性,女性抱怨较多,且喜欢使用间接抱怨方式,口气比较委婉,通常就事论事,抱怨内容比较具体和琐碎,不会过于抽象和宽泛,不会联想到太多的事,并且善于倾听对方的抱怨,富有同情心,态度积极,善解人意,有时甚至委曲求全,常常通过主动回应来维系和谐的交际氛围,表现出对对方的理解与尊重,这与前边所说的男女两性的女性性别定型及其交际风格有密切相关。由于社会性别不同,对抱怨的态度和目的不同,男女两性之间在抱怨言语行为上的差异在所难免。

第七节 俄汉请求语的社会性别语用对比分析

请求语（просьба）是最常见、使用频率最高的一种言语行为,其发起者为说话人,行为完成对说话人有利,说话人和受话人的社会关系等级为 Rx ≤ Ry,即说话人的社会地位低于或者等于受话人。正因为如此,说话人意欲实施请求言语行为,要求对方做对自己有利的事情,就不能不顾及受话人的反应,因为受话人可能满足说话人的意愿,完成所请求的行为,也可能会拒绝说话人的请求。也就是说,对于是否完成说话人的请求,受话人有权自由选择。因此,他在情态上可能对请求做出各种不同的反应,即像 А. В. 多罗申科(1985：23)所说的那种"情态上认同的反应或者情态上不认同的反应"。男女两性之间的请求言语行为同样反映了这一特点,俄汉社会性别语言概莫能外。

1. 俄语请求语的社会性别语用研究

由于说话人的地位不高于受话人,其请求可能会遭到拒绝或者受到抵制,因而在实施请求言语行为时,常常需要采取一定的交际策略,如委婉语、言语礼节、言语行为规范、礼貌原则等。Н. И. 福尔马诺夫斯卡娅(1994：36—37)认为,"言语礼节、言语行为规范、礼貌原则是最显著的请求语用特征,相比较而言,命令、要求、劝告、建议、警告、禁止等言语行为意向类型通常不涉及上述问题……请求与哀求、力求、恳求、祈求等的主要区别就在于,后几类对受话人施加影响的策略以及手段不是礼貌机制,而是劝说、论理、引起慈善与怜悯之心等。"较之于男性,女性一般更多地采用上述策略,在选择语言表达手段时,她们通常使用委婉的说法或者间接的表达方式,能够对受话人的思想、理智、情感、心理、道义感等产生影响,使其被打动并愿意完成请求行为,诚如 Л. Ф. 别尔德尼克(1982:58)所说:"说话人应该竭尽全力,让受话人相信所提请求的合理性以及应该完成该行为的必要性。"

A. 维日彼茨卡(1985:4)认为,尽管说话人的地位不一定高于受话人,但若要实施请求行为,不仅考虑自己的利益,还应顾及受话人的利益,在某种程度上对行为的后果承担道义上的责任,这样受话人才会相信并乐于完成请求,"说话人的出发点是以受话人的利益为核心的。前者告诉后者,处在一定语境中应该如何行动。"如高尔基的小说《母亲》中,母亲看到儿子在天寒地冻时穿着单薄,便温柔地劝道:"Надел бы что-нибудь — холодно!"(最好穿点什么吧,太冷了!)

有些俄罗斯学者把恳求(упрашивание)、力求(старание)、哀求(мольба)、祈求(заклинание)等言语行为视为独立的祈使类型,认为它们与请求行为处于同等的语言学地位,但这种看法遭到大部分学者的驳斥。目前比较通行并获得认可的观点是:"恳求、力求、哀求、祈求都是请求意义的变体,并以说话人意愿所表现的程度差异而区别于请求,经常用在说话人认为请求会被拒绝(有时是说话人假设出来的拒绝)的语境中。"(Бирюлин,1992:27)例如:Но я не требую длинных писем, несколько строчек, записочку, но только, чтобы это было часто. Пожалуйста, прошу, молю, умоляю, заклинаю. (Гоголь. Письмо А. С. Данилевскому, окт. 1938.)(但我并不是要求你给我写长信。哪怕几行字、几句话都行,但要常写。请求〈哀求、恳求、祈求〉你啦。)

由此可见,请求和哀求、恳求、祈求、力求等并非表达各自独立的意义,而是表达基本相同的意义,只是程度上略有差异而已。也就是说,它们之间有着细微的语义差别,俄罗斯学者对此作了较为详尽的分析,例如,М. Ю. 费多秀克认为:"请求与哀求的区别体现在对受话人施加影响的不同方式方面。请求单纯表达说话人期待受话人完成某一行为的愿望,而哀求则对受话人的情感施加影响,期盼其完成行为。"(Федосюк,1997:109)Л. Г. 帕宁用较为翔实的例证展示了请求及其变体之间的语义差异:Просьба(Прошу, сделай!)(请求表达"请你做某事"),увещание(Уж, пожалуйста, сделай!)(劝导意为"劝你做某事"),мольба(Горячо прошу, умоляю, сделай!)(哀求意为"恳请你,哀求你做某事")。(Панин,1993:87—88)

于苗苗在自己的硕士论文(2012)中结合言语行为理论、礼貌原则等现代语用学理论,对请求言语行为进行了较为全面的分析,不仅阐明了表达各请求言语行为的典型词汇语法手段,从不同的文艺作品中收集了大量的语料进行例证,而且揭示了请求的语用特征,请求言语行为亚类间的语义及语用区别及影响选择表达请求手段的因素。其理论意义在于运用语用学的相关理论对俄语中的请求言语行为进行较为系统的理论分析,其实践意义在于分析结论可能有助于减少跨文化交际中的语用失误,有效保证信息传递的顺利进行,为交际双方的言语交际行为提供可资借鉴的参照依据,尤其是其中一些男女两性表达请求的不同言语手段为社会性别语言研究提供了较为翔实的语料,如作者认为,较之于男性,女性更多地使用较为礼貌的请求用语,避免使用粗俗的词语。

　　具体来说,女性较多地使用恳求或者祈求形式,如一位老太太会对警察说:"Умоляю, переведите на ту сторону"(恳请您把我领到马路另一边),女孩子会对男友说:"Умоляю, напиши мне…не забудь"(恳切请求你,写信给我哦……别忘了啊),妈妈会对不想吃饭的小孩说:"Умоляю тебя, поешь…"(求求你了,吃点东西吧……),妈妈会对不听话的儿子说:"Заклинаю тебя всем святым, что есть на земле, не ходи ты туда — убьют… Послушай меня, сынок, сердце матери не обманывает…"(我求求你了,别去那里,他们会杀了你……儿子,你听我说,妈妈是不会骗你的……)等等。

　　事实上,在现实生活中,即便是在命令别人时,女性也比男性更喜欢使用礼貌语言,尽量不使用损伤别人面子的语言,更多地使用"пожалуйста, спасибо"之类客套用语,甚至在生气的时候也不例外。试比较俄语电影 *Не сошлись характерами*(《性格不合》)中的一组对话:

　　Роман. Семейное счастье не подарок судьбы, а дело рук самих супругов.

　　Наталья. Уйди отсюда, пожалуйста!

　　Роман. Власть　родителей　над　детьми—это　лишь　отражение общественной власти.

　　Павел. Исчезни!

　　罗曼:"家庭幸福不是命运所赐,而是夫妻双方共同努力的结果。"

　　娜塔莉娅:"请离开这里!"

　　罗曼:"父母亲对孩子行使的权利仅仅是社会生活的一种反映。"

　　巴维尔:"走开!"

　　这段对话的背景是:女主角娜塔莉娅和丈夫巴维尔吵架,儿子罗曼在一旁调侃,想增加一点幽默气氛。此时,母亲对儿子说的是"Уйди отсюда, пожалуйста!"(请离开这里!),而出自丈夫之口的则是语气更重的"Исчезни! (走开!)"。前者温和礼貌,后者粗暴无礼,男女性别语用特点和心理差异由此可见一斑。(吕鸿礼,2004:28—29)

　　但是,在笔者看来,女性较多地使用恳求或者祈求形式,并不意味着男性拒绝使用较为礼貌的请求用语。相反,在一定的语境中,受交际双方的性别差异、熟悉程度、年龄差异等因素的影响,男性为了实现自己的愿望,会委婉地请求不大熟悉的女性,试比较俄语电影 *Ирония судьбы*(《命运的嘲弄》)中的另一个对话:

Павел. Простите, вы не скажете, как мне пройти на третью улицу Строителей?

Женщина. Улицу Строителей?

Павел. Третья, да.

Женщина. За теми высокими домами.

巴维尔:打扰了,对不起,请告诉我,怎么去第三建设者大街。

女:建设者大街?

巴维尔:是的,第三。

女:就在那些高楼后边。

巴维尔向路边的陌生女人问路,一再婉转语气,减少对对方面子的威胁,可见其礼貌程度远远大于与熟人之间的交际场合,其间发挥主要作用的不仅仅是性别因素,即便是面对陌生的同性,通常也会使用这种礼貌的请求表达方式,汉语中的表达方式亦是如此。

2. 汉语请求语的社会性别语用研究

请求语作为具体言语行为的典型代表,亦引起了国内汉语学界的广泛关注,诸多学者在汉语请求语的表现形式及其成因进行了广泛的研究,但从社会性别的角度对请求语进行的研究却相对较少。应该说,请求语主要是通过不同的请求策略来实现的,社会语用因素对请求策略的选择也有一定的影响。

有鉴于此,汪云芳等悉心探讨汉语请求策略选择上的性别差异,并试图对男女在这一言语行为中存在的差异加以阐释,其研究是通过话语补全测试的问卷形式来收集资料。调查对象是南昌航空工业学院和江西中医学院二年级非英语专业的学生。共发放问卷140份,选取男女学生各70名来完成,从中选取了90份有效问卷,男女各半。文中结合三个社会语用因素:社会距离(熟悉度)、相对地位(权势)和受话人性别,利用方差分析方法,分析男女在请求策略使用上的差异。研究结果表明:性别可以与社会语用因素共同作用并影响请求策略的选择。请求策略选择上的性别差异揭示了男女两性在请求使用上的差异:在请求使用上,男性侧重维护请求者的面子,而女性则更为侧重维护被请求者的面子。由此在请求策略的选择上,女性比男性显得更为委婉、礼貌。这种差异是男女在社会化过程中形成的不同性别角色的反映。(汪云芳,2007:3)这一研究结合社会语用因素,研究汉语请求策略的性别差异,有助于汉语语言性别差异的研究,理解语言性别差异的共性,有助于汉语请求策略的语用研究,对于对外汉语教学工作亦有启示作用。

贾玉新(1997:354—356)总结了英美学者所提出的 6 种言语行为方略,即需求陈述(主要用于工作中上司对下属,或者家庭中长者对年轻者请求时)、祈使(常用于家庭成员之间,地位较高者对地位较低者,或平等的人际关系之间。如果 Imperatives(祈使)一词与 Please 连用,以示年龄和等级差别,常见于女性之间,以及彼此不承担任何义务的伙伴之间)、内嵌式祈使(当被"请求"的事或行为极为困难,或者当"请求"者是受惠对象时,常用此行为)、允许式请求(这是不常见的方略,是工作或家庭环境中地位低者(地位或年龄)向地位较高者请求时使用的方略)、非明晰或问句式请求(这是给对方留一条退路的"请求"方略,措辞模糊而又常以疑问句、常带附加成分(tag)的问句出现,常用于地位或年龄相差悬殊的人际关系中的地位或年龄较低的一方)、暗示请求方略(这是给对方留有余地的有较大灵活性的方略,常用于请求内容很特殊,而且交际双方关系十分密切、共享最为充分的场合)。其中"祈使"和"暗示"则是直接/间接的两个极端。直/间接的程度上受制于被请求者和请求者的社会地位、级别、年龄、性别,以及请求的内容或行为的特殊或困难程度。

贾玉新由此联想到中国人的请求行为:由于受传统文化及差序格局的影响,中国人实施请求行为之语句或者过于"直接"(尤其在地位高者对地位低者请求时),或者过于"间接",经常以"暗示"方略请求别人做事情。笔者认为,这一分析不无道理,在涉及社会性别时表现尤为明显:男性较多地使用前者,即直接请求行为,而女性则较多地使用间接请求行为,表达更为委婉,言行更为得体。

白解红(2000:125—131)借鉴英美学者关于请求言语行为的社会性别差异研究成果,以大量的英文例句为语料,对男性所常用的直接请求以及女性所擅长的间接请求表达形式作了较为详尽的对比的分析。例如,表示"请求"的直接或间接程度的差异既反映在父母亲与孩子们的日常生活中,也反映在男女医生与他们的病人关系中:在与孩子的日常交往中,母亲比父亲更善于使用间接的方式,既顾及孩子的面子、满足孩子的愿望,又引导孩子学习新的知识。在这种情况下,"间接"(通常用疑问句表达)比"直接"更有效果。如:

(1) Father: Why don't you make a chimney?

(2) Father: Off ! Take it off !

(3) Mother: Do you want to look at any of the other toys over here?

(4) Mother: What else shall we put on the truck?

又如男性医生在实施请求言语行为时使用祈使句,而女性医生则使用语气缓和的词语,如在表示一种命令时,不是直接使用 you,而是使用间接的 we,还不时加上 can 或 could，maybe 等词。这些话语同样说明了直接和间接的不同程度，病人听了不同的请求以后，肯定也会作出不同的反应。如听了女性医生语气缓和的请求后，病人会较好地配合女医生。下面是男性和女性医生对病人的请求：

(1) Male doctor：Lie down.

(2) Male doctor：Take off your shoes and socks.

(3) Male doctor：Sit for me right there.

(4) Female doctor：Okay? Well. Let's make that our plan.

(5) Female doctor：So let's stay on what we are doing.

(6) Female doctor：Maybe what we ought to do is, is to stay with the dose you are on.

(7) Female doctor：And then maybe you can stay away from the desserts and stay away from the food in between meals.

笔者认为，上述所列例句虽然是英语，但清楚地展示了男女两性在请求方面的使用差异，表明女性的间接请求行为能够达到较好的言后效果。这种间接请求表达方式在汉语中屡见不鲜，充分说明了一个问题：无论是使用什么语言的女性，中国人也好，外国人也罢，通常都富有同情心，能够设身处地为对方着想，用间接的表达方式满足对方的需求和愿望。

张绍杰、王晓彤(1997)和李军(1998)等人对请求言语行为的研究另辟蹊径，将请求序列分为醒示语、核心行为语和辅助语。其中醒示语可进一步分为称呼语和提醒语，称呼语则指明动作的执行对象，唤起受话人对请求的话语产生感知和注意。(李军，1998：58)

丁凤(2002：46—50)同意上述分类法，认为汉语中可以做称呼语的成分很多，包括姓名、名、亲属称呼等等。提醒语是试图引起对方注意的一些习惯性话语，如"喂""哎""嗨""你好"等等。发话人可以根据自己的交际目的选择不同的醒示语来调节与受话人之间的社会距离。男性较多地使用此类提醒语，他们整体来说不如女性细腻，可能根本不称呼别人，或只用"喂""哎""嗨""你好"等提醒语唤起人们的注意，因而有时显得不如女性有礼貌。核心行为语大概分成直接表达法、间接表达法和暗示三种类型。

在汉语中，直接表达法的表现形式通常是祈使句，如"这本书借给我看看"。间接表达法的表达形式通常是疑问句，包括一般问句与附加问句，如"能帮我一下吗?"和"帮我打一下水，好不好?"而暗示则是不直接说出要别人做事的话，而是通过提起与所请求的事相关的事态或情况来间接发出请求用意的言语行为，如"我是不是有盒磁带在你那儿?"发话人并不直接说出"把磁带还给我，好吗?"而是通过表达请求的前提条件或原因达到请求的目的。男女在核心行为语上的差别很明显,具有统计意义上的显著差异。女性比男性使用更多的间接方式,男性比女性使用更多的直接方式和暗示。女性在请求别人帮忙时较男性委婉,有礼貌,这正好说明女性更细心,更懂得照顾别人的感受,同时也说明女性更爱面子。因为当发话人请别人帮忙时,很可能被拒绝,从而面子受伤害。女性很委婉地提出请求,一是给对方以心理准备,使之更情愿配合,另一方面也是希望自己在遭受拒绝时也不会太难为情,因为发话人委婉提出请求,受话人拒绝时也会较委婉。

通过上述俄汉请求言语行为的对比分析,可以看出,无论在俄语、汉语或者英语中,男女两性的请求言语行为呈现出以下特征:

(1)女性比男性在请求的语言表达上更为委婉、礼貌,她们比男性更多地使用醒示语、间接核心行为语及辅助语,常常通过暗示来表达自己的意图,以期对方领悟并实施请求;

(2)女性的请求序列明显地比男性的请求序列长,不仅提出请求,而且说明请求的原因,如某位女生在请求同桌的男生帮他去图书馆借一本书时会说:"我今天去城里办点事",以此表明自己不能亲自去图书馆的理由;

(3)尽管男女双方对受话人的性别比较敏感,但男性似乎更为敏感一些,他们请求同性比女性请求同性更为直接,而女性无论对男性还是对女性实施请求行为时,通常使用间接表达方式;

(4)男女双方的请求表达在社会距离近、请求难度小、受话人为同性的语境中要比在社会距离远、请求难度大、受话人为异性时更为直接。换言之,在社会距离近,即面对亲朋好友时,女性和男性只在礼貌用语、直接方式、间接方式、获取承诺、减少不便等方面存在显著差异,而在社会距离远,即面对不熟悉的人时,男女在更多的辅助语上表现了显著差异,说明女性比男性对社会距离感更为敏感。

(5)请求者和被请求者的社会地位通常基本相等,或者略低于后者,但并不意味着社会地位略高者不对社会地位略低者提出请求。实际上,在日常社会生活中,上司对下属不仅仅是下达命令,也有提出请求的场合,有时会请求下属帮他(她)办某件事。在这方面,女性上司的请求方式更为委婉一些,富有人情味,面对请求,男性下属一般比较乐意实施,符合男性愿为女性帮忙或服务的一般常规。与此相对应的是,男性上司对女性下属的请求可能没有那么委婉,但一般比较客气和礼貌,其中发挥作用的不仅是社会地位,即上下级关系,而且有社会性别因素,异性之间通常比同性之间容易沟通,能够相互体谅,相互照顾面子。

参 考 文 献

[1] Holmes, J. Sex Differences in Apologies: One Aspect of Communicative Competence

[A]// Applied Linguistics 10/2[C]. 1990：194—213.

[2] Levinson, S. C. Pragmatics [M]. Cambridge：Cambridge University Press, 1983.

[3] Lyons, J. Semantics [M]. Volume 1. Cambridge：Cambridge University Press, 1977.

[4] Searle, J. R. Indirect Speech Acts [M]. In P. Cole and J. L. Morgan (eds), 1975.

[5] Акишина А. А. Формановская Н. И. Русский речевой этикет[M]. М., Русский язык, 1986.

[6] Алексеев В. М. Культура Китая [A].// Лучшие рефераты по культурологии под редакцией А. Коваленко[C]. Ростов-на-Дону, Наука, 2002：169—180.

[7] Арутюнова Н. Д. Язык и мир человека[M]. М., Языки русской культуры, 1999.

[8] Балакай А. Г. Русский речевой этикет и принцип его лексикографического описания [M]. Новокузнецк,НГПИ, 2002.

[9] Бердник Л. Ф. Коммуникативные типы русских предложений. Учебное пособие к спецкурсу[M]. Пермь, Прогресс, 1982.

[10] Бирюлин Л. А. Теоретические аспекты семантико-прагматического описания императивных высказыва-ний[D]. Автореф. дис. ... доктор. филол. наук. Сакт-Петербург, 1985.

[11] Вежбицка А. Речевые акты НЗЛ. Вып. 16 [J]. М.,Прогресс, 1985.

[12] Денисова А. А. Словарь гендерных терминов[Z]. М., Информация - X XI век, 2002.

[13] Дорошенко А. В. Побудительные речевые акты и их интерпретация в тексте[D]. Дис. ···канд. филол. наук. М.,1985.

[14] Земская Е. А. и др. Русский язык в его функционировании. Коммуникативно-прагмати-ческий аспект[M]. М., Наука, 1993.

[15] Иссерс О. С. Коммуникативные стратегии и тактики русской речи [M]. М., УРСС, 2002.

[16] Ломоносов М. В. Полное собрание сочинений. Т. 7. [M] М., Издательство Академии Наук СССР, 1952.

[17] Наумова И. М., Федорова М. В. Звательная форма или звательный падеж? [A]. // Структура, семантика и функционирование синтаксических единиц в русском языке [C]. Орел, Русский язык, 1999.

[18] Новое в зарубежной лингвистике (НЗЛ). Теория речевых актов. вып. 17 (J). М., Прогресс, 1986.

[19] Панин Л. Г. Семантика форм повелительного наклонения в русском языке [J]. Филологические науки, 1993, № 5—6.

[20] Поспелова А. Г. Функциональный аспект изучения речевых актов: Иллокутивноинтер-активная характеристика [A]. // Трехаспектность грам- матики (на материале английского языка) [C]. Санкт-Петербург, СПБ ГУ, 1992：184.

[21] Ратмайр Ренате. Прагматика извинения[M]. М., Языки славянской культуры, 2003.

[22] Сёрль Дж. Р., Вандервекен Д. Основные понятия исчисления речевых актов[J]. Новое в зарубежной Лингвистике. Вып. 18. М.：Прогресс, 1986：252—253.

［23］Трубецкой Н. С. Основы фонолонии［M］. M. ，Аспект Пресс，2-е издание，2000.

［24］Федосюк М. Ю. Нерешенные вопросы теории речевых жанров［J］. Вопросы языкознания，1997，№ 5.

［25］Формановская Н. И. Русский речевой этикет：лингвистический и методический аспекты ［M］. M. ，Русский язык，1987.

［26］Формановская Н. И. Этикет русского письма［M］. M. ，Русский язык，1989.

［27］Формановская Н. И. Прагматика побуждения и логика языка［J］. Русский язык за рубежом，1994，№ 5—6.

［28］Формановская Н. И. Коммуникативно-прагматические аспекты единиц общения［M］. M. ，ИКАР，1998.

［29］Шахматов А. А. Синтаксис русского языка. ［M］. M. ，Наука，1941.

［30］Якобсон Р. О. О структуре русского глагола［C］. // Избранные труды［A］. M. ，Прогресс，1985.

［31］白解红，性别语言文化与语用研究［M］，长沙：湖南教育出版社，2000.

［32］陈松岑，北京城区两代人对上一辈非亲属使用亲属称谓的变化［J］，语文研究，1984(2)：45—51.

［33］陈勇，语言学研究中的标记理论［J］，外语研究，2002(6)：28—32.

［34］杜小燕，中英间接抱怨语对比研究［D］，上海外国语大学硕士论文，CNKI，2010.

［35］高鹏燕，汉语抱怨语的性别语用比较［D］，中国海洋大学硕士论文，CNKI，2010.

［36］郭展，寒亭称呼语规则试论［J］，民俗研究，1996(3)：80—83，95.

［37］顾亦瑾，吴国华. 语言与文化［M］，郑州：河南人民出版社，1991.

［38］方成，男性的觉醒：男性学［J］，读书，1997(4)：90—92.

［39］何自然、陈新仁，当代语用学［M］，北京：外语教学与研究出版社，2002.

［40］胡抢宝，俄汉道歉语的语用对比分析［D］，苏州大学硕士论文，CNKI，2011.

［41］贾玉新，跨文化交际学［M］，上海：上海外语教育出版社，2002.

［42］李军，汉语使役言语行为的取效研究［D］，广东外语外贸大学博士论文，CNKI，1998.

［43］李琳，论俄语中的性别歧视现象［J］，中国俄语教学，2000(1)：59—64.

［44］李明宇，论俄罗斯性别语言研究的现状和特点［J］，南京工业职业技术学院学报，2009(3)：32—36.

［45］李明宇，性别·语言·文化——俄语性别语言差异研究［D］，南京师范大学硕士论文，CNKI，2008.

［46］李学岩，Межкультурная коммуникация：благодарность и извинение в русском и китайском речевом поведении и языковых картинах мира［M］. M. ，Изд. Российского университета дружбы народов，2006.

［47］刘惠萍，抱怨语的语用研究［J］，广西社会科学，2004(2)：125—128.

［48］吕鸿礼，俄语中的性别语言变体及其成因探微［J］，解放军外国语学院学报，2004(5)：26—29.

［49］罗苹，语义标记理论的再思考［J］，中国俄语教学，2006(3)：19—23.

［50］孟凡胜、滕延江，标记理论述评［J］，外语与外语教学，2005(8)：14—16.

[51] 苗兴伟,从标记理论看英语中的性别歧视[J],四川外语学院学报,1995(3):51—55.

[52] 潘小燕,汉语道歉言语行为性别差异研究[J],西南交通大学学报(社会科学版)2004(1):89—92.

[53] 彭文钊,社会文化域的语言映像[J],外国语,1999(1):66—71.

[54] 钱进,语言性别差异研究综述[J],甘肃社会科学,2004(6):47—50.

[55] 沈家煊,类型学中的标记模式[J],外语教学与研究,1997(1):4—13.

[56] 沈家煊,不对称和标记论[M],南昌:江西教育出版社,1999.

[57] 苏杰,汉字中的性别歧视[J],语文学刊,1999(4):39—41.

[58] 孙汝建,语言与性别[M],南京:江苏教育出版社,1998.

[59] 孙汝建,汉语的性别歧视与性别差异[M],武汉:华中科技大学出版社,2010.

[60] 孙晓佳,俄语抱怨言语行为的语用研究[D],苏州大学硕士论文,CNKI,2012.

[61] 唐媛,言语交际中的性别差异研究[D],东北师范大学硕士论文,CNKI,2006.

[62] 肖小敏,标记理论的语用学阐释[J],嘉应学院学报(哲学社会科学版),2006(1):118—121.

[63] 熊学亮,认知语用学概论[M],上海:上海外语教育出版社,1999.

[64] 徐翁宇,俄语对话分析[M],北京:外语教学与研究出版社,2008.

[65] 王德春、孙汝建、姚远,社会心理语言学[M],上海:上海外语教育出版社,1995.

[66] 汪方方,多维视野中的俄汉恭维语对比研究[D],上海外国语大学硕士论文,CNKI,2010.

[67] 汪云芳,汉语请求策略的性别差异研究[D],江西师范大学硕士论文,CNKI,2007.

[68] 王力、刘欣红、王锦山,言语行为理论中汉语道歉语的性别差异[J],赤峰学院学报(哲学社会科学版),2009(11):108—110.

[69] 王立非,布拉格学派与标记理论[J],外语研究,1991(1):3—9.

[70] 王娜,汉语中的性别差异探析[J],山东理工大学学报(社会科学版),2005(4):70—72.

[71] 王志强,汉语称谓中的性别歧视现象[J],语文学刊,2000(1):33—34.

[72] 伍铁平,论汉语中的从儿称谓和有关现象[J],中国语言学报,1985(2):242—258.

[73] 魏耀章,恭维语的性别差异研究[J],西安外国语学院学报,2001(1):1—5.

[74] 卫志强,当代跨学科语言学[M],北京:中国社会科学出版社,1992.

[75] 杨春,性别语言研究综述[J],中华女子学院学报,2008(4):54—58.

[76] 杨金菊,性别和语言[J],湖州师专学报,1994(2):56—65.

[77] 于苗苗,俄语请求言语行为的语用分析[D],苏州大学硕士论文,CNKI,2012.

[78] 张凤,标记理论的再评价[J],解放军外国语学院学报,1999(6):44—46,53.

[79] 张会森,语用·语用学·对比语用学[J],外语研究,2010(5):43—46.

[80] 张莉萍,称谓语性别差异的社会语言学研究[D],中央民族大学博士论文,CNKI,2007.

[81] 张绍杰、王晓彤,"请求"言语行为的对比研究[J],现代外语,1997(3):65—74.

[82] 张松燕,言语行为之性别差异研究[J],语文学刊(高教版),2006(11):152—153.

[83] 赵爱国、周民权等,20世纪俄罗斯语言学遗产:理论、方法及流派[M],北京:北京大学出版社,2012.

[84] 赵蓉晖,语言与性别研究综述[J],外语研究,1999(3):25—29.

[85] 赵蓉晖,语言与性别——口语的社会语言学研究[M],上海:上海外语教育出版社,2003.

[86] 赵学德,汉语的性别差异研究综述[J],妇女研究论丛,2008(6):77—81.

[87] 周民权,Язык и гендер в русско-китайском речевом этикете[J]. М., Вопросы филологических наук,2009, № 3, стр. 79—81.

[88] 周民权,20世纪俄语语用学研究[J],解放军外国语学院学报,2009(3):23—28.

[89] 周民权,Гендерные исследования в русско-китайских речевых актах[J]. М., Вопросы филологических наук, 2010, № 1, 61—63.

[90] 周民权,О причинах гендерных различий в русском и китайском языках[J]. М., Вопросы гуманитарных наук, 2010, № 1. 111—113.

[91] 周民权,当代俄罗斯社会性别语言学研究论略[J],中国俄语教学,2010(3):12—16.

[92] 周民权,国内俄语学界社会性别语言学研究略论[J],中国俄语教学,2011(2):24—28.

[93] 周民权,20世纪俄语音位学研究及其影响[J],外语学刊,2012(2):66—69.

[94] 周民权,沉默:社会性别语言学研究之一隅[J],解放军外国语学院学报,2012(4):29—34.

[95] 周民权,俄汉恭维语的社会性别语用对比研究[J],浙江外国语学院学报,2013(1):14—19.

[96] 周民权,汉俄称呼言语行为的社会性别语用对比分析[J],中国俄语教学,2013(4):42—47.

[97] 周娉娣、张君,道歉言语行为的性别差异[J],株洲工学院学报,2002(5):107—109.

[98] 祝畹瑾,语码转换与标记模式——"语码转换的社会动机"评介[J],国外语言学,1994(2):13—17.

第八章 俄汉语非口头交际中的社会性别语用对比研究[①]

作为人类交际中常用的一种非言语手段,俄罗斯学者提出的非口头交际(невербальная коммуникация),即通常所说的非言语交际,指的是不以语言为载体的人际信息沟通与交流,通常以人的面部表情、动作、眼神、手势、姿势等作为载体。它和有声语言一样,也是一个复杂的符号系统和诸多信息的载体,成为人们交流思想和表达感情的重要工具。

第一节 非口头交际的基本概念

科学研究表明,非语言符号系统的信息负荷量远远大于语言符号系统,许多无法"言传"的东西常常可在非口头交际符号中"意会",往往比有声语言和文字语言更富有表现力,可谓"此处无声胜有声","于无声处听惊雷"。实际上,人类的交际是以非口头符号、日常的和"专门的"指示动作开始的,早在有声语言产生之前,人类祖先就开始使用非言语交际,各种非口头表达的无声符号就已广为运用,传递丰富多样的信息符号,如流传至今的猎人打猎动作、保持安静、原地不动、前行或后退等等。

没有这些非口头元素,面对面的口头直接交际是难以成立的,因为交际双方互相看得见听得到,一些手势、面部表情、姿势等非口头符号尽收眼底,语调、音色、语速等符号声声入耳,诚如我国著名社会语言学家陈原(2000:176—177)所说:"非语言符号愈来愈得到广泛的应用,在很多场合下,非语言符号代替了有声语言或书面语言传递信息;在特别的语境中,非语言符号甚至能对信息传递中的保真和保密起到积极作用 — 这些都不是远古民族所用的图形文字所能比拟的。非语言符号还必将随着科学技术的发展和社会生活的现代化而扩大它的使用范围,但无论怎样,它不能取代书面语(文字),这也是可以预见的。"

言语交际和非言语交际既有区别,也密切相关。区别主要体现在:言语交际是线性的,一句一句说出来的话遵循一定的组合规律,呈线性分布,单信道传

---

① 该章部分内容首次发表于《当代俄罗斯社会性别语言学研究论略》一文(《中国俄语教学》2010 年第 3 期)、《国内俄语学界社会性别语言学研究略论》一文(《中国俄语教学》2011 年第 2 期)。

播信息，而非言语交际是立体的，多方位多通道的，一招一式、音容笑貌都能传递信息，历历在目，往往比语言交际提供的信息更为真实、自然、可信；言语交际和非言语交际的相互联系主要表现为替代（即用一定的体态语来代替语言表达，如点头表示同意，摇头表示否定，耸肩表示无可奈何等）、辅助（即用一定的手势或者姿势辅佐说话，如给陌生人指路时辅之以手势指点比划）、调节（即通过一定的动作调节有声语言，如课堂上发现学生面露困惑不解的表情时，教师应及时调整授课内容和方法，当看到对方在说话时不停地看手表，则应识趣地及时离开）、适应（即人们为了适应环境的变化，会做出各种动作，如挠后脑勺、抖脚、不停地眨眼等，来缓解紧张的心情）等 4 个方面。

　　从中不难看出，尽管非言语交际传递信息的功能纷繁多样，但只能是言语交际的替代物，与之如影随形，互为补充，互为依托，形成交际模式一盘棋。毕继万（1999：3—4）曾引用美国学者雷·L. 伯德惠斯特尔的一段话来说明言语交际与非言语交际之间的相互关系："通过我自己的研究，我再也不愿意把语言体系和非语言体系视为孤立的交际体系了。越来越多的数据都证明了这一论点的正确性：语言体系和体语体系都不能单独构成交际体系，只有两者相结合并与其他感官管道的相应系统相配合，才能形成完整的交际体系。"他的统计表明，每人每天平均只用 10—11 分钟的时间讲话，平均每句话只占 2.5 秒钟左右的时间。人们进行面对面地交谈时，其有声部分提供的交际信息不足 35％，其余 65％的信息是无声的非语言信号（包括体态、服饰、环境等）传递的。艾伯特·梅瑞宾通过调查证实了上述观点，他还就此提出了一个著名的公式：交谈双方的相互理解＝语调（38％）＋表情（55％）＋语言（7％）。（赵蓉晖，2003：202）

　　古往今来，非口头交际行为很早就引起世界各国有识之士的重视。例如，中国古代思想家孔子在两千年以前就主张人们要多用姿势容貌进行人际交流，提倡人们与别人交际时先要"察言观色"，见什么人做什么姿势。荀子也提出人们要"礼恭"，"辞顺"，"色从"，而后才能交流。中国人历来讲究在交际时不仅做到言行质朴，而且气度温和，用心善良，姿势恭敬。（贾玉新，2002：448）学界对于非口头交际的真正研究起步较晚，通常是从体态语或拟身势学视角进行研究的，迄今只有近 50 年的历史。

　　1963 年，美国心理学家雷·L. 伯德惠斯特尔经过多年的非口头交际研究，在《情绪研究的身势学水平》一文中首次提出了"身势学"（Kinesics）这一概念，从语言学视角探索人的体态语言，认为人体的大部分动作像组成词的字母和音素一样，是意思表达的组成部分，即身势语的最小表述单位。这些最小表述单位进而构成身势语词素，又由特定的身势语语法结构组合起来，表达特定的含义。（孙汝建，1998：71）此后，体态语的研究在学界逐渐展开，呈现出争鸣的发展势头。例如，对于体态语的分类，美国学界就有两种不同的观点：

一是卡克·W.贝克在其主编的《语言与交际》(1977)一书中将体态语分为无声的动姿(指动态交际行为,包括头部动作、面部表情、手势、拍打和拥抱等身体接触方式、眼神等)、无声的静姿(指人类静止无声的站姿、坐姿、卧姿等姿态以及人际空间距离)、有声的类语言(包括辅助语言和类语言,前者指的是音调、音量、节奏、变音转调、停顿、沉默等,而后者则指的是那些有声而无固定意义的呻吟、叹息、叫喊等声音);

二是安妮塔·泰勒等人在《交际》(1980)一书中根据交际信息传播的不同途径,将体态语分为 3 大类:第一类是通过听觉接受信息,其中包括音色和呻吟、叫喊、哭泣等类语言以及环境响声;第二类是通过视觉接受信息,其中不仅包括手势、面部表情、眼神、肌肉力度等动作,还包括静止姿态和运动姿态在内的外貌,另外还有物体的运用,即物体语言,以及包括人际距离和领域行为;第三类是通过其他途经接受信息,其中包括时间、气味、环境等。

相比较而言,卡克·W.贝克的体态语分类法简洁明快,清楚明了,成为社会心理学家和社会语言学家广为运用的主流范式。例如,陈原(1983:184)在其著作中就援引了卡克·W.贝克的观点,认为他所提出的"三种类型的非语言交际在人类社会生活的交际活动中占着很重要的地位。语言,如果说它是社会最重要的交际工具的话,那么,除了语言之外,非语言交际方式也是很重要的交际工具。无论是第三种即发出声音的方式,还是一二类无声的方式,由于现代录像和录音技术的发展,都能很方便地录下来给人研究。"

A. 皮兹(2000:55)认为,语词渠道用于传递信息,而非语词渠道服务于人际关系,在某些情况下,也可用来替代语词报道消息。比如,女子能向男子发出冷酷无情的目光,她甚至不用开口,就能非常准确地向他表明自己的态度。女子比男子敏感,她们凭直觉来观察、判读非语词信号,她们能注意到极其微小的细节。因此,丈夫很少能欺骗妻子,多数女性能根据男性的眼神来揭露他们的秘密……翘起大拇指指着人,则表示对该人的嘲弄和不敬。如果丈夫翘起大拇指指着妻子对自己的朋友说:"这些女人都是一路货",这表明他在向妻子挑衅。这种手势会激怒大多数的女性,虽然她们有时也会用它来指那些不喜欢的人。

贾玉新(2002:449)认为,非言语行为的因袭性和规范性都很强,其表达形式是约定俗成的,因而也就因文化而异,它和言语行为一样,在表达思想时与文化密切相关。跨文化交际中的非言语行为的最基本的文化差异也涉及时间和空间行为方面。关于时间的使用、它代表的意义及其交际行为的研究的学问被学者们称之为时间学(chronemics),这是被广泛研究的领域,也是文化差异最大、最能导致交际失误的误区。被称之为体距语(proxemics),即研究交际中的人际空间和身体距离的学问,也是极容易造成困惑和被学者们注意的领域。例如,美国人类学家 E. T. 哈尔在探究人际空间距离行为时,根据人际间亲昵和疏远程度划分出 5 种不同的距离：

（1）亲近距离，即亲朋好友、夫妻、父母和子女以及伙伴彼此依偎之距离，允许身体接触，相互间能够感觉到彼此气息和身体温度，可以进行亲切的轻声耳语，一般在 0—1.5 英尺之间；

（2）个人距离，即交际者可以相互触摸并详细审视面部细微表情之距离，一般在 1.5—4 英尺之间；

（3）社会距离，即交际者可以轻声谈话，但看不到彼此面部细微表情之距离，这是一般交际或做生意时常保持的距离，亦可称之为礼貌距离或者"安全""外交""非亲近"距离，通常在 4—12 英尺之间；

（4）公共距离，即交际者已经嗅不到彼此气味、要大声讲话才能进行交际之距离，通常在 12—25 英尺之间；

（5）远距离，即公共场合的交际距离，如公众性的报告和演讲等，一般超过 25 英尺。

俄罗斯和中国学者一般都认同 E. T. 哈尔的观点，但具体怎么把握这些距离，各个民族文化的社会性别定型要求和表现形式不尽相同。例如，在中国文化中，同性男青年或者女青年可以相互搂搂抱抱表示亲热，手拉手散步司空见惯，旁观者对此习以为常，没有感到什么不妥，但俄罗斯人和欧美国家的人一样，通常对这样的行为困惑不解，感到莫名其妙，在他们看来，同性之间禁忌出现肌肤相亲的动作，认为此类动作比异性之间的身体接触甚至要严重得多。关于俄语和汉语学者对于这方面的相关研究，以下章节将有详细论述，此处不再赘述。

关于体态语的理论来源，孙汝建（1998：71—72）在分析国外相关研究成果的基础上总结出如下 3 种：第一，身体行动学，或动作学（Rinesics）理论，研究人类的感情和欲求怎么样会在无意识之中以肉体方面的动作表现出来；第二，距离学或人类领域学（Proxemics）理论，距离学是研究调节以及表现人际关系距离的学说，它脱胎于动物行为学，主要在于说明，人人都具有肉眼所没有觉察到的实际存在的各自的势力范围；第三，自我亲密性理论，主要研究心理学和动物行为学中所称的"自我亲密性"问题：任何人都有与他人接触的欲求，如果这一欲求受到压抑，将会以抚摸自己的方式表现出来。

体态语言学正是在上述 3 大理论来源的基础上形成和发展起来的。随着体态语言学的发展，在这 3 大理论的基础上又增加了面具语言和物体语言，因此，动作语言、空间语言、触摸语言、面具语言、物体语言便成为体态语言学的主要研究对象。贾玉新（2002：448）认为，非言语行为包括言语行为之外的一切由人类和环境所产生的刺激，这些刺激对于信息发出和接受者都具有潜在的信息价值或意义，一旦这些有意或者无意发出的刺激或符号被对方感知就产生了交

际。非言语行为可能包括身势行为、手势行为、目光语行为、交谈时的身体距
离、沉默语行为、声音、语调、音量、绘画、图像、衣着打扮和人体姿态实物标志等
等。这些非言语行为都可用作交流信息、传递思想、表达感情、态度,以及标志
交际者的社会关系、社会地位等。

第二节　社会性别的非口头交际类型及其语用特点

男性和女性作为社会性别的构成要素,在人类社会交际的理论和实践中发
挥着非常重要的作用。而男女之间由于性别文化差异和社会文化所赋予的社
会性别定型以及交际风格不同,其体态语具有鲜明的社会性别语用特点。

社会性别定型概念的确立以及对男女两性的非口头交际行为的分析,有助
于探究哪些体态语更男性化或者更女性化,它们之间存在哪些异同关系。俄罗
斯学者通过分析非口头对话行为和文学作品中的非口头社会性别行为,划分出
具有俄罗斯语言和文化特色的社会性别非口头交际类型,我们可以将其大致归
纳如下:

1. 辅助语言行为

辅助语言行为(параязыковое поведение)包括人类发声器官所发出声音的
音量、音调、音色、重音等因素。这种"副语言"在人们交际时所发挥的辅助作用
主要体现在抑扬顿挫、声音高低及强弱、轻重缓急等方面,借此表达说话人的思
想感情和交际态度。Г. Е. 克列依德林、Г. В. 科尔尚斯基、А. В. 基里利娜等学
者认为,辅助语言行为中最基本的研究对象乃是人的声音(человеческий
голос),其中包括两种基本类型:说话声(речевой голос)和音乐声(музыкальный
голос),前者是指现实交际中与人的发音动作和部位相关的声响特征,后者是指
不同性别及不同年龄的人唱歌时的声音标记,如成年男性的歌声分为男低音
(бас)、男中音(баритон)和男高音(тенор),女性的歌声分为女低音
(контральто)、女中音(альт),女高音(сопрано)、次女高音(меццо-сопрано)、花腔
女高音(колоратурное сопрано)等。

Г. Е. 克列依德林(2005:53)认为,说话声和音乐声在任何一种语言和体态
语中都具有典型的社会性别特点。例如,俄语中的"男低音"一词不仅表示音乐
声,而且表示说话声,试比较:Петя уже говорит басом(佩佳已经会用低沉的声
音说话啦);Смотри-ка, у него уже бас!(瞧,他已经是男低音啦!)但是,在类
似情况下,"女高音"一词是不能使用的。声音的巨大力量有时候并不在于说了
什么,而在于怎么说的。

　　著名俄罗斯诗人 M. 茨维塔耶娃曾经说过:"人的声音极具魅力……不是任何时候都能够把语句从声音转化为思想,即领会和认识所发出的声音,因为你会跟着声音走……在这种情况下,声音已经不仅是嗓音,而且是理性。"例如,女性相互之间在谈论"自己的事"时,通常小声小气,而在说到"他人"时,声音便大起来,而男性说话的声音一般比较低沉,符合语言世界图景中的行为规范。事实上,在任何一种文化中,男性音色通常都低于女性,老年人的声音小于年轻人,说话也更慢。一般来说,男性声音比较铿锵有力,有时会发挥意想不到的神奇效果。B. П. 莫罗佐夫曾列举下例来说明这一问题:有一天,行驶在伏尔加河上的一艘轮船在靠近码头时,不料汽笛坏了,危急时刻,被称之为"伏尔加河勇士"的歌手列昂季·阿尔希普金站了出来,他按照船长的请求,用自己的声音模仿汽笛,把轮船抵达的信息及时通知给码头,取得圆满成功。这位歌手因自己强大而美妙的声音而获得"雷神"的绰号。(Морозов,1967:21)

　　当人处于明显的沮丧郁闷状态时,说话的语调就会单一,言语也会贫乏,而当人处于极度兴奋状态时,说话声音受感性作用的影响会颤抖,经常高于平时,甚至大喊,按照俄语的说法,是 срываться(失去控制)或者 рватся(断断续续)。这种情况在女性身上表现尤甚,比男性更明显。但有一点是共同的,即无论男性还是女性,其说话声音在郁闷状态时会和平时不一样,速度降低,聚音性强。可见语调作为发声特点中最为复杂的现象之一,通常与言语、说话人的个性以及性别特征密切相关。Г. В. 科尔尚斯基(2007:41)认为,从功能角度看,应该把纯语言学视角的语调和非语言学视角的语调明确区分开来,后者具有超音质特征(包括重音、音长、语调等),属于非语言信息,是言语发音动作和部位的沉积。这些超音质特征在每一种语言群体中形成一定的定型,作为一种子体系,与手势和面部表情子体系一道进入交际概念,其功能不是构成语句,而是表达具有超句子性质的发音定型。例如,俄罗斯男性和女性在说话时常常有意拖音,女性喜欢把带重音的元音拖长,男性不仅拖长元音,而且有意拉长辅音,试比较:Это какой-то домо**ро-о-**щенный оркестр или Не де-**е-**лай так(女性话语);Это все **з-зл-**лостные преступления или Я **дд-у-**мал об этом предложении(男性话语)。

　　孙汝建(1998:37)认为汉语中也有类似情况,女性常将语气词、疑问词拖成长音:"你打哪儿来啊?""啊"常常随着不同语气和口气(如疑问、亲昵、讽刺等)的需要而延长一个音节的发音,即将短音发成长音,而中国男性一般不大拖音说话,否则会被视为娘娘腔(бабий голос),如"瞧他那娘娘腔,哪像个男人?""你好好说话,别娘娘腔,嗲声嗲气哦!"等。俄罗斯人也普遍认为娘娘腔只属于男性,如果评价一个男人时,说"Он сказал это мужским голосом"(他用男人腔说话)是不对的,但"Он сказал это бабьим голосом"(他说这些话时一副娘娘腔)这句话则是对的。

2. 动作行为

按照学界的类概念广义理解,日常动作行为(жестовое поведение)通常划分为 5 小类别:纯动作(手、脚、头的动作)、面部表情、姿势、身体局部动作以及行为方式(指的是社会约定俗成的礼节性的行为,同一定的语境密切相关,如吃饭时入座的行为方式、做客或者出席官方活动时的行为方式、口语交际礼节形式、问候形式等)。Г. Е. 克列依德林(2005:59—61)根据动作行为的俄语语义特点,将其划分为 3 种基本类型:

2.1 标志性象征动作

标志性象征动作(эмблематические жесты)具有独立的词汇意义,不需要口头表达的上下文即可传递信息,在交际行为中可以独立于言语而单独存在,通常被划分为交际型和征兆型两类:

交际型动作是指动作发出者在交际行为中有意传递给对方的信息载体,包括一般性的、指示性的和礼节性的动作,如俄语中常见的交际型动作有 склонить голову(低下头)、приложить палец к губам(把手指放在唇边)、подмигнуть(使个眼色)、покачать головой(摇摇头)、погрозить кулаком(挥拳威吓一下)、покрутить пальцем у виска(一根手指绕着太阳穴转)、отвернуться(转过脸去,扭过身去)、постучать рукой по лбу(手击额头)、похлопать рукой по животу(用手拍拍肚子)等;

征兆型动作则通常表达动作发出者的情感状态,其所指是情感,而不是情感的生理表现(例如,是痛苦,并不是眼泪)。常见的征兆型动作则有 прикрыть рот рукой(用手捂住嘴)、кусать губы(咬嘴唇)、барабанить пальцами по столу(用手指敲打桌子)、привстать со стула(从桌后欠了欠身)、делать большие глаза(睁大眼睛)、топнуть ногой(跺一下脚)等。笔者以为,面部表情则综合了交际型动作和征兆型动作,在身势语中占据很重要的位置,人的绝大多数感情是通过面部表情传达的,所谓"看脸色行事"正说明了这一点。

史崇文(2007:44—45)认为,面部表情主要靠眼神等传情达意的动作来完成,其中微笑是人们交往中最为常见的表情,在关键时刻能起到意想不到的交际效果,中国有句古话"不打笑脸人",就说明了微笑的作用。从社会性别角度来看,男性通常较少笑容,爱皱眉头,没有神表情流露,而女性一般则面带笑容,表情丰富。

孙汝建(1998:110—111)从社会语言学视角分析微笑,认为女性比男性更爱笑,但女性的微笑常常是女性所玩弄的"山姆大叔的把戏"。女性的微笑不一定表明快乐,而是通过微笑来体现自己的端庄与严肃,它是一种缓和的方式,在公共场合已经成了妇女的护身符。例如:在一辆突然刹车的公共汽车上,她被"扔"到了你身上,她的微笑表示:"对不起,并不是我有意碰痛你。"当你在餐馆里占据了她的位置,她的微笑意味着:"请你另找一个合适的位置。"在电车上,当你挤压了她,她的微笑等于在说:"你这笨蛋不要对我粗暴无礼。"

父母与孩子交往时的微笑也有所不同:父亲们的微笑与不笑相比,更倾向于对孩子做出肯定和赞许,而母亲的微笑与不笑相比,对孩子并不意味着肯定。微笑是笑的一种,但是它的内涵最丰富,微笑是一种情感体验,从理论上来讲,女性的情感体验比男性深刻,同样是微笑,女性所负载的信息容量肯定比男性大得多。她们的微笑并不一定反映肯定的情感,有时是和否定的情感交织在一起的。

事实上,中国人是一个喜欢微笑的民族,倡导"笑一笑,十年少"的微笑理念,社会上的各行各业也推崇并提倡微笑服务,视其为代表行业服务水平的重要举措。但其他国家的情况并非完全如此,如俄罗斯人认为微笑并不能代表礼貌,上文提到的一句俗语"Смех без причины- знак дурачины"(无端发笑,必是傻帽)足以说明问题。一般来说,俄罗斯的服务行业讲求礼貌服务,服务员在工作时面部表情都比较严肃,认为在执行公务时,应该严肃,不苟言笑,以示认真。而对陌生人无缘无故的微笑通常被认为是轻佻、不严肃。所以有人曾戏称"俄罗斯是一个冷面民族",这种说法有点夸张,不够全面,并不意味着俄罗斯人冷酷无情,不会微笑。实际上,在跟熟人交往或遇到开心的事时,俄罗斯人会面带微笑或开怀大笑,认为微笑是用来表达情感、信任、友好等美好感觉的交际行为。

在头部动作方面,俄汉文化也有异同,如中国人和俄罗斯人都把"кивать головой"理解为"上下点头",表示肯定、赞同,在这一点上没有歧义。但是,在对"качать головой"的理解上有明显分歧,中国人一般将其单纯理解为"摇头",表示否定和反对之意,这和俄语中的"摇头"有一定的差异:根据俄语一般词典的解释,качать головой 的意义为"用头部动作或点头表示对交谈者、对他说的话的否定、怀疑、赞同或者其他态度"。显然,这里的"качать головой"既可表示否定,又可表示肯定,对它的理解可以是左右摇头,也可以是上下点头。这个词用于面对面的交谈时不难判断,双方可以看到对方到底是在点头还是在摇头。但如果是文字表述,则只能根据具体的语境来分析,或是借助一些表示肯定或否定意义的副词来判断,例如:Я начал толковать ему о Гегеле, Авенир качал утвердительно головой, поднимал брови, улыбался, шептал:"понимаю!" —— А. С. Пушкин(我开始向他解释黑格尔的学说。阿维尼尔肯定地点着头,扬着眉,微笑着,低声说:"我懂!"——А. С.普希金)。

　　需要指出的是，качать головой 在俄语中之所以出现否定和肯定两个相反的意义，笔者认为概源于"качать"的词义解释，在俄汉详解词典中，"качать"的释义为"производить в движение из стороны в сторону или сверху вниз"（左右摆动头或者上下摇动头），按照俄罗斯人通常的理解，否定意义是其最常见的意义；而肯定意义只是在一定的上下文或者有表示肯定的副词衬托的情况下才能表示出来，是一种不常见的用法。但是，这一点不应该被忽视，否则可能给中国俄语学人翻译俄文作品时带来误解，如果按照惯性思维一味将其译为"不同意"，有可能与原文的意思相去甚远。

　　在使用和手、脚和头有关的标志性象征动作时，男女两性之间的社会性别差异尤为明显。例如，在表达"难为情"（смущение）含义时，俄罗斯男性经常用手揉揉下巴或者鼻子，女性则揉揉双颊或者脖子前部位，而中国女性常常用手捂脸或者捂嘴，男性的习惯动作通常是用手搔后脑勺，脸上流露出不好意思的窘态。在思维受阻或者疑惑不解时，俄罗斯男性习惯于用手揉揉下巴或者拉低耳垂、撑着额头、两颊或者脖子后部，而女性则微微张嘴，食指放在下嘴唇前部或者靠近下巴。也有一些非典型的个人动作，由于文化差异的原因，有时会引起不必要的误解。例如，苏联领导人 Н. С. 赫鲁晓夫访问美国，当他走下飞机时，曾用"双手举过头顶并紧握在一起"的动作向前往机场欢迎的群众表示致意，然而这一行为却激怒了美国人，因为这个拳击时获胜者用来表示胜利的动作在美国文化中象征着美国人被击败。

　　典型的俄罗斯男性标志性象征动作还包括：сидеть，развалясь в кресле（手脚伸开懒洋洋地坐在椅子上）、стоять，широко раздвинув ноги（两腿大大分开站着）、чесать в затылке（挠后脑勺）、потирать руки（搓手）、стукнуть кулаком по столу（挥拳敲打桌子）、целовать женщине руки（吻女性的手）、погладить бороду（抚摸胡须）、погладить челюсть（抚摸下巴）、поклон（点头行礼，鞠躬）、снятие головного убора（脱帽行礼）等。

　　关于点头行礼，按照礼仪规范，男士通常须向认识的女士或者介绍给他认识的女士点头行礼，年轻男性须向更年长者鞠躬。在鞠躬之前，男士应该摘下帽子或者把帽子微微抬起，在行礼过程中将帽子拿在手中。脱帽行礼这一礼节性动作主要流行于欧洲的东正教徒，而伊斯兰教徒和犹太教徒则无需专门脱帽。至于女性行礼标准，从上世纪至今保留了女性不得光着头出家门的禁令，而且这一禁令在男性脱帽行礼和无需脱帽的地方一直存在（Байбурин，1985：86）。实际上，从文化历史来看，戴帽子具有特殊的象征意义，男士光着头不戴帽子是社会有缺陷的标志，或者表明人的某种特殊状况，而脱帽则意味着尊重，或者有意表示自己的地位低于受礼的对方。随着社会的发展，脱帽行礼这一古来有之的礼仪规范已经不再那么严格了，男性行礼时不一定必须摘下帽子，而女性行礼时过去就无需摘下头巾,现在就更不必摘了。但是,在东正教教堂里,男性必须摘下帽子,女性相反,必须戴上头巾。

　　脱帽行礼的礼仪在中国古来有之,但从历史上看,截止清朝末期,在1911年辛亥革命之前,中国男性均需留辫子,且把辫子搭到胸前能看见的地方,表示对皇权的尊重,否则会被视为大逆不道,蔑视朝廷,甚至被看作反叛朝廷,会招来杀身之祸。因此,保护辫子成为男性的重要任务之一,有人甚至带上专门的辟邪物,以保自己的辫子完好无损。也正因为辫子对男性非常重要,所以就有不法之徒蓄意偷剪辫子。据史学家考证,19世纪清朝时期,军队在某一天甚至进入南京城,专门抓捕偷辫子的贼寇,因为当时南京城里传得沸沸扬扬,称有一伙不明身份的人专剪男人的辫子,搞得人心惶惶,朝廷当局不得不出动军队干预。可见男性的辫子当时在中国人的眼里有多么重要!(Крейдлин,2005:66)

　　从各种手势来看,不管社会性别如何,中国人和俄罗斯人之间存在着较大的差异,试举几例:

　　(1)有些中国人说话时习惯于指指点点(показать пальцем на кого),既指自己,也可以指别人,指自己时通常是用食指或拇指点点自己的鼻子,但指别人时不能指着鼻子,指个大概方向即可,这在中国人看来没有什么不礼貌。而俄罗斯人认为用手指头指物或者指别人是极不礼貌的,需要指人或物时,可用整个手掌,或者用点头(кивать головой на кого-что)的动作。俄语中用手招呼人过来时,通常会曲肘、小臂微微向上竖起,手指伸直,掌心向内,拇指内曲,其他四指合拢并向内弯曲,认为这种方式比用食指内勾方式要礼貌得多。用食指内勾这个动作一般见诸男性,常用于挑衅或者侮辱对方时,被视为一种极不礼貌的非口头行为。

　　(2)在表示已经吃得很饱的意思时,中国人常常是用手拍拍肚子或胃部,有时也会右手掌心向下,举至颈部上端靠近下巴处,而俄罗斯人通常用右手在喉部比划一下(провести рукой по шее)表示吃得极饱,不能再吃了,这个手势在中国人看来则表示自杀(самоубийство)或砍头(снять голову с плеч)之意。

　　(3)手背后、双手插在裤子口袋里等动作在中国人看来没有什么特殊的意义,但俄罗斯人视其为展现自己的优势和自信行为,尤其是女性,手插在裤子口袋里并且面带微笑,往往被看作展现自己优势和魅力的优雅动作。

　　(4)用指头数数(считать по пальцам)时,中国人从大拇指开始,最后到小拇指,俄罗斯人的动作相反,先是左手手掌伸开,从小指先开始,手指向掌心弯曲,然后依次弯曲无名指、中指、食指,最后是拇指。每个手指可以自行向掌心弯曲,也可以用右手的手指辅助弯曲左手。左手数完1—5后,再用右手数6—10,如此循环往复。

（5）在使用招手（махать рукой）这一动作表示让人过来之意时，中国人通常是掌心向外，五指向下或者向上伸出，前后摆动，人们在路边召唤出租车或者"招手停"时，通常也做出这样的手势。但这一动作在一定情况下会被俄罗斯人理解为"再见""可以离开"之意。而俄罗斯人表示让人过来之意时，也使用招手动作，但和中国人的手势不一样，通常大拇指不动，手心朝上，其余四个指头一起朝自身方向先弯曲，然后伸开数次，在表示"再见"时，掌心向外，五指并拢前后或左右摆动，与中国人的"请到我这里来"之意颇为相似。

2.2　说明性动作

说明性动作（иллюстративные жесты）总是伴随着某个言语行为或者某个交际片段，只有借助于口头表达的上下文才能表达意义，从来不脱离上下文独立使用。俄语和其他自然语言中的许多词常常伴有说明性动作，使得表达效果更为明显。例如，俄语中说到 здесь，тут，я，мы 等词时，说话人常常轻轻地用手指向自己一边，用这一动作说明近距离，而与之相反的是，在说到 ты，вы，они 等人称代词时，说话人常常使用的说明性动作，是用手指向现实的或者虚拟的人或物。有趣的是，男性使用 мы 及其间接格形式的几率远远大于女性。在使用表达惊讶意义的"—Да ну？—"（怎么啦?）这句话时，女性常常伴有抬头、扬眉等动作，而男性仅仅抬一下头。在说"Никогда！"（从来没有!）一句话时，男性一般都要摇摇头，以此说表明自己的态度。

摇头表示"否认"或者"不同意"，这个动作在中国和俄罗斯以及许多国家的文化中所表达的意思是相同的，但也有例外情况，如希腊人摇头表示"是"或者"同意"，面部向前、头部向后仰则表示"否认"或者"不同意"。这种文化差异难免会闹出笑话。据说有一次一个英国人去港口乘船，想去一个小岛，他问一个希腊人去小岛的船是否已经离开，希腊人摇了摇头，这位英国人便理解为"船还没有离开"，白白等了几个小时，等到得知船早已去了小岛时，追悔莫及，哭笑不得。

在俄语说明性动作中，最为突出的是组织、构建语流的动作重心（жестовые ударения）。例如：сечение вниз ребром ладони（手掌竖着下劈）、ритмичное поднимание и опускание руки с открытой ладонью вниз（张开手掌有节奏地上下摆动）、ритмичное поднимание и опускание руки с пальцами, сомкнутыми в кулак（握成拳头的手指有节奏地上下摆动）、отведение руки в сторону（一只手移向一边）等。这些说明性动作形式上比标志性象征动作简单，它们是击打动作，具有一个向量要素，或者最多具有两个向量要素，使用相同的力量向两个相互对立的方向击打，如忽上忽下、时左时右等。

Г. Е. 克列依德林（2005:89）以大学男教师和女教师上课时使用的课堂言语和动作重心来说明以上问题：男性和女性的动作不仅形式不同，而且在交际上也不对等,语义和修辞特点各异,如在讲解新材料时,男教师的典型动作是,一只手急剧快速下劈,幅度很大,而女教师的常见动作是,一只手平稳地移向一边。急剧下劈动作可以被解释为"事情结束或者把问题搁置一边",还可理解为"消除怀疑或者表达极限特征",而从图像上看,手掌竖着急剧下劈的动作表达的是坚决以及彻底结束的含义。更急剧的下劈动作常常伴随着用力地点头以及 все(到此为止)、хватит(够了)等话语,而不太急剧的动作则伴随着不大用力的头部动作和 несомненно(毫无疑义)、абсолютно(绝对)、вот так(就这样吧)等话语。而女教师的"一只手平稳地移向一边"这一动作与顺势说出的 по всей видимости(看来)、допустим(假定)、предположим(推测)、но вот я не знаю(可我不知道啊)等语句相一致。这一动作实际上是减轻说话者的责任(所说的话是否真实),从而为对话提供了可供选择的条件,成为女性进行言语对话的模式之一。

在体现超音质特征方面,俄罗斯男性和女性的说明性动作也不尽相同:在拖长元音时,女性常常一只手平稳地移向一边,男性通常把手指握成拳头或者使用其他有力的手部动作。

2.3 调节性动作(регулятивные жесты)

调节性动作(регулятивные жесты)掌控着交际过程,即确定、维系或者终止交际,在交际行为中可以和言语一道使用,也可以独立使用,发挥调节功能。常见的俄语调节性动作有 кивок(点点头)、периодическое открывание и закрывание глаз(不时睁眼和闭眼)、покачивание головой(摇摇头)等。

3. 触觉行为

每种文化中,首先是在社会交际中存在着极其严格的规范,用来限定交际双方之间的各种关系和触觉行为(тактильное поведение),规定谁在什么时候可以怎样触摸谁。触摸能表达人们的意向及内心感受,人一出生就同触摸发生了无时不有的联系,如轻拍、拥抱、亲吻、清洗、喂奶水、催眠等。在以后的成长过程中,触摸伴随人的一生,但受一系列文化规则和交际模式的影响,人们才逐渐懂得该触摸谁,在什么场合以何种方式触摸,尤其是异性之间。Г. Е. 克列依德林(2004:417)认为,在包括俄罗斯在内的欧洲文化中,男性在对女性献殷勤时享有抚摸优先权,他通常首先搀扶女性或者拉她的手,搂住她的腰或者把手放到她的肩膀上,而当相互间的关系达到暧昧状态时,会首先吻她并进一步深化亲密的抚摸和温存行为。

对男性在异性交际场合表现出来的主动抚摸行为有一种解释,那就是该行为源于他们在性欲方面所表现出的积极性。另有研究表明,无论在工作场所还是一般的社交场合,男性触摸女性远远多于女性触摸男性,而女性对其他女性、男性和孩子发出的拥抱或亲吻的动作大大超过男性对他人发出的类似动作。(史崇文,2007:47)这足以说明,在公共场合,社会文化更多地要求女性害羞和矜持,相对来说,男性就很开放,但女性又要温柔体贴,对其他人表示亲近时,类似拥抱接吻的动作又会比较多。

　　Г. Е. 克列依德林(2005:90)认为,最典型的俄罗斯男性的触觉动作是握手(рукопожатие)、吻手(поцеловать руку)或者男性帮助女性(如帮助女性下公交车)时出于礼貌的递手(подать руку)。这种非口头触觉动作古来有之,沿袭至今。例如,在俄罗斯贵族社会中,孩子们会在吃饭时吻父母亲的手,以感谢他们。所有触摸动作的语义不变体可以归结如下:表示承认另外一个人具有这一社会地位(包括承认交际对方为女性,承认触摸动作的接受者为"大人物"并与其建立平等关系),同自己的交际对象建立联系并保持和谐一致(如与他们共同参与某一事情)。

　　握手是男女两性表达问候的主要形式,吻手和递手动作与之密切相关。握手这一触觉动作不仅显示没带武器,表达和平意图,而且顾及相互性和对称性的重要语义要素,展现交际双方之间的平等与团结。握手就意味着交际双方相互接受,准备交往或者共同参加某项活动。这一触觉动作几乎成为俄罗斯男性之间表达问候的主要交际符号。女性之间较少使用这一问候形式,相互认识的女性,主要是年轻女性之间才以握手互致问候。

　　但是,在相互介绍认识时,俄罗斯女性很乐意接受握手这一礼节,无论对方是男性还是女性。在俄罗斯男女同处一起的交际场合,作为一个礼节,女性具有优先权,通常是女性先伸出手,男性才可以去握手,主动伸手被视为有失礼貌,因此,"подходить к руке"(上前去握手或者吻手)是较为典型的男性礼节,由此可以体现西方社会"女士优先"的传统。但是,在中国很少见到"男性吻女性的手"这一见面问候动作,不仅是受传统礼仪的影响,而且因为羞涩,不好意思,女性也会感到不习惯,不大乐于接受。

　　俄语中有许多评价男女两性握手的特点及其感受的语言描述,通常以对比的方式罗列出来,如 женский(女性的)—мужской(男性的)、вялый(软绵绵的)—твердый(坚定有力的)、холодный(冷冰冰的)—теплый(温暖的)、влажный(湿润的)—сухой(干涩的)等,其中每组前的第一个词指的是女性握手特征,第二个词是指男性。伴随握手的还有其他一些体现非口头行为的动作和要素,如目光接触、皮肤的表层纹理(如粗糙的手掌)、生理温度和感觉温度(如用"温暖的"或者"冷冰冰的"握手来表达交际双方之间相应的友好或者不友好关系)。一般来说,握手的温度评定首先考虑女性,而"干涩"则同男性圈子里的不友好态度密切相关(如干巴巴的握手)。按照性别定型,握手的力量大小一般同侵略性和主导地位相关。

俄罗斯学者认为,尽管人们常说,俄罗斯人的握手表达了个性,但是,至今仍然没有系统研究握手和男女两性的个性之间的相互关系,也没有搞清楚握手的稳定程度,这一动作的形式和含义是否会随着时间的推移而发生变化,它的变化是否取决于交际语境类型、交际双方的特点、交际目的、握手时是否有第三者在场等因素。历史上握手通常被视为男性的专利,原因是男性之间经常握手,而女性与男性很少握手,女性之间也很少这样。然而,时至今日,还不清楚男女两性握手的生理差异,如握手的力量、时间长短、坚决性、接触面积等特征,也没有弄明白男女两性握手时的伸手方式以及它们表达什么意义。如此等等,已经进入俄罗斯学者的研究视野。

除了握手之外,紧搂肘部(сжать локоть)也是触觉行为的表现形式之一。在俄罗斯,男女俩人手挽着手走是一回事,而女性与男性并排走并挽着男性的胳膊,那就是另外一回事了。如果男性紧搂而不是手扶着女性的肘部,这一举动是一种征兆型动作,表明该男有附加条件,即性爱愿望。还有另外一种紧搂肘部的形式,被搂着既可以是男性,也可以是女性,搂肘者希望通过自己的动作来阻止被搂者,希望他不要说出任何有损于自己和其他人的的话。而在中国不是这样,关系密切的同性之间经常有身体接触,不同的是女性经常是手挽手的,男性则是相互搂着肩,这在西方人看来是不可思议的,是“同性恋”的行为。而中国人对西方的男性与女性在公开场合的体触行为也不能理解,认为他们过于放纵。(史崇文,2007:47)

实际上,在笔者看来,这完全是文化差异造成的误解,不同的民族文化和认知对人的行为的制约势必会影响人的意识,从而产生不同的价值观、思维方式和道德取向。

此外,吻双颊(поцелуй в щеки)作为“吻”这一触觉行为的其中之一,与吻双唇(поцелуй в губы)、吻鼻子(поцелуй в нос)、吻额头(поцелуй в лоб)、飞吻(воздушный поцелуй)等动作一样,是俄罗斯常见的一种问候礼节,一般见诸女性之间或者男女之间,在男性之间不会出现。但是,Г. Е. 克列依德林(2005:108—109)通过跨文化对比发现,东方国家一些男性朋友不同于俄罗斯男性,他们会互吻双颊,特别是在表达问候时的喜悦心情时。在阿富汗,男性之间流行着三吻双颊的礼节:先左颊,后右颊,再左颊。在南非,只有男性互吻双颊,以此表示和平。法国人吻双颊的方式和俄罗斯人大不相同,尽管那里的男性(仅限于朋友和亲戚)之间、男女之间(女性一般主动)、女性之间在非正式和半正式场合遵守这一礼节,但吻的方式别具一格:双唇不接触对方的脸颊,只是两颊相互碰触一下,而且其中一人轻轻扶住对方的双肩,用右颊碰触其右颊,用左颊碰触左颊或者既左颊又右颊的情况较少。

　　然而,一些民族文化里禁止接吻的情况比比皆是,如在埃及,男性吻女性双颊的对象只能是其母亲、妻子或者姐妹,且必须有其他人在场;在匈牙利,只有女性之间在大街上相互接吻;在荷兰,人们见面和告别的礼节是握手而不是接吻,从孩提时代就这样延续下来,但女性同亲朋好友也会互吻,而男性不这样做;在中国和印度,男女两性严格遵循传统行为规范,在大街上和公共场合一般不相互接吻。笔者以为,在中国,这种行为规范实际上指中老年人而言,年轻男女已经不再那么循规蹈矩,在大街上、大学校园、影院、舞场等公共场合,他们相互接吻已经司空见惯,习以为常,更有甚者会激情四射,在光天化日之下做出某些极为不雅的暧昧动作,旁若无人,令旁观者咋舌。这种行为在 30 多年前,即"文革"期间是绝对禁止的,轻则会被当做异类遭遇嗤之以鼻,重则会被视为流氓,遭受惩处。

4. 姿势行为

　　所谓姿势行为(проксемное поведение),是指处于不同的情感状态、氛围和上下文中的人做出各种动作,进入各种关系,利用自己的能力感知空间。

　　尽管女性的社会地位发生了变化,且在同等条件下,性别通常成为影响社会划分地盘与空间距离的唯一因素,但俄罗斯男性和欧洲其他民族的男性一样,常常由于自己具有较高的物质地位和社会地位,至今仍然拥有较大的空间特权。女性所占据并控制的地盘与空间远远少于男性,划分给她们的仅是一些不太理想的场所(如厨房)、较狭窄、面积较小且住人更多的房屋、面积较小的办公场所。而男性则拥有更大更豪华的汽车、车位、快艇、私人飞机、游泳池以及网球场等。这无疑都是社会性别歧视的表现形式,在俄罗斯至今时有所闻,如莫斯科"雅尔"饭店的大厅里,一条过道将餐桌分开摆,女人和小孩子坐在左边,男性坐在右边,按照性别对号入座,泾渭分明。由此产生了破坏社会性别交际姿势行为的文化差异,从中可以看出人们对交际空间的不同态度,以及男女两性所展现的不同空间行为的不同含义。

　　至于同一种族的男女两性在身体处于什么距离时进行交际,Г. Е. 克列依德林(2005:111)认为至少受 6 个因素的制约:交际双方熟悉程度、交际意图、性格类型(如交际双方是否都是内向型)、心理和生理状态、社会地位、交际时是否有其他人在场等。

　　在俄罗斯和西欧一些国家的实地观察和专项试验表明:参与交际的女性之间的身体距离近于男性之间,且在其他场合极为重要的"熟悉程度"在这里不起任何特殊作用。然而,随着年龄的增长,女性之间的身体距离越来越远,而男性之间的身体距离越来越近;女性同性之间的距离近于异性之间,而异性之间的距离近于男性同性之间;在处于沮丧郁闷状态时,交际者之间的距离近于平时;在男女混合的异性交际者之间,交际双方的熟悉程度发挥着更为重要的作用。例如,较之于一般同事或者认识的男性,女性距自己热爱或者视为知己好友的男性站得更近,其结果是,无论男性还是女性,在与女性面对面进行交际时,他们的身体距离较之于男性更近,而当一个不认识的男性闯入其他女性或者男性的个人空间时,他所造成的不愉快要远远大于女性闯入同样的个人空间,会被视为"图谋不轨"。饶有兴趣的是,在这种情况下,男性和女性对于不认识的人靠近他们的方式反应全然不同:女性感到很不自在的是,不认识的人站在她的身后,而男性感到很不自在的是,不认识的人和他面对面。

有些动作,如把双脚放到桌子上、双手张大摊开、占有空间(如在空间里尽可能多堆放自己的私人用品)等,表明动作发出者有权占有某些空间并有权对其利用。在俄罗斯文化中,这些动作在同等条件以及交际双方具有同等地位的情况下体现出男性的行为风格,它们近似于其他男性动作,如动作幅度很大地把手放在对方肩上、坚决地抓住对方的手往自己身边拉,把别人的身体视为已有,攫取他人财产。

在许多交际场合,是站立还是坐下,也会因文化不同而形式各异。西方人喜欢站着说话,站着开会,站着吃饭,如几个小时的自助餐,他们站着吃得津津有味,乐此不疲,而中国人对此不大习惯,所以在举办自助餐时常常摆设一些桌椅,供就餐者享用,就连有些中国驻外国使馆举国庆办招待会时也不例外。即便是去西方人家里去做客,主人也很少给客人让座,他们认为站着聊天更自然、亲切,气氛更和谐,这会使习惯于坐着交谈的中国人局促不安。中国人一般喜欢请客人坐下,特别要主动给年长者或者女性让座,认为站着的客人不好应对,不请他们坐下就是有失礼节。在这一点上,俄罗斯人比较像中国人,他们会热情地请来家里的客人们坐下,不时说出"Садитесь, пожалуйста, в ногах правды нет!"(请坐,立客难打发啊!)之类客套话。

男性和女性的空间感(чувство пространства)不尽相同,即便是同一文化的人也是如此。空间感有两个特点,一是空间视觉(пространственная визуализация),二是动作趋向感(чувство направления движения),其表现特征如下:

空间视觉是指观察者在三维空间里自由操控样品,感知所想象的客体及其移动情况。那些经常自如地发出各种动作的人一般会想象并用空间术语描写世界,将抽象概念"译为"可通过触觉感知出来的物理概念。例如,他们想象理解就是夺取,所以在谈到理解时,会紧握单拳或者双拳;在确定某个人的视野很开阔时,他们会大力劈开两腿;在谈到爱情或者回想起某件开心的事时,他们会抚摸椅子背面;在谈到即将开始的旅游或者出行时,他们会用手指向屋外的空间(指向门、窗户或者墙)。在实验条件下分析空间视觉能力及其非口头符号表现形式的相互关系,所获取的初步结果显示,社会性别参数在这种场合必须予以顾及。例如,男性的空间视觉比女性表现更为明显,更为强烈。

动作趋向感是指确定东南西北的方向感。一系列实验表明,男性的方向感优于女性,从幼儿园起就已看出男孩和女孩之间的差异。

实际空间能力还包括:能够记住并且再现从一个地方到另一个地方的路线图,记住房间和其他空间里的物体分布情况。这一特点可以称之为空间定位(пространственная ориентация)或者空间记忆(пространственная память)。所谓空间定位和空间记忆,是指观察人根据记忆感知并且再现自己所处空间中的物体位置和排列状况。例如,小时候男孩比女孩更能准确判定方位,更能记得路、商店、剧院和一路上的其他建筑物,在12—14岁时表现尤甚。

据 Г. Е. 克列依德林(2005:115)通过观察发现,当力图解释去某栋楼房或者机关单位的路怎么走时,俄罗斯男孩比女孩子更多地运用各种手势,而当描述某些抽象概念或者完成逻辑认知程序(如算账或者朗读)时,男孩子的手势更多。但是,也有些女孩子具有很好的空间能力,她们被视为更具侵略性,更男性化,男孩子对她们的评价也远远高于那些空间能力差的女孩子。

第三节　俄汉语言中的社会性别非口头交际研究

1. 口头交际与非口头交际之间的相互关系

俄罗斯语言学家对非口头交际行为重视有加,从不同的视角进行独到而深入的研究,成果颇丰。除了上面说所的 Г. Е. 克列依德林等人之外,还有其他学者从事这方面的研究。例如,Е. В. 克拉西利尼科娃、Л. А. 卡帕纳泽在《Русская разговорная речь. Фонетика. Морфология. Лексика. Жест》(《俄语口语. 语音. 词法. 词汇. 手势》,1983)一书的"口语中的手势"一章中对广义的手势表现形式及其深层含义作了深入浅出的探究;Г. В. 科尔尚斯基的《Паралинг-вистика》(《辅助语言学》,2007)对俄语中实现言语的各种非口头交际手段(发声、手势、面部表情等)曾进行全方位的探讨;И. Н. 戈列洛夫在《Невербальные компоненты коммуникации》(《非口头交际要素》,2006)中对内部言语、篇章以及篇章袭用过程中的非口头要素作了详尽的研究;А. А. 阿基希娜等所编写的词典《Жесты и мимика в русской речи. Лингвострановедческий словарь》(《俄语言语中的手势与面部表情·语言国情学词典》,1991)则以大量生动鲜活的俄语实例来阐释各种非口头交际现象,既包括意义诠释,也包括修辞特点,同时还顾及民族文化元素,图文并茂,独具匠心。如此等等,不一而足。

值得一提的是 В. Г. 科斯托马罗夫院士①,他与 Е. М. 维列夏金 1974 年合著出版的《语言与文化》(Язык и культура)一书开创了多个学科研究的先河,内容丰富,观点新颖,思想深邃,论证翔实,在世界俄语学界产生了巨大的影响,再版数次,久销不衰,其中对非口头交际手段作了语言国情学视角的深入研究与系统描写,特别关注这一交际现象的民族特点以及与对外俄语教学密切相关的语言教学法和文化学问题。

按照上述学者的观点,在言语交际中,男女双方除了主要使用有声语言之外,往往会自觉或不自觉地运用身势、手势、姿态、表情等无声语言来伴随交际,使交际更直接明了,形象生动,这种伴随交际的言语就是体态语(язык телодвижения)或拟辅助语(параязык),И. Н. 戈列洛夫(2006:25)则称其为"广义的非口头交际要素(невербальные компоненты коммуникации),既指言语行为中的非言语交际手段,也包括口头(产生言语)和非口头(因袭言语)交际过程中参与代码过渡的非言语要素。"它们都是辅助语言学研究的重要内容之一。辅助语言学总是与口头交际如影随形,研究重点通常是非口头交际的各种类型及其意义,它"不是从语言体系中删除的额外补充或者剩余,而是辅助语言体系,即交际子体系的一个特殊功能要素,对口头交际体系的功能予以补充。"(Формановская,1998:271)

Е. В. 克拉西利尼科娃、Л. А. 卡帕纳泽(1983:15—18)对口头交际与非口头交际之间紧密联系的阐释与传统观点有所不同,认为广义的手势在语句结构中通常组成第二交际序列,主要发挥态式功能(модусная функция),表达意义的情感、意向、社会以及其他层面,从而使得用于表达逻辑内容与提供命题信息的口头交际渠道更加畅通。例如,在—Он вам родственник? —Да.(—他是您的亲戚? —是的)这样一组对话中,利用一些发音符号和手势及面部表情可以传递"是的,很遗憾。""是的,很荣幸。"之类信息。

Н. И. 福尔马诺夫斯卡娅(1998:270)认为,必须明确区分非交际型(生理的,节奏性的)和交际型动作符号。例如,因为瘙痒,可以挠一阵后脑勺,但也可以通过这一动作给对方传递交际信号:"我感到为难,还不便马上说出看法";由于头痛,可以抓头,但也可以通过这一动作给对方传递交际信号:"我绝望至极,不知道该怎么办";由于灯光太亮,可以眯缝双眼,但也可以通过这一动作给对方传递交际信号:"我看不起你,认为回答你会有失自己的身份。"等等。语言学家们关注的自然是交际型动作符号。

---

① В. Г. 科斯托马罗夫(В. Г. Костомаров),苏联著名语言学家,1974 年当选为教育科学院院士,曾担任莫斯科大学俄语科学教学法中心主任、国际俄语教师联合会(МАПРЯЛ)秘书长、普希金俄语学院院长等职。他长期从事俄罗斯语言与文化研究,至今仍耕耘不止,被视为这一研究方向的领军人物。

Г. В. 科尔尚斯基(2007:7)对口头交际与非口头交际的关系解释得更为具体:"在表达同一意义时,纯语言和非语言因素的相互融合过程原则上可以用两个原因解释,一是言语手段的选择稍显多余,二是交际过程非常具体。出于自然需要,这两种因素应该在语言发展过程中产生交融。但是,这一融合的性质非常独特,因为它不仅仅局限于语言内因素和语言外因素的结合,而实质上是一种基于语言表层结构的融合。"语言外因素不能计入,也不可能被计入语言结构,因为语言体系不依赖于外部因素而独立发挥功能,原则上不需要任何补充材料来显现交际内容。

实际上,语言体系本身借助于内部材料足以表达任何思维内容,其中包括情感、意愿以及各种激情。然而,在完全口头表述某些内容时,可能会出现语言多余(избыточность языка)现象。囿于各种原因,这种语言多余现象在自然而然的条件下可以通过去掉纯语言手段以及同时加入语言外交际手段的方式得以减免,所表达的具体言语行为意义绝对是一致的。受一定目的驱动而去掉多余的言语手段,事实上可能会挤兑言语交际,正是在这种情况下,辅助性语言手段才会抵补口头言语结构的最低不足部分。

关于语言多余(избыточность языка),按照 Г. М. 苏奇科娃(2005:10—11)的说法,也可以称其为"语用多余"(прагматическая избыточность),它同语义多余、句法多余、心理多余以及其他类型的多余现象密切相关,其中包括信息多余(информационная избыточность),因为语用多余体现于人的发声行为及其交际反应,即相互作用过程中所产生的交际效果。作为一种交际相互作用现象、一种篇章结构类型以及一种作者参与方式,语用多余彰显出以下 7 个特征(Сучкова,2005:124—145):

(1)交际双方相互交换具有同一意义的话语,即应景性重复;

(2)拓展篇章内在空间的潜台词,它不仅增加语用多余形式的信息含量,而且使内容成素的界限时而模糊不清。这种体现于信息交际领域的隐含性通常表现为非口头信息内容,也被称之为隐含性语义元素,它虽不能在言语行为中用语言手段表达,但却能通过显性非口头元素体现出来;

(3)借助于反义词、转换词以及各种无从对比的概念所体现出来的对立参数,它应该触及小篇章结构的基本成素,因为语用多余正是借助于对立要素而获得包含在对立结构中的诸多新意;

(4)产生于文本意义的联想链,因为联想参数多不胜数,从而使得语用多余形式的各个组成部分事实上定位于联想链,如对立结构就是借助于联想性反义词、联想性转换词及仿转换词建立起来的;

(5)评价系数,因为评价要素操控着交际,要么成为其主要方向,要么补充篇章的意义内容,要么作为补充元素存在于交际者的话语之中,如对立参数中就经常明显或不明显地隐含着评价标准,而对于同评价有关的语用结构来说,其典型特征是界限模糊不清以及大量的中间过渡环节,具体表现为特征相似、特征的多义性,有时表现为不定性,无法直接诠释;

(6) 交际中的离奇现象与不正常形式,给人产生一种交际反常与病态的印象,究其原因,是语用多余形式通常体现在互补性与对称性交际类型中:在互补性交际类型中,在意见、定位、对问题的态度等方面出现的任何对立都同正常现代人的具体存在密切相关,总是处于交际内容层面,或者处于交际中的关系层面,而病态交际常常将交际内容与交际中的关系混为一谈,一些完全正常的人有时在争论、辩论或者其他形式的交际中变换内容和关系的重点(包括那些有意而为之的场合);

(7) 描写语用多余时必不可少的情态概念,这些概念因具体内容不同而表现各异,但他们都有一个共同点,即它们在语句中发挥什么作用,要么对互有联系的成分进行加确说明,要么强调联系的性质,要么从某一视角对联系进行评价,因为同一个语句可能成为从一个或者从诸多视角进行几种系统情态评价的对象,换言之,任何一种情态语句至少包含一个情态概念。

上述特征勾画出语用多余的大致轮廓,形成其基本内容,对于研究非口头交际与口头交际之间的相互关系及其语用意义具有较高的参照价值。

2. 俄汉成语的非口头交际特征及其社会性别意义

H. И. 福尔马诺夫斯卡娅(1998:270—271)指出,在文艺作品和体态语词典中,非口头交际符号如果不是一个词,一般都会通过文字描述体现出来,被称之为"身势语"(соматический язык)或者身势话语(соматические речения)。特别是在具有直接引语的文学描写结构中,作者的话常常成为身势话语,如 усмехнулся он(他冷笑了一下)、нахмурился он(他皱了皱眉)、стукнул он кулаком по столу(他用拳头捶了一下桌子)、почесал он в затылке(他挠一下后脑勺)等等。体态语词典中的词条标题也是非口头符号的文字名称。

除此而外,还有一些由身势话语构成的俄语成语,其意义已经与身势话语本身的字面意思相去甚远,如 задирать нос(自高自大)、повесить нос(垂头丧气)、натянуть нос(愚弄人)、голова идет кругом(头昏脑胀)、встать не с той ноги(情绪不佳)等等。对于口头交际语句来说,非口头交际符号的位置比较自由,可以居其前,位于其后,插入其中,甚至可以替代言语。

吴军教授在其专著中辟出整整一章(2006:253—276)探究俄语成语中的体态动作,认为成语与人的体态动作关系十分密切,这类成语是一个民族特有的表达思想感情的动作和表情,其结构式固定的,意义是完整的。由于不同国家、

不同民族的文化模式、思维方式及其认知程度各不相同,不同文化背景的人们
之间的交往可能会有差异,这样就有可能造成交际失误,如俄罗斯人摇头表示
不同意,而保加利亚人却以摇头表示同意。对于人的体态动作有关的成语进行
分析研究,能帮助排除交际中的文化干扰,有助于提高外语教学,有效开展跨文
化交际,正确理解异国文化。俄语中有不少与肢体有关的成语体现出社会性别
意义,如涉及"手"的 отдать руку кому(出嫁给……),предложить руку кому
(向……求婚),носить на руках(捧在手心,宠爱);涉及 зубы"牙齿"的 показать
зубы(龇牙咧嘴;展现自己有力量);涉及 уши"耳朵"的 прожужжать уши(在耳
边絮叨;吹枕边风)等。通晓俄语的人一般都知道这些成语常用于男性或是女
性,其中不乏古旧俄语遗留下来的戏谑或者轻蔑含义。

　　实际上,不论是俄语或是汉语中,够体现人的生物性别(биологический
пол)特征的"人体成语"(соматические фразеологизмы)都可见到,但为数不多,
其中性别这一义素在成语中通常都是作为补充成分,例如:俄语中 косая
сажень в плечах(宽肩魁梧,原意是指从右脚尖到高举的左手中指指尖长度为
一俄丈,其中 сажень 是旧俄长度单位,约 2.134 米);бантиком губы/губки(微
微撅起的樱桃小口,形容女性)。汉语成语中也有类似的表述,如"蕙质兰心"形
容美丽而且聪慧的女性,其外貌和内心都像鲜花一样美;"虎背熊腰"指的是强
壮的男性,他的背像老虎的一样,腰像熊的一样,健壮有力。

　　相比较而言,描写人的外貌(внешность)的人体成语较多,通常分成两组:
美(красивый)—丑(некрасивый),瘦(худой)—胖(толстый)。中俄两国人种不
同,人的长相自然有差异,且由于民族文化背景不同,社会对人的外貌的审美标
准必然不尽相同,如俄语中形容外貌的人体成语有 агатовые глаза(又黑又亮的
眼睛),греческий нос(又高又直的鼻子),римский нос(罗马人式鼻子,高鼻梁、
大、端正的鼻子),соболиные брови(浓密发亮的眉毛),открытый лоб(高大突
出的前额),ноги ижицей(膝部以下向外撇的腿),ноги колесом(罗圈腿),ни
кожи ни рожи(又瘦又丑)等等。

　　不难发现,这些成语大多是直接描述身体特征的,既指男性,也针对女性。
而汉语中表述英俊男性或者漂亮女性的成语为数不少,如虎背熊腰、虎头虎脑、
膀大腰圆、燕颔虎颈、龙目凤眉、柳眉凤眼、杏脸桃腮、朱唇皓齿、月眉星眼、双瞳
剪冰、冰肌玉骨等等。不难看出,中国人眼中的男性要像野兽一样强壮威武才
算帅气,女性要有漂亮的嘴唇和脸颊、雪白的肌肤、清澈明亮的眼睛才算美丽。

　　不仅如此,这些描写外貌的人体成语通常还隐含着对人的性格特征的描
写,例如燕颔虎颈就有威武、坚强的意思,冰肌玉骨除了指外貌漂亮之外,还指
女性的心灵美,而披头散发、蓬头垢面、张牙舞爪、青面獠牙等成语则表示负面
评价。至于描写一个人很瘦(худой)时,俄汉语使用几乎相同的人体词汇,如骨

头（кость）、脸颊（щека）、脸（лицо/физиономия）、皮肤（кожа）。例如，俄语中
кожа до кость（骨瘦如柴）、птичья физиономия（像鸟一样瘦长的脸）、щека
щеку сожрала（一边的脸颊吞没另一脸颊，形容脸很瘦），而汉语中有面容瘦削、
面黄肌瘦，骨瘦嶙峋，鸟面鹄形等。

　　另外，俄语中还用到了带有 ребро（肋骨），ноги 等人体词的成语来表示瘦，
如 ребра просвечивают（瘦得肋骨都露出来了）、соломенные ноги（麻杆腿，形容
腿很细）等。在描写一个人肥胖（толстый）时，汉语中常用大腹便便，肥头大耳
等，而俄语中则使用 щеки из-за спины видать（从背后都能看得到脸颊，意思就
是很胖）、от пяты до пяты（从脚踝到脚踝）来形容一个人很胖。这些人体成语
指涉男性的几率多于女性，可能是出于对女性的尊重。一般来讲，女性对于自
己的胖瘦问题比较在意，不大喜欢别人说自己肥胖，乐意花钱减肥，或者采取控
制饮食措施，注意保持体形，中国和俄罗斯女性在这方面颇为相似。

3. 非口头交际行为的特点与功能

　　Н. И. 福尔马诺夫斯卡娅（1998:277—278）认为，当代符号学通常划分出
3 类非口头符号：动作（кинесика），即各种手势和面部表情、姿势（проксемика），
即各种姿势和交际者之间的相互距离，以及发音（фонации），即有音响的非口头
符号，其中表示身体各个部位和面部肌肉的动作是动态行为，具有人体表意动
作和面部动作的表达形式，常常体现出各个民族、社会群体和个人的不同特点，
而各种姿势和相距空间则是静态行为：姿势的民族文化特点显而易见，如有些
美国人坐着时，习惯将双脚放到写字台上，来自近东的大学生喜欢蹲在学校走
廊里，有时会双腿交叉坐在地板上（土耳其坐姿），如果与日本人坐着交谈时把
一条腿压在另一条腿上或者将双腿伸向对方，则被视为非常放肆的行为；相距
空间通常是指交际者之间的空间距离和相互位置，以此可以划分出 4 种区域：
亲密交际区域（双方相距最近），个人交际区域，社会交际区域，公共交际区域
（彼此相距最远）。

　　需要指出的是，这些区域同样具有鲜明的民族文化特点，如在英国人看来
彼此相距太近的个人交际乃至亲密交际区域可能会被拉美人视为社会交际区
域。除了动作和姿势之外，有意义的发音亦因形式多样而体现出非口头交际的
民族特点，语调和音色的变换、说话的声音大小和语速的快慢（如俄罗斯人认为
意大利人说话声音大，语速快，而芬兰人则相反）、停顿、沉默、送气以及其他发
音要素均可表达交际意义。例如，在文学作品的直接对话中，作者常常会给主
人公的直接引语加上发音符号注释，以此表达交谈者之间的相互评价与关系，
如—Приветствую вас, —сказал он *благородным голосом*. —Я к вам,

разрешите?（欢迎您,—他优雅地说。—我找您,可以吗？—А. Горбовский）;
—Приветствую вас, Машенька! —*развязно кричит* Холопов в телефонную трубку.（欢迎您,玛申卡！—霍洛波夫对着话筒随意喊道。—Н. Томан）等,
从中可以看到说话人与听话人之间的相互关系。

按照 Н. И. 福尔马诺夫斯卡娅（1998:278—279）的观点,对上述非口头符号可以进行多层面划分:按照功能可以划分为交际必需的日常型、象征型（如军人致礼等）和仪式型（如教堂仪式等）;按照结构可以划分为一个动作所构成的简单型（学生在课堂上举手,想回答老师的问题）、由几个同类动作构成的合成型（挥手告别;伸出一根指头威吓）以及由几个非同类动作构成的复杂型（越过左肩吐一口吐沫或者"呸呸呸"几下,表示不希望因说漏嘴而引起不良后果）;按照手势的指向可以划分为个人型（用拳头击打自己的胸口）、个人-相互型（吻女士的手）以及相互型（相互握手）;按照起源可以划分为民族固有型（跪地叩头）和外来型（欧美各国流行的请安礼,即右脚后退半步,双膝稍许一屈）;按照时间可以划分为古老型（如叩首等）、现代型（多不胜数）以及在年轻人中时下流行的各种人体动作符号。

事实上,无论哪种划分,这些非口头符号都具有关于说话人和听话人的社会信息,甚至具有社会-地域信息,如 Остановившись, Валентина ожидает старика. Подходя к ней, он заранее склоняет голову, приветливо помаргивает, а поравнявшись с девушкой, кланяется в пояс. Так до сих пор делают на Оби древние старики, встречаясь со знакомыми и незнакомыми людьми（В. Липатов —瓦列京娜停下来,等待着老头。在向她走近时,他早早低下银灰色的头,笑容可掬地眨眨眼睛,而赶上姑娘之后,深深地鞠了个躬。迄今为止,鄂毕河流域的老人们在遇见陌生人和熟人时,都会这样致礼。）.

不仅如此,非口头符号还承载着有关交际者之间相互社会-个人关系的信息,如 Он увидел на лестничной площадке фигуру милицейского шофера Лукова. Тот, по солдатской привычке, щелкнул каблуками и вежливо козырнул:—Вы готовы, Сергей Петрович? Здравствуйте! Машина внизу.
—В. Морозов（他在楼梯平台上看见了警察司机鲁科夫的身影。鲁科夫按照士兵习惯,脚后跟刷刷并拢,很有礼貌地举手敬礼:—您好,谢尔盖. 彼得罗维奇！您已经做好出发准备了吗？车停在楼下边。）

从意义来看,非口头交际符号常常是多义的,复杂的,有时只能通过上下文确定其意义。例如,5 月 9 日,在莫斯科大剧院前的广场上相聚的老年人（多为男性）相互拥抱,这一符号通常包含着几种义素:相逢的喜悦;许久的别离;保持前线战友的接触等等。握手这一符号可以表达欢迎、告别（没有言语伴随）、相识、祝贺（与言语同时进行）等多重意义。非口头交际符号还常常构成功能性

"同义系列",如表示欢迎的符号包括握手、点头、微笑、欠身、把帽子稍稍举起等,同时也可能构成反义系列,如握手既可以表示欢迎,还可以表示告别。

另外,从修辞角度来看,非口头交际符号可以划分为中立的和具有强烈感情色彩的、高雅的和粗鲁的、随意的、不拘礼节的等等。再从聚合关系和组合关系视角观察,"同义"的非口头交际符号,包括其修辞变体形式,均可形成聚合关系,而组合关系的形成则别具一格:取决于非口头交际符号相互组合的规则以及它们进入语句的口头交际"实体"的规则。例如,在欢迎相遇者时不仅口头说出"Рад вас видеть!"(很高兴见到您!),而且伴之以微笑、点头、握手等适宜的动作,相反,如果伴之以苦笑、挠后脑勺、双手背后或者双臂弯向背后,则显得不合时宜。由此说明,"非口头交际符号是十足的、货真价实的交际"参加者",如果没有它们的参与,交际双方的口头互动无从谈起。"(Формановская 1998:277)

Г. Е. 克列依德林作为俄罗斯学界遐迩闻名的非口头交际研究专家,以非口头符号学(невербальная семиотика)理论为基础,对俄罗斯男女两性的非口头交际行为特点与功能作了详尽的分析(详见本书第二章第二节中的"俄语体态语的社会性别差异研究"、第五章第二节中的"社会性别定型的非口头交际特征"),此处不再赘述。

关于非言语行为,即非口头交际行为的社会功能,贾玉新(2002:450—454)作了简要的概括,认为主要表现在它是:

(1) 社会关系标记,它标志交际者的"权势"和"平等"关系,人们在交际中往往通过衣着、表情手势、体态、姿势和眼神等看出某人的社会地位、性别、出身、教育等情况,如交际双方的身体距离远近最容易看出交际双方的关系亲疏程度、社会地位等:彼此关系越密切,越平等,交往时身体距离越近,如夫妻或朋友之间交往,体距保持在亲密和私人关系范围之内,与之相反的是,上下级关系的人们在交往时,身体距离较大,往往处在社交关系或公共关系的距离范围之内;

(2) 会话/语篇结构的标记,因为会话的组织在很大程度上是靠非言语行为完成的,而且会因文化不同而有所差异,如会话开始是以问候语或者寒暄语开始,在不同文化中也可以由相互握手、拥抱等非言语行为完成,而在会话过程中则可以用目光语或者手势等动作来行使终止发言、让别人发言、控制发言权、不让别人插话等不同的功能亦因文化差异而表现不同,如中国人在听别人讲话时往往不直视对方的眼睛,而这一行为很容易被西方人解释成对其谈话不感兴趣;

(3) 交际内容或者语义的标记,可以用非言语行为表示同意、赞赏、拒绝、不同意、欢乐、反感、领域、猥亵、禁忌、个性、是或否、胜利、失败、恐惧、羞涩、致意、关系、身份等多重意义,其中隐含着丰富多样的文化差异,如美国人用大拇指和食指做一个圆圈表示 OK,而这一非言语行为在日本则表示"钱",在法国意味着

"零"或者"无价值",在马耳他指的是"同性恋",在撒丁岛和希腊表示"男女之间的暧昧行为";

(4)感情的标记,可以借助于非言语行为表达兴奋、愉快、悲哀、惊讶等感情,有些面部表情和目光语往往可以表达人的深层心理状态或情感,它们因文化差异而各具特色,如中国人常常控制自己面部表情的流露,对真实感情往往是"藏而不露",即使中国妇女在微笑时,也常常用手把微笑遮起来,而西方人则截然相反,感情外露,喜怒哀乐溢于言表。

关于非言语行为的特点,贾玉新(2002:455—456)将其概括为以下6条:

(1)许多非言语行为是多义的,且在不同文化或地区有多种不同的、而且是相互对立的含义,很容易使置身于不同文化之中的人感到困惑并产生误解,如"叩太阳穴"这一手势既作为"坏脑袋",又可作为"好脑袋"的象征,由此产生"愚蠢"和"聪明"两种截然不同的含义;

(2)许多非言语行为是跨文化的、跨国界的,甚至是跨语言社团的;

(3)有些非言语行为为某一语言社团或某一文化所独有;

(4)有些非言语行为在某一社团内可能具有不同的含义,即存在着非言语行为的"含义重叠"现象;

(5)非言语行为的地理分布是十分规则的,存在着大量的各具特点的非言语带,很少见到零散或杂乱无章的情况;

(6)有些非言语行为特别有用,它们会很快从最初产生的社会或文化、或地区传播开来,跨过几个语言区或文化区而最后成为国际性的常用行为,如 V 型手势语就可能是其中一例。当然,如果这一手势不太有用,它就传播不了而始终局限于某一语言区或文化区。

总而言之,非口头交际符号在言语交际中发挥着十分重要的作用。其"主要功能表现为辅助功能、替代功能、独立表达思想感情功能、表露或掩饰内心的功能。"(史崇文,2007:41)

所谓辅助功能,如前所述,是指非口头交际符号在日常谈话中辅助有声语言,能够起到强调和突出的作用,使语言表达更加清楚、生动、形象,如会议主持人为了引起与会者的注意,在开会前说"请大家安静"时,常常以"击掌"或者"轻拍桌子"等非口头符号来吸引大家的注意力,再如,当拒绝别人的盛情时,说话人一边说着不,一边摆摆手,使之发挥辅助有声语言的作用,因为人们之间的交际只凭言语而没有任何伴随的手势或姿势是难以进行的,至少是一种不充分的交际。

所谓替代功能,是指非口头交际符号在一定语境中可以直接使用,代替有声语言,起到传递信息的作用,如有人请你唱歌时,你摇摇头,同时用手指咽喉,就表示嗓子疼,不能唱歌,再如孩子不愿听父母唠叨,用手捂住耳朵表示,可见这些手势在一定情况下可以代替有声语言,起到传递信息的作用。

所谓独立表达思想感情功能,是指某些身势语在特定情况下可以充当表达思想感情的手段,如两个久别重逢的老朋友见面后一句话不说,紧紧地拥抱在一起,以此表达自己激动不已、惆怅思念的复杂心情,这种无声的拥抱方式胜似有声语言,一下子拉近双方距离,感情立时剧增,可见拥抱和握手之类身势语的使用在一定情境中可以起到增进双方情感交流的作用,诚如 19 世纪俄罗斯著名国务活动家 M. M. 斯佩兰斯基所说:"只有在需要让人增强理解时,手才发挥作用。冷峻的理智无法触动手,只有当心灵受到震撼时,手才会动作起来。"由此可见,外因通过内因而发挥作用,思想感情的宣泄是拥抱和握手之类身势语的真正动因。

所谓表露或掩饰内心的功能,是指人们在说话时不知不觉做出的某种宣泄内心感情的表情和手势,这是一种内心情绪的真实流露,尤其是表情,往往与人的心理活动等同,如在某些场合,人们在说话时会不知不觉地做出某种表情或手势:说话时下意识地揉眼睛或不正视对方,可能是试图掩饰欺骗、怀疑或撒谎,或者是想逃避对方的眼睛,再如人们有时为了掩饰自己的愤怒、不满、悲伤、不安等心情时,常会嘴上说"没关系,没什么,没事"等,但面部和眼神却流露出激动不安的神情,将自己的真实思想暴露无遗。可见要真正做到中国俗语中所说的"喜怒不形于色"并非易事,无声语言常常会把人们理想中的稳重老成化为乌有。

第四节 "沉默"的俄汉社会性别语用对比研究[①]

在非口头言语交际中,沉默(молчание)占有重要的一席之地,是各国学者认真研究的热点命题之一。俄罗斯语言学家基于社会性别语言学视阈,对男性和女性的沉默表现形式及其成因进行对比分析,为沉默这一有意义的空缺言语行为的研究提供了新的本源视角和哲学思考。研究表明:沉默的交际功能需要结合具体语境进行具体分析;探究不同社会性别的沉默,目的在于挖掘男女两性之间如何营造和谐交际氛围的语用机制;在外语教学中关注与讲授不同性别的沉默行为,有助于学生正确解读沉默并将其作为一种交际策略合理地运用于言语交际之中。这些问题的探究,对于打破沉默、建立和谐的社会性别语用机制不无裨益。

---

① 该节部分内容首次发表于《沉默:社会性别语言学研究之一隅》一文(《解放军外国语学院学报》2012年第 4 期)。

1. 俄罗斯语言学家的社会性别沉默观

"沉默"作为人类交际不可或缺的一种手段,在俄罗斯学界已有 200 多年的研究历史。最初的研究先后集中在哲学、生理学、心理学、社会语言学等学科领域,俄罗斯学者曾对沉默这一现象予以不同视阈的阐释分析。例如,世界知名的符号学家、苏联苏联结构主义符号学的代表人物之一 M. M. 巴赫金[①]认为"沉默是交谈的继续。"(Крейдлин,2005:27)

H. Д. 阿鲁玖诺娃(1994:178)认为"沉默是交际活动的最高形式,是表达或者传递心理感受和感情的纯粹方式。"H. Б. 科尔尼洛娃(2002:215)则给沉默现象下了一个概括的定义:"沉默可被视为一种多功能的交际单位,在一定的社会相互作用(对话或拟会话)条件下充当交际策略。"从 20 世纪 80 年代后期起,"以人为本"的语用研究理念日益深入人心,"人的语用因素"成为俄罗斯语言学家关注的焦点,沉默现象随之进入了语用学的研究领域。几乎与此同时,俄罗斯语言学家对 R. 莱科夫、D. 齐默尔曼、C. 韦斯特、B. 索恩、D. 博林格等西方著名学者的社会性别语言研究成果进行评介,成功地完成了西方在这一领域的研究成果与俄罗斯本土理论的对接,适时地将沉默等一系列非口头言语交际行为纳入社会性别语言学的研究范围。(周民权,2012: 29)

按照俄罗斯语言学家的社会性别观(гендерный подход),人类社会活动的一切方面,包括语言文化和各种社会关系,都具有社会性别特征,沉默行为自然不能例外。

H. Д. 阿鲁玖诺娃(1994:106—109)明确指出,"沉默是一种有意义的空缺言语行为(нулевой речевой акт)……对它的研究只能以交际为基础,即在现实的或者虚拟的言语交际原则确实存在的情况下进行。"也就是说,对沉默的描述断然离不开上下文。如果仅仅研究词汇意义,俄语动词 молчать 的内涵等同于无标记的动词否定形式 не говорить,沉默的意义无可研究。但如果从言语行为角度看,二者有着很大的区别:尽管沉默是以说话为前提的,但没有说话并非都是沉默,沉默并不意味着没有言语动作。(周民权,2009:26)

根据语言学中的结构缺失理论,我们可以将男女两性言语交际中的"沉默"看作是一种言语形式的缺失。这种"缺失"同"零符号""零能指"一样,更具想象空间和隐含意义。也有学者将这种"沉默"称作是言语活动中体现社会文化特

[①] M. M. 巴赫金(M. M. Бахтин,1895—1975),苏联著名思想家,文艺理论家,哲学家和语言学家,世界知名的符号学家,苏联结构主义符号学的代表人物之一,其理论对文艺学、民俗学、人类学、心理学都有巨大影响。代表作品有《陀思妥耶夫斯基诗学诸问题》《马克思主义和语言哲学》《言语体裁问题》《文学作品的内容、材料和形式问题》等。

征、判断推理、控制情感、传达心理语言过程的"间歇行为",认为"沉默是一种非言语行为,可以独立于语言行为而存在,但语言交际过程却不能没有沉默现象。"(杨平,1996:79)而话语的"间歇"(沉默)意味着话语的"继续"。由此可见,沉默是一个话语准备的过程,是为促使事物向着主观意愿方向发展而保持的一种理性选择,并不代表思考和交际的停止。因此,"沉默"不仅具有话语意义、传送言语信息的功能,还能真实地反映交际者的心理活动过程。

Н. И. 福尔马诺夫斯卡娅认为,沉默作为一种非口头言语交际手段,"乃是听话人的角色义务和礼貌合作行为(不打断对方的话、洗耳恭听、一听到底等)。听话人发出自己参与交际的言语和非言语信号,如点头、注目、发出'嗯'之类表示认同的感叹声等等,以此来确认自己对于交际的关注与理解。"(1998:282—283)Г. Е. 克列依德林的看法与之稍有不同,他指出:"在对话中,特别是在社会交际中,沉默具有另外一种功能和语用特点:它常常等同于未发出的言语反应或未完成的体态动作,表达的不是同意,而是回避对话、放弃或者抗议。"(2005:27)

А. В. 基里利娜(Кирилина, 2005:18)对女性特征(женственность)和男性特征(мужественность)问题有深入的研究,认为男女两性之间的交际实际上是两种文化的碰撞,即便是在同一种文化背景下长期生活的男性和女性,也会有意无意地表露出各自的非口头言语交际特征。例如,女性在与男性交往中最常采用的一个典型的非口头言语交际手段是保持沉默,并且"善于倾听,将注意力集中在对方的问题上,其言语行为总体来说更具'人性化'。"默默的倾听与其说是一种非口头言语交际手段,不如说是一种讲求礼貌的交际策略,意味着善解人意,尊重对方,尊重自己,是成功的言语和非言语交际中不可或缺的重要环节。

Н. Б. 科尔尼洛娃(2002:215)认为,作为一种言语行为,沉默具有一系列交际功能,并对交际策略的运用产生各种反应,而"沉默的本质特征描述与量化评述(长度、感情色彩、意向性、真/伪、符号性)相互变换,则取决于沉默所赖以存在的民族文化特点、沉默主体(性别、年龄、社会地位)以及交际语境的特点。"她这里所说的沉默主体,指的是沉默的社会性别(социальный пол),即进入交际且充当不同社会角色的男性和女性,而非具有生物个体特征的生理性别(биологический пол)。

Г. Е. 克列依德林(2005:26—27)认为,沉默可以是符号性的,即作为零位符号(нулевой звук),表达符号和身势动作的有意义的缺失,或者是是非符号性的。可以把沉默算作言语行为,准确地说,可以将它归为言语活动的类型之一,即不活动(недеятельность),或者归为具体的行为形式,即不动作(недействие)和反动作(противодействие)。沉默作为一种不活动形式,表现为缺少某些意料之中的非口头符号,或者是符号不足,这两种情况要么在意料之中,要么不容置疑。这种不活动形式见诸所有可能出现的信息管道,也就是说,它既可能是所谓的"没有填充的言语停顿",也可能是"零位非口头符号",即某些非口头物质符号的有意义的缺失。例如,在社会性别差异方面,沉默亦时有所见,被视为女性的美德之一,体现了女性的拘束、克制、谦恭、克己、内省等,与男性的口若悬河、夸夸其谈形成鲜明的反差。

2. 不同社会性别的沉默异同及其成因

按照俄罗斯语言学家的观点,沉默主体的本质特征问题之所以特别重要,不仅是因为形式问题(没有主体就没有沉默),而且因为:"除了语境本身之外,本质特征赋予沉默独特的意味。这一问题不能仅从哲学思辨的视角去研究,还需要进行专门的经验主义视阈的探索。"(Корнилова,2002:215)基于这种认识,他们根据沉默主体的性别特征划分出"女性的沉默""男性的沉默"两个研究重点,并对二者之间的异同关系及其成因作了较为透彻的分析。

2.1 女性的沉默

俄罗斯的社会性别范式表明:女性比男性更富有感情,因而在日常交际中对于过多的说话没有什么严格的限制,爱说话是她们的天性。德国谚语"让北海枯竭易,让女人闭嘴难"以及苏格兰谚语"健谈男性与沉默女性同样反常"讲的都是一个道理:女性健谈。"说话过多、饶舌、闲扯被认为是典型的女性特征。例如,在俄罗斯文化中,空谈、饶舌、搬弄是非、传播谣言者曾经(现在也是)使人联想到'баба','кумушка'(根据 1992 年出版的《俄语详解词典》,散布流言蜚语的女人被称作'кумушка')两个词。在这种情况下,倘若将'баба','кумушка'两个词替换成中立词'女人'曾被视为破坏陈规,那么,这种替换在现代俄语中是可行的(当然指的不是'бабьи сплетни','досужие кумушки'之类固定词组)…不仅如此,过去和现在都有一种看法,即认为真正的男性不应该饶舌和搬弄是非…否则,就应了一句话:搬弄是非的男人比肮脏的妓女还要糟糕。"(Крейдлин,2005:30—31)

基于上述原因,女性一旦沉默,其行为则被视为迫不得已的无奈之举:在许多文化中,女性从古至今一直被视为下等人,被剥夺了社会成员所应有的话语权。在男性居于统治地位的社会背景下,女性只能居于从属地位,在社交场合保持沉默,这种沉默同男性的沉默截然相反,可能与"伺机而动"的策略相关,即在"迫不得已的沉默"(вынужденная молчаливость)中寻找说话的机会。据美国语言学家艾伯特·赫希曼考证,如果让女性打破沉默,开口说话,她们要比男性多提 3 倍以上的问题,这是女性在交际过程中的特点。

　　俄罗斯语言学家认为,除了上述迫不得已的沉默(вынужденная молчали-вость)之外,女性的沉默还包括"表面上的沉默"(внешняя молчаливость),其表现形式在人类历史上屡见不鲜:一些帝王与达官显贵的妻妾或宠妃常常使用这种策略,在众人面前保持沉默,不干涉政治与社会问题,但背地里却不断地"吹枕边风",从而达到掌控朝野、主宰国家命运的目的(Корнилова,2002:216)。在现实生活中,这种表面上的沉默特征在普通的女性身上也屡见不鲜,如妻子之于丈夫,女友之于男友等等。

　　笔者以为,所谓"表面上的沉默",实际上也是迫于交际场合、身份地位、社会舆论等压力不得已而为之。这种情况古今中外无处不在:凡是有男女两性共同交往的正式场合,无论高官还是小官,他们的夫人或女友往往会保持适度的沉默。

　　从社会性别语言学角度看,这种表面上的沉默符合社会规范所认可的言语礼仪,在一定程度上也符合人们反对"夫人参政"、主张"男主外,女主内"的社会期待。

　　从语用学角度来看,"表面上的沉默"作为女性的一种交际策略,可谓一箭双雕,既可以表达丰富多样的言外之意,又可以带来她所期待的后期效果。

　　从心理学角度来看,这种沉默往往反映了女性的一种心理暗示:沉默意味着含蓄、深沉、谦恭、优雅,能够体现出女性娇美的气质和高雅的淑女形象,从而获得广泛的社会心理认同。显而易见,这种表面上的沉默远远胜于在众人面前喋喋不休、指手画脚的言语行为。表面的沉默实际上是内心活动的表现,新的交际行为就是在这种模式中酝酿和产生的。

　　俄罗斯语言学家所阐释的"不得已的沉默"和"表面上的沉默"这两种女性沉默实质上是性别歧视的不同表现形式,是一定历史时期的产物,其中起主导作用的是社会性别角色因素。男女不同的社会角色造就了不同的社会性别定型(гендерные стереотипы),即人们对男女两性适切行为的社会期待,或男女两性较为统一和固定的社会活动模式及行为方式。宗法等级制度赋予男性的统治地位直接影响到男性和女性的言语交际行为,社会对女性的歧视使得女性不得不改变自己的行为方式,在社交场合保持沉默,不敢越雷池半步。(周民权,2010:12)

　　随着社会的进步和发展,"女人不再沉默""让女人自己说话"等人文理念日益深入人心,女性的话语权利受到前所未有的重视,女性的声音得到学术界的关注,女性的沉默得到了语言学家多个视角的诠释。按照俄罗斯语言学家的观点,作为对话中的空缺言语行为,女性的沉默和男性的沉默一样,具有丰富多样的含义,在一定的语境中保持短暂的沉默可获得默认、宽容、回避、较劲、反抗、自省等独特的功效,甚至超过滔滔不绝的雄辩,让对方在你的沉默中反思、惊愕和回味,达到"此处无声胜有声"的效果。例如,在男女交谈过程中,"女性更倾向于提问题,当她们的话被打断或问题没有得到及时回答时,女性通常采取'沉默'的方式来表示抗议。"(吕鸿礼,2004:29)

从沉默的过程来看,"女性比男性更注重视觉上的观察,其关注度远远甚于体态语和言语行为,尽管她们辨别手部或者头部动作的能力并不比男性强多少。"(Корнилова,2002:216)也就是说,女性的沉默常常是一个视觉观察的过程,她们更相信自己引以为荣的直觉和潜意识。

从语用视角来看,"不得已的沉默"和"表面上的沉默"实际上是内心世界剧烈活动和思想斗争的表现,能够体现说话人和听话人之间秘而不宣的思维互动,从而达到期待的某种交际效果。交际双方,尤其是听话人,必须充分认识到沉默这一隐而不见的功能,从而对进一步的交流做出应有的推测,而不应将一方的沉默看成是消极、被动的交际行为,甚至是交际的终止。再者,沉默这种行为方式不仅具有很强的交际功能,还具有话语转换衔接作用。这种情况大多是由于互动参与者的沉默导致。言语相互作用受到背景条件的限制。例如:

— 张伟的母亲也在电话里劝儿子赶快回来主动坦白自首。长时间沉默之后,电话那边终于传来了"我愿回去投案"的回答。

在母亲的劝说和得到儿子答复过程中的一段"沉默",体现了儿子内心激烈的思想斗争和情感挣扎,并最终促使决定(答案)的形成,使事件向着母亲预期的方向发展。再如:

— 谈判桌上互相对峙。沉默的对峙。沉默。沉默。沉默持续了132分钟。相对无言的132分钟,恐怕创下了谈判史上沉默最长的纪录了。

谈判桌前双方长时间的沉默终于使事情发生了转机。成功的沉默的互动作用使对峙一方实现了交际意图。"说话人不仅要设计好自己的发话,并随着语境变化适时调整和创造有利于自身意向达成的语境条件,使对话人对其意向进行反应时尽可能减少不确定性和对意向作用的刻意回避。"(宁琦,2010:84)也就是说,说话人要想方设法,不断适时地变换交际策略,让听话人打破沉默,说出顺应自己意图的话,以期实现既定的交际目的。

2.2　男性的沉默

俄罗斯语言学家认为,与女性的被动型沉默不同,男性的沉默常常是主动型的,它"在一系列合理的条件作用下被作为一种交际策略予以运用。男性的'不善饶舌'也源于严格的男性性别定型。"(Корнилова,2002:216)其典型例证是亚马逊热带丛林中的某些部族习俗:这里衡量新郎的主要标志是勇敢,但勇敢与好斗或者勇猛毫无关系。在部落众人的眼里,勇敢的人就是沉默的人。按照当地的迷信传说,沉默的男人本身具有超乎寻常的力量,这种力量对他的狩猎、作战与家庭生活极有帮助。在结婚前1—2年,新郎会立下沉默誓言,只有当第一个孩子出生后才能打破沉默,改变誓言。如果第一个孩子是女孩,则沉默誓言仍然有效,一直到男孩出生为止。有些男人由于等不到男孩的降临而只能保持沉默到老,而老年人在部落里是允许说话的,不管他们的孩子是男还是女。

　　奇怪的是,沉默誓言对女性无效,相反,她们说话越多越好:她们在说话中所丢失的成功机遇会转嫁到男性身上。这种只适用于男性的沉默在其他民族文化中也时有所见,如在澳大利亚的瓦尔皮里族,"通常保持沉默的只是鳏夫,而非寡妇。"(Корнилова,2002:216)这种社会习俗体现出以男性为中心的社会心理认同,其中包括在整个社会文化潜移默化的影响下形成的生活方式、思维模式、价值观念、行为规范等,必然带有宗法等级制度所制约的文化环境的色彩。文化人类学家发现,"在所有的文化背景下,男女两性几乎都从来没有平等过,大多数文化均赋予男性以较高的社会价值。这就是性别歧视和性别差异在许多语言中都存在的原因。"(吕鸿礼,2004:29)

　　俄罗斯语言学家列举的上述例证表明:在各个不同的民族文化中,"男性和女性的沉默具有各自固定的定型,而且这些定型通常来源于神话、民间迷信传说、传统习惯与宗教仪式等。显而易见,在运用沉默方面,各种社会性别群体都具有自己的特点。"(Корнилова,2002:216)

　　笔者以为,男性的沉默尽管表现形式各异,但有一点似乎是共同的:男性的沉默是一种有意识的、被社会所认可的非口头言语交际策略。男性在聆听女性讲话的时候大多保持沉默,保持谦谦君子风度,因而备受正面褒奖。像日本电影演员高仓健、中国电影演员胡军式的沉默男人,构成了男性魅力的强磁场,显示了一种代表未知的神秘,更能激起女性的关注和爱意。男人在沉默当中偶尔显露的幽默、智慧、才情,强烈地吸引着女人走进他的世界。例如,在俄罗斯人眼里,沉默是一种男性的美德,无怪乎众多俄罗斯女性将不苟言笑、在公众场合常常沉默寡言的 B.普京总统视为心中偶像,唱出了"嫁人要嫁普京这样的人"的时代赞歌,以至于普京当时的夫人 Л.普京娜赶忙出来澄清:普京不是一个沉默的男人!

　　在一些俄罗斯人看来,沉默是金,男性高声说话也属不雅,"抬高嗓音说话的男人不是真正意义上的男人,此乃其一。其二,抬高嗓音说话的男人显然不在状态。"(Крейдлин,1994:144)。这种说法虽然有些过激,但却从一个侧面反映了俄罗斯社会对男性沉默的某种心理认同。

　　按照俄罗斯社会性别文化定型,男女两性的文明与修养同良好的言语行为方式总是密切相关,俄语中有许多针对男性的语用模式,如"Будь мужчиной!"(你要像个男子汉!),"Не будь бабой!"(别像个娘们儿!)之类,是对男性言语行为的一种约束,以此鞭策他们表现出应有的男性素质。这种教育从孩提时代就

开始,伴随男性一生。例如,我们在俄罗斯访学期间,曾不止一次地看到,牙牙
学语的小男孩摔倒在地上哇哇大哭时,在一旁的成年人通常会鼓励他自己站起
来,用"Ты же мужчина !"(你是个男子汉啊!),"Молчи! Мужчина не должен
плакать!"(别哭! 男子汉不应该哭哭啼啼!)之类话语教育他像个勇敢的男子汉
一样擦干眼泪,保持沉默,不哭不闹。这种自幼接受的教育潜移默化,对男性的
沉默观产生着极为重要的影响,使得俄罗斯男性将沉默视为自己应有的品质
之一。

　　如果仔细分析一下,则不难发现,男性和女性对于"沉默"这种非言语交
际行为的心理印象和态度是不同的。男性眼里的沉默大多意味着行动、默
契、思考、威严等正面印象。他们认为说不如做,因此偏向于把沉默看作是一
种蓄势待发的状态,或者认为沉默体现了彼此之间的和谐,诚如俄国著名作
家陀思妥耶夫斯基所说:"沉默永远是美的,沉默的人永远胜过说话的人。"这
种典型的男性沉默观在汉俄民族的文化理念中是基本相同的,如中国电影
《平原游击队》中的李向阳和前苏联电影《战争与和平》中的安德烈公爵,都被
塑造成目光坚定、言辞不多的英雄形象。相反,在女性的眼里,沉默不仅是无
言的现象,而且意味着对交流的回避,对他人的忽视、不理解、拒绝、不满等。
因此,她们对沉默的评价基本上是否定的,而且在会话中对沉默的耐受力很
小,往往首先打破沉默,用各种方式填补沉默造成的空缺,而男性的沉默不是
交际能力的缺乏,而是有意的克制,是为了自我保护或者控制局势的一种手
段和策略。

　　男性和女性对沉默的不同态度极易造成两之间交流中的矛盾,产生在所难
免的误解。男性只要一沉默,女性就容易把情况想得很糟糕,就会缺乏安全感。
她们认为大声地把想法说出来,是与有兴趣的听众分享彼此的过程,这个过程
能使她们直观地发现问题的实质;而男性处理问题的态度和方法却不同,他们
在谈论或者回答问题之前要深思熟虑一番,力图透过内在的思考与沉默找出正
确的答案。在没有结果之前,他们是不会轻易开口说话的。(史崇文,2007:
40—51)因此,要注意研究非言语交际中的性别差异,充分尊重和正确理解对方
的行为方式,避免发出错误的交际信号,避免产生交际失误。

　　在言语交际中,无论说话人还是受话人,无论是男性还是女性,有时保持短
暂的沉默可获得默认、宽容、回避、较劲、反抗、自省等独特的功效,甚至超过滔
滔不绝的雄辩,让对方在你的沉默中反思、惊愕和回味,可谓"此处无声胜有声"
"于无声处听惊雷"。例如,1945 年 7 月在波茨坦举行的苏、英、美三国首脑会议
期间,美国总统杜鲁门对斯大林说:"美国研制出一种威力非常大的炸弹。"暗示
美国已经拥有原子弹。谁知斯大林竟像没听见,以致后来许多人回忆说:"斯大
林好像有点耳聋,没听清楚。"其实斯大林不仅听清了这句话,而且听出了弦外

之音。会后，他立即对莫洛托夫①说："应该加快我们的工作进度。"（陆学进，2001:53）果然，两年后，苏联爆炸了第一颗原子弹，打破了美国核垄断的地位。

可见，沉默作为语言沟通的补充形式，在交际中往往有着神奇的效果。我国宋代黄升所云"风流不在谈锋胜，袖手无言味最长"正是这个道理。（周民权，2005:27）

言语交际是一个动态的心理过程，人们会根据具体情景与交际目的对话语结构进行调整，"沉默"的话语意义也会随之发生变化。"心理过程是摸不着、看不见的，因此人们易产生错觉"。（桂诗春，1985:2）这无疑会在某种程度上加大了推断、解读"沉默"话语意义过程的复杂性。例如，法庭上证人长时间的思考、停顿、吱唔或迟疑均可能被认为是在编造情节和作假供词。"沉默"的语义是模棱两可的，甚至是令人琢磨不定的。行为者不易把握它可能给对方带来的影响，而对方如何看待、思忖这一现象也是难以揣摩的。在跨文化交际中尤其如此。如果交际一方不能确定沉默的含义，他就不可能知道对方的想法与态度，双方的交流就会出现障碍。因此，对"沉默"言语意义的判断除了语境，还要根据交谈者的面部表情、说话态度、语气、语调等。

总而言之，通过俄罗斯语言学家的社会性别语言学研究可以看出，作为一种有意义的空缺言语行为，无论在俄语或是汉语中，无论女性的还是男性的沉默，都体现出明显的社会角色因素，带有鲜明的民族印记，受制于一定的社会文化规约，反映出独特的性差心理特点，被广泛运用于各种交际场合。不同民族对这一现象有着不同的解读和表述方式。尽管语言结构和文化内涵存在着诸多差异，但"沉默"在各种语言中的使用范围却颇为相似。

3. 启示与思考

俄罗斯学者的社会性别语言学研究"虽然起步较晚，但投入的研究力量大，目标明确，动作快，效率高，已经形成了较为厚实的学术积累，在世界语言学界产生了较大的影响。"（周民权，2010:13）其中对于沉默的研究富有特点，别具一格，由此引发了笔者一些思考：

---

① В. М. 莫洛托夫（В. М. Молотов，1890-1986）在列宁时期就是中央委员。第二次世界大战时期，他是斯大林的亲密战友和坚定支持者，系斯大林领导班子的二号人物。1941 年任苏联外交人民委员（外交部长）。第二次世界大战后，他历任苏共中央委员会主席团委员、苏联部长会议第一副主席兼外交部长、监察部长等职。由于对苏共二十大的反斯大林政策有不同的意见而于 1957 年被打为"反党集团"头目，被降为驻蒙古大使，1964 年被开除党籍，1984 年得以恢复党籍，1986 年去世，享年 96 岁。

3.1　沉默的语用功能

古往今来,"沉默是金"似乎已经成为一条无可辩驳的定律,为之高歌的例子不胜枚举,俄罗斯语言学界和国内汉语学界概莫能外,如"此时无声胜有声"(В такие моменты лучше молчать, чем говорить)、"一切尽在不言中"(Всё заключается в молчании)、"静水流深"(Тихие воды текут глубоко)、"宁静致远"(Тише едешь, дальше будешь)、"一切邪恶自口出"(Все беды от языка)、"言多必有失"(Чем больше говоришь, тем больше теряешь)等。但是,笔者以为,任何事情总有其另一面,从社会效应来看,无论男性还是女性,一味的沉默并非都是可圈可点。我们不妨想一想:古希腊著名哲学家苏格拉底①如果答应当局的要求,保持沉默,不再到处宣传他那套学说和主张,也不至于喝下毒药而死。司马迁②如果和众臣一样,在汉武帝的朝堂上对李陵的兵败被俘一事保持缄默,他肯定不会触怒皇上而遭受宫刑。对他们来说,沉默又何止是金,沉默就是宝贵的生命。但是,他们都毅然以生命为代价,打破沉默,慷慨直言,难道这种行为不比沉默更为金贵?

由此可见,历史的前进,真理的诞生,民主的昌明,总是要以一部分男性或者女性的不肯沉默而付出牺牲为代价的。如果说在万马齐喑、不让说话的年代,保持沉默还有点不得已而为之的话,那么,在今天政治昌明、言路开放的年代,再事事保持沉默,不敢说话,明哲保身,就不能不谓之可悲。这样的沉默不是"金",而是糊涂,是懦弱,是逃避!因此,对交际中的沉默现象应该具体分析,不能一概而论。

事实上,沉默在不同的语境中被赋予各种不同的含义,在语言实践过程中分为"积极沉默"和"消极沉默":"积极沉默包括默认、沉思、羞涩、威严、默契等行为,所以有'此时无声胜有声''一切尽在不言中''沉默是金'等说法,而消极沉默指逃避、不悦、拒绝、挑衅、放弃等非言语行为。由此看来,消极沉默在交际过程中或多或少带有否定、贬义的色彩。"(姚芬芳,2009:106)

---

① 苏格拉底(Socrates,公元前469—前399),著名的古希腊思想家、哲学家、教育家,他和他的学生柏拉图以及柏拉图的学生亚里士多德被誉为"古希腊三贤",更被后人视为西方哲学的奠基者。据记载,主张无神论和言论自由的苏格拉底最后被雅典法庭以不敬神和败坏青年两项罪名判处服毒自杀。尽管他曾获得逃亡雅典的机会,但断然拒绝亲友和柏拉图等弟子制定的逃亡计划,最终饮下毒药而死。

② 司马迁(前145或前135—前87?),西汉夏阳(今陕西韩城)人,中国古代伟大的史学家、文学家,被后人尊为"史圣"。他最大的贡献是以其"究天人之际,通古今之变,成一家之言"的史识创作了中国第一部史学巨著《史记》,全书130篇,52万余字,记载了从上古传说中的黄帝时期到汉武帝元狩元年长达3000多年的历史,被鲁迅誉为"史家之绝唱,无韵之《离骚》"。公元前99年(天汉二年),李陵率领5000骑兵出击匈奴,无奈粮草供应不足,无后援部队援助,不得已而兵败投降,汉武帝闻知大怒。司马迁挺身而出,为李陵辩护,说李陵率兵杀敌数倍,也算为国尽忠,他暂时假降可能是为了以后东山再起,一定还想将功赎罪来报答朝廷,等等,汉武帝因此迁怒于司马迁,处他以宫刑。

　　在言语交际中如果出现沉默、冷场，无论男性或是女性都应该主动打破沉默，以各种方式来填补消极沉默所造成的空缺，尽快摆脱令人尴尬的交际场面。男女两性之间需要的是反反复复的语言沟通与感情交流，以产生共鸣，相互理解，任何一方的沉默都会给对方带来不快甚至伤害，由此产生交际失误。例如，男女双方发生争吵时，男性若保持沉默、试图不激怒女性，反而会加剧冲突，因为她会觉得你根本不在乎她，不尊重她的想法。正确的做法是，男性要主动开口说话，让她明白你不是在逃避，而是在积极寻求解决冲突的途径。

　　从社会性别语用的视角来看，女性对沉默男性的探究不厌其烦，不遗余力。但更多时候，她们发现，男性的沉默是毫无感性、知识贫乏、情感淡漠的同义词，女人欲问其详的努力则恰似对牛弹琴，宛如木槌敲在橡皮上，毫无动静，手却累得生疼。男女两性之间需要的是反反复复的语言沟通与感情交流，以期产生共鸣，相互理解，任何一方的沉默都会给对方带来不快，甚至造成伤害，由此产生交际失误或者语用迁移。《幸福男的秘密》作者琼·斯科特·哈兹曼说，正确的做法是，男性要主动开口说："我很在乎这份感情，但现在我不想说任何愚蠢得会令我后悔的话。能稍后一些再谈吗？"通过设定重新谈话的时间，让她明白你不是在逃避，而是在积极寻求解决冲突的途径。如果在双方交往中女性一言不发，男性应该主动多加沟通，搞清楚她沉默的原因何在，采取各种各样的方法让她开口说话，敞开心扉，绝不能以沉默应对，担心"言多必有失"。

　　从会话风格来看，男女两性不仅在句式表达、话题、话语量等方面存在差异，而且在沉默的运用上有所不同。王烈琴（2009:50）通过分析西方男女语用差异，认为沉默是女性最好的装饰品，是社会文化对女性的心理认同和要求，而男性的沉默则是出于一种自我保护，他们害怕暴露自己的内心世界，担心过多地暴露自己的感情会让他人了解自己，包括弱点，特别是在形势对自己不利时。如英国前首相温斯顿·丘吉尔的父亲有一条准则是专门对付试图参与讨论的女性，他告诫男士们："当一个女人和你争辩时，唯一的回答就是沉默。"可见男性的沉默不是缺乏交际能力，不是不善辞令，而是有意的克制以避免矛盾，是为了控制局势的一种手段和策略。

　　笔者以为，这种西方的"绅士式沉默"实质上是"沉默是金"观的翻版，对于倡导"男女都一样，男同志能办到的事女同志也能办到"的当代中国社会未必适用。事实上，男女两性话语风格中的沉默差异在中国文化背景下具有多层含义，从某种程度上来讲还是一个未知的领域，有待于我们进一步挖掘。

　　从语境视角来看，沉默这种非言语交际现象只有在人类交际的宏大背景中才能够获得具体的涵义，其意义来自语用环境、言语背景和体态语言，男女两性之间的沉默也不例外，这种沉默所表达的含义的力度同沉默延续的时间成正比关系。一般来说，异性之间谈话的缄默时间平均长达 3.21 秒，而同性之间沉默的时间平均仅为 1.35 秒,可见谈话者的性别构成对沉默的时间有着直接的影响。

　　另一个与沉默有关的现象,即人们普遍认为女性比男性健谈,以致给人造成了饶舌、多嘴的印象。赵蓉晖(2003:239—240)认为这种印象是不准确的,是一种偏见。事实上,在两性对话中,男性要比女性健谈得多,女性更倾向于保持沉默和倾听的状态。为说明问题,她从俄语会话记录中特别抽取了 15 组异性对话进行对比,结果发现女性话语量平均不及男性的一半,在男多女少的对话中就更加明显。究其原因,作者认为有 4 条:其一,社会规范要求女性多做温柔贤顺的倾听者,开口表达自己的意见有时和这一规范的要求是背道而驰的;其二,男性认为女性经常谈论的日常生活话题本身就是琐碎的,话不投机导致了不理解和不满;其三,女性看重交谈本身,她们常常为了避免谈话中的冷场而寻找话题填补空白,违反了男性心中"沉默是金"的信条;其四,女性心理感知的范围大于男性,她们话语中常常出现的联想、对语境内容的反应、"夸张"的感叹等容易让人认为是多余的。由此可见,认知上的差异和两性话语风格的不同最终造成了认识上的偏见。

3.2　探究男女两性沉默的目的

　　笔者认为,我们探讨男女两性的沉默表现形式及其成因,不应仅仅局限于语言与社会、语言与性差心理的对比分析,重点要研究语言与语言主体之间的相互关系,与时俱进,以人为本,探究不同社会性别的语言使用模式对于营造和谐的社会言语交际氛围可能发挥一定促进作用的语用机制,寻求打破沉默、人人竞相说话的途径,为不同社会性别之间的融洽交际提供可供借鉴的参照。和谐社会的构建离不开男女两性的积极参与,而参与的首要条件就是双方的语言沟通与思想交流,而绝非沉默。

　　俗话说得好:男女搭配,干活不累,欢声笑语,事半功倍。一个异性群体尚且如此,一个国家的繁荣昌盛与安定团结又何尝不是依靠千千万万的男男女女共同维系? 一个集体,无论是由异性群体还是同性群体组成,如果默默无语,死气沉沉,是难有作为的。同样,一个社会,无论怎样高喊男女平等,如果男性与女性没有走出社会性别角色的误区,不能打破沉默并进行坦诚的对话与合作,是难以和谐发展的。

　　中央电视台著名主持人白岩松曾在《白岩松笑谈超女》节目中谈过这样一个观点:男性和女性在数千年的历史中保持了实质上的平等,而表面上的不平等只是因为男性和女性的话语策略不同——女性以示弱、沉默作为自己的话语策略,而男性以逞强、鸹噪作为自己的话语策略,这种话语策略只有话语策略上的高下之分,没有男女地位在实质上的压抑、统治、盘剥、尊卑之分。(白岩松,2005)

　　笔者认为,这种说法虽然有悖于社会性别语言学的性别歧视之说,但从语用学的合作原则角度来看,则不无道理:在我国当今社会,既然男性和女性不存在地位上的不平等,那么,双方就应该尽快改变社会性别角色的沉默习惯,适时地调整话语策略,多进行语言沟通,积极寻求相互合作、互补共赢的最佳交际方式,为充分发挥不同社会性别的语用潜能提供契机。笔者无意夸大"不沉默"的意义,但"不沉默"毕竟是每一个公民的应尽义务,无论男性还是女性,"该出手时就出手","该张口时就张口"。

3.3　外语教学中的沉默研究

　　笔者认为,同其他语言学理论的研究一样,社会性别语言学的理论研究最终都会与教学实践结合起来进行。由于人们对无处不在的性别角色、性别关系和性别身份过于熟悉,往往对语言教学中的性别问题视而不见,从而使其成为教学中的盲点。但实际上在语言学习中,学生在读写能力、语言测试、学习风格和策略等方面都体现出性别的影响,而教师的性别观也会影响其教学的手段和结果。

　　俄语教学如同其他外语教学一样,注重的是有声语言的教学,无声语言的教学往往流于形式,对于沉默这一非口头言语行为的忽视也就在所难免,这不能不说是个缺憾。一方面,现实的言语交际要求外语教师对教材中的沉默题材,尤其是对不同社会性别的沉默表现形式及其差异成因给予必要的阐释,并结合汉语中的沉默进行语用视角的对比分析,丰富学生的交际知识,以适应未来工作的交际需求。另一方面,外语教师也应注意观察学生在学习和日常生活中的沉默现象,特别是面对外语院校普遍存在男女生比例失调的学习环境,更要关注不同社会性别的沉默动向。例如,为什么有些学生对同性教师冷漠,而对异性教师亲近(这恐怕不能简单地归结为所谓"同性相斥,异性相吸")?为什么有些学生在同性面前谈笑风生,而在异性面前保持缄默?一些活泼好动的学生为什么突然间以"沉默"面对一切,在课堂上一言不发,在课后也默默无语?为什么无论男生还是女生在回答教师问题、操练写作、听力训练、文章阅读时普遍会处于沉默状态?男生与女生的沉默有什么异同?

　　面对上述问题,教师应该掌握一些社会性别语言学的基本知识,从社会性别角色的视阈思考问题,从性差心理的角度分析原因,及时与学生进行心灵上的沟通,搞清楚其"沉默"的症结所在——究竟是身体因素、情感因素、兴趣爱好、教学内容还是性别因素?在进行正确的判断之后,就可以采取相应的措施。

　　从宏观上讲,一个合格的外语教师起码应该做到两点:

　　一是在教学中树立"以人为本"的思想,注意研究男女学生在心理、生理、体能等方面的特殊性,把"因材施教"与"因性施教"结合起来,进行扬长补短的性别差异教育研究,让每个学生不受性别的约束而享有选择的自由与发展的机会,培养他们从不同的角度去分析问题、解决问题的能力,正确解读不同社会性别的沉默行为。

二是充分认识到性别因素在跨文化交际中的表现和对跨文化交际的影响,通过文化背景知识的传输,让学生了解所学语言国家的社会、历史、宗教、传统、文化、制度、女性地位等方面的情况,丰富学生的知识,促进他们对言语交际中的社会性别特点的理解,能够将沉默这一交际策略较娴熟地运用于不同社会性别之间的言语交际。(周民权,2012:33—34)

实际上,性别教育不仅涉及外语教学中的沉默问题,而且与教材内容、学生和教师的性别研究以及贯彻两性平等教育的理念密切相关,与整个教学(不仅仅是外语教学)环境相互关联。西方学者在这方面做了不少有益的尝试。例如,R. R. 哈特曼和E. L. 贾德(1978)认为,性别偏见可以通过课堂上使用的材料显现出来,如果反复使用忽略女性成就与贡献或者性别角色刻版单调的课文,则会更进一步在学校的课程中复制性别偏见。他们把社会语言学中对性别歧视的研究成果引入英语教材领域,通过对教材内容的分析和语言的分析,将教材中存在的性别偏见归结为以下4种:

(1) 对男性的描述过多;

(2) 男性所从事的职业范围更广,社会地位也较高;

(3) 为男女性别角色定型,认为他们所从事的是符合社会心理认同的活动;

(4) 降低女性地位,认为她们比男性形象更容易成为玩笑的靶子和中伤诽谤的对象。使用如此片面、偏颇的教材,不但不能促进两性平等,反而更巩固社会现存的传统社会性别定型,强化男女性别区隔,更阻碍女性的学习与发展。使用性别平等的材料可以帮助树立学生较平衡的性别意识,对性别角色发展表现出弹性态度。

西方学者在针对学生的性别差异研究方面也取得了较大成效,其中最为显著的是对男女两性学习能力和学习风格差异的研究,他们认为女性的学习风格多属依存型、综合型、审慎型、听觉型,而男生更多的为独立型、分析型、冲动型、动手操作和体验学习型,这些差异可以影响外语学习的成败。一般来说,女性比男性更常有意识地使用策略,在语言学习方面比男性表现更好。

另外,西方学者对教师的性别研究同样别具一格,他们认为,教师在择业原因上就体现出性别差异,男性教师往往回答说是因为想获得自由和独立,而女教师则是因为喜欢教师这一职业。由于老师的思想和观念会影响他们评估学生的方式,所以,探究老师对于不同性别的语言学习能力的看法就显得尤为重要。M. 萨德克和D. 萨德克(1994)的研究发现,老师趋向于认为女性是上佳的语言学习者,在语言技巧上对女生的评分比男生要高。研究显示,在教学风格上,无经验的老师会比富有经验的老师显示出更大的性别差异。这种差异会随着经验增多而逐渐消失,直到建立一种性别中立的教法。富有经验的老师无论性别如何,其教学方式和效果都更好一些。

然而,如果富有经验的老师不是中立的,即在教学中存在性别歧视,那么,这种歧视往往与老师的性别有关。因此,一个好的教师应该知道性别和教学之间的相互关系以及自己的性别观对教学可能产生的影响,从而自觉监控并调整教学风格,突破传统性别角色的限制,在教学互动过程中不断审视自己的性别意识,澄清自己对性别定型偏见与歧视的迷失,从而保证课堂教学中的性别公正。

在关注教材内容、学生和教师的性别差异的同时,许多西方学者提出了两性平等教育的理念,如 S. 克莱恩(1985)认为,两性平等教育的宗旨在于:两性平等要建立在伦理道德及人性尊严上,跳脱社会性别定型,发展个人潜能,互相尊重,消除性别偏见、歧视与冲突,在两性平等互助的原则下,共同营造两性和谐共享的社会。"两性平等教育"的推动,即是希望透过教育的历程和方法,使两性都能站在公平的立足点上发展潜能,不因生理、心理、社会及文化上的性别因素而受到限制,更期望经由教育上的两性平等,促进男女在社会上的机会均等。

为达到上述目的,E. P. 科克伦 (1996)提出 4 个建议:其一,教师必须确保在课堂上通过精心组织的练习,为学生讨论自己的感情提供明确的机会;其二,教师对通过体态语、语调和其他非言语交际手段所传递给学生的信号要有明确认识;其三,教师必须为避免自己使用带有性别歧视的语言不遗余力;其四,教师要熟悉关于性别问题和外语教学的相关文献。

应该说,西方学者对于教学中的性别教育研究视角独到,颇有见地,为我们提供了可资借鉴的参照。

笔者以为,外语教学中的社会性别问题因教师结构(外国教师较为集中,许多国内教师在国外接受过教育)、学生结构(男少女多)、教材结构(有关国外的内容居多)的特殊性而不同于其他学科的教学,所以务必高度重视,如果缺乏性别科学公允的教学态度、教材、课程设计、课堂互动、不同性别的活动时间分配以及空间设计,则不但不见其功,反蒙其蔽。如何在外语教学中创造出一个更平等的学习环境? 需要做哪些改变呢?

首先,应当在教师中普及性别意识教育,使其了解自身的性别倾向,帮助其建构性别平等观,因为教师的性别意识,决定了他们的性别敏感程度以及授课方式,直接涉及教学效果。这就要求他们打破传统社会文化的性别定型及性别偏见,重新思考两性如何定位,对整个教学过程加以反省与创新,在教学中自觉地寓性别教育于教学之中,自觉地剔除已有教材中性别歧视的内容,所补充的教材内容应有利于男女学生的平衡发展,对男女学生的教学态度、教学方法的选择上应改变行为策略,规划与制订性别平等的受教环境,提供给男女学生平等的教育资源与机会,让男女都能悦纳自身的性别,适性发展。

其次,应该采取一些切实可行的措施,包括布置一些有关性别问题的阅读材料,探究关于性别角色和语言使用的文化差异,运用文学作品、电影、电视剧等形式帮助男生和女生积极学习,灌输与建议两性平等的意识,对他们的和谐性别观建构产生潜移默化的影响,进而督促与推动外语教学中两性平等教育的进行,以使无论男生还是女生都能够在一种和谐平等的教学氛围中互相鼓励,互相帮助,愉悦掌握外语知识,提高跨文化交际的实际技能。

总而言之,沉默的社会性别语言学研究是一个颇有意义、内容丰富的研究课题,不仅事关男女两性的非口头言语使用特点以及语境、交际策略、话语风格等语用因素,而且涉及心理、生理、性别角色、身份地位、民族文化、社会习俗、思维模式、价值观念等诸多语言外因素。这些非语言因素相互交融,在言语交际中越来越凸显出重要作用,成为解读"沉默"言语意义不可或缺的条件,在研究不同社会性别的"沉默"时显得尤为必要。囿于篇幅,本节仅仅简要分析了其中的部分内容,尚不足以反映这一研究命题的全貌。社会性别沉默与其他非口头言语交际行为的相互关系以及俄汉两种社会性别语言中的沉默异同等等问题,有待于今后进一步探究。

第五节　目光语的俄汉社会性别语用对比研究

目光语(язык глаз)传情达意,表义功能极为丰富,是非言语交际中的一个重要组成部分,一直受到俄罗斯和国内语言学界的重视。

艺术大师莱昂纳多·达·芬奇说过:"眼睛是心灵的窗户。"这句至理名言历来被人们津津乐道,奉为经典,其意思是说眼睛可以表达思想感情,甚至用语言难以表达的微妙的感情,都能用眼睛表达出来。也就是说,眼睛会说话,能够体现一个人心灵,能够传递很多无声的信息,而且是发自内心的。的确,我们可以从一个人的眼神中看到他心中的所思所想所行,可以更进一步地去了解他,还可以通过眼睛与之相沟通交流。鲁迅先生说得好:"要极俭省地画一个人的特点,最好是画出他的眼睛。"可见眼睛在人的总体特征中占有多么重要的地位。

1. 俄罗斯学界的社会性别目光语对比研究

俄罗斯学者对目光语的研究非常重视,从不同视角挖掘其表现形式及含义。眼能说话,眼能传神,无怪乎人们常说"眼睛是心灵的窗户"。眼神,即目光语与言语紧密相联系,常常成为交际的重要手段。但是,由于文化差异的影响,不同的民族使用目光语的行为方式不尽相同。

　　一般来说,在面对面的言语交际时眼睛往哪看,常常能够反映出不同民族的文化特点,学者们对这些特点的详尽研究引发了"接触文化"和"非接触文化"两大文化范畴的出现。具体来说,阿拉伯、拉美及欧洲诸民族的交际属于"接触文化",即交谈时相互注视对方的眼睛,视其为尊重对方的礼貌行为,而东方诸民族大体上信奉"非接触文化",认为交谈时盯着对方看是不礼貌的。总的来说,俄汉两个民族属于不同的文化类型,因此,对在交际中眼睛的指向问题也有不同的看法。俄罗斯人认为,在交际中直视对方的眼睛,表示谈话是真诚的,而不直视对方的眼睛、看着旁边或低垂眼睛,则表示对对方不够真诚或心中有愧。而中国人交谈时不习惯于一直盯着对方,认为直视对方有点逼人太甚、不客气、不礼貌,这就是目光语的文化差异所在。

　　E. A. 泽姆斯卡娅等学者(1993:112—113)认为"在具体的言语交际中,男女两性对于优先的以及均等的角色关系的理解是不尽相同的……例如,一般情况下,女性使用直视的目光远远多于男性,她们会经常目不转睛地看着对方。究其原因,心理学家认为是女性作为孩子的教育者的社会角色使然:目光作为交际手段,用来维系母亲同不会说话的小孩之间的心理接触。"这同女性的非言语交际优先权密切相关,如果角色转换,男性在非言语交际中也用这种目光直视女性,则显得不合时宜,咄咄逼人,缺乏礼貌,给女性以受到"侵略"之感。

　　当然,俄罗斯男女两性之间的这种非言语交际手段并不一定适用于其他民族,诚如 H. И. 福尔马诺夫斯卡娅(1998:279—281)所说:"人们在交际中关注对方的眼神不是平白无故的,总是力图辨认对方的真诚程度和情感状态等……目光语极大地丰富了非言语交际领域,不言而喻,其中蕴含着鲜明的民族特点。同一文化的说话人在交际时可以互相对视,而这种情况在另外一种文化中被视为不礼貌、野蛮,特别是年少者直视年长者时。交谈时目光移向一边,一些东方民族和非洲人认为是一种礼貌,而欧洲人则视其为不真诚或拟不好意思。"其中自然包括女性或者男性对异性听话人的目光聚焦。(周民权,2010:14)

　　A. A. 阿基希娜、X. 卡诺、T. E. 阿基希娜于 1991 年合编出版的《俄语言语中的手势与面部表情. 语言国情学词典》(Жесты и мимика а русской речи. Лингвострановедческий словарь) 收录了近 30 个涉及目光语的词条,如 мерить взглядом с головы до ног кого(从头到脚打量)、брасать косой взгляд на кого、смотреть искоса на кого(斜眼看人)、не отводить взгляда от кого(目不转睛地看)、обмениваться взглядами(交换眼神)、осматривать со всех сторон кого(四面打量)、(отводить взгляд в сторону 把目光移开)、провожать взглядом кого(目送)等,其中每个词条后边不仅带有释义及例句,而且列出常见的使用场合。

　　除各种词典外,俄罗斯文学大师和普通作家对目光语的描写在其作品中俯拾皆是,主人公的喜怒哀乐跃然纸上,例如:

　　他的身子又粗又大,面孔臃肿,像枕头一样柔软;鼻子很大,是黄色的;嘴唇肥厚,总是潮湿的;黑色的眼睛无耻地向外凸出,在瞳孔的表面上假装出善良的、实际倒也不算愚蠢的微笑。

М. 高尔基《索洛维茨劳动改造营》

　　科斯佳是个年约十岁的孩子,他那沉思的、悲伤的眼光引起我的好奇心。他的脸庞不大,瘦削而有麻雀,下巴尖尖的,像松鼠一样;嘴唇不大看得出,然而那双乌黑的、水汪汪的大眼睛给人以异样的印象;这双眼睛似乎想表达什么意思,可是语言(至少他的语言)却表达不出。

А. И. 屠格涅夫《白净草原》

　　微笑像小火星一样,在她美丽的脸上,雾般的眼中闪光。

М. 高尔基《马特维克日米亚金的一生》

　　在那张脸上,特别是由惨败无光的脸色衬托着,她的眼睛显得很黑,很亮,稍稍有点浮肿,可是非常有生气,其中一只眼睛略微带点斜睨的眼神。

列夫·托尔斯泰《复活》

　　与作家不同的是,语言学家是从社会心理学、社会语言学、语用学或者社会性别语言学的视角去研究目光语的,探索各种眼神所表达的不同意义。Г. Е. 克列依德林在其专著《非口头符号学》中辟出整整一章(2004:374—411)论及目光语,引用 19 世纪美国哲学家拉尔夫·瓦尔多·爱默生所著《人及其行为》一书中的下述话语作为开场白:"当眼神表示一层意思,而语言表示另一层意思时,有经验的人大都寄希望于前者……眼神能够与语言表达并传递同样的信息,但目光语有一个无可争辩的优势:不需要词典,因为它对于所有人来说都是明了易懂的。"他接着从生理学、心理学、社会语言学、语用学、社会性别语言学等视角全面分析其表现形式及内在含义。例如,他结合欧美学者的相关观点,总结出俄罗斯和欧洲其他国家以及北美文化中的目光语社会性别差异,其表现形式体现在 3 个方面:

　　一是男性投向女性的目光数量和频率会随着男女之间相互距离的贴近而增长,而女性的情况正好相反;

　　二是女性之间在交谈时,其目光接触次数多于男性之间交谈时的目光接触,这种情况体现于说和听两种行为;

　　三是在男女两性相互接触的情况下,女性注视男性的时间长于男性注视女性,哪怕她不喜欢他。

　　一般来说,女性注视其他人的情况多于男性,较之于男性,更注重维系规范的目光接触。究其原因,在于女性比男性更感性,她们在潜意识里力图使交谈气氛保持"热烈",寻求来自男性的关注与同情,有意或无意间期望得到他的赞赏以及对她的行为的认可,这从总体上反映出女性在社会中的从属地位。心理学研究表明,在言语交际中,当一方希望得到另一方的赞赏时,他会延长同对方目光接触的时间。Г.Е.克列依德林(2004:394—396)还根据实验室对眼睛行为的实验结果,归纳出目光语的 8 个社会性别特点:

(1) 女性更多地注视她所喜欢的人;

(2) 男性尽管平时不多看他喜欢的人,但也少看他最不喜欢的人;

(3) 男性最喜欢看"冷冰冰的"男性采访记者,即那些说话少、很少看他们以及笑容少的人,这一点在实验中得以充分验证,与之进行反向验证的还包括采访记者本人对采访对象的极度热情态度;

(4) 在友好的会面中,女性更喜欢看其他女性,而男性更喜欢看其他男性则发生在不友好的接触和对话场合。显而易见,男性在同不认识的男性进行交际时,从一开始就为争得交际主动权而斗争,自己发出挑战,并接受来自对方的挑战。这种情况近似于第一次(有时不止是第一次)见面的场景,男士们相互握手时会使劲用力,力图"战胜"对方。不仅如此,在争夺交际优先权的斗争中,男性还会摆出一些侵略性姿势,如挺直身板和身体保持紧张状态、双腿大大(大于平时)叉开以及紧握双拳等;

(5) 在同陌生女性进行交际的场合,男性通常认为那些多看他们的女性更具吸引力,而女性则恰恰相反,认为那些目不转睛看她们的陌生男性举止粗鲁,缺乏吸引力。俄语中的眼睛行为定型表明,相互之间素不相识的男性,尤其是女性,应该在目光语的使用上格外谨慎小心。例如,看对方时,不应时间过长,不应死乞白赖,以便不给他或者她留有亲近的机会,因为男性和女性初次见面时都在捕捉的这种目光通常被解释为邀请对方见面并确定性爱接触;

(6) 想从对方那里了解或者获取某种信息的女性,一般不管对方是男性还是女性,都会看着对方,努力捕捉其目光,与那些对对方一无所求的女性相比,更喜欢说话,而男性在这种场合的所作所为正好相反;

(7) 初次见面就相互喜欢的异性,其目光相互接触远远多于相互不喜欢或者互不在意的异性;

(8) 相互之间友好相处的异性在倾听对方说话时目光接触次数多,而相互之间不友好相处的异性在对话交流时目光接触次数多,且对话内容通常带有负面性质。

俄罗斯学者对目光语所作的社会性别研究在俄语语言文字上时有体现,如女性看男性的典型目光通常为 хлопать глазами(贬巴眼睛)、стрелять глазами(飞媚眼)、поводить глазами(动一动眼睛)等,而男性看女性的目光通常为 глазеть на нее(好奇地看着她)、впериться в нее глазами(凝视着她)、сверлить ee глазам(死盯着她)，пожирать ee(贪恋地看着她)等。有趣的是，俄罗斯社会不大谴责男性的这些目光行为，如同谅解女性的"贬巴眼睛"行为。但是，俄罗斯社会文化不能接受男性的矫揉造作的目光，视其为负面行为，也不认同女性"贪恋地看着他"以及过于放肆地用眼神吸引男性的行为。

2. 国内汉语学界的社会性别目光语对比研究

国内学界对目光语的研究时有所见。杨晓黎在《宏观语言学》(1992)一书中阐述了他的调研结果，认为中国人的面部表情占非言语行为的 48.8%，其中眼与眉的行为最为丰富。他所收集的汉语成语中，关于眼与眉的行为约占六分之一，如目瞪口呆、暗送秋波、愁眉苦脸、愁眉紧锁、挤眉弄眼、吹眉瞪眼、扬眉吐气、眉飞色舞、眉头一皱计上心来、横眉立目、横眉冷对、柳眉倒竖等，从不同视角刻画出目光语的外在表现形式与内在特点。除成语之外，文学作品中对男性和女性眼睛的描写比比皆是，仅举几例：

老头子浑身没有多少肉，干瘦得像老了的鱼鹰。可是那晒得干黑的脸，短短的花白胡子却特别精神，那一对深陷的眼睛却特别亮。很少见到这样尖利的眼睛，除非是在白洋淀上。

孙犁《荷花淀》

他是个非常英武的军人。从形体到面容，都够得上标准的仪仗队员。因为缺乏睡眠的缘故，此时他那拧着两股英俊之气得剑眉下，一双明眸里布满了血丝，流露出不尽的忧伤和悲凉。

李存葆《高山下的花环》

她疏眉细眼，故意眯缝着眼瞧我；小鼻子微微翘着，薄薄的两片小嘴唇因忍俊不禁而闲着，两个小酒窝。

浩然《红枣林》

她分明看出了我的心思，长而黑的睫毛包围着的大眼睛潮湿了，透过水汪汪的目光，我看到同情、关切、忧虑和焦急。

从维熙《泥泞》

不言而喻，眼睛作为洞察人类心智的窗口，它能显示人类最明显、最准确的交际信号，人的喜怒哀乐都能从眼神中显示出来，于是文学家的笔下常常出现温柔的目光、炽热的目光、愤怒的眼光、冷酷的眼光、锐利的眼光等等。在和睦的人际交往中，双方目光相接的时间累计起来约占整个谈话时间的 50—70% 为最佳，这样才容易得到对方的信赖和喜欢。

一般情况下，女性在谈论任何话题时注视对方的时间都比男性长。眼睛的传神常常体现于瞳孔的变化。瞳孔是根据人的情感、态度、情绪来发生各种变

化的,情绪或态度消极时,瞳孔就会缩小,恐慌或兴奋时,瞳孔就会扩大,这时的
瞳孔是原来瞳孔正常大小的 4 倍多。在生活中,当一个女性遇到她喜爱或者欣
赏的男性时,她的瞳孔就会自然放大;相反,当她遇上一个令人生厌的男性时,
她的瞳孔就会不自然地缩小。

在社交场合,男女两性的视线顺序是不同的,女性看男性的视线顺序是:
脸、发型、上衣、领带、衬衫、鞋子、腹部、皮带、手表、前面半个身体;男性看女性
的视线顺序是:脸、发型、胸部、服装、腿、腰部、臀部、拎包之类的小饰物、鞋子、
背部。从中不难看出,女性比较注重男性的衣饰,男性则比较注重观察女性的
体型。如果男性对某个女性有倾慕之意,目光在她的脸上停留太久,会弄得对
方很不愉快。如果她大胆迎视,就等于做出了爱的默许。女友对你是否有好
感,可以通过她的眼睛看出来。

据研究,人类在一对一交谈时,把视线投向对方脸上的时间大约占全部交
谈时间的 30—60%。如果超过了这个平均值,她几乎一秒不停地看着你,他不
是对你的谈话内容感兴趣,就是对你产生了兴趣,异性间的直视是受到吸引的
信号,女性又害怕对方知道自己在偷看他,于是采用快速扫描的方式。当女性
对你的感情升华到准备以身相许的地步时,她便丢开羞怯和警戒心,或睁大眼
睛凝视着你,或故意去和别的男人大声说笑表示亲近,以引起你对她的注意。
和你一起外出,她总喜欢坐在你的身边,还会无意识地模仿你的动作和姿势;同
行时总喜欢走在你的右边;交谈时她倾斜着颈部;你到她家中拜访,她会拿出儿
时的照片给你看,或在交谈中频频地摸自己的耳垂或耳环,这些都是暗送秋波
的表现。(孙汝建,1998:111—115)

事实上,在人的五官中,眼睛能够表达更多的“无声的”语言,它传达出一个
人的喜怒哀乐;不用说话,看着眼睛,就知道他想说什么。当然不能确知要说的
词句,但是确知说话的倾向性和感情。甚至可以说,眼睛所传达的感情有时比
有声语言还深刻,能传达超过有声语言所能传达的感情。俗话常说,“眉目传
情”,这就是说,不止眼睛,连眉毛也有语感的。中国讲绘画时往往说“画龙点
睛”,画人也好,画“龙”也好,最后要把眼睛的瞳孔恰如其分地“点”上去,点得
好,这人或龙就生气盎然;点得不好,就死板板的。

眼睛是神采的表现,神采是物质的,同时又是精神的。例如,听一个人演
讲,可以有两种情况,一种是看见演讲者(如通常在礼堂中听演讲一样),一种是
看不见演讲者(比如听录音)。在看得见演讲者的场合,分音节的有声语言传到
你的听觉器官,与此同时,这个人的“动姿”和“静姿”都通过你的眼睛传入大脑。
这些“无声的语言”起着加深有声语言的语义和语感的作用,听讲者所获得的信
息,其清晰度和精确度,远比只听录音要高得多。这就是为什么电视比广播有
效得多。学外国语只通过听录音带和同时还看教员的表情这两种场合的效果

是有区别的,当然不能因此而反对现代化的语言实验室的教学方法——至少在听力的训练上是有效的。(陈原,2000:187—188)

据神经生理学研究,人的大脑左半球接受语言和逻辑信号,右半球接受非语言即形象信号。如果是这样的话,只听录音就意味着仅仅让大脑左半球工作;视和听同时并用,则大脑两个半球都在工作,也许因此所获的效果会更深刻些。这是语言教育学所着重要解决的课题。

在传递细微的情感方面,目光语起到其他言语行为和非口头交际行为所起不到的作用。目光语的规则颇多,也大多因文化而异,一般来讲,大家都应该遵循"不要盯着人看"的规矩,不然会冒犯别人的隐私,犯了"贪看"的毛病。人们一般都遵循看一眼就把目光移开,不然会引火烧身。但是,由于文化差异的存在,目光语的使用十分复杂而又敏感:如何目视别人?别人如何目视我们?这些都会因文化而异。美国文化要求人们直视别人的眼睛,这是为人诚实的标志,而视中国人那种不直视对方的谦恭行为为蔑视、冷漠、恐惧、心不在焉、内疚、不诚实、虚伪等,将其理解为"我把你排除在外"。贾玉新(2002:463—464)指出,即便是同一文化的美国黑人和白人,他们在交际时大都避免目光接触,特别是黑人面对地位较高的白人时。在美国黑人文化中,直视对方的眼睛被当作一种敌视的行为,因此,在孩提时代起,他们就养成不直视对方的习惯。可见人种的差异有时也会影响到目光语的使用,超越文化差异。

笔者以为,盯视一般是任何人都不喜欢的行为。从心理学的角度分析,盯视乃是人们对待动物和非生物的行为,带有一定的侵略性,如狗特别不喜欢人直视它,一旦与人发生目光接触,它就会感到恐惧,要么逃之夭夭,要么向人发起进攻。美国人认为直视对方是一种礼貌的行为,这种文化现象可能与他们长期以来高高在上的民族心理不无关系,而中国人认为那种频繁的目光接触是不礼貌、甚至带有侵犯性的行为,不能说与东方人讲求礼节的自谦式心理特征无关,在男女之间交往时表现尤甚。例如,中国青年女性对于西方国家男性的盯视就极为反感,视之为"色迷迷",对来自同胞男性的咄咄目光亦是如此看法。

一般来说,中国女性不喜欢被别人盯视,自己也不愿意直视交谈的对方,习惯于目光下垂,男性在长者和上级面前也有这种表现。这是一种谦虚、遵从或恭敬的态度,是礼貌的表现,中国的一句"低眉顺眼"就正体现了这种评价标准。而俄罗斯人往往因为中国人在交谈时没有看着他们的眼睛而感到对方言不由衷,或没有坦诚相见,或十分拘谨,如我们经常听到俄罗斯老师在上课时说:"Почему вы опускаете глаза? Я не могу узнать, понятно или непонятно вам.(您为什么低垂着眼?我无法知道您到底懂了还是没懂。)"可见,在俄罗斯人看来,说话时不看眼睛/看着一边/看着窗户/避免直视/低垂双眼(разговаривая, он смотрел не в глаза / смотрел в сторону / смотрел в окно / избегал смотреть в глаза / опустил глаза)等都表示行为主体怕羞、不真诚、不诚实。相比之下,中国人则因为俄罗斯人的盯视而感到对方咄咄逼人,很不客气,很不礼貌。

由此不难看出,我们在交际中不要用本族的身势语代替俄罗斯的身势语,否则,不仅会导致误解、歧义,而且会闹出笑话,甚至造成十分尴尬和不愉快的局面,致使信息中断或文化"休克"。实际上,无论中国人或是俄罗斯人,在同性之间交往时,彼此喜欢或者熟悉的男性或者女性可能会有较长时间的目光交流,尤其是女性之间,但时间过长总会令人不自在,大多数人在强烈的眼神凝视下会变得紧张不安,感到很不舒服。总盯着别人看通常使人反感,令人觉得受到了侵犯或挑衅,绝不会给人留下真诚的印象。(史崇文,2007:45—46)

据研究,在谈话中,如果对方与你的目光相接的时间超过三分之二,就有可能产生两种情况,一是对方对你产生了敌对情绪,或是在对你施加无声的压力以抑制你的谈话,这时他的瞳孔是缩小的;二是对方对你产生了兴趣,或者对你产生爱意,这时他的瞳孔是扩大着的。但在一般社交场合,孙汝建认为人们常常是用"非人"的态度来处理盯视的,如美术学院的学生盯视裸体模特儿,因为模特儿是被当作"非人",即作为艺术品来欣赏。我们对演员、风景、雕塑等都是用"非人"的眼光来盯视的。在电梯上,如果你老是盯视他人,会出现不协调的气氛。(孙汝建,1998:114)由此可见,眼神的运用在社交中是大有讲究的,如果能够熟练自如地运用各种"眼技",对人际交往一定会有益无损,对于男女两性之间的交际尤为重要。

参 考 文 献

[1] Cochran,E. P. Gender and the ESL classroom[J]. TESOL Quartetly,1996 (30).

[2] Hatlman,P. L. Judd, E. L. Sexism and TESL materials[J]. TESOL Quartetly,1978 (12).

[3] K1ein,S. Har book for Achievement Sex Equity through Education[M]. Baltimore, MD; The ohns Hopkims University Press,1985.

[4] Sadker,M. , Sadker, D. Failing at Faimess: How America′, Schools Cheat Girls [M]. New York: Touchstone,1994.

[5] Акишина А. А. и др. Жесты и мимика в русской речи. Лингвострановедческий словарь [Z]. М. , URSS, 1991.

[6] Арутюнова Н. Д. Молчание и чувство[А]. // Логический анализ языка. Язык речевых действий[С]. М. , Наука, 1994: 178—183.

[7] Байбурин А. К. Некоторые вопросы этнографического изучения поведения [А]. // Этнические стереотипы поведения[С]. Л. , ЛГУ, 1985: 7—21.

[8] Вежбицкая А. Язык. Культура. Познание[М]. М. , Наука, 1996.

[9] Горелов И. Н. Невербальные компоненты коммуникации[М]. М. , URSS, 2006.

[10] Денисова А. А. Словарь гендерных терминов[Z]. М. , Информация - XXI век, 2002.

［11］Земская Е. А. и др. Русский язык в его функционировании. Коммуникативно-прагматический аспект［M］. М. ，Наука，1993.

［12］Иссерс О. И. Коммуникативные стратегии и тактики русской речи［M］. М. ，УРСС，2003.

［13］Кирилина А. В. Женский голос в русской паремиологии［J］. Женщина в российском обществе，1997（3）：23—26.

［14］Кирилина А. В. Гендерные аспекты языка и коммуникация［D］. М. ，МГЛУ，2000.

［15］Кирилина А. В. Гендер и язык［M］. М. ，Языки славянской культуры，2005.

［16］Колшанский Г. В. Паралингвистика［M］. М. ，URSS，2007.

［17］Корнилова Н. Б. Молчание в культурной коммуникации：гендерный аспект［A］. // Гендер：язык，культура，коммуникация［C］. М. ，Рудомино，2002：215—216.

［18］Красильникова Е. В. ，Капанадзе Л. А. Русская разговорная речь. Фонетика. Морфология. Лексика. Жест［M］. М. ，URSS，1983.

［19］Крейдлин Г. Е. Голос，голосовые признаки и оценки речи［A］. // Логический анализ языка. Язык речевых действий［C］. М. ，Наука，1994：141—153.

［20］Крейдлин Г. Е. Невербальная семиотика［M］. М. ，Новое литературное обозрение，2004.

［21］Крейдлин Г. Е. Мужчины и женщины в невербальной коммуникации［M］. М. ，Языки славянской культуры，2005.

［22］Мальковская И. А. Знак коммуникации［M］. М. ，УРСС，2004.

［23］Матурана У. Биология познания［A］. // Язык и интеллект［C］. Сб. Статей /Под ред. В.В. Петрова. М. ，ИКАР，1996.

［24］Морозов В. П. Тайны вокальной ручи［M］. Л. ，Языки славянской культуры，1967.

［25］Пиз А. Яык телодвижений［M］. Санкт-Петербург，Издательский дом Гутенберг，2000.

［26］Рябов О. В. "Женственность" и "мужественность" как категории русской историософии ［A］. //Женщина в российском обществе［C］. М. ，Рудомино，1996：29—48.

［27］Стернин И. А. Общение с мужчинами и женщинами［M］. Воронеж，Наука，2002.

［28］Сучкова Г. М. Прагматика межличностного взаимодействия［M］. СПб. ，Филологический факультет СПбГУ，2005.

［29］Уфимцева Н. В. Русские：опыт еще одного самопознания［A］. // Этнокультурная специфика языко-вого сознания［C］. М. ，1996.

［30］Формановская Н. И. Коммуникативно-прагматические аспекты единиц общения［M］. М. ，ИКАР，1998.

［31］Чжоу Миньцюань. Исследования гендерных стереотипов в русском языке［J］. М. ，Вопросы филологических наук，2011，№ 2，с. 18—20

［32］Щепанская Т. Б. Женщина，группа，символ（на материале молодежной субкультуры）［A］. // Этнические стереотипы мужского и женского поведения［C］. СПб，LO. GOS，1991：17—29.

［33］白岩松，白岩松笑谈超女［J/OL］，（2005—10—11），http：// www. cri. cn.

［34］陈原，社会语言学［M］，北京：商务印书馆，2000.

[35] 毕继万,跨文化非语言交际[M],北京:外语教学与研究出版社,1999.

[36] 桂诗春,心理语言学[M],上海:上海外语教育出版社,1985.

[37] 贾玉新,跨文化交际学[M],上海:上海外语教育出版社,2002.

[38] 吕鸿礼,俄语中的性别语言变体及其成因探微[J],解放军外国语学院学报,2004(5):
　　 26—29.

[39] 陆学进,说话的艺术[M],上海:上海人民出版社,2001.

[40] 宁琦,交际配价对俄语对话语篇结构的作用[J],外语学刊:2010(5):84—88.

[41] 史崇文,跨文化交际中的性别差异[D],吉林大学硕士论文,CNKI,2007.

[42] 宋海燕,性别原型及其在两性言语交际能力中的反映[J],外国语,1998(2):58—63.

[43] 孙汝建,性别与语言[M],南京:江苏教育出版社,1998.

[44] 王烈琴,21世纪国际性别语言研究的发展趋势[J],西安外国语大学学报,2009(3):
　　 48—52.

[45] 吴军,现代语言学视角下的俄语成语学[M],北京:首都师范大学出版社,2006.

[46] 姚芬芳,女性涉外秘书的语用特征[J],湖南第一师范学报,2009(2):104—117.

[47] 杨平,"沉默"的语用功能和文化内涵[J],山东外语教学1996(2):78—81.

[48] 郑远汉,言语风格学[M],武汉:湖北教育出版社,1998.

[49] 赵蓉晖,语言与性别——口语的社会语言学研究[M],上海:上海外语教育出版
　　 社,2003.

[50] 周民权,言语交际过程的监控手段论略[J],外语学刊,2005(5):22—27.

[51] 周民权,20世纪俄语语用学研究[J],解放军外国语学院学报,2009(2):23—28.

[52] 周民权,沉默:社会性别语言学研究之一隅[J],解放军外国语学院学报,2012(4):29—
　　 34.

第九章　社会性别语言研究中存在的问题及前景展望

第一节　国内外学界提出的问题及前瞻性研究

关于社会性别语言的研究前景,俄罗斯和国内学者在上述对比研究的基础上,对尚未解决以及面临的问题进行综述,并对该课题研究的发展走势进行前瞻性的预测,提出了许多颇有见地的见解。

1. 俄罗斯及国内俄语学者提出的问题及研究前景

俄罗斯学者对社会性别语言学的未来研究前景做了种种论述,其中不乏真知灼见。例如:

O. B. 里亚博夫(2002:37)认为,今后的社会性别研究应该注重跨文化视角的对比分析,重点解决以下几个问题:社会性别对话和跨文化对话之间相互影响的实质、原因和机制何在? 文化特点对其形象的社会性别参数会产生什么样的影响? 怎么将男性和女性概念的各种细微意义差异融入跨文化关系的阐释? 文化对话的形象"社会性别化"怎样影响着生物性别之间的社会关系? 对跨文化交际的社会性别方面进行社会—哲学研究具有哪些可能的前景?

И. A. 古谢伊诺娃(2002:57)认为,处于发展阶段的社会性别语言研究是今后俄罗斯人文学科的新方向,社会性别处于跨学科,其中包括跨语言学科研究的中心,其内容只能通过分析语言结构才能展现出来,这就意味着,社会性别关系以受制于文化的定型形式被记载在语言中,为言语行为和个人行为以及个人的语言社会化打上了烙印。因此社会性别定型现象的研究获得特殊的意义,是今后需要研究的重点命题之一。

O. Л. 卡缅斯卡娅(2002:13)的观点与之大同小异,认为从当代语言学的学科研究、各个学科的对接研究、跨学科研究等三个研究方向来看,学科研究采用体系内的研究方法,解决学科在历史发展进程中出现的具体问题,各个学科的对接研究则采用其他学科的研究方法,但每个学科都保留着一致性,而跨学科研究则达到了各个互动学科一体化的最高程度,构建起研究这些学科的共同特点的专门机制。从学科研究转入跨学科研究理论上是可行的,但必须经历各个学科的对接研究阶段。对于社会性别语言研究来说,学科本身研究的意义已经不大,今后的主要关注点应该放在该学科与其他学科的对接研究以及跨学科研究方面。

А. В. 基里利娜作为俄罗斯语言学界研究社会性别语言学的领军人物,对该学科今后的研究方向及发展前景提出了许多独特的见解。例如,她在 А. А. 杰尼索娃主编的《社会性别术语词典》中撰写了"社会性别语言学"这一词条,明确指出,借助于分析语言结构,可以从几个相互关联的方向对社会性别语言展开研究,其中包括社会语言学、心理语言学、相似性鉴定(研究作者的笔头和口头话语,旨在确定个性参数,其中包括生物性别参数)、语言文化学、跨文化研究、女性主义语言批评、男性化研究(这是最新的研究视角)、同性恋的言语实践研究以及语用学等。从社会性别视角可以研究更为宽泛的问题,重新审视熟悉的生物性别现象。如果生物性别对于一系列具有性别意义的词汇单位的分析至关重要,那么,语言学中的社会性别研究则包括了更为广泛的问题范围,研究男性和女性相似性的所有语言构建方式,在这种情况下,社会性别被视为一种惯常实质,以此体现出它与生物性别范畴的主要区别。因此,今后的研究不应该仅仅停留在具有生物性别意义的那些语言单位上,必须研究大量的更为宽泛的语言现象。(Денисова,2002:138—140)

А. В. 基里利娜(2000:125—127)在其专著《语言和交际的社会性别视角》中还谈到,社会性别的跨学科研究并不意味着摒弃语言学方法,不会降低对于实证、原因以及结果效能的要求。旨在降低语言中男性主义影响的社会性别中立规范所构建的语言政策问题悬而未决,尚停留在宣传阶段,缺少必要的科学基础。这一问题的解决不仅取决于个人理解,而且与男女平等思想的发展程度密切相关。考虑到俄罗斯的男女平等对话蓄势待发,可以预测,语言的改革问题将会得到更为热烈的讨论。这就要求语言学家关注社会性别视角的俄语表达手段的分析,以便为今后必不可少的研讨建立论证翔实的科学基础。

李明宇(2009:33)总结分析了俄罗斯学界的社会性别语言研究,其中 3 个研究方向对于我们今后的研究也许有所启迪,即:

(1) 从社会心理语言学出发,大量研究俄语性别语言中的语言意识。在心理语言学方面,在研究语言和生物性别时,产生了是自然还是社会因素占主导的争论,许多心理语言学家承认大脑功能不对称的说法,这一说法实际上承认由于男女大脑半球功能不同从而导致了语言的不对称,如俄罗斯学者 Е. И. 戈罗什科在一系列科学分析的基础上(运用了模拟观察方法,进行了自由联想实验),发现男性更为经常地使用名词、形容词和副词,而女性偏爱使用动词和语气词,这证明了影响男女口语差异的不仅有生物性别的因素,还有年龄、受教育

的水平和被实验者的社会积极性等其他因素,其中从事脑力劳动、接受过高等教育的人所表现出来的语言性别差异最小;

　　(2)从语言文化方向研究标准俄语中的女性主义和男性主义的不同特点,以及研究笑话、成语、神话和童话中所蕴含的、由社会性别所导致产生的隐喻,如俄罗斯学者 B. H. 捷利娅通过分析,发现有一些俄罗斯成语虽然从内在形式上看是指女性的,可事实上却能指代所有人并表示否定意义,如 старая перечница,старый пердун 既可以表示女性撒泼,也可以表示男性的刁钻。因此,她认为"针对女性的否定指称更多"的说法是有争议的;

　　(3)从交际-会话的角度研究个体在不同的语体和言语交际中所体现的性别语言构成,如广告和政治语体中的男女语言的研究:俄语广告表明,尽管人们在尽量使性别的因素中立化,但在现代广告语体中,不仅是人物形象的构造甚至是广告宣传的本身也与传统上对男性和女性社会角色的认定相符合。

　　赵蓉晖(2002:20—27)的总结分析与上述情况大同小异,认为俄罗斯学界历来重视理论建设的学术传统也使语言与性别方向的研究在基础理论的探讨中结合较多的哲学因素,在基本概念和理论范式的确立上投入较多的精力。因此,俄语学界的语言与性别研究在理论的系统性和完整性方面已经超过了汉语,同英、德等语言相比也有不少过人之处。对俄语而言,与性别有关的语言和言语现象的讨论将极大地推动语言教学、跨文化交际、语言与文化、语言与社会等方面研究的发展,进一步丰富俄语语言学的内容。笔者认为,俄罗斯学界的上述研究方向和成果值得我国俄语学界同仁今后认真关注和借鉴,力争在相关命题的俄汉对比研究方面有所突破。

2. 国内汉英语学者提出的问题及前瞻性研究

　　史耕山等(2006:26)认为,国内语言性别差异研究在 30 年中经历了一个从宏观到微观、从静态到动态、从现象罗列到理论升华、从理论引进到具体应用的发展过程。通过对现有的研究成果分析,可以发现该领域有以下发展趋势:

　　其一,研究方法不断得到丰富,逐渐形成优势互补。社会性别差异的形成机制非常复杂,宏观上受种族、地域、社会结构、文化传统等因素的影响,微观上又受心理、职业、交际角色关系、教育程度等因素的制约,还包括语言习得、语言认知和副语言研究等因素的影响,因此单靠一种方法很难全方位地反映问题的实质。因而多种研究方法、研究理论的有机结合,则可相互补充,相互完善,相互印证,如孙汝建(1998)在其专著《性别与语言》中运用社会心理语言学理论,白解红(2000)则在其专著《性别语言文化与语用研究》中运用了语用学的合作原则、礼貌原则、面子理论及功能语言学的人际功能理论进行性别互动分析,从而丰富了语言性别差异的研究方法；

其二，新的研究思路初见端倪。近年来的国内语言性别差异研究者已经开始挑战传统的观点，提出新的研究思路，如孔庆成的《语言中的"性别歧视"两面观—兼议语义贬低规律和语言的从属性》（《外国语》1993 年第 5 期）在承认语言中存在贬低女性因素的同时，也指出语言中确实存在着贬低男性因素，进而讨论了语义贬低规律和语言的从属性。武继红的《试析"行为集团"在性别语言研究中的应用》（《外语教学》2001 年第 2 期）针对传统的社会语言学理论在分析性别变体时常常表现出的过度概括倾向，提出以行为集团为语言分析单位对性别变体的形成进行研究。于国栋、吴亚欣的《语言和性别：差异与共性并重》（《外语教学》2002 年第 2 期）则明确指出单纯关注差异所造成的弊端，强调在研究语言性别差异这个课题时，不仅要关心男性和女性在语言方面所存在的差异，而且还应该关注男性和女性在语言方面所表现出来的共性。肖建安、肖志钦的《论英汉性别标记言语的象似性》（《外语教学》2003 年第 3 期）运用认知语言学理论探讨性别言语象似性规律，旨在揭示性别标记言语的社会根源。史耕山的《论性别话语风格的相对性———一种情景研究模式》（《外语教学》2004 年第 5 期》)注重研究性别互动的微观因素；

其三，在重视英语语料研究的同时，对汉语语料的本土化研究不断加强。国内汉语界和外语界学者对于语言学的最终落脚点是在国内搞本土化研究这一问题已经达成共识，为此做了不少有益的尝试，如魏耀章的《恭维语的性别差异研究》《西安外国语学院学报》2001 年第 1 期）对汉语称赞语的性别差异调查、宴小萍的《国家机关工作人员称呼语使用的调查》（《语言教学与研究》2002 年第 4 期）的汉语称呼语性别差异研究、杨永林的《中学学生汉语色彩语码认知模式研究》（清华大学出版社，2002）与《社会语言学问题研究 功能·称谓·性别篇》（上海外语教育出版社，2003）对性别与汉语色彩语码之间的相关性研究、史耕山的《汉语称赞语的性别研究》（北京师范大学博士论文，2005）对汉语称赞语中的性别互动研究等，都可以看作是这方面的成功范例。

王烈琴（2005：24—25）认为语言与社会性别的未来研究方向包括以下几点：1）优势与差异在解释性别言语差异问题时必须考虑进去；2）对男女交际模式的研究仍处于不成熟时期，只是基于很小一部分数据，因此需要做大量的实证研究，才可能自信地得出结论：某种交际模式是典型的男性交际模式，而某种模式是典型的女性交际模式；3）到目前为止，对性别言语交际的研究基本上集中在英美中产阶级的白人当中，研究的范围需要扩大；4）应把同性之间的交际特点与异性之间的交际特点区别对待，将异性之间女性的交际风格与女性之间的交际风格混为一谈是不恰当的；5）性别因素并不是所有场合的言语交际中的一个典型的变量，有许多其他因素如文化、参与的活动、场合、相互关系等都可能在言语交际中产生影响。

王烈琴经过几年的探索之后,在另一篇文章(2009:51)中提出了21世纪国际性别语言研究将呈现的两大发展趋势:一是研究视角、方法和理论的多样化趋势,二是中国汉语语料的本土化研究将进一步加强。

施栋琴(2007:40—41)认为,从社会语言学视角研究性别语言取得了丰硕成果,但也存在着过于看重差异、忽视多种因素、解释简单化等3个方面的问题,今后应该以社会建构的眼光来看待性别这个范畴,因为性别是个动态的范畴,是人们在不同的实践活动中不断构建的事物,而语言则是构建性别的重要方面,因此,研究个人在具体社会活动中的话语,便可了解他们构建性别身份的方式。从应用的角度而言,对具体文化、具体语言社团中不同性别的语言使用进行研究,所得结果可指导人们的职业选择、职业培训、广告设计、二语教学等活动,其实践指导意义也不容忽视。

曹贤文在提交给第四届全国语言文字应用学术研讨会(2005年12月在四川成都召开)的论文《语言与性别研究的新进展:从性别本质主义理论到社会建构主义理论》中也阐述了类似观点,认为国内目前的相关研究基本属于性别本质主义的范式。由于性别本质主义存在先天的理论缺陷,主张男女性别二元对立的理论观点,结果必然是加大两性间的鸿沟,这也有悖于女性研究的当代思潮。因此,我国的语言与性别研究要想取得进一步的成就,需要在研究范式上进行转型,由性别本质主义转向性别的社会建构主义,也就是由性别作为语言的二元对立变量研究转向性别在话语中的动态建构研究。这既是学术思想发展的必然要求,也是将来女性研究在我国兴起的一个必不可少的环节和重要组成部分。

张新凤(2007:76)对国内社会性别语言研究状况进行了分析,认为尽管成果不少,但今后在以下4个方面仍然值得进一步探讨:

第一,是否应尽快建立一种全面公正的理论框架来解释语言中的性别差异,语言学家提出的"男性统治观""文化差异观"即"社会结构观"是否合理可靠?

第二,对语言性别歧视如何做一个正确的评价才不至于走极端?语言中的性别歧视是与社会上对女性的歧视相伴而生的,虽是一种普遍现象,但不是所有的语言中或某一具体语言的所有领域中都存在性别歧视,应当承认语言性别差异的程度具有相对性,男女语言的特点因人、因地、因时而异;

第三,对性别语言研究,如何既关注"女性语言",又关注"男性语言特征"?找寻产生两者差异及特征的原因时,研究者不应持个人性别的偏见去进行研究。如何把性别放在具体的语境中进行动态的全方位研究,以求全面、公正、客观地解释语言与性别的关系?

第四,性别语言的研究如何与其他学科相结合,形成跨学科、跨层次的综合研究?

李经伟(2001:14)也持类似观点,认为在今后的研究中应该避免两种倾向,即:既不能不承认语言与性别差异的存在,又不能夸大这种差异;既不能把复杂的问题简单化,又不能把个别现象扩大化、普遍化。性别因素不是影响语言变异的唯一因素,语言变异是性别因素和其他许多因素共同作用的结果,涉及社会、文化、民族、地域、人的生理和心理等许多方面,与其相关的还有社会地位、角色关系、语言态度、职业性质、受教育程度、社会交往方式、活动范围等诸多因素。因此,在今后的研究中不能过分强调一个方面的因素,而忽略其他方面因素的影响,同时应该注意该研究依据的是哪种理论,采用的是何种研究方法,收集的是什么样的语料,考虑了哪些有可能影响语言使用的因素,以及是在何种语境条件下进行的等等,尽可能把所有因素都考虑进去,采取多层面、多视角的综合分析方法,依据真实可信的语料,对语言与性别差异作出科学、准确、客观的解释。

可以看出,国内外学者在以下问题上基本达到了共识:(1)建立一个完善的理论框架,将所有的语言性别歧视和言语性别差异现象纳入其中,加以阐述;(2)完善对语言性别歧视和言语性别差异的调查手段,使相互矛盾的观点通过充分的调查论证逐步统一起来;(3)对语言性别歧视和言语性别差异的范围和程度要有一个合适的评价,不能走极端,不能认为在所有的语言里,或某一具体语言的所有领域内都有性别歧视,性别歧视具有一定的区域性和时间性。言语性别差异的程度具有相对性,男女的言语特点往往因人而异,因时而异,因环境而异;(4)在修订有关语言政策、提出和贯彻实施消除语言性别歧视的方案过程中,要充分考虑社会效果,要充分认识到,任何一种语言都有约定俗成的特点。(白解红,2001:212—213)这些基本看法的形成并得到大多数学者的认可,无疑会进一步促进社会性别语言的深入研究。

第二节　社会性别语言研究的未来发展趋势

纵观以上中俄学者关于社会性别语言研究前景的论述,可以看出,社会性别语言研究的发展经历了由外向内、由浅入深、由表及里、再向周围扩展的过程,即"散乱—集中—系统—深化"四个阶段,从最初的性别歧视现象研究逐步转化成为一门既研究男女两性在语言方面存在的差异,还注意研究二者在语言方面的共性等一系列重要问题的独立学科,扩大了语言学研究的范围,进一步深化了语言学研究的实质与内涵,打破了传统研究的禁锢,符合社会动态发展的需求,这一点已经越来越为语言学界所认可。

从研究内容上看,在社会性别基础上形成的两性交际风格的异同探究将为语言学的研究提供新的思路,注入新的活力。

从研究方法上看,社会性别语言研究要求多维度的切入视阈,从类型学、文化学、社会学、心理学、跨文化交际学、语用学、美学等角度进行研究,从而为语言学研究提供方法论上的借鉴,顺应了语言学研究发展的潮流,也是社会发展的必然要求。马克思曾经说过,一个社会文明的程度,往往与女性解放的程度密切相关。当今社会对性别问题的关注直接反映了社会的文明与进步,女性学已成为一门新的边缘性学科,它的确立是一种女性视角与男性视角交融汇聚的人文视角,试图通过谱写女性文化,来重新审视人类文化,为性别与语言的关系这一课题提供了更广阔的研究天地,也让我们对该项研究的前景充满了种种期待(张莉萍:128)。那么,未来的社会性别语言研究将走向何方,呈现出什么样的发展趋势? 参照以上研究情况,我们认为,可以从以下 4 个方面考虑问题:

1. 从单一化转向多元化

当代语言学讲究多维化研究,其中最为突出的例子就是突破传统语言学的单级语言学研究方式,对纷繁多样的语言现象采用多级分析法,如后期的 A. N. 乔姆斯基理论在研究句法时采用的就是表层结构和底层结构相结合的多级分析法:表层负责信息的合理而经济的负载与传输,担负语法和语用功能;底层负责意义的逻辑生成。例如,N^1-Ving N^2(如 peace-loving people, street-sitting people)就可以对应 5 种不同的底层结构;N^1-Ven N^2(如 tailor-made coat, air-conditioned office, tongue-tied boy)就可能对应 3 种不同的深层结构。

俄语同样如此,多级分析法日渐扩展。例如,著名俄罗斯语言学家 Н. Ю. 什维多娃[①]就是采用一种"非线性的、多级的、从最抽象的特征和特性到较为具体的特征和特性"的方法来分析俄语简单句。她首先把简单句一层一层地分解成各种不同抽象程度的形式和意义要素,然后从最抽象的句子形态组织出发,逐级进行分析和描写,最后深入到较为具体的语义结构和语调以及词序的变化,构成一个从抽象到具体的完整的简单句体系。

Н. Ю. 什维多娃采用多级分析法的结果是把简单句区分为形态组织(即

---

① Н. Ю. 什维多娃(Н. Ю. Шведова,1916—2009),俄罗斯科学院院士,著名语言学家,俄罗斯语言学界居功至伟的卓越代表人物之一。作为苏联著名语言学家 В. В. 维诺格拉多夫(В. В. Виноградов,1895—1969)院士的学生,她始终以继承、发展和丰富祖国语言学研究传统为己任,独树一帜,倾其一生致力于语言单位的形式与意义的整合性描写,把语言体系性的思想贯穿其各领域研究之始终,成果斐然,著述颇丰,先后出版和发表发表 170 多部(篇)学术著作及论文,主编和创作了苏联科学院《80 年语法》等多部影响巨大的俄语巨著,极大地推动了现代语言学理论的发展,被誉为"俄罗斯传统语言学的继承者"。

不取决于语境的静态结构,主要指体现述谓性的、可切分出主语和谓语的结构模式)、语义组织(即句子的意思组织,它是从语义方面对句子信息内容类型的概括,可切分为主体和述体)和交际组织(即取决于语境的动态结构,句子依赖它实现交际,可切分为主位和述位),从而对句子和这个语法核心单位进行了较为透彻的研究,并给其他语言研究以启迪作用。这种将语言现象按照形态、语义、交际等三个方面来进行层层递进研究的方法对于社会性别语言的研究无疑具有借鉴意义,可以使过去注重形态而忽视交际和语用层面的研究方法得以改进,从而构建较为完整的社会性别语言研究体系。

定性定量分析也是针对语言研究的重要方法之一。由于人类语言学使用的基本上是人类学和社会学的定性研究方法,而脱胎于人类语言学的结构主义描写大多采用这种方法。按照桂诗春和宁春岩(1997:17—23)的观点,定性法的观察对象是词语,其基本出发点有 4 个:(1)不能孤立地研究语言;(2)使用语言的环境十分重要;(3)各种语言有很大差异性,只能对它们作具体的描述和分析;(4)语言理论有可能从实际的现场调查和对语言功能的分析中产生。定性方法主要基于自然观察,强调全面,对语言结构和语言系统的不同对象、不同部分、不同层面、不同因素进行描写、对比和分析,从中找出共同性和规律性。这种方法对母语的本土化研究具有积极的作用,有助于我们通过对母语的直觉观察来进行思考,提出理论范式。

但是,这种研究方法常常注重简单的思辨性,随机性很大,带有主观色彩,其研究结果往往难以令人信服,难以作为论证依据,只有通过定量的方法加以补充和完善,才能形成合力,成为科学的研究方法,因为在对非母语进行描述性和实证性研究时,量化分析和资料具有至关重要的说服力。"和定性的方法不同,定量方法观察的是数字,所以在某种意义上说,定量方法也就是数学化和计算机化,这是现代科技发展的一个重要趋势。"(桂诗春、宁春岩,1997:17—23)

定量方法非常注意两个或更多的变量之间的相互关系(如因果关系、相似性关系、差异性关系等),而要在纷繁复杂的语言现象中去控制和把握各种变量,只有采取实验的途径,并且要把实验资料用统计的方法来分析和推断。因此,准确地说,定量方法意味着实验方法和统计方法的侧重或结合。实验方法的主要原理是抽样的原理、控制的原理、有效性的原理和无差别假设的原理。目前,应用语言学、心理语言学和认知语言学较多地采用这种方法。统计方法是定量分析的基础方法,研究者要么运用描写统计方法,即通过有关的量度来描写和归纳数据,如计算语言学就经常使用概率统计的方法来进行自然语言的处理,要么运用推断统计方法,即根据对部分资料的观察来概括它所代表的总体的特征,如文体学就是运用这种方法建立语料库,实现对文体特征的分析与概括。总之,依靠词语的定性分析和依赖资料的定量分析是相辅相成的,二者的综合运用可以为我们探究同一语言现象提供互相引证的可能,从而提高研究成果的信度和效度,使语言学真正实现科学化。(王铭玉(下),1999:1—4)

　　定性定量分析法在国内的社会性别语言研究中已有先例,如张萍等(2002)运用定量分析法对英语学习者在词汇学习观念和学习策略方面的性别差异作了调查研究,得出了较为详实的量化结论,但这方面的研究还比较少,有待今后进一步加强。

　　除了多级分析法和定性定量分析法,对比分析法,即从单语言研究到多语言比较研究也是未来社会性别语言研究的主要方法之一。俄罗斯学者 K. 乌申斯基曾说过:"比较是认识和思维的基础。我们认知世界上的一切事物都是通过比较,而不是采用别的什么方法。"(Ушинский,1939:69)R. R. 哈特曼结合语言说得更具体:"比较是人类研究事物、认识事物的一种基本方法,也是语言学研究的一种基本方法。如果说语言学的根本任务是对语言的某种现象加以阐述的话,那么可以说语言学的所有分支都是某一种类型的比较,因为对某一语言现象的阐述总是要涉及和包含对这一现象中的各种表现的比较分析。"(Hartmann,1980:22)

　　语言学研究中的对比分析法由来已久,源远流长。"对比语言学"于 20 世纪 50 年代已成为一门独立的学科,随后成为欧美、苏联语言学界的一种主流研究范式。我国学界的俄汉语对比研究也于 20 世纪 50 年代起步,迄今为止,已经有不少著述面世,"据粗略统计,论文已有 300 余篇,著作有 20 余部,课题项目有 10 余项。"(刘永红,2009:5)所谓对比分析,是对一些属于同一亲缘关系或者具有相似和差异现象的不同语言进行历时的比较与共时的分析,旨在探求这些语言的历史渊源及其异同关系,发现其变化和发展规律。20 世纪 90 年代以来,"对比研究从传统的语音、词法、句法扩展到语义、语用、篇章等领域,理论对比语言学研究亦受到格外的重视,受其影响,应用对比研究蓬勃兴起,发展迅速,更注重与其他应用语言学的研究相结合。"(王铭玉,1999〈上〉:4—8)对比分析无疑成为当代语言学最重要的研究方法之一。

　　语言对比不是两种以上语言的简单堆砌和比附,也不是语言事实的纯粹罗列,更不是语言异同现象的单纯发掘,而是探索语言规律的一种途径,是一个科学的运作机制,包括调研、统计、梳理、分析、归纳、整合、征实、反证、反思、互证和阐发等相辅相成的研究过程。"作为境界,语言对比分析应被视为一种思想、观念,一种研究语言的自觉意识和基本立场。有比较才有鉴别,俗话所谓'不怕不识货,就怕货比货'就是这个道理。比较(对比)是人类认知世界的重要方法,是众多方法中最基本、最常用的方法。世间万象之间,有联系就可以构成比较和对比。它能使人们清楚明了地认识事物,发现异同,分门别类,找出规律。任何方法说到底,都是比较,别的方法都是辅助性的,只是各自具备了特殊型和侧重点而已。"(刘永红,2009:5)我们前边列举的许多俄汉、英汉对比研究已经证明了这种比较研究的成效。但研究的范围和深度尚显不足,今后需要进一步拓宽对比的维度,逐步形成系统性的比较研究。

　　需要指出的是,由于语言学科各有特点,研究方法自然不尽相同,如开创于中国、兴起于80年代中期的文化语言学研究就是这样,它是研究、比较汉语及其方言、汉语以及汉民族文化相互之间关系的学科。按照邢福义的观点,文化语言学的方法应是文化学方法和语言学方法的融合和提炼,其中有三种方法被认为是基本方法:一是实地参与考察法,即调查的方法;二是共层背景比较法;三是整合外因分析法。(邢福义,1990)从中不难看出,单靠一种研究方法往往难以奏效,需要各种研究方法的综合运用,如果将语言范式分为定量研究和定性研究两个极端,这是不合理的,诚如刘润清在《论大学英语教学》(2000)一书中所说:"最近三十年来,研究者越来越认识到,靠一种方法取得的研究成果在信度和效度上都比不上用多种方法取得的研究成果。"

　　事实上,也不存在绝对的定量研究或者定性研究范式。尽管研究者的研究范畴不同,有些研究者更侧重于解释事物量的形态,有些更倾向于解释事物质的形态,但即使这样,任何一种研究绝对不排斥使用其他方法,即不排除研究方法的多元化。

　　研究方法和视角的多元化势必会推动语言学理论的多元化研究。"语言学理论多元化主要体现在其研究路径是理论研究与实践观察的循环体,其研究范式是定性研究与定量研究的综合体。任何语言学理论,都不能割裂这两对统一体的关系。"(陈冬纯,2009:103)社会性别语言理论概莫能外。它的研究始于社会语言学,逐步拓展到其他语言理论,如在俄罗斯语言学界,Е. А. 泽姆斯卡娅、М. А. 基泰戈罗茨卡娅、Н. Н. 罗扎诺娃等以俄语语音理论为先导,以俄语口语学理论为支撑,对俄语中的诸多社会性别口语现象进行详尽的分析,Н. Д. 阿鲁玖诺娃、Г. Е. 克列依德林等从辅助语言学的视角对男女两性之间的非言语交际行为进行模式分类,进而挖掘非言语社会性别规范模式的普遍特性与文化特点,并对俄罗斯男性和女性的体态语言特点作了翔实的研究,А. В. 基里利娜、О. В. 里亚博夫等以跨文化交际学理论为依托,展开俄语与其他语种的社会性别语言对比研究,并从语用学视角对男女两性的言语行为进行深层次的对比分析,成果斐然。

　　我国语言学界也进行了这方面的尝试,如赵蓉晖(2003)以社会语言学理论为基础,结合口语学和语用学理论来分析社会文化因素对于俄汉语中男女两性话语风格的影响,进而从言语的得体性、对话中的合作与协调等视角阐释了两性话语与礼貌准则、幽默准则、克制准则、关联准则的相互关系以及由此引发的话语风格方面的差异,贾玉新(1997)以跨文化交际学理论为基础,对性别文化与跨性别文化交际作了较为全面的论证,孙汝建(1998,2010)用社会心理语言学理论分析和解释性别语言差异,对汉语中的社会性别歧视现象进行较为全面的分析,白解红(2000)运用语用学的合作原则、礼貌原则、面子理论以及功能语言学的人际功能理论分析男女两性的语言互动与变异。

综上所述,可以看出,社会性别语言研究由单一理论转向多元理论,仅用一种理论研究该语言现象已经远远不够,无论运用哪种理论,总是同时存在着其他相关的理论,相互关联,相互矛盾,互为依托,齐头并进,视角不同,各有侧重,必将促进这一语言现象的深入研究,这已经成为一种不可逆转的发展趋势。

2. 从静态化转向动态化

自费·德·索绪尔创立现代语言学以来,占统治地位的结构主义长期坚持"纯一性""封闭性""自主性""框架性"等语言研究方法,就语言而研究语言,注重语言的静态描写,基本上属于静态语言学范畴。但任何一种静态都是有条件的、暂时的、相对的。在现实中,包括人类行为在内的一切都是动态的、进行着的、不断变化的连续体。"唯物辩证法承认事物的相对静止,但认为静中有动,并必然转化为显著变动。"(《辞海》,1979:1958)语言学的发展同样如此,经历了从语言到言语的研究,它们之间相互依存,语言存在于言语之中,语言体系在言语活动中变化发展,而所谓的语言交际正是在特定言语环境中通过选择语言材料、建构活动来完成的。所以,离开言语活动而研究抽象的语言体系会使语言体系本身陷于枯竭境地。从 20 世纪下半叶开始,由静态转向动态的语言学研究悄然兴起,逐渐成为语言学研究的主流方向。动态研究有 4 个主要特点:

一是直接促进了语义学、语用学、话语语言学、交际语言学、社会语言学、社会性别语言学等新兴学科的建立与发展,如戚雨村在《现代语言学的特点和发展趋势》(1997)一书中以联系社会对语言进行动态研究的社会语言学为例,认为社会语言学强调实地调查和量化分析,注重考察语言的社会功能以及语言结构在社会环境中的变化规律,关注五个方面的问题:(1)语言结构变异的研究,如各种社会因素对语言使用的影响以及由此而引起的语用差异;(2)社会环境和言语行为之间相互关系的研究,如语码转换规律、各种专业语言的特点等;(3)语言状况的研究,如语言总和及其功能分布、语言及其变体的功能分类等;(4)双语(多语)和双言(多言)现象的研究;(5)语言规划和语言政策的研究等。

二是拓展了了句法研究的领域,改变了语言学界一直从结构主义观点(即静态观点)出发来研究句法现象的传统。20 世纪下半叶以来,句法研究发生了革命性的变化,许多学者开始强调语言的社会交际功能,把语言作为一种交际工具进行研究,从交际角度来研究句法,旨在揭示多种语言单位在交际过程中所表示的句法功能,从而突破了传统句法在研究对象(句子的静态结构)、研究方法(从形式到内容)等方面的局限。

三是重视过渡层面现象的研究。动态与静态的显著区别之一,就在于前者要求人们在考察任何事物时,必须从整体上把握事物发展的全过程,尤其不能忽视过渡层面现象,注重事物之间的相互关系以及各种变量随时间推移而发生的变化,如吴贻翼在《现代俄语句法学》(1988)一书中对句法结构间的过渡结构作了详尽的研究,认为随着句法结构研究的深入,句法结构间的过渡结构研究趋势已经逐渐发展成为当前句法研究中的一个重要倾向。

所谓过渡结构,是指介乎单部句与双部句、简单句与复合句、并列复合句与主从复合句、两种不同类型的主从复合句、句子与超句统一体等之间的结构,它们通常兼有在语法上对立的两个范畴的特征,而且往往以其中一个特征为主。过渡结构的产生并引起人们关注的原因是多方面的:社会政治、经济、文化生活的需要,大众信息传播媒介(广播、电影、电视)对语言的要求,人民大众的语言、日常口语的地位和作用的日益提高,口语与书面语的相互渗透等等。诸如此类的因素通过溶合、分解等手段必然使语言产生新的过渡结构,它们构成语言体系的联结环节,我们只有对这些现象做出理论上的阐述,才能看到一个完整的语言面貌。(王铭玉,1999(下):1—4)在语言学的实际研究中,研究范式并非只有定量研究和定性研究两个方面,更多的是使用介乎这两者之间的各种方法,有些学者把这两种方法的中间看成是一个过渡层面。

四是注重"人的因素",以人为本,以使用语言的人为研究主体,突破了把语言视作一种自足、封闭系统的框架而与民族、社会、文化、政治、时空等因素割裂开来的静态研究模式。事实上,语言在本质上是非纯一的,而是一个多维的层级符号装置,除了共同的东西之外,在每个人的意念之中还储存着语言的种种变体形式,如各种方言的存在、各种语体的作用等;再则,语言学领域只留下属于系统内部成分的做法不仅影响语言研究的质量,甚至导致研究者根本无法真正触及语言的本质,因为"外部要素"是不可须臾离开的"关系要素"。"人是使用语言的主体,人们正是在一定的时间地点、一定的社会环境、一定的文化中使用语言的。"(戚雨村,1997:3)也就是说,如果不对使用语言的人进行动态研究,语言学研究就会陷入静态研究的泥潭而难以自拔。

上述4个特点在社会性别语言学研究中也得到了充分的体现,经历了从静态研究到动态研究的转变过程。初期的研究大多是从语音、音位、语调、构词、词法、句法结构等表层现象去探究男女两性用语的异同,关注的主要是语言形式结构上的社会性别特征。从20世纪90年代中期以来,结构主义的静态研究受到强有力的挑战和冲击,以交际为目的的动态研究占据主导地位,研究重点逐渐转移到了交际功能、交际策略、语用含义、话语风格等深层结构,与迅速发展的当代社会和语言学动态研究同步进行,实现了与相关学科的借鉴与对接,在更高层次上较为全面而准确地研究社会性别差异与语言使用的相互关系问题,呈现出良好的研究态势,今后的研究会随着语言学学科的发展而进一步深化。

3. 从宏观化转向微观化

从宏观的角度来看,语言学的发展经历了18世纪的哲学研究、19世纪的历史比较研究以及20世纪的描写和转换生成研究,21世纪将是多学科交叉研究的世纪。语言学研究对象的宏观化,指的是语言学不再把语言体系作为自己的唯一研究对象,其视野正向言语活动和言语机制延伸。

纵观语言学研究百年历程,以瑞士语言学家费·德·索绪尔学说为支柱的结构主义始终占有相当重要的地位。结构主义建立了三种理论框架(索绪尔,中译本,1985:41—43):

(1)语言是每个人都具有的东西,同时对任何人又都是共同的,而且是在储存人的意志之外的,也就是说,语言是一种纯系统的框架。

(2)结构主义"关于语言的定义是要把一切跟语言的组织、语言的系统无关的东西,简言之,一切我们用'外部语言学'这个术语所指的东西排除出去的"。显然,这种观点把语言视作一种自足、封闭系统的框架,把语言与民族、社会、文化、政治、时空等因素割裂开来。

(3)在语言学史上,第一次明确提出语言和言语概念并加以严格区分的是费·德·索绪尔,但他对言语采取了"搁置"的态度,认为"言语活动的整体是没法认识的,因为它并不是同质的",语言学"是以语言为唯一对象的"。实际上,他所承认的语言学仅是"就语言和为语言而研究的语言",语言学是单一语言的框架。其语言对象观把语言学研究紧紧束缚在了微观领域。在语言学由微观研究向宏观研究转向时,首先是语言学研究对象的扩大,不仅要立足于语言体系,更要放眼于异质系统、外部系统以及言语系统。实际上,近些年语言学家对方言学、文体学、语言文化学、语言国情学、语用学、话语语言学、信息语言学、社会语言学等语言分支学科的关注就充分证实了这一转向的存在(王铭玉,1999(中):1—5),社会性别语言学的形成与发展同样提供了有力的佐证。

事物总是不断转化的,在经历了上述动态的、多元化的宏观研究之后,社会性别语言研究正在走向微观化。我们所说的社会性别语言研究微观化,并不是回到索绪尔所指的结构主义微观研究,而是立足于语言体系,继续完善社会性别语言学理论本身,综合运用社会语言学、社会心理语言学、语用学、语义学、话语语言学、交际语言学、语言文化学、修辞学等学科的理论和方法,吸收并采纳哲学、逻辑学等学科的最新研究成果,从而形成多维度、多层次、跨学科的研究,构建完善的社会性别语言学研究体系。

在研究方法上,微观化研究将转向实证研究,这是进一步拓展社会性别语言学理论的有效途径之一,诚如国际语用学会秘书长维特根斯坦在第五届国际语用学大会上所强调的那样:"语言研究方法已从理论研究转向实证研究,实证研究改变了我们对语言的看法。搞语用学研究,就要忘记过去的观点而尊重语言事实,应努力去研究语料,让语料说话"(转引自张绍杰,1997:76)社会性别语言学的研究同样如此,尽管该理论业已成型,其元语言已经凝固,但语言材料远远没有穷尽,语料的挖掘成为微观研究的重要任务之一。

从跨文化对比研究的视角来看,在对比分析俄汉两种社会性别语言在各个言语交际单位层面的不同语用形式、特点及其机制以及发掘它们所承载的不同文化内涵及其语用差异的基础上,如何突破传统的注重分析非语言因素的思维定势,从认识语言本质的角度、从语言体系本身出发来研究引发社会性别语言变异的成因? 如何从历时角度共时地准确把握俄汉两种社会性别语言的基本语用特点? 在俄汉两个学界的社会性别语用对比研究互不平衡的情况下,如何从浩瀚厚重的汉语文献和纷繁多样的日常用语中科学地遴选与俄语相对称的汉语语料,以供对比研究之用? 如此等等,亦是我们今后进行社会性别语言微观研究的努力方向。

4. 从国际化转向本土化

本土化概念是与国际化、全球化概念紧密相关的,本土化应该理解成是一个过程而不是一个目的,一个事物为了适应当前所处的环境而做的变化,通俗地说,就是要入乡随俗。本土化不是狭隘的地域观念,更不是族群的对立,而是放眼国际,展望未来。现代社会由于交通发达,地区与地区之间往来密切,旅游、参访,甚至移民之风盛行。到了一个新地方,想要融入当地生活环境,学习当地的语言、接受当地风俗习惯,就成为必要的条件。

任何一种理论的研究都是如此,例如马克思主义理论在世界各国均有研究,但怎么结合本国实际,就存在一个本土化研究的问题,毛泽东思想就是以毛泽东为代表的中国共产党人把马克思主义的一般原理创造性地运用于中国具体实际的典范,它运用马克思主义的基本立场、观点和方法来观察和分析中国社会现实,用中国人民大众喜闻乐见的民族语言形式说明中国革命的理论和政策,阐明了中国革命的发展规律,把马克思主义的一般原理与中国革命的具体实践相结合,前所未有地推动了中国社会的进步和发展,既符合马列主义的普遍原理,又具有鲜明的中国特色,从而使马克思主义由欧洲形式变成中国形式,成为具有中国独特内容和民族表现形式的、中国化的马克思主义,这种本土化研究成果无疑是对马克思主义理论的重要发展和贡献,在国际社会产生了重大的影响。

　　这一雄辩的事实表明,对于外国的东西,只要不生搬硬套,刻意模仿,而是因势利导,取其精华,去其糟粕,结合本国实际灵活运用,就会实现成功的本土化,语言学研究同样如此。"由于世界语言的多样性,语言学研究首先应尽量选取多种语言材料,以提高理论的科学性和普遍性,其次应对不同种类语言之间的差异性进行区分,并采用适合其特殊性和差异性的具体理论及方法。而研究本国语言时中国语言学理论的西化模式及唯工具论倾向,说明中国语言学理论应该同时也必须要本土化。"(王易萍,2010:27)

　　世界语言种类繁多,形式多样,每种语言都有其自身的特点,错综复杂,语言学研究必须充分顾及这些不同特点。西方语言理论的研究建立在印欧语系语料的基础上,忽视汉语语料的使用特点,与汉语语言学传统必定存在不相适应或者相互矛盾的地方。而我国的现代语言学研究长期存在西化模式现象,把西方语言学理论生搬硬套于汉语语言研究,难免相互脱节,形成两张皮,语言和文化冲突在所难免。因此,"拿来"西方语言学理论之后如何使之中国化,是语言学理论本土化研究需要解决的关键所在。

　　事实上,加强汉语与其他语种之间的跨文化对比研究,这是语言学研究的一个方向,也是最容易出本土化研究成果的突破口。两种语言、两种文化在接触和碰撞中,势必相互影响,相互渗透,相互吸收,相互融合,有助于我们从中找出各种语言的共性和个性及其表现规律。著名汉语大师吕叔湘先生曾告诫我们"不能老谈隔壁人家的事情,而不联系自己家里的事情",就是指不能把外语和汉语隔离开来,形成两张皮。我们外语界面对的是中国学生,利用本土资源对外语与汉语中的语言现象进行对比分析,不仅能够为外语文化教学实践提供事实和素材,而且有助于学生理顺自己的思维习惯和文化理念,挖掘造成语言中的文化差异的深层原因,对于培养和提高学生的语用等值翻译等方面的跨文化交际能力有着实实在在的指导作用,真正打破"就语言而教授语言"的传统教学模式。(周民权,2004:21)最新研究数据表明,从不同的语言学理论角度出发的研究大都是跨文化的研究,或者将不同文化背景下的研究进行对比,以进一步证明研究意义的存在。

　　关于社会性别语言学理论的本土化研究,当然离不开语言学研究的国际发展趋势与总体格局。具体来讲,未来的社会性别语言学本土化研究,首先对国外相关研究成果的取舍要细化,区别对待,有所不同。在不同语言的跨文化对比研究中,对其中具有共同规律的要素进行研究时,可采用西方语言学中先进的技术和方法,如语音是物质性很强的要素,与自然科学的联系最为紧密,且各民族的语音规律有不少共同之处,不同民族的男性和女性在表达某些情感时的发音方式常常相近。

但是,在语法学方面,汉语和印欧语以及斯拉夫语系的各个语言不尽相同,民族标志显著,不能完全模仿西方的语法学。汉语属于汉藏语系的一个重要语族,属于孤立型语言,没有词的变化,主要通过词序和虚词来表示各种语法关系,而在语音上,每个音节有固定的声调,而且可根据声调区分不同的词汇意义。相比之下,印欧语和斯拉夫语则属于典型的屈折型语言,语言形态变化丰富多样,词汇有人称、体、性、数、格以及时态等方面的变化,通过这些变化表达不同的语法意义,而在语音上则通过重音来确定词的读法,有时重音能够区分不同的词义。"据现有数据,汉语与印欧语在结构形态、组织方略和文化精神上分别处于人类语言连续统对立的两级。"(王易萍,2010:26)

实际上,形态结构方面的差异并不是妨碍本土化研究的主要障碍,主要差异体现在中西方文化差异、思维方式、价值取向、道德观念、社会习俗、言语风格、语用特点等各个方面,尤其在涉及女性主义话题的社会性别语言研究时,照搬西方学者的观点显然不完全符合中国国情和汉语的使用特点,国外男女两性的语用特点和话语风格也未必适用于汉语性别语言。因此,社会性别语言的本土化研究务必充分顾及汉民族文化的诸多特点以及汉语的表达习惯,挖掘汉语中男女二元对立与性别标记的非对称现象,即通过分析历史形成的男女不平等现象,阐释汉语中存在的性别歧视以及性别特征在形式、语义、语用和分布标记等方面的不对称现象,对汉语中不同社会性别在语言规则(语音、语调、词汇、句法结构等)、语言使用(言语行为、言语礼节、交际策略、关联性、间接用语、交际失误、话语风格等)、体态语言(空间、触摸、动作、面具、物体语言及情爱体语等)等各个言语交际单位层面的不同语用形式、特点及其机制方面的共性和差异以及语用迁移现象进行对比分析,进而剖析影响俄汉两种语言的社会性别语用变异的成因(语言环境、语言体系、民族文化、思维方式、价值观念、文化理念、社会、心理、生理、性别角色等),努力使上述研究系统化、科学化。

可喜的是,国内外语界和汉语界经过 10 余年来的理论探索与学术积累,在借鉴西方社会性别建构理论的基础上,对不同语种的外语语料和汉语语料进行对比分析并上升到理论高度,从而使社会性别语言学研究在 20 世纪 90 年代逐步进入到了本土化发展阶段,这种研究态势至今方兴未艾,今后还会继续深入下去,成为 21 世纪国内社会性别语言学研究的努力方向。

参 考 文 献

[1] Hartmann, R. R. K. Contrastive Textology: Comparative Discourse analysis in Applied Linguistics[M]. Heidelberg: Julius Groos Verlag, 1980.

[2] Гусейнова И. А. О некоторых формах представления гендерного аспекта в коммерческих

дескриптивных рекламных текстах [A]. // Гендер как интрига познания [C]. М. , Рудомино, 2002: 57—65.

[3] Денисова А. А. Словарь гендерных терминов[Z]. М. , Информация - X XI век, 2002.

[4] Ушинский К. Избранные педогогические сочинения[M]. Т. Ⅱ. М. , Языки славянской культуры, 1939.

[5] Кирилина А. В. Гендерные аспекты языка и коммуникация[D]. М. , МГЛУ, 2000.

[6] Каменская О. Л. Гендергетика — наука будущего[A]. // Гендер как интрига познания [C]. М. , Рудомино, 2002: 13—19.

[7] Рябов О. В. Гендерные аспекты подхода межкультурной коммуникации: социальнофи- лософский анализ [A]. // Гендер как интрига познания[C]. М. , Рудомино, 2002: 37—46.

[8] 白解红,性别语言文化与语用研究[M],长沙:湖南教育出版社,2000.

[9] 陈冬纯,论语言学研究的多元化和语言学批评的社会性——兼评乔姆斯基语言学理论之争[J],科技信息,2009(10):103—104.

[10] 戴庆厦,社会语言学概论[M],北京:商务印书馆,2004.

[11] 桂诗春、宁春岩,语言学研究方法.外语教学与研究[J],1997(3):17—23,83.

[12] 黄崇岭,性别差异与大学外语教学——对外语学习中女强男弱现象的分析[J],同济大学学报,2004(1):104—109.

[13] 贾玉新,跨文化交际学[M],上海:上海外语教育出版社,1997.

[14] 孔庆成,语言中的"性别歧视"两面观 — 兼议语义贬低规律和语言的从属性[J],外国语,1993(5):17—21.

[15] 李经伟,西方语言与性别研究述评[J],解放军外国语学院学报,2001(1):11—15.

[16] 李明宇,性别·语言·文化——俄语性别语言差异研究[D],南京师范大学硕士论文,CNKI,2008.

[17] 李明宇,论俄罗斯性别语言研究的现状和特点[J],南京工业职业技术学院学报,2009(3):32—36.

[18] 刘润清,论大学英语教学[M],北京:外语教学与研究出版社,2000.

[19] 刘永红,俄汉语对比方法论[M],武汉:华中师范大学出版社,2009.

[20] 戚雨村,现代语言学的特点和发展趋势[M],上海:上海外语教育出版社,1997.

[21] 钱进,语言性别差异研究综述[J],甘肃社会科学,2004(6):47—50.

[22] 索绪尔 F. 著,高名凯译,普通语言学教程[M],北京:商务印书馆,1985.

[23] 孙汝建,语言与性别[M],南京:江苏教育出版社,1998.

[24] 孙汝建,汉语的性别歧视与性别差异[M],武汉:华中科技大学出版社,2010.

[25] 史耕山、张尚莲,论性别话语风格的相对性——一种情景研究模式[J],外语教学,2004(5):27—30.

[26] 史耕山等,国内语言性别差异研究概述[J],外语教学,2006(3):24—27.

[27] 施栋琴,语言与性别差异研究综述[J],外语研究,2007(5):38—42.

[28] 肖建安、肖志钦,论英汉性别标记言语的象似性[J],外语教学,2003(3):40—42.

[29] 邢福义,文化语言学[M],武汉:湖北教育出版社,1990.

[30] 王烈琴,优势与差异[J],外语教学,2005(5):21—25.

[31] 王烈琴,21世纪国际性别语言研究的发展趋势[J],西安外国语大学学报,2009(1): 48—52.

[32] 王铭玉,二十一世纪语言学的八大发展趋势(上)[J],解放军外国语学院学报,1999(4): 4—8,128.

[33] 王铭玉,二十一世纪语言学的八大发展趋势(中)[J],解放军外国语学院学报,1999(5): 1—5.

[34] 王铭玉,二十一世纪语言学的八大发展趋势(下)[J],解放军外国语学院学报,1999(6): 1—4,24.

[35] 王易萍,论语言学理论的本土化—兼论《语言学概论》课程的文化内涵[J],科技风,2010 (13):26—27.

[36] 武继红,试析"行为集团"在性别语言研究中的应用[J],外语教学,2001(2):13—16.

[37] 吴贻翼,现代俄语句法学[M],北京:北京大学出版社,1988.

[38] 于国栋、吴亚欣,语言和性别:差异与共性并重研究[J],外语教学,2002(2):24—28.

[39] 张莉萍,称谓语性别差异的社会语言学研究[D],中央民族大学博士论文,CNKI,2007.

[40] 张萍、高祖新、刘精忠,英语学习者词汇观念和策略的性别差异研究[J],外语与外语教 学,2002(7):35—37.

[41] 张绍杰,第五届国际语用学大会[J],外语教学与研究,1997(1):74—76.

[42] 张新凤,国内性别语言研究的现状与展望[J],时代文学(理论学术版),2007(6):76.

[43] 赵蓉晖,语言与社会性别——俄语研究的新方向[J],外语研究,2002(4):19—27.

[44] 赵蓉晖,语言与性别——口语的社会语言学研究[M],上海:上海外语教育出版 社,2003.

[45] 赵学德,汉语的性别差异研究综述[J].妇女研究论丛,2008(6):77—81.

[46] 周民权,俄语语用学在中国:回顾与展望[J],中国俄语教学,2004(3):18—22.

[47] 周民权,当代俄罗斯社会性别语言学研究论略[J],中国俄语教学,2010(3):12—16.

人 名 索 引

Mai Jinnuo C.	凯瑟琳·麦金诺	Абражеев А. И.	阿布拉热耶夫
Malinowski B.	马林诺夫斯基	Аванесов Р. А.	阿瓦涅索夫
Maltz	迈尔兹	Акишина А. А.	А. А. 阿基希娜
Marx K. H.	马克思	Акишина Т. Е.	Т. Е. 阿基希娜
Mehrabian A.	艾伯特·梅瑞宾	Алексеев В. М.	阿列克谢耶夫
Millett K.	凯特·米利特	Апресян Ю. Д.	阿普列相
Mitchell J.	朱丽叶·米切尔	Арутюнова Н. Д.	阿鲁玖诺娃
Morgan R.	罗宾·摩根	Архипкин Л.	阿尔希普金
Peterson	皮特森	Байбурин А. К.	拜布林
Pike	帕克	Балакай А. Г.	巴拉凯
Plato	柏拉图	Бахтин М. М.	巴赫金
Putnamt H.	普特纳姆特	Бердник Л. Ф.	别尔德尼克
Quasthoff U.	丘阿思特霍夫	Бирюлин Л. А.	比留林
Raine J.	雷恩	Богородицкий В. А.	博戈罗季茨基
Robnefort	罗博尼福特	Бондарко А. В.	邦达尔科
Rossi I.	艾里斯·罗西	Бругман К.	布鲁格曼
Sadker D.	D. 萨德克	Буслаев В. А.	布斯拉耶夫
Sadker M.	M. 萨德克	Вежбицка А.	维日彼茨卡
Saussure F. De	索绪尔	Верещагин Е. М.	维列夏金
Scott J. W.	琼·斯科特	Всеволодова М. И.	弗谢沃洛托娃
Scott S.	斯科特	Гердер И. Г.	赫尔德
Searle J. R.	塞尔	Гоголь Н. В.	果戈理
Shelley P. B.	雪莱	Горелов И. Н.	戈列洛夫
Socrates	苏格拉底	Горошко Е. И.	戈罗什科
Susan Akin	苏珊·奥金	Горький М.	高尔基
Susan Bordo	苏珊·博尔多	Гримм Я.	格里姆
Susan Friedman	苏珊·弗里德曼	Гумбольдт В.	洪堡特
Taylor A.	泰勒	Гусейнова И. А.	古谢伊诺娃
Tannen D.	坦嫩	Данилов П. А.	达尼洛夫
Thorne B.	索恩	Денисова А. А.	杰尼索娃
Trudgill P.	特鲁吉尔	Дорошенко А. В.	多罗申科
Verschueren J.	维特根斯坦	Достоевский Ф. М.	陀思妥耶夫斯基
Vinci L. da	列奥纳多·达·芬奇	Земская Е. А.	泽姆斯卡娅
		Золотова Г. А.	佐洛托娃
Vogel L.	里斯·沃格尔	Иссерс О. И.	伊谢尔斯
Watson J.	华生	Каменская О. Л.	卡缅斯卡娅
West C.	韦斯特	Кано Х.	卡诺
Young I.	艾里斯·扬	Капанадзе Л. А.	卡帕纳泽
Zimmerman D.	齐默尔曼	Карцевский С. О.	卡尔采夫斯基